U0858339

中国社会科学院创新工程学术出版资助项目

CONSTRUCTION OF NEW URBAN-RURAL RELATIONSHIP:

STUDY ON THE SYSTEM OF NEW RURAL DEVELOPMENT POLICY

构建新型城乡关系

新农村建设政策体系研究

张晓山 等◎著

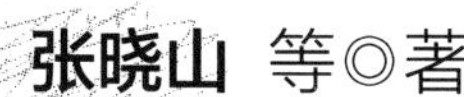

社会科学文献出版社
SOCIAL SCIENCES ACADEMIC PRESS (CHINA)

各章作者

前　言	张晓山
绪　论	张晓山
第一章	张晓山
第二章	李国祥
第二章附录	罗万纯
第三章	李国祥
第四章	罗万纯
第五章	罗万纯
第六章	张晓山
第七章	党国英　罗万纯
第八章	党国英
第九章	胡冰川　党国英
第十章	刘长全　杜志雄
第十章附录	刘长全
第十一章	党国英
第十二章	崔红志
第十二章附录	崔红志　龚　晶
附录一	姚永龙
附录二	刘长全　刘玉满　李　静　曹　斌　都　文
附录三	刘长全　刘玉满　李　静　姚　梅　黄文明

研究参与者的贡献

课题主持人： 首席专家、中国社会科学院学部委员、中国社会科学院农村发展研究所研究员　张晓山

子课题主持人： 宁夏社会科学院院长　张进海

宁夏社会科学院副院长　郭正礼

负责宁夏调查村的农户问卷调查并搜集相关资料。

主要参与者： 宁夏社会科学院经济研究所所长　段庆林

宁夏社会科学院经济研究所副所长　李禄胜

宁夏社会科学院经济研究所副研究员　郭亚莉

宁夏社会科学院经济研究所副研究员　田晓娟

宁夏社会科学院原院长吴海鹰研究员曾参与课题初期的组织协调工作。

子课题主持人： 河南省金融工作领导小组办公室副主任　杨　舟

执行主持人： 河南省财政厅综合处处长　孙翠芬

负责河南调查村的农户问卷调查并搜集相关资料。

参与调查者： 开封市及杞县、焦作市及孟州市、安阳市及滑县财政干部培训中心的有关同志

子课题主持人： 广东汕头大学新闻学院常务副院长　范东升

负责广东调查村的农户问卷调查并搜集相关资料。

主要参与者： 广东汕头大学新闻学院教授　周　翔

参与调查样本的设计工作、讨论问卷并提出修改意见。

工作人员： 郑嘉妮

参与调查的广东汕头大学新闻学院的研究生和本科生有：

一组： 赖阳增　钟　智　曾秀容　温婉霞　黄晓春　李文静

二组： 叶乾峰　张　莹　余　敏　钟锦珊　张春宜　何　龙

三组： 石　磊　刘立民　李　珊　刘文婷　曾晓婷　骆　艳

子课题主持人： 中国社会科学院农村发展研究所宏观经济研究室主任、研究员　党国英

设计整个研究框架、参与问卷调查并负责“乡村治理结构的改革与完善”子课题的研究及报告的撰写。

主要参与者： 中国社会科学院农村发展研究所副研究员　胡冰川

子课题主持人： 中国社会科学院农村发展研究所副所长、研究员　杜志雄

参与问卷调查并负责“农村经济增长与城市化进程”子课题的研究及报告的撰写。

主要参与者： 中国社会科学院农村发展研究所副研究员　刘长全

子课题主持人： 中国社会科学院农村发展研究所宏观经济研究室副主任、研究员　李国祥

参与问卷调查并负责“农村产品市场和要素市场的发育和完善”子课题的研究及报告的撰写。

主要参与者： 中国社会科学院农村发展研究所副研究员　罗万纯

子课题主持人： 中国社会科学院农村发展研究所副研究员　崔红志

参与问卷调查并负责“调整公共资源分配关系和公共资源使用效率”子课题的研究及报告的撰写。

主要参与者： 北京农业科学院副研究员　龚　晶

参与问卷调查者（时为中国社会科学院研究生院博士生）：
梁吉娜、李文、梁怡
问卷核查及录入：梁吉娜、李文
课题联络和协调工作负责人：中国社会科学院农村发展研究所正处级调研员　刘燕生
参与课题讨论人员：
中国社会科学院农村发展研究所研究员：朱钢、吴国宝、刘建进、谭秋成、张元红、任长青等

感谢广东、河南、宁夏调研地区以及全国其他调研地区的广大农民群众和各地基层干部对课题组工作的大力支持和鼎力协助！

目录
CONTENTS

前　言

国家社科基金重大项目“社会主义新农村建设政策体系研究”自2006年立项后，在原设计方案确定的四个研究方向（“农村产品市场和要素市场的发育和完善”、“乡村治理结构的改革与完善”、“农村经济增长与城市化进程”、“调整公共资源分配关系和公共资源使用效率”）基础上首先成立四个子课题组，再进一步落实课题组的成员以及与地方之间的合作关系，最终根据课题内容确定四个子课题的负责人和地方的合作单位及具体负责人。他们是宁夏社会科学院的张进海院长；河南省财政厅的杨舟副厅长（后任河南省金融工作领导小组办公室副主任）；广东汕头大学新闻学院的范东升常务副院长；中国社会科学院农村发展研究所的杜志雄研究员、党国英研究员。此后，根据科研任务的需要，又增加中国社会科学院农村发展研究所的李国祥研究员和崔红志副研究员为子课题负责人。

2007年和2008年课题组的主要工作是进行研究思路、研究方法和理论框架、理论假设的进一步深入讨论，设计问卷，开展试调查，将问卷定稿，最终开展大规模的问卷调查。2008年，中国社会科学院农村发展研究所课题组在合作单位所在的宁夏、河南和广东，每个省（自治区）选3个县（分好、中、差），每个县选3个乡镇（分好、中、差），每个乡镇选2个行政村（1个村，地理位置相对较好，基础设施较健全；另1个村，较偏僻，基础设施差一些，不选择城中村），即每个县6个行政村；每个省（自治区）共18个村，每个村抽21户（分层：经济状况好、中、差，每一层抽7户，抽样备选10户/层），每个省（自治区）共378个农户的问卷调查；18个村的调查（按照调查提纲）；18个村所在的9个乡镇调查（按照调查提纲）。最终调查成果是1134个农户的调查问卷，54个行政村的调查问卷，27个乡镇的调查问卷。

在各合作单位的大力支持和配合下，课题的问卷调查工作在2008年顺利结束，此后进行并完成了数据的录入、复核等项工作，建立起了统一的数据库并投入使用。2009年课题组的主要工作是对问卷数据按照4个子课题的内容（“农村产品市场和要素市场的发育和完善”、“乡村治理结构的改革与完善”、“农村经济增长与城市化进程”、“调整公共资源分配关系和公共资源使用效率”）对1000多份农户的调查问卷进行了深入分析，在分析过程中注意结合样本县、乡镇、村的调查问卷及搜集到的资料，以及在调查中对农户和各级干部进行访谈的资料。在调研过程中，课题组发现，巩固与完善农业基本经营制度方面的政策及其实施情况对社会主义新农村建设具有十分重要的意义，因此增加了农业基本经营制度政策研究的子课题，在原样本地区和其他地区进行了补充调查和案例研究。各个子课题组也在2008年问卷调查完成后针对农村政策制定和执行方面出现的新情况和新问题，进行了跟踪调查，最终在2011年底形成1份研究总报告和9份研究专题报告以及一些其他研究报告。现根据专著的体例要求，将研究报告重新编纂为十二章，并增加了对国外相关农业政策所做的三个调研报告，作为三个附录。

在研究过程中项目主持人多次召集各个子课题组的协调会议，在会上达成以下共识。

（1）各个子课题组的研究工作要坚持最初在申请书中定下的研究目标，即系统检讨现行农村政策体系实施的实际效果及各种问题，提出改进和完善政策体系的建议。2006年中央一号文件对新农村建设做出总体部署，提出了关于推进社会主义新农村建设的若干意见。2008年10月中共十七届三中全会《关于推进农村改革发展若干重大问题的决定》提出了要实现2020年农村改革发展基本目标任务所要遵循的五项重大原则和要加强的农村基本经营制度、农村土地管理制度、农业支持保护制度、现代农村金融制度、城乡经济社会发展一体化制度和农村民主管理制度六项制度建设。这些论述构成新农村建设政策体系的基本框架。课题研究以已经形成的政策框架为前提，聚焦于政策设计和实施的重点、难点与关键问题，深入开展研究。

（2）研究的时间段和工作重点界定在中央提出社会主义新农村建设以来中央有关“三农”问题的政策对农村各个方面的影响。

（3）研究的原则：①作为政策导向的课题，必须要有鲜明的问题意识，要注意跟踪中央有关“三农”政策的最新进展，调研其贯彻执行的情况和效果。②课题不可能对社会主义新农村建设政策体系的各个组成部分都开展研究，必须有取有舍，每个子课题找准切入点，争取有几个创新点，但不要贪大求全。

（4）由于社会主义新农村建设是一个长期的动态进程，将贯穿于整个社会主义初级阶段，各个子课题的研究结论不强求一致，观点可以争鸣、交锋，留待实践的检验与评判。

经过必要的调整后，本项研究将农村政策体系分解为五个方面（农村产品市场和要素市场的发育与完善、巩固与完善农业基本经营制度、乡村治理结构的改革与完善、农村经济增长与城市化进程、调整公共资源分配关系和公共资源使用效率）。在利用中国东中西部地区（以广东、河南、宁夏为调查点）乡镇、村和农户问卷调查数据的基础上，结合其他案例调查、深度访谈的内容，以社会主义新农村建设政策的制定、实施和效果检验为线索，深入开展实证分析；发现、剖析和回答社会主义新农村建设理论、政策和实践中出现的重要问题，对相关政策的制定、调整和执行提出对策建议。

本课题在研究方法上以马克思主义政治经济学为指导，吸收和借鉴宏观、微观经济学的一些理论工具和研究方法，开展较大规模的问卷调查，在运用经济计量工具对调查结果进行数量分析的同时，注意将问卷调查和案例研究、深度访谈相结合；将对微观数据的分析和对宏观政策的把握、宏观数据的研究相结合；将对某一时点的数据分析和对随后动向的捕捉及观察相结合。

几年来，课题组充分利用课题研究成果，并结合其长期研究的积累，得出一些具有一定创新性、建设性的结论和意见，形成了一批有较重大政策意义的研究成果，其中刊登于全国社科规划办《成果要报》和中国社会科学院《要报》的8份研究成果受到中央领导同志和中央有关部门负责同志的重视，体现了课题研究的应用价值和社会效益。在形成课题最终研究成果的初稿后，2011年12月，为了使课题最终成果能更好地修改和完善，由全国社科规划办邀请中央农村工作领导小组办公室、中央政策研究室、国务院政策研究室和农业部的专家学者，就该项目研究成果及相关学术问题进行了深入的内部研讨。与会专家在对课题成果充分肯定的同时，列举了在新农村建设领域需要进一步研究的重大政策问题，为课题成果的修改与完善奠定了基础，为课题的后续研究指明了方向。①

在此后的几个月中，课题组对课题最终成果做了进一步的修改、补充与完善，但我们深知，这项成果肯定还存在许多不足之处甚至谬误，恳请各界读者不吝批评指正。

推进社会主义新农村建设是一项长期而繁重的历史任务，这一研究项目的结题只是一个研究阶段的结束，我们希望今后在以下方面开展新农村建设下一阶段的后续研究。

1. 新农村建设的内涵进一步丰富与发展的问题

政策体系的形成是一个深化、渐进与拓展的过程。七年多的社会主义新农村建设的发展实践带来了工农关系、城乡关系的巨大变化，这些变化对新农村建设提出了新的要求和新的挑战。其中生态环境是最突出的问题之一。值得指出的是，新农村建设“二十字方针”中的“村容整洁”含有改善农村生态环境的内容。但实践中对这方面政策的落实相对而言重视不够，成效不彰。由于对农村生态问题缺乏充分关注与深入考虑，农民和基层干部的环境保护意识薄弱，农村面源污染问题仍非常严重。“生态良好”也应该成为新农村建设的基本方针之一。另外，围绕新农村建设出台的政策涉及“水、电、路、气、房、教、科、文、卫、保”等诸多方面，许多政策立足于农民进城最终还要回乡，但现在的主流方向是相当一部分农民已经市民化，因此相关制度建设与政策法规应该如何调整也需要进一步研究。

2. 关于新型农村社区的建设问题

2011年《国务院关于支持河南省加快建设中原经济区的指导意见》中

---

① 参见《光明日报》2011年12月28日第11版的报道。

提出，“按照规划先行、就业为本、量力而行、群众自愿原则，积极稳妥开展新型农村社区建设试点，促进土地集约利用、农业规模经营、农民就近就业、农村环境改善”。对一段时间以来各地开展的新型农村社区建设试点工作，要密切观察、跟踪调研，及时总结经验发现问题，以扎实推进社会主义新农村建设。

3. 农业的进一步发展问题

收入增长要有产业发展的基础，生产发展中第一位的还是粮食生产。但是，各地工业化、城镇化过程中耕地流失严重，工商资本进入农业后农地的“非粮化、非农化”问题也应引起重视，以拆村并居为基础的土地整理在促进农业生产方面的作用也有待检验。因此，真正实现城镇化、工业化、农业现代化协同发展，还需要在国家层面确保13亿人的粮食安全与地方层面解决农业发展动力之间找到结合点，需要通过组织建设与制度创新解决农业发展的瓶颈，保障务农农民收入，调整城乡收入分配格局与地区利益格局。

4. 新农村建设中的政策如何法制化问题

文件加会议一直以来是贯彻落实新农村建设政策措施的基本运转方式，并且被证明是切实可行、富有成效的，但是逐步推进“三农”建设相关政策的法制化也是必然的趋势。当前，在农业、农村、农民问题上，仍有许多法律空白，法律的缺失以及现行法律的执行不力导致农业基础尚不稳固，一些支农政策效率低下，农民利益缺乏有力保障。在推进政策向法律延伸方面，首先需要确立和完善《中华人民共和国农业法》的基本法地位，同时要加强在农业投入、农村金融、农业保险等方面的立法研究。

5. 土地制度的进一步改革问题

当前土地制度在实践中往往面临两种权利的冲突，即作为个人权利的农村集体经济组织成员权与作为财产权利的用益物权之间的矛盾。需要在现有政策基础上，加快研究赋予农民长久不变的土地承包经营权的具体政策，并将其法制化。

6. 农村的民生问题

城镇化、工业化过程中农村青壮年劳动人口大量外流，如何克服由此带来的农村空心化、农民老龄化，以及与之相关的社会问题是一个重大难题，应出台这方面的相关政策。新农村建设的难点之一是医疗、卫生与社会保障等农村社会事业的发展，在推进城乡基本公共服务均等化过程中也要将其与解决农村空心化、农民老龄化的难题相结合。在消除贫困方面，新的人均纯收入 2300 元的扶贫标准已与国际标准接轨，贫困人口从 2628 万人上升到 1.28 亿人，这对扶贫方式、扶贫重点区域的扶贫政策都提出了新的要求。

7. 农村集体经济的产权界定问题

在农村现实经济生活中，村委会与集体经济组织职能交叉，自治组织与村集体高度重合，集体经济的产权模糊与促进农村人口流动是矛盾的。中国有 8 亿多农民，其中两亿多农民外出，包括 1.6 亿人跨乡流动，他们对村组集体资产所享有的基本权利应进一步明确。应探索制定“村集体经济组织法”，明确村集体经济组织的内涵、外延及其权能，明确村集体经济组织成员的资格、责任、权利和义务；厘清村委会和村集体经济组织之间的关系。

为了对上述问题开展后续研究，全书在开篇伊始增加“绪论”一章，题为“全面深化改革，构建新型城乡关系——社会主义新农村建设政策体系的后续研究”，目的是结合新形势新情况，提出新的问题，并针对问题进行初步研究，力图为下一步的研究打下基础。

在本项目的整个研究进程中，从立项、开题、问卷设计、问卷调查与案例研究，到数据的录入、数据库的建立、数据分析，研究报告的撰写、讨论、修改与定稿，许多同志都以各种方式参与了研究，为最终成果的完成做出了重要贡献。这项成果是集体智慧的结晶，凝聚了众多同志的汗水和辛劳。对于所有参与者的贡献，我们在全书伊始用“研究参与者的贡献”另文表述，不在此赘述。

社会科学文献出版社的谢寿光社长对这项研究成果的出版非常关心，提出了许多中肯的指导意见。社会科学文献出版社皮书出版分社的邓泳红社长、任文武总编辑等同志，为研究成果的修改、完善与出版，倾注了大量心血，做了许多细致而卓有成效的工作，特此一并致谢。

张晓山
2013 年 6 月

绪论　全面深化改革，构建新型城乡关系

——社会主义新农村建设政策体系的后续研究

党的十八届三中全会《决定》提出："城乡二元结构是制约城乡发展一体化的主要障碍。必须健全体制机制，形成以工促农、以城带乡、工农互惠、城乡一体的新型工农城乡关系，让广大农民平等参与现代化进程、共同分享现代化成果。"而促进工业化、城镇化进程与发展现代农业、建设社会主义新农村是统筹城乡发展、构建新型城乡关系、实现城乡经济社会一体化新格局大战略的两个相互关联、相互促进的有机组成部分。这两个部分的契合点就是中国农村的土地。本章是对新农村建设政策体系的后续研究，以农村土地问题上各个利益相关者之间的关系作为研究基点，首先分析制约新型城乡关系发展的财税、金融、资源配置格局以及行政管理体制等宏观制度性因素。在此分析基础上指出，在国民收入分配格局扭曲的情况下，土地财政与土地金融已成为地方政府谋求发展的重要财源，农民的土地成为中央政府与地方政府之间利益关系的焦点。近年来，全国各地农村以推进基本公共服务均等化、建设新农村为名进行的大规模的村庄整治、迁村并居往往与地方政府的"造城运动"、"圈地运动"、消灭村庄相结合，这种村庄整治的冲动有其深层次的共同的原因，那就是为地方政府推行土地财政和土地金融创造条件。但政府主导的多村合并、建设新型农村社区的模式在实践中有可能使农民在村庄整治上的知情权、参与权和决策权被剥夺，从而导致地方政府与农民之间利益关系失衡。传统的发展模式已经走入死胡同，土地财政与土地

金融不可持续，必须把全面深化改革作为协调各种利益关系，应对复杂局面的综合性、全局性举措，以改革破解难题。

一　构建新型城乡关系的宏观制约因素

城乡二元结构的消除、新型城乡关系的构建，必然受到宏观体制机制深层次矛盾的制约和影响，尤其受到现行财税体制、金融体制、资源配置格局、行政管理体制以及政府职能定位的影响。

（一）现行的财税体制导致中央政府与地方政府之间利益格局失衡

财税体制集中了财政收入、财政支出、中央和地方政府的预算、转移支付以及中央和地方的事权等诸多关系城乡与地区发展的关键问题。

1. 从“财权与事权相匹配”到“财力与事权相匹配”

分税制财政体制确立了中央财政收入稳定增长的机制。1994～2010 年中央财政自给率从 1.66 提高到 2.66。[①] 在中央财力增长的同时，有一个提法的变化应引起注意。《“十一五”规划纲要》曾指出，“县乡新的财政管理体制框架要体现财权与事权相匹配，以事权定财权，以责任定财权，对加强的职能要增加财力支持，对弱化的职能要减少支出；要体现财力支出向公共服务倾斜，向基层倾斜，切实增强乡镇政府履行职责和提供公共服务的能力”。而《国民经济和社会发展第十二个五年规划纲要》则提出：“按照财力与事权相匹配的要求，在合理界定事权基础上，进一步理顺各级政府间财政分配关系，完善分税制……加强县级政府提供基本公共服务的财力保障。”

从“财权与事权相匹配”到“财力与事权相匹配”的财政体制，一字之差说明什么？有的学者认为：“多级政府体系下，政府间事权划分的基本依据是受益范围与效率原则等，而财权配置遵循的是税种的基本属性。不同的原则和标准决定了‘财权与事权相匹配’不可能成为政府间财政关系的常态。”[②]

---

① 参见陈佳贵主编《中国经济体制改革报告 2012：建设成熟的社会主义市场经济体制》，经济管理出版社，2012，第 51～52 页。财政自给率 = 各级政府本级收入/本级支出。

② 参见陈佳贵主编《中国经济体制改革报告 2012：建设成熟的社会主义市场经济体制》，经济管理出版社，2012，第 128 页。

笔者认为财权即指地方的财政自主权，财力则只是指地方可用的经费。一字之差反映了利益分配思路与利益关系的变化。中央政府以“钱”而非“权”去摆平地方，在一定程度上，把地方当成一级预算单位，而不是当成一级政府。这是一种新型财税关系处理原则的具体体现，但这就带来一些深层次的问题。

2. 转移支付制度成为对基层政府进行财力分配的主导机制，专项转移支付居高不下

中央把钱收上去后很大一部分是通过财政转移支付再返还给地方，2002年，中央本级支出占中央财政支出比重为47.9%，2007年为38.7%，2012年为29.3%。2007～2012年，中央对地方包括税收返还在内的转移性支付由18137亿元增长到45383亿元（见表1）。国家审计署审计长刘家义在《2010年度审计工作报告》中指出：“转移支付制度由分税制财政体制的修正补充机制，变成了对基层政府进行财力分配的主导机制。”

表1　公共财政状况（2007～2012年）

单位：亿元，%

年　　份	2007	2008	2009	2010	2011	2012
中央公共财政收入	28612	33626	35916	42488	51306	56132
中央公共财政支出	29580	36335	43820	48331	56414	64148
其中:中央本级支出	11442	13344	15256	15990	16514	18765
占中央财政支出比重	38.7	36.7	34.8	33.1	29.3	29.3
中央对地方包括税收返还在内的转移性支付	18137	22991	28564	32341	39900	45383
中央对地方转移支付	14016	18708	23677	27348	34822	40263
其中:一般性转移支付	7125	8746	11317	13236	18300	21471
占转移支付的比重	50.8	46.8	47.8	48.4	52.6	53.3
均衡性转移支付	2504	3510	3918	4760	7487	8583
占转移支付的比重	17.9	18.8	16.5	17.4	21.5	21.3
专项转移支付	6891	9962	12360	14112	16522	18792
占转移支付的比重	49.2	53.2	52.2	51.6	47.4	46.7

资料来源：全国人大常委会预算工委编辑的《预算审查参阅资料》，2012。2012年数据来自财政部在第十二届全国人民代表大会第一次会议上提交的《关于2012年中央和地方预算执行情况与2013年中央和地方预算草案的报告》，2013。

财政转移支付中的突出问题是专项转移支付占的比重居高不下。党的十七大报告提出："加快形成统一规范透明的财政转移支付制度，提高一般性转移支付规模和比例"，从2010年情况看，一般性转移支付占转移支付的比重，从2009年的47.8%增长到2010年的48.4%，仅增长0.6个百分点，这种状况与加大一般性转移支付力度的要求还不相适应。刘家义审计长在报告中指出："2010年，在中央转移支付总额2.73万亿元中，专项转移支付为1.41万亿元，再加上一般性转移支付中有明确用途的2622.2亿元，共计有61.3%的转移支付是有明确用途的。"①

上述情况近年来有所改观，但进展不快。2011年，中央对地方转移支付的构成中，专项转移支付占转移支付的比重由2010年的51.6%下降为2011年的47.4%，2012年专项转移支付占转移支付的比重进一步下降到46.7%（见表1）。但专项转移支付占转移支付比重的下降在很大程度上是将体现基本公共服务均等化且按因素法分配的一些专项转移支付项目调整为一般性转移支付，这部分资金仍然是专款专用，有的还要地方配套，地方政府还是不能根据本地实际情况和最紧迫的需求来调剂使用。对地方政府来讲，最有意义的是均衡性转移支付，但2011年均衡性转移支付占总转移支付的比重为21.5%；2012年均衡性转移支付占总转移支付的比重为21.3%。《2011年度审计工作报告》指出，2011年"中央均衡性转移支付（7487.67亿元）比地方财政2011年标准收支缺口少3935.67亿元，不利于缩小地区间财力差异"。《2012年度审计工作报告》指出："转移支付结构不够合理。2012年，中央转移支付占中央公共财政支出的比重为62.77%；专项转移支付加上一般性转移支付中具有限定用途的5项资金后，实际规定了专门用途的转移支付占中央转移支付的比重为64.42%。""拨付地方的部分专项转移支付层层结存"，这种财政格局不利于地方经济社会事业的发展，无法使地方各级政府真正拥有为本地区提供基本公共服务和公共产品的财政能力。

3. 专项转移支付在一定程度上成为腐败的温床

专项资金问题的关键首先不在于比重和数额的大小，而是其分配的方

① 刘家义：《关于2010年度中央预算执行和其他财政收支的审计工作报告》。

式。在实际分配过程中产生了一种循环：中央通过分税制将钱从地方收上来，转化为中央各个部委的专项资金，地方再通过跑部进京，找部委再把钱要回来，这期间要产生大量的交易成本。中央政府的部委处于社会利益管理和分配的重要环节上，在改革开放和市场经济条件下，由于财富和利益的大量涌现，除去党政干部中出现的消极腐败现象外，本应该代表社会公共利益的某些政府部门也可能出现政府权力部门化、部门权力利益化的倾向，改革已经越来越受制于利益的因素。

各部委掌握大量专项资金的基本假设是各部门的领导最高明，知道资源应如何配置最有效。但实际上：第一，关于现代市场经济条件下的政府和市场，一个基本的理念是，面对未来瞬息变化的各种条件，政府只能是一个"有限理性"者，也就是说，究竟什么样的结构调整有利于资源的优化配置，政府部门或领导并不能做出准确的判断，这种判断只能由市场来做。这就是为什么计划经济必须让位于市场经济的本质原因之一。第二，各级政府部门是具有一定独立利益倾向的"理性人"，在缺乏有效制衡机制和监督机制的情况下，它们也要追求自身利益的最大化。如果追求政府的各种优惠政策或资源成为许多部门或市场主体的重要目标，而政府部门控制的专项资金投放给哪些地区、部门或市场主体的权力掌握在一些具体的部门、集团或人的手中，决策又具有很强的随意性和人为的成分，那么，严重的设租和寻租行为也将不可避免。这就形成一些在地方工作的同志尖锐地指出的国家出钱、部门分肥、基层与农民少得甚至得不到实惠的体制弊端。这种体制使得地方千方百计到中央部委争取项目，撤销地方驻京办事处等措施只是治标不治本，如果配置资源的权力仍掌握在一些中央部委手中，地方政府必然还要来跑项目，地方驻京办也必然要改头换面继续存在。专项资金在某种程度上已经成为部门腐败的根源，为毁掉一批干部创造了条件。

4. 专项资金投入分散、使用效率低下

专项资金掌握在中央各个垂直部门手中，在向下拨付过程中，还存在严重的资金投入分散、多头管理、重复交叉投入的低效率问题。国家审计署发布的2008年第6号审计结果公告《50个县中央支农专项资金审计调查结果》中指出："中央支农专项资金总体尚未有效统筹和整合，难以集中财力解决突出问题。目前，无论中央还是地方都没有一个对支农资金进行统筹管理的部门。从中央到省、市、县都有20个左右的部门参与资金管理，每个部门负责分配的专款少则一两项多则十几项；不同部门管理的专款相当一部分用途重复或交叉，如改善中小学办学条件、农民培训等方面，各约有3个部门分配管理5项左右专款。中央支农专项资金多头管理和多渠道分配的结果是，中央支农专款总量虽然不少，但经多个部门按项目逐级分解后，项目点多面广，资金严重分散。抽查的50个县中，中央投入的按项目管理的支农专项资金总额为23.87亿元，分散投向了4.55万个实施项目。由于部门间职能交叉、政策要求不统一、信息沟通不通畅，导致负责资金分配的部门间在项目选择、资金投向上很难协调，项目设置重复，政策目标及内容交叉。”

“十一五”时期，虽然开展了财政支农资金整合的试点，但主要针对农业资金进行整合，具体措施是以县为平台整合支农资金，各地的做法大体相似，例如：“各炒一盘菜，同办一桌席，各敬各的神”；“渠道不乱，性质不变，各投其资，各负其责，各司其职，各记其功”。但在县层面的整合受到上边垂直部门的制约，实践中的整合很难操作。

（二）农村金融改革滞后，现行的金融体制不利于破除二元结构、促进县域经济和中西部地区的发展

1.“三农”领域信贷支持力度不够，难以满足广大农户与农村企业的金融需求

农村金融改革真正的目标应是满足农户和农村小微企业的贷款需求，使农户和农村企业能以更便捷、快速和成本较低的方式获取金融服务。尽管当前商业金融、政策性金融和民间金融已经占领了农村金融市场，但广大农民群众对金融的多样化需求远未得到满足。根据银监会的相关资料，农村信贷结构不平衡，局部供求矛盾突出。农村金融最基本的矛盾仍是金融供给与金融需求的矛盾，现有农村金融体系难以向农民提供充足有效的金融服务，在中西部县域表现得更为突出。一是城乡不平衡，县域存贷比远低于城市地区。县域存贷比仅为57.6%，比城市地区低17.2个百分点。二是区域不平衡，中西部县域存贷比远低于东部县域，“抽瘦补肥”现象较为突出。中西部地区县域存贷比仅为53%。三是农业产业链上下游不平衡。农林牧渔业

贷款增速远低于城市企业涉农贷款，产业链前端贷款增速缓慢。2007 年以来，农林牧渔业贷款年均增速仅为 15%，比城市企业涉农贷款年均增速低 22 个百分点。农村金融信贷支持力度不足的根源不在于缺少资金，而在于缺乏富余资金转为信贷投入的配套机制。2011 年以来，信用社的存差资金就增加了 7743 亿元，但大量资金流出涉农信贷领域。随着农业现代化和城镇化的推进，局部供求矛盾有可能进一步加剧。①

2. 现行的农村金融体系造成金融乱象，农户和农村小微企业的金融需求无法得到满足

多元化、竞争性的农村金融体系应包括正规金融和非正规金融（民间金融）。农村的正规金融包括政策性、商业性和合作性金融。关闭农村合作基金会和与此同时进行的农村金融机构重组，导致农村金融网点密度急剧下降，各大商业金融机构从农村撤退。网点的减少有利于加强金融机构的管理、提高规模效益、节省机构本身的运作费用，但不利于农民和农村企业，大大增加了他们获得金融服务的交易成本，必然降低其经济绩效。

农村信用社的改革是向企业化、股份化方向发展，不可能也没有意向转变为真正的农村合作组织。由商业银行发起、控股的村镇银行的试点现在是 876 家。虽然在政策上是向社会资本和民营资本开放，但附加了许多限制，门槛很高，更多是试点、宣传和符号意义。农村的金融机构没有形成充分竞争的格局。

农村的金融体系中并没有农民所拥有、为农民提供金融服务的正规、系统的农民合作金融组织。2008 年 8 月 15 日发布的《货币政策执行报告》中，央行开出专栏讨论民间借贷，建议给民间借贷合法地位，并适时推出《放款人条例》，这是使民间借贷合法化的一个积极的信号，但至今也没有具体的政策措施和指导性意见。这就使民间金融必须挤进正规金融体系之中，打着各类正规金融的旗号，以便取得合法性，这就形成了农村的金融乱象。

根据银监会的数据，截至 2013 年 5 月底，银监会批准组建的农村资金

① 参见 2013 年银监会主席尚福林受国务院委托向全国人大常委会做的《国务院关于农村金融改革发展工作情况的报告》。

互助社仅 49 家，资产总额 15.3 亿元。除此之外是各类型的民间信用合作组织。如各级扶贫办组建的以财政扶贫资金为引导的村级扶贫互助社覆盖了全国 1.6 万个贫困村；全国扶贫基金会组建的农户自立服务社全国约 70 余家；部分省份试点组建农民资金互助社，其中多数没有注册登记。十七届三中全会发布的《中共中央关于推进农村改革发展若干重大问题的决定》提出："允许有条件的农民专业合作社开展信用合作。"由于专业合作社不需要验资，注册准入的门槛又很低，一些以资本营利为目的的公司或放款人也就以合作社资金互助部门的名义来吸收股金和农民闲散资金用于对外投资或放贷营利，混淆了合作金融与民间借贷的界限，扰乱了金融秩序，也使农户与农村企业难以获取贷款的局面无法得到根本改观。

（三）原有的资源配置格局导致地区资源配置失衡，资源配置过多地向沿海地区和大城市倾斜，中西部地区和县域经济发展乏力

1. 地区资源配置失衡

《国务院关于城镇化建设工作情况的报告》（2013 年 6 月）指出："京津冀、长江三角洲、珠江三角洲三大城市群以 2.8% 的国土面积集聚了 18% 的人口，创造了 36% 的国内生产总值，成为拉动我国经济快速增长和参与国际经济合作与竞争的主要平台。"这看上去是成绩，实际上是问题。中国过去相当长时期的政策选择及发展模式是将资金的投入和资源的配置向大城市和沿海地区倾斜。不仅城乡之间发展不均衡，地区之间的发展也不均衡，沿海地区和中西部地区之间在经济社会发展方面存在较大差距；农村的不同层级之间发展也不平衡，农村地区的县城、中心镇、公路铁路沿线、旅游区与农村边远地区之间也存在较大差距。不协调发展的后果是生产性经济资源以及优质的医疗卫生、教育、文化等公共资源向大城市和沿海发达地区集中，这些地区必然有较多的就业机会和个人发展的空间，这些地区也能给人才及其家属子女提供更好的公共服务和发展机会。各种层次的劳动力必然涌向这些地区，进一步加剧了地区间的失衡，同时造成了部分大城市污染严重、人口密度过大、交通堵塞等问题。而中西部和农村地区则资源配置严重不足，欠账太多。随着城镇人口快速增长，一些县城和小城镇的基础设施和公共服务已远远不能满足发展需要。

2. 县域经济发展缺乏经济基础

刘家义审计长在《2011 年度审计工作报告》中指出："县级财政性收入中非税收入占比较高，稳定性和可持续性较差。当前县级政府独享税种的税源较为分散，县级财政性收入主要来源于非税收入。2011 年，重点调查的 54 个县实现的财政性收入中，有 675.11 亿元（占 60%）是非税收入，且大多有专项用途，财政不能统筹安排。"在《2012 年度审计工作报告》中，他进一步指出："18 个省 2011 年的省域税收中，中央财政分成 52%，省、市、县各级分成 9%、13%、26%；地方税体系建设相对滞后，地方各级税收收入不能满足其当年公共财政支出的一半，其中地方独享税仅够 23%。地方支出又受达标增支政策的约束，其中教育、农业和科技等法定增支占公共财政支出的比例，省本级为 25%，市本级和县分别为 16%、28%，此外还要执行 39 项中央部门达标增支政策。"

县域经济，是统筹城乡发展的枢纽和联结点，是推进新型城镇化和构建城乡经济社会一体化新格局的平台和主战场，它应是最有活力的经济。一种几乎完全依靠上级补助维持运转的县域财政，靠挤占项目资金勉强度日的县域财政，是没有生命力和发展动力的财政体系，无法为县域的经济和社会事业的发展起到支撑作用。上述发展趋向显然与科学的发展观、以人为本的可持续发展的思路相悖。推进新型城镇化的目标也将难以实现。

（四）现行的行政管理体制和政绩考核机制使地方政府的职能难以转化

1. 传统的管理体制、干部考核机制及政绩观使得政府职能难以转变

当前在许多地区，传统的管理模式和干部考核机制、晋升机制仍占据主导地位。地方官员追求政绩，以 GDP 增长、财税收入增加和招商引资为中心任务，对上负责而不是对下负责的体制并没有退出历史舞台。河北省委常委班子"党的群众路线教育实践活动专题民主生活会"上提到有的领导干部"有时过于追求规模、声势和形式，有时就容易脱离实际"。有的领导干部"急于求成，急于证明自己，急于让领导认可，这种表现会促使我们去干一些与老百姓利益不相干的事情"。我们批评各级官员热衷于抓政绩工程的倾向，但实际上这是他们的一种理性选择。他们所抓的往往是投上级官员

所好、能短期内出成效的政绩工程，大多数人能通过这些政绩工程获得升迁的机会。出现这种政府行为短期化倾向的根源在于现行的对干部的考核、选拔和晋升机制，在于自上而下的官员任命体系，纠正各级官员热衷于抓政绩工程的倾向必须从体制机制的变革入手。

2. 与传统发展模式相对应的政府职能的定位难以发生根本变化，“地方政府公司主义”（Local State Corportism）没有退出历史舞台

官员要出政绩就要掌控资源。“地方政府公司主义”的核心是地方政府以直接参与资源配置、抓经济作为自己的首要任务。当前，“地方政府公司主义”还有市场，地方政府财政能力的相对匮乏和掌控当地资源（主要是农民的土地）的权力并存的局面并未发生根本变化。

随着中国经济的发展，中央政府和地方政府的基本任务也从实现经济增长这个单一目标转为实现经济发展、保护产权、维护市场秩序和社会公平正义、保护环境等多重目标，政府的职能必须转变。但职能的转变必然受到体制机制因素的制约。如果以掌控和集聚资源的能力作为评判政府强弱的标准，一些不发达地区的政府过去不是强政府，现在也正在努力成为强政府。

地方自身财力不足，转移支付又有诸多限制，在这种情况下，地方官员短期内最快捷和最能见效的办法和理性的选择是以地生财，通过大规模的村庄整治和征用农民的土地获取资金，来建设城市、招商引资、发展工业园区，获取财税收入和政绩。这就是地方政府大行“土地财政”和“土地金融”之道的根源。

二 土地财政与土地金融成为地方政府谋发展的重要财源，农民的土地成为中央政府与地方政府之间利益关系的焦点

在国民收入分配格局扭曲的情况下，土地财政与土地金融成为地方政府谋发展的重要财源。

（一）土地财政与土地金融

土地财政包含两部分：一是与土地有关的税收，如耕地占用税、房地产

和建筑业等的营业税、土地增值税等。二是与土地有关的政府的非税收入，如土地租金、土地出让金、新增建设用地有偿使用费、耕地开垦费等。目前地方政府主要看重的是土地出让金。以招标、拍卖、挂牌方式出让国有土地使用权所确定的土地价款是土地出让收入最主要的组成部分，占土地出让收入的绝大部分。依据现行政府收支科目，土地出让收入包括国有土地使用权出让金、国有土地收益基金、农业土地开发资金三部分。

农业土地开发资金支出首先用于土地整理复垦（田、水、路、村庄整治复垦）。国有土地收益基金支出用于土地收购储备过程中的征地拆迁补偿和土地开发等支出。国有土地使用权出让金支出中也有一块土地开发支出。这就使政府在农村土地开发中占有资金的优势，成为最大的开发者和投资者。这就产生了土地财政的一种循环：政府通过土地整治、开发，村庄拆并、复垦，获得新增耕地；再根据增减挂钩、占补平衡的政策措施，获取建设用地指标；再将新增建设用地“招拍挂”，获得土地出让金收入；将其中一部分收入再进行土地整治、开发。

政府利用国有土地收益基金通过土地储备中心征收和储存土地，再用征收和储存的土地，向银行抵押融资，这是现在很普遍的做法。但这已不属于土地财政范畴，而属于土地金融。最大的土地抵押客户实际上是政府土地部门下属的“土地储备中心”，土地储备中心是各地政府以地生财的重要部门。此外，政府还承诺用土地出让收入作为偿债来源来向银行举债。刘家义审计长在《2011 年度审计工作报告》中指出：“截至 2010 年底，全国省、市、县三级地方政府性债务余额共计 107174. 91 亿元……部分地方的债务偿还对土地出让收入依赖较大，至 2010 年底，地方政府负有偿还责任的债务余额中，承诺用土地出让收入作为偿债来源的债务余额为 25473. 51 亿元……”

这就产生了土地金融的一种循环：政府通过土地抵押获得贷款来收购土地；再通过出让土地获得土地出让金收入，企业特别是房地产企业得到土地后搞开发，来增加政府的房地产税和建筑税；政府进一步来收购土地。[①]

政府土地金融的融资额，已远远高于土地财政的收入，这也是促使城市土地扩张，征占农民集体土地的机制。正如有的学者所指出的，政府的土地

---

① 参见黄小虎《解析土地财政》，《红旗文稿》2010 年第 20 期。

财政和土地金融之所以可以如此高效率地运作，建立在一个社会分配的前提之上，即政府可以用低成本和垄断性的行政手段从农村获得土地。①

城乡一体化进程本质上是利益格局的调整，政府推行土地财政和土地金融，实际上是两个方向的土地变性：在政府运用资金进行土地整治后，离城市较远的农区的农民通过集中居住，将节约下来的集体建设用地（宅基地为主体）变性为农用地，增减挂钩、指标置换后在城镇建新区的农用地再变性为城市经营性用地，政府虽须从土地出让收入中支付整理成本、拆迁建房成本，但仍可获取非常可观的净收益（国有土地使用权出让金收入减去成本）。农民上了楼，似乎居住条件改善了，耕地增加了，但农民等于减少了可利用的资源，土地增值空间大大缩小，农区的农民再也没有获取土地增值收益的可能性了，实际上是失去了自己的发展权。政府与农民的利益格局还是失衡的。

（二）国有土地使用权出让金收入成为地方的重要收入来源

除地方财政收入之外，2010 年地方政府性基金收入中的国有土地使用权出让收入达 29109 亿元，是地方财政收入总量 72959.43 亿元的近 40%。2011 年国有土地使用权出让收入 33166.24 亿元，为地方财政收入总量 92333.82 亿元的 36%。2012 年地方本级收入 61077.33 亿元，增长 16.2%。加上中央对地方税收返还和转移支付收入 45383.47 亿元，地方财政收入总量 106460.8 亿元。2012 年地方政府性基金收入（本级）34204 亿元，比上年减少 4029 亿元，下降 10.5%，主要是土地出让成交额下降；国有土地使用权出让收入 28517 亿元，比上年减少 4656 亿元，下降 14%。但仍占地方财政收入总量的 26.8%。地方政府性基金支出 33893.87 亿元，下降 10.3%，其中国有土地使用权出让收入安排的支出为 28418.19 亿元。

2013 年，土地财政强势反弹。据财政部的数据，2013 年上半年地方政府性基金本级收入 19395 亿元，增长 41.9%，主要是受土地成交额增加及上年同期收入基数较低的影响，其中，国有土地使用权出让收入 16722 亿元，增长 46.3%（上年同期下降 27.5%）；地方政府性基金支出 16901 亿

---

① 参见周飞舟《“土地财政”的两种模式——浙、陕的两个案例研究》，刊登于《中国制度变迁的案例研究（土地卷）》第八集，中国财政经济出版社，2010。

元，增长 32.4%，主要是因国有土地使用权出让收入增加，相应安排的征地补偿等成本性开支增加。

（三）城镇化进程中在土地问题上中央政府的政策与地方政府的反应

1. 全国土地的类型与结构

中国农民与农村土地之间的关系，是中国最重要的经济关系，也是最重要的政治关系。根据表 2 的数据，建设用地占全国国土面积的 3%。在 4.8 亿亩的建设用地中，据有关资料统计，中国农村有建设用地 2.48 亿亩，其中 80% 是农民的宅基地，也就是 2 亿亩左右。[①] 另外一个渠道的数据是农村的建设用地大概为 17 万平方公里（2.55 亿亩）。[②] 由于 18 亿亩耕地的红线难以突破，新型城镇化的重点就是围绕着农民这 2 亿多亩建设用地来做文章。如何制定相关的政策措施，处理好农民与土地之间的关系、从横向来说，一头关系到中国城镇化、工业化进程能否顺利进行，另一头关系到发展现代农业和建设社会主义新农村。从纵向来说，关系到中央政府与地方政府之间的关系、政府与农民之间的关系，以及普通农民与村干部之间的关系。

表 2　全国土地资源构成

类　别	数量（万平方公里）	数量（亿亩）	占全国国土面积比例（%）
建设用地	32	4.80	3
耕地	122	18.30	13
园地	11.5	1.73	1
林地	236	35.40	25
其他农用地	25.5	3.83	3
牧草地	262	39.30	27
未利用地	271	40.65	28
总面积	960	144.00	100

资料来源：见中国金融四十人论坛课题组《土地制度改革与新型城镇化》，《新金融评论》2013 年第 4 期，中国金融出版社，第 99 页。

---

① 参见杨沛英《农村社会管理》，社会科学文献出版社，2012，第 33 页。

② 参见《农村金融论坛》专题研讨会讨论发言，2013 年 5 月 25 日。

2. 国家相关法律法令及条例与地方政府的反应

（1）出于对国家粮食安全的考虑，国家出台了保护耕地的《基本农田保护条例》，经1998年12月24日国务院第12次常务会议通过，自1999年1月1日起施行。第十条规定，“根据土地利用总体规划，铁路、公路等交通沿线，城市和村庄、集镇建设用地及周边的耕地，应当优先划入基本农田保护区”；第十五条则规定：“基本农田保护区经依法划定后，任何单位和个人不得改变或者占用。国家能源、交通、水利、军事设施等重点建设项目选址确实无法避开基本农田保护区，需要占用基本农田，涉及农用地转用或者征用土地的，必须经国务院批准。”这就使工业、城市发展对具有区位优势的建设用地迅速增长的需求与基本农田保护的红线之间形成了尖锐矛盾，成为一个无解的难题。

（2）通过增减挂钩来破解地方政府城镇化进程中遇到的难题。

1998年12月24日国务院第12次常务会议通过，自1999年1月1日起施行的《〈中华人民共和国土地管理法〉实施条例》第18条规定：“县、乡（镇）人民政府应当按照土地利用总体规划，组织农村集体经济组织制定土地整理方案，并组织实施。地方各级人民政府应当采取措施，按照土地利用总体规划推进土地整理。土地整理新增耕地面积的百分之六十可以用作折抵建设占用耕地的补偿指标。”

近年来开展了城镇建设用地增加与农村建设用地减少相挂钩的工作。为在促进城镇化进程的同时，尽可能减少全国建设用地增加的幅度，2004年发布的《国务院关于深化改革严格土地管理的决定》提出，“鼓励农村建设用地整理，城镇建设用地增加要与农村建设用地减少相挂钩”；农村建设用地减少，增加的是什么呢？通过宅基地的复垦来增加农村农用地。中央政府试图通过这样的政策举措来解决工业化城镇化需要区位优势明显的建设用地和保护基本农田之间似乎无解的难题。

根据国土资源部2005年制定的《关于规范城镇建设用地增加与农村建设用地减少相挂钩试点工作的意见》，增减挂钩是指依据土地利用总体规划，将若干拟复垦为耕地的农村建设用地地块（即拆旧地块）和拟用于城镇建设的地块（即建新地块）共同组成建新拆旧项目区。建新地块的总面积不得大于拆旧地块的总面积。建新地块中，用于安置拆旧地块农村居民的土地面积应低于原占用面积，其他建设用地的集约利用水平应高于现有存量建设用地。拆旧地块复垦耕地的数量、质量应不低于建新占用的耕地，并与基本农田建设和保护相结合。通过建新拆旧和土地复垦，最终实现项目区内建设用地总量不增加，耕地面积不减少、质量不降低，用地布局更合理。2006年，国土资源部批准山东、天津、江苏、湖北、四川5省市为增减挂钩第一批试点；2008年颁布《城乡建设用地增减挂钩试点管理办法》，其后批准多地开展试点。

（3）国家此后出台的规范城乡建设用地增减挂钩政策的相关规定。

2008年，国土资源部发布了《城乡建设用地增减挂钩试点管理办法》（国土资发〔2008〕138号）。同年，国土资源部还发布了《关于进一步加强土地整理复垦开发工作的通知》（国土资发〔2008〕176号）。

2008年的十七届三中全会《中共中央关于推进农村改革发展若干重大问题的决定》提出："继续推进土地整理复垦开发，耕地实行先补后占，不得跨省区市进行占补平衡。""农村宅基地和村庄整理所节约的土地，首先要复垦为耕地，调剂为建设用地的必须符合土地利用规划、纳入年度建设用地计划，并优先满足集体建设用地。"2010年发布的《国务院关于严格规范城乡建设用地增减挂钩试点　切实做好农村土地整治工作的通知》（国发47号文）中制定的政策进一步规范了增减挂钩试点工作，提出了一系列严格要求，要求坚决制止实施过程中脱离发展实际、侵害群众利益等各类违法违规行为。

（4）中央政府对地方政府占地冲动的抑制和地方政府的反应及对策。

增减挂钩成了地方政府破解工业化、城镇化需要区位优势明显的建设用地和保护基本农田之间矛盾这一无解难题的最有效的手段，也成为地方政府在新农村建设和新型城镇化中着力推行的政策举措。有的学者认为："增减挂钩政策确实为地方政府反制中央政策提供了有力的武器，而这个武器却是中央给的。"并认为增减挂钩为地方政府提供了新增建设用地指标，称之为"计划外指标"①。但如果梳理国家这一系列相关政策，就可以看出，中央政

① 田孟：《一石三鸟？——对城乡建设用地增减挂钩政策的批判》，《战略与管理》2013年第4期。

府一方面开了口子，另一方面对增减挂钩设置了许多限制条件，目的就是抑制地方政府拿地和卖地的冲动。如严格按照这些规定，增减挂钩试点要纳入年度建设用地计划，一部分集体建设用地复垦后除了吸引本地和外来资本从事农业规模经营外，农地转为非农用地大幅度增值的可能性将大大降低，地方政府占农民土地的冲动将受到极大的抑制，也正因为如此，地方政府希望突破或修改这些规定。

2008 年，国土资源部发布的 176 号文规定："要严格落实耕地'占补平衡'制度，各类非农建设占用耕地，应立足于本市、县行政区域内补充完成。""严禁跨省（区、市）补充耕地。"2010 年国发 47 号文再次重申这一点。土地整治后节余的建设用地指标不能跨县（市、区）流转，这一政策规定有其合理性，但也限制了基层政府开展土地综合整治的积极性以及对拆旧建新农民的安置补偿。据某地级市有关人员反映，该市一些县在土地综合整治中对农民补偿不高的重要原因就在于节余指标不能流动，每亩新增建设用地只能卖 4 万元。有的县级政府领导提出："县域内指标流转产生不了很大效益，本县根本消化不了，没有效益，农民口袋没有钱，能否突破 2010 年国发 47 号文，跨市，先不说跨省，省里占补平衡指标 6.1 万元/亩，重庆每亩 20 多万元。我们要把收益返还农民，但指标限制流转，农民得不到利益。"

国土资源部 2008 年 138 号文规定："挂钩周转指标从项目区整体审批实施至指标归还的期限一般不超过三年。"有的村采取增减挂钩的方法来解决新型社区的占地问题。但是，新型农村社区建设从规划建设、搬迁入住到腾退土地周期一般需要 5 年以上。2010 年国发 47 号文规定："试点必须符合土地利用总体规划和土地整治规划，纳入土地利用年度计划。严禁突破挂钩周转指标设立挂钩项目区，严禁项目区跨县级行政区域设置，严禁循环使用周转指标。"有的地方则提出，希望探索跨省易地开垦耕地试点，在全国范围内实现土地资源的合理配置。希望实现土地指标以及用地空间规模的双置换，希望有更多的周转指标和更长的周转期限。

在农村土地问题上，中央政府有关部门与地方政府之间的博弈表明，国家相关政策往往难以具体落实，或是在执行中走了样，甚至被地方政府按照自身意愿加以扭曲。地方政府从自身利益出发，通过一系列的运作，仍能突破国家相关政策规定，快速推进土地资本化的增值进程，要害可能就出在运作的方式和方法上。

3. 土地财政和土地金融导致城市建设用地利用率低下

中国的人均城市建设用地面积高于世界发达国家和发展中国家，但开发强度普遍偏低，土地投入产出率低，城市土地利用结构和布局不尽合理，闲置率高，开发区土地利用粗放。工业用地容积率一般为0.3～0.6，发达国家在1以上。2012年的国务院有关报告中指出："过去10年我国城镇规模扩大了50%，城镇低效用地占40%左右，人均建设用地120～150平方米，高于国家标准，高于资源短缺甚至资源丰富的国家。"①

在城镇化进程中，地方政府的着力点是土地的扩张。长期以来，中国人口城镇化的速度赶不上土地城镇化速度。城镇化往往首先是土地的城镇化。地方政府为什么不去注重提高现有建设用地的利用效率？新型城镇化进程中能否着重将现有城镇土地用好，集约化用地，提高土地的利用效率，而不是一味去扩张圈新地？一些地方政府在城乡统筹方面，在土地资本化上下功夫，重点不是放在城乡基本公共服务的均等化方面，而是盯着建设用地指标，或是自己搞开发，或是卖指标，因为这里有巨大的增值收益。对地方政府来说，不仅是要地，更重要的是要卖地的收益。已经征收土地的收入已经透支了，所以要继续去征收农民的土地获取新的收益。这就注定地方政府不会去关注集约用地而是不断去占用新地。有人把房价上涨、生态环境破坏，都归之于国家要保证18亿亩耕地，导致土地供应量太少，其实关键不是供地太少，而是地方政府每年都要卖地指标，以便获取新增的卖地收益。

三　地方政府与农民之间的利益关系——从新农村建设到新型农村社区建设再到新型城镇化

地方政府推行土地财政和土地金融都是占用农民的土地，地方政府与农民之间的利益关系集中体现在通过农村土地整治获取建设用地指标。近年来全国各地农村以推进基本公共服务均等化、建设新农村为名进行的大规模的

① 参见2012年12月25日，时任国土资源部部长徐绍史受国务院委托，向全国人大常委会所做的《国务院关于土地管理和矿产资源开发利用及保护工作情况的报告》。

村庄整治、迁村并居（一些地方叫“缩村让地”、“迁村腾地”，或是叫“拆院并院”）往往与地方政府的“造城运动”、“圈地运动”、消灭村庄相结合。全国各地农村都开展的类似的举措背后必然有共性的规律可循。这种村庄整治的冲动有其深层次的共同的原因，即为地方政府推行土地财政和土地金融创造条件。

（一）新型城镇化中的新型农村社区建设

《国务院关于支持河南省加快建设中原经济区的指导意见》（国发〔2011〕32号文）中提出：“按照规划先行、就业为本、量力而行、群众自愿原则，积极稳妥开展新型农村社区建设试点，促进土地集约利用、农业规模经营、农民就近就业、农村环境改善。”近年来，全国各地农村都在开展新型农村社区建设，而2013年1号文件又强调：“农村居民点迁建和村庄撤并，必须尊重农民意愿，经村民会议同意。不提倡、不鼓励在城镇规划区外拆并村庄、建设大规模的农民集中居住区，不得强制农民搬迁和上楼居住。”这其中反映出什么问题呢？

1. 新型农村社区建设的关注点

前面提到，中国农村有建设用地2.48亿亩，其中80%是农民的宅基地，也就是2亿亩左右。新型农村社区建设的关注点就是以农民宅基地为主体的这2亿多亩农村集体建设用地。

海南某市，2004年农村居民点用地5292公顷（79380亩），按照海南省的规定农村宅基地面积每户不超过175平方米；民房改造后，仅需1000公顷土地。按照公共基础设施需要的集体建设用地657公顷；通过新村建设可节约农村建设用地3645公顷，折54675亩，是该市土地储备的3倍多。

西部某直辖市的一位副市长曾提到，该市农村居民人均建设用地为城镇居民的2.5倍。1000万农民进城后将其复垦，可盘活1600平方公里用地指标。联系耕地占补平衡，如果复垦“补”出来的建设用地指标，通过市场招标方式来落实，就可提升土地效益，其增值收益就能反哺农村。

中原某省农村人均村庄用地248平方米，而国家最高限为150平方米，不包括村办企业、农村道路。如按照人均村庄用地150平方米来重新规划，理论上来说，今后10~15年，在不考虑农村向城市转移的条件下，可以新增农业用地900万亩，这还没有考虑农村人口向城市转移的问题。

显然，地方政府关注的是通过村庄整治可以将农村集体建设用地复垦，并通过增减挂钩、占补平衡来获取宝贵的建设用地指标，从而缓解“三化”协调发展中的土地制约，为推行土地财政和土地金融创造条件。

2. 多村合并成为最受地方政府青睐的模式

村庄整治分为两类：一类是对单个行政村或其中的几个村民小组（或自然村）的整治从而实现农民集中居住；另一类是多村合并，几个行政村的农户拆除旧房，在划定的区域上修建新房，从而实现多村农户的集中居住。多村合并的新址选择主要有三种方式：第一种是集中在县（市）周边。这类社区大都依托于产业集聚区和已有的较为完备的基础设施及公共服务，实行较多行政村和较大人口规模的集中居住。第二种是集中在乡镇政府所在地的周边。第三种是在农村区域内的集中，通常是几个行政村合并到中心村或重点村。单村整治的选址大体也可分为两种，一种是在旧村中翻建，另一种是村域内重新选址建设。[①] 近几年所实施的由政府主导的多村合并，往往节约出的土地最多，最受地方政府推崇，但也成为地方政府与农民之间利益关系失衡的焦点问题。

（二）新型农村社区建设的成绩和问题

村庄整治和新型农村社区建设，改变了农村脏乱差的局面，有助于改善公共资源投入规模不经济的状况，使得农村的基础设施和农民的居住条件、生活环境在较短时间内有了明显改善。通过集中居住，宅基地复垦所增加的建设用地指标，也成为地方政府的宝贵资源，缓解了推进城镇化、工业化所需土地与保护基本农田之间的矛盾。但这种空间布局的巨大变化也会带来一些问题。

1. 多村合并有可能导致运动式的搬迁

由政府主导的多村合并往往节约出的土地最多、最受地方政府推崇，但这就必然导致整村搬迁，在具体实施方面往往采取定指标、下任务、搞运动

① 参见中国社会科学院农村发展研究所《土地综合整治促进城乡统筹发展作用研究》课题组的“土地整治课题总报告”（待发表）。

的方式进行，可能走入圈地造城、赶农民上楼的误区。农民的知情及参与具有促进村庄整治顺利开展的功能。但在政府及村干部主导、自上而下决策和推动的村庄整治中，农民的知情权、参与权和决策权在很大程度上被剥夺了，从而影响了农民村庄整治的顺利推进。

2. 村庄整治的整体规划还有待完善

规划是保障土地整治健康有序推进、合理安排土地整治项目和资金的基本依据。根据中国社会科学院农村发展研究所“土地综合整治促进城乡统筹发展作用研究”课题组的调查，尽管被调查点都制定了农村社区在内的土地综合整治规划，但规划本身存在着稳定性差、要求偏高等一系列的问题，从而影响了村庄整治的顺利推进。①规划的目标要求偏高、进度偏快。新型农村社区建设应是一个自然的循序渐进的过程，政府设立建设推进速度是应该的，但所确定的目标不宜过高。否则，就会造成基础设施的跟进困难等方面的问题，从而影响农民参与拆旧建新的积极性。②规划缺乏严肃性和可持续性。如有的省的村庄布局规划就经历了 3 次调整。③规划的设计缺乏灵活性。调查发现，多数社区的建筑格局、样式和房屋面积都是由在业内享有一定名气的专业设计单位设计的。一些社区在新房的修建上，各户不论人口多少，其宅基地面积和建筑面积没有差异，建筑样式也完全统一。但是，由于各户之间的人口数量存在着差异性，在家庭人口数量相等的情况下，各家人口的内部结构及其就业和居住的常住地呈现出较大的差异。在经济分化的背景下，各户之间的经济条件各不相同，这种差异会形成农户之间对新房面积需求的差异。

3. 多村合并形成较大规模社区的基础设施投入的可获得性存在问题

据在某省的调查，5000 人的社区，需要 2000 万 ~ 2500 万元的公共设施投入；一个省如有大约 5 万个村庄，如建设 1 万个农村社区，就需要 2000 亿 ~ 2500 亿元的公共投入。在财力不足的情况下，在试点和建样本时，政府可以有较多的投入，但到普遍推开时，就需要社会资本、村集体、农户等多主体的共同投入。社会资本的投入必然要求回报，村集体、农户的投入必然加重农民的负担，可能出现集中居住的成本完全由农民负担的现象。根据农村实地调查，由于补偿的差异，个别地方的农民几乎可以零成本入住新社区。但大多数地方农民则得不到任何补偿，集中居住的成本完全由农民负担。

4. 集中上楼后的居住成本的负担问题

根据中国社会科学院农村发展研究所课题组的调查，集中居住的家庭开支的增加主要由水电气、物业管理费用等的增加和食品开支的增加两大因素构成。农民食品开支增加与蔬菜、鸡蛋等日常消费品的完全商品化有直接关系。集中居住对专业养殖大户养殖收入的影响很大，而对以家庭为单位的小规模养殖农户的冲击更大，甚至是毁灭性的。小规模兼业农户在中国将长期存在，妇女及老人可能是这部分农户的主体，对这部分边缘性的小农，集中上楼居住后的影响无疑是居住成本上升、收入下降、生活水平和福利水平下降。

5. 集中居住后，务农劳动者从事农业生产的便利性降低

村庄整治后，较多的新型社区没有安排置放农具以及粮食晾晒的场所。在集中居住的农户调查中，村庄整治更大地降低了进社区农民从事农业生产的便利性，导致农业生产的粗放经营。

6. 多村合并、集中居住的模式使原有的乡村治理机制面临挑战

一些试点地区提到“新型农村社区打破了村与村、组与组、宗族与宗族的传统居住习惯”，提倡建立“广入住、大融合、谋发展、促和谐”的新体制。一些地区倡导把城市的社会治理结构移植到农村地区。在进行农村的要素重新配置、空间布局大调整时，是借鉴和有条件地保留原有的制度遗产，还是另起炉灶？究竟哪一种思路和做法更有利于社会稳定发展，有利于保障农民的权益和增进农民的福祉？

什么是原有的制度遗产？几千年的村落文化、农耕文明、熟人社会、家族宗族关系的维系基础，以及近几十年来农村的治理结构，尤其是改革开放以来，包括村委会、村民代表会议、党支部、村民小组、村务公开、村民理财小组、村民议事会等，这些正式和非正式制度安排，都可以算作制度遗产。保留或扬弃它们的利弊得失，需要进一步研究。

7. 几点思考

村庄整治是触动农村生产方式、生活方式和社会结构的历史性变革，是农村空间布局的重新调整、农村山河的再造，这方面有些问题也应引起注意。

（1）农民现在已经高度分化成为不同的群体，以非农业就业为主的农民，与以农业就业为主的农民，对生活条件的需求是不一样的。在农村开展各项工作，要考虑不同群体人数的最大公约数，不仅要体现多数人的意愿，也要充分考虑少数人的特殊情况和合理要求。要考虑不同经济社会地位的农民群体，在大的社会变迁进程中的损与益。让农民迁离世代居住的家园和改变长期形成的生活方式，必须顺应经济社会发展规律和尊重农民的意愿，警惕用搞运动的方式出现新一轮剥夺农民土地的倾向，不能剥夺农民作为用益物权人对承包地和宅基地依法享有的财产权利，违背农民意愿搞大拆大建。本书第七章就提及："政府绝不能将专业农户迁移到新建集中居住小区。"还提到："只有尊重农民意愿，特别是不去强制那些游移不定的农户搬离村庄，才能为专业农户的成长创造空间。"笔者认为，集中上楼居住既不适合专业农户，也不适合小规模兼业农户。农民的居住方式是由其生产方式所决定的，在一定的历史阶段分散居住在地域内符合务农劳动者的生产方式和生活需求。

（2）如何在建设新农村和新型农村社区的进程中进一步落实因地制宜，一切从实际出发，不搞一刀切？中国农村具有高度的差异性和多样性，经济发达地区与欠发达地区不同，城中村、边远山村和农区村庄不同。什么是现代化的农村？把农村建设得更像城市，还是把农村建设得更像农村？这些问题应进行深入研究。中国文化的母体基因在乡村。要彰显地方特色，将农耕文明的精华与现代文明的精华有机结合起来，注重将传统村落、自然风貌、文化保护结合在一起，在原生态村庄嫁接现代文明，使现代化的中国村庄具有中国特色文化符号。

四　破除现有体制机制的约束，全面深化改革、构建新型城乡关系

深层次矛盾的消除有待时日，财税和金融体制改革不可能一蹴而就，但我们没有别的出路，必须把全面深化改革作为协调各种利益关系，应对复杂局面的综合性、全局性举措，以改革破难题。

（一）传统的发展模式已经走入死胡同

如果继续走"摊大饼"和"圈地运动"的城镇化道路，依赖土地财政和土地金融，大投资、大建设、大发展，农村补贴城市，资源补贴发展，沿用不可持续的非科学的发展模式，这条路还能走得通吗？

根据财政部的数据，征地和拆迁补偿支出与补助被征地农民支出两项之和占国有土地使用权出让金支出总额的比例从 2007 年的 27.9% 上升到 2012 年的 53.8%（见表 3）。财政部受国务院委托，2012 年 3 月 5 日在第十一届全国人民代表大会第五次会议上所提交的《关于 2011 年中央和地方预算执行情况与 2012 年中央和地方预算草案的报告》中指出，2011 年地方政府性基金本级收入 38233.7 亿元。其中，国有土地使用权出让收入 33166.24 亿元，国有土地使用权出让收入安排的支出 32931.99 亿元。征地和拆迁补偿等成本性支出 23629.97 亿元，占支出的 71.8%，余下还有 9302.02 亿元。2012 年，土地出让收入安排的支出 28418 亿元，其中征地拆迁补偿等成本性开支占地方土地出让支出总额的比重上升到 79.6%。

表 3　国有土地使用权出让金的支出结构

单位：亿元，%

年份	国有土地使用权出让金支出总额	①征地和拆迁补偿支出	②土地开发支出	③城市建设支出	④农村基础设施建设支出	⑤补助被征地农民支出	①与⑤之和占国有土地使用权出让金支出总额的比例
2007	6044	1609	660	2237	184	79	27.9
2008	9525	3508	860	3024	338	158	38.5
2009	12255	4774	1249	3341	433	195	40.5
2010	26622	10207	2480	7621	1077	457	40.1
2011	31052	14359	5325	5565	760	690	48.5
2012	26664	13829	5116	3049	486	521	53.8

注：其他的一些支出项，如土地出让业务支出、廉租住房支出、教育资金安排的支出、支付破产或改制企业职工安置费、棚户区改造支出等项未列入。

资料来源：财政部官网数据。

2013 年 6 月审计署发布了《36 个地方政府本级政府性债务审计结果》，报告中提到："部分地方以土地出让收入为偿债来源的债务余额增长，但土地出让收入增幅下降，偿债压力加大。"该报告指出："2012 年底，4 个省本级、17 个省会城市本级承诺以土地出让收入为偿债来源的债务余额 7746.97 亿元，占这些地区政府负有偿还责任债务余额的 54.64%，比 2010 年增长 1183.97 亿元，占比提高 3.61 个百分点；而上述地区 2012 年土地出让收入比 2010 年减少 135.08 亿元，降低 2.83%，扣除成本性支出和按国家规定提取的各项收入后的可支配土地出让收入减少 179.56 亿元，降低 8.82%。这些地区 2012 年以土地出让收入为偿债来源的债务需偿还本息 2315.73 亿元，为当年可支配土地出让收入的 1.25 倍。”

土地补偿支出所占比例越来越高，甚至收不抵支，土地财政和土地金融已经不可持续。同时，在征收农民土地补偿问题上按照“人民内部矛盾用人民币解决”的原则并不能从根本上解决问题，反而给群众提供了一种误导性的预期，陷入“大闹大解决，小闹小解决，不闹不解决”的怪圈，导致社会矛盾越加激烈。

（二）深化行政管理体制改革和财政体制改革

1. 深化行政管理体制改革和财政体制改革，协调中央政府与地方政府之间的利益关系，调整国民收入分配格局

必须把深化农村改革和深化宏观经济体制的改革相结合，尤其是着力于中央和省一级的行政管理机构的改革和县级综合配套改革，更自觉地调整国民收入分配结构，协调“条条”与“块块”的关系，中央与地方以及地方的上级层次与基层之间的利益关系，同时使政府资金的投放更为制度化、规范化和透明，建立一个更为公平的国民收入再分配体系。

国务院《关于国务院机构改革和职能转变方案的说明》（2013 年 3 月 10 日）中提到：“减少专项转移支付，大幅度减少、合并中央对地方专项转移支付项目，增加一般性转移支付规模和比例……为地方政府更好地履行职能提供财力保障。”要调整既得利益格局，建立规范的横向和纵向财政转移支付体系，财政的“重心”要适当下移，要显著增强地方政府特别是基层政府的财政能力。大幅度地减少专项资金，从源头上削减中央各部门配置资源的权力，增大体制性、制度性的转移支付，将事权与财权一起下放，使转移支付做到制度化、规范化、法制化，杜绝“上边点菜，基层买单”的现象。使地方政府真正拥有为本地区提供公共服务和公共产品的经济能力，这样地方政府才有可能从经济型政府（公司主义的政府）转为服务型政府，新型城镇化才有一个健全的制度框架。

2. 建立对权力的有效监督制衡机制

监督制衡主要不是靠垂直部门（“条条”）自上而下，而是靠“块块”

自身的监督制衡机制。如果这种机制阙如，有自主权的财政重心下移，也会出现问题。一些农村的领导同志指出，当“三农”排不到重中之重的位置上的时候，要调整这些深层次的利益关系，这个天平是一定不会向农村倾斜的。在目前的情况下，农业政策不是一个整合的问题，是在原有基础上怎么保证稳定、扩大规模、提高补贴水平的问题。应该承认，他们的担忧不无道理。在现行体制下，地方政府官员偏好的优先序和人民群众需求的优先序有时并不一致。政府的强势部门和弱势部门在获取财力的能力上也有所差异。必须将向地方政府放权与深化改革相结合。一是制定科学的计算转移支付的指标体系和标准；二是落实党的十八大报告提出的，要“加强对‘一府两院’的监督，加强对政府全口径预算决算的审查和监督”①。立法权与行政权分立的核心不在于分权而在于制衡。世界各国大都把关乎国计民生的预算置于一定的外在权力监督之下。按照公共产品的受益范围界定各级政府的事权和支出责任，切实将政府收支全部纳入预算。所有的政府性财力全部进入一个预算体系，使一切预算外的财政活动都纳入人大的控制范围，真正实现财政公开透明，通过公共选择来配置资源。

人大、政协、社会团体、群众组织要强化对各级政府的问责、质询和监督、制衡。要改革干部考核和晋升机制，使“功成不必在我”的理念有切实的制度保障，这样才能减少政绩工程、寻租行为和决策的随意性，有利于杜绝腐败，提高经济效率，真正使财政体制具有平衡地区间提供基础性公共服务的能力。

（三）深化农村产权制度改革和乡村治理机制的改革，协调地方政府与农民之间的利益关系，让农民分享土地的增值收益

1. 以农村土地产权制度改革为中心的农村集体资产产权制度的改革，是发展现代农业、建设新农村的基础和前提

《宪法》与其他相关法律规定，农村土地属于集体所有。但这个“集体所有”在产权上有许多不清晰的地方，“集体所有”落实到哪一个层级的集体不清楚，“集体所有”由谁来代表集体行使所有权的各项权能不清楚，法

① 全口径预算应包括公共财政预算、政府性基金预算、国有资本经营预算和社会保障预算。

律赋予农村集体成员所享有的成员权与用益物权之间存在矛盾，这就使农村土地资源所有者不能成为土地制度变革的主体和主导力量，从而也就影响了他们合法合理地分享土地增值收益。通过土地确权、明晰集体的层级、集体成员资格的界定等全方位的产权制度改革，使集体经济组织成员能摸清和掌握自己所在集体的全部家底并将自己对土地承包经营权、宅基地的用益物权以及集体资产的收益权做实。在一定程度上可避免有的地区出现村干部背着群众把地卖了，而群众却处于“不知道卖了多少地，也不知道还剩下多少地”的窘境，为农民合法行使权利、稳定农村经济关系和政治关系创造了条件，并为创新农业基本经营体制奠定了坚实的产权基础。

2. 创新农村基层的民主制衡机制

确权颁证以及相应的制度安排，奠定了农村集体农用地、林地与集体经营性建设用地使用权流转的产权制度基础，为真正稳定农村经济关系和完善经营制度创造了条件。但应该指出的是，明晰产权不是万能药方，农民的物质利益要靠民主权利来保障。民主权利随着物质利益的实现而越来越受到农民的重视。因此在明确土地产权的同时，要深化乡村治理结构的改革，改善农村社会管理，进一步发育农村基层民主，使农村土地的产权主体也能真正享有对农村社会经济事务的知情权、参与权和监督权。

农村存在的许多问题实际上是农村基层组织机构和治理机制弊端的反映。当前在行政村一级，自治程度有所削弱，村委会和党支部越来越成为基层政府的派出机构，出现了权力行政化的倾向。在新农村建设中，许多地方政府出台政策鼓励本地企业家回乡，成为村委会或党支部的领导人。他们一方面要带领群众致富，另一方面自身的经济活动也要获取利润，企业家当村干部就可能出现公权力与私人利益之间界限不清、权力资本化的倾向。在新的形势下，随着新农村建设的兴起，投向农村的国家各类专项资金增多，农村基层组织有可能掌控一部分项目资金。在工业化、城镇化进程中，一部分集体所有的农地转为非农建设用地，村集体也有可能获取一部分土地改变用途的增值收益。而土地整治工作的推进，农村最大的也是最有潜在价值的一块资产（土地）也出现了增量，在增减挂钩、占补平衡的政策执行中，村集体也有可能获得新的收入来源。面对这些新的问题，在行政村一级自治化程度降低的形势下，如何建立相关制度，通过多种途径来探索集体经济的有效实现形式，避免重走导致原有集体经济溃败的老路，避免新的集体经济再次蜕变为“干部经济”，这是值得探索的一个问题。

农村民主政治的发展，不仅要有选举制度实现官由民选，而且还要有民主决策、民主管理和民主监督制度作保障，实现广大群众对基层事务的知情权、参与权和监督权。后“三个民主”发展的状况，往往决定基层民主的质量和水平。如果对民主选举产生的领导人的所作所为没有有效的监督和对其权力的制约，民主选举也只是一次性的权力转让。如果没有一种制衡机制来使普通农民能监督权力的行使、限制权力的运用，即使在农村基层另起炉灶，建立一套新的组织机构，同样会出现权力的滥用。

在产权改革的同时，为使农民真正成为集体资产的主人，应改革和完善乡村治理结构，以村民小组为基础，探索在农村建起一种有效的民主制衡机制，赋权给广大农民群众，解决“主人（广大农民群众）缺位”的问题。改革乡村治理机制，不仅要设计和制定新的制度安排，而且要切实执行制度，制度的执行与否以及执行的效果要受到制衡机构的监督。可以借鉴有些地方的经验，以村民小组选出的代表做实村民代表大会制度或成立村民理事会，将其塑造成行政村的议决机关，而原来的权力机关村委会则成为具体的执行机构。村庄的重大事项由村民代表会议或理事会商议决定后，交由村委会实施。这样，村代表（理事）不仅成了联结村集体和村民的纽带，而且也是村民参政议政的代理人，只有这样，民主决策、民主管理、民主监督才不至于流于形式。

3. 协调地方政府与农民之间的利益关系，让农民分享土地的增值收益

十八届三中全会《决定》提出：“建立城乡统一的建设用地市场。在符合规划和用途管制前提下，允许农村集体经营性建设用地出让、租赁、入股，实行与国有土地同等入市、同权同价。缩小征地范围，规范征地程序，完善对被征地农民合理、规范、多元保障机制。扩大国有土地有偿使用范围，减少非公益性用地划拨。建立兼顾国家、集体、个人的土地增值收益分配机制，合理提高个人收益。完善土地租赁、转让、抵押二级市场。”《决定》的提法具有重大的政策含义，但是具体落实则需要全面综合的政策措施来配套。

（1）建立城乡统一的建设用地市场，落实农村集体经营性建设用地的各项权利，需要进一步协调中央政府与地方政府之间的利益关系，解决深层次的矛盾和问题，并需要尽快修订相应的法律法规和出台相关的政策措施。

5 年前，十七届三中全会《决定》提出："在土地利用规划确定的城镇建设用地范围外，经批准占用农村集体土地建设非公益性项目，允许农民依法通过多种方式参与开发经营并保障农民合法权益。逐步建立城乡统一的建设用地市场，对依法取得的农村集体经营性建设用地，必须通过统一有形的土地市场、以公开规范的方式转让土地使用权，在符合规划的前提下与国有土地享有平等权益"。此后，中央领导同志在讲话中也强调：我们不能再靠牺牲农民土地财产权利降低工业化城镇化成本，有必要、也有条件大幅度提高农民在土地增值收益中的分配比例。但 5 年来，这方面的政策措施并没有进展，可能这个问题涉及全局性、深层次的矛盾和问题，所以只有全面深化改革，才有可能推进。大幅度提高农民在土地增值收益中的分配比例，也就意味着大幅度减少地方政府在土地增值收益中的份额。但近些年来，征收农民土地形成的国有土地使用权出让金收入成为地方政府重要的财源。减少地方政府来自土地的收益，就要调整中央与地方政府之间的利益关系，真正落实十八届三中全会《决定》中关于深化财税体制改革的各项政策举措，建立现代财政制度，建立事权和支出责任相适应的制度，发挥中央和地方两个积极性。

《决定》中提出，要"在符合规划和用途管制前提下，允许农村集体经营性建设用地出让、租赁、入股"，《土地管理法》第六十三条规定："农民集体所有的土地的使用权不得出让、转让或者出租用于非农业建设"；《决定》的提法也就意味着对现有法律法规的突破，需要尽快修改相应的法律法规和出台相关的政策措施。

（2）政府应通过税收的形式调节收入分配，改变土地增值收益的提取方式，建立兼顾国家、集体、个人的土地增值收益分配机制。

土地增值收益的分配不仅涉及中央政府与地方政府之间的关系、地方政府与农民之间的关系，也涉及当前土地收益与未来收益之间、城市与乡村、城市郊区农村与广大农区之间的关系，这需要政府通过税收的形式来调节收入分配关系。这方面第一个问题是现在地方政府获取的国有土地使用权出让金收入实际上是一次性地将未来几十年的土地收益提前透支了，是一种

“竭泽而渔”、“寅吃卯粮” 的不可持续的敛财方式。未来土地增值收益的分配应该转变方式，将土地收入从一次性透支改为逐年提取；允许集体建设用地进入土地市场后，可以考虑对国家征收的集体土地以及农村集体建设用地在实现财产权利时征收地产税或物业税，使地方政府和农民集体可逐年获取稳定的收益。还应让享受土地增值收益的农民获得社会保障和就业培训，同时要鼓励农民通过股份的形式或资产管理公司委托代管的形式，让其收益保值增值。这方面第二个问题是城郊农民的土地具有区位优势，他们的土地被征收或以集体土地形式进入市场，这部分农民应该得到土地增值收益的合理合法的份额，但不是全部。因为增值收益并不是这部分农民本身劳动创造的，而是地理位置优越形成的。政府应通过税收的形式调节收入分配，使一部分土地增值收益用于广大农区的基础设施建设和社会事业的发展，让那些为全国提供粮食安全，但土地没有开发价值的广大农区也能得到发展。

（3）要进一步完善农村基层治理机制，使农民获取的土地增值收益的使用能公开透明，防止村干部贪污挪用，损害农民的切身利益。

落实《决定》的政策举措，村集体就有可能获取一部分土地改变用途后可观的增值收益。前面已经论及，在行政村一般作为基层政府派出机构的色彩越来越浓的现实条件下，要强化村民小组层级的自治功能，以村民小组为主体建立和健全普通农民对村干部行使权力的有效制衡机制，建立广大农民群众能享有知情权、参与权和监督权的组织架构，将非公务员身份的村干部的权力也能关进制度的笼子里，确保普通农民的权益不受损害。农民获取更多的财产权利才有坚实的基础。

要确立“规划高于所有制” 的观念，实行土地用途管制。在符合规划和用途管制前提下，通过全面综合的配套政策措施，具体落实十八届三中全会《决定》中关于农村土地制度变革的各项战略举措，最终建立一个政府、企业和农民合作共赢的机制，让土地出让金在农民那里不再是一次性的、短期内变现后的挥霍，在政府那里不再是一次透支几十年的收益，而是保持逐年有稳定增长的收益，让农民能够得到可持续发展的资源回报，政府获得可持续的财政收入。这样的城镇化进程才是以人为本的可持续发展的进程。

第一章　总论：社会主义新农村建设政策体系研究

本项研究是国家哲学社会科学基金重大项目“社会主义新农村建设政策体系研究”的最终成果。总论的第一部分简述了研究目标、理论框架以及研究得出的初步判断，以下几个部分总结了各专题研究相关章节的主要发现和政策建议，最后一部分是结论和需要进一步讨论的几个问题。

一　研究目标、理论框架以及研究得出的初步判断

（一）问题的提出、研究目标和理论框架

1. 问题的提出和研究目标

党的十六届五中全会通过的《中共中央关于制定国民经济和社会发展第十一个五年规划的建议》，提出了建设社会主义新农村的重大历史任务，该建议以“生产发展、生活宽裕、乡风文明、村容整洁、管理民主”来描述社会主义新农村，实际上是对农村物质文明、精神文明、政治文明、生态文明未来发展蓝图的生动写照。建设社会主义新农村作为一项长期而繁重的历史任务，要以制度建设为保障，用政策措施来落实。2006 年中央 1 号文件对新农村建设做出总体部署，提出了关于推进社会主义新农村建设的若干意见。2008

年10月中共十七届三中全会《中共中央关于推进农村改革发展若干重大问题的决定》提出了要实现2020年农村改革发展基本目标任务所要遵循的5项重大原则和要加强的农村基本经营制度、农村土地管理制度、农业支持保护制度、现代农村金融制度、城乡经济社会发展一体化制度和农村民主管理制度6项制度建设。这些论述构成新农村建设政策体系的基本框架，这些政策措施及其落实是农业和农村领域取得巨大成就的制度根源和体制保障。但这些政策措施落实得怎么样？效果如何？政策措施的顶层设计是否还有需要改进的地方？本课题力求回答这些问题，研究的目标是审视现行社会主义新农村建设政策体系的设计和实施效果，提出改进和完善政策体系的建议。研究的内容是社会主义新农村建设的政策体系，而不是新农村建设自身。

建设社会主义新农村这一重大历史任务需要从理论上进一步梳理和廓清，从实践上进一步深化与发展。在此背景下，从宏观经济体制和农村发展两个层次分析与研究过去几年来社会主义新农村建设政策设计和政策实施的效果，提出有助于有效解决新农村建设中出现问题的政策建议，有着重要的理论与现实意义。本课题的研究成果和从中所引申出来的结论，一定意义上可以给中央有关部门进行决策提供依据。

2. 研究的理论框架

1979年中共十一届四中全会通过的《中共中央关于加快农业发展若干问题的决定》提出，对农民要“在经济上充分关心他们的物质利益，在政治上切实保障他们的民主权利。离开一定的物质利益和政治权利，任何阶级的任何积极性是不可能自然产生的”。1998年10月中国共产党十五届三中全会通过的《中共中央关于农业和农村工作若干重大问题的决定》重申，“调动农民的积极性，核心是保障农民的物质利益，尊重农民的民主权利。在任何时候，任何事情上，都必须遵循这个基本准则”。2008年10月中国共产党十七届三中全会通过的《中共中央关于推进农村改革发展若干重大问题的决定》重申了这一论断。江泽民同志1998年在安徽考察工作时的讲话中也引用了这段话，并强调，“这是我们花了很大代价才认识的真理”。30多年前中国共产党提出的这一著名论断也就构成了本项研究所依据的理论基点。

进入21世纪以来，党的十六大提出了建设一个惠及10多亿人口的全面小康社会。此后，中央明确把解决“三农”问题作为全党工作的重中之重，确立了统筹城乡发展的基本方略，胡锦涛同志在党的十六届四中全会上做出了“两个趋向”的重要论断。2004 年中央经济工作会议上，胡锦涛同志再次强调：“我国现在总体上已到了以工促农、以城带乡的发展阶段。我们应当顺应这一趋势，更加自觉地调整国民收入分配格局，更加积极地支持‘三农’发展。”在这几年间，党中央在农村工作中采取了“多予、少取、放活”的重大措施。农村综合改革逐步深化。2005 年 10 月，党的十六届五中全会提出了建设社会主义新农村的重大历史任务。党的十七大报告指出“要加强农业基础地位，走中国特色农业现代化道路，建立以工促农、以城带乡的长效机制，形成城乡经济社会发展一体化新格局”。2008 年 10 月，党的十七届三中全会通过的《中共中央关于推进农村改革发展若干重大问题的决定》系统回顾总结了我国农村改革发展的光辉历程和宝贵经验，进一步统一了全党全社会对解决“三农”问题的认识。从 2004 年起，中央又连续发布了 11 个 1 号文件，出台了一系列重要的方针政策。提出要进一步强化强农惠农政策，在工业化、城镇化深入发展中同步推进农业现代化，巩固和发展农业农村好形势，促进农业稳定发展和农民持续增收。我们认为，以保障农民的物质利益和尊重农民的民主权利为基点，党中央的一系列有关“三农”问题的论断是对马克思主义农业、农村、农民相关理论的创新和发展，奠定了我们对新农村建设政策体系研究的理论基础，确立了研究的基本理论框架。

（二）研究的基本原则、逻辑主线和方法论

1. 研究的基本原则

对社会主义新农村建设政策体系的研究一定要放在城乡统筹的大框架中来考虑。城乡统筹发展的目标是实现城乡经济社会一体化新格局；发展现代农业、建设社会主义新农村与促进工业化、城镇化进程是统筹城乡发展、构建城乡经济社会一体化新格局大战略的两个相互关联、相互促进的有机组成部分。本项研究的重点领域是发展现代农业、建设社会主义新农村的相关政策体系；促进工业化和城镇化进程的政策措施与之有密切联系，也纳入了本项研究的内容之列。

研究的基本原则是：①课题研究以现有的政策体系为前提，聚焦于政策设计和实施的重点、难点与关键问题，有针对性地开展政策评估。②鉴于本

课题政策导向研究的性质，要有鲜明的问题意识，要跟踪中央有关“三农”政策的最新进展，调研其贯彻执行的情况和效果。③社会主义新农村建设政策体系是一个庞大的系统工程，我们不可能对社会主义新农村建设政策体系的各个组成部分都开展研究，必须有取有舍，有选择地设立研究专题。每个专题研究同样不要贪大求全，而是要找准切入点，争取有创新点。

2. 研究的逻辑主线和主要内容

政策体系研究的主要问题是什么？切入点是什么？经济是基础，农业仍然是国民经济的基础，新农村建设的核心问题还是发展生产，要发展现代农业，确保中国的粮食安全，增加务农劳动者的收入。以此为出发点，在已经形成的政策框架内提出我们的基本研究思路和逻辑主线，即从农业农村的资源配置入手，从生产力到生产关系（农业经营制度），从经济基础到上层建筑（治理机制）；从农业农村本身的改革与发展扩展到与农业农村相关的制度环境。研究的这一逻辑主线也就构成了研究的主要内容。

（1）有关农业资源配置和完善农产品市场及流通的政策研究。新农村建设要发育和完善农业要素市场及农产品市场，实现农业资源的优化配置，提高农业的土地生产率和劳动生产率，确保中国的粮食安全，增加务农劳动者的收入。

（2）有关农业基本经营制度的政策研究。要素配置是生产力的问题，但要素的重组和流动必然要求生产关系的变革、农业经营制度和经营模式的发展与创新。

（3）有关乡村治理机制改革的政策研究。经济基础和上层建筑密不可分，相互影响。农民的物质利益要靠民主权利来保障。民主权利随着物质利益的实现而越来越受到农民的重视。因此要深化乡村治理结构的改革、改善农村社会管理、进一步发展农村基层民主。

（4）有关促进城镇化和工业化进程的政策研究。发展现代农业、建设社会主义新农村是在城乡统筹发展的大框架之中进行的，调整产业结构、促进城镇化和工业化进程的相关政策直接影响到农村和农业的要素重组以及中国的粮食安全。

（5）有关调整国民收入分配格局、财政支农的政策研究。以工促农、以城带乡的重点应该是更加自觉地调整国民收入分配格局，改进和完善财政支农政策，促进城乡基本公共服务的均等化。

3. 研究的方法论

本课题研究以马克思主义政治经济学为指导，吸收、借鉴宏观和微观经济学的一些理论工具和研究方法，开展较大规模的问卷调查，运用经济计量工具对调查结果进行数量分析，但注意将样本地区农村问卷调查和更大范围地区的案例研究、深度访谈相结合；将对微观数据的分析和对宏观政策的把握、宏观数据的研究相结合。将对某一时点的数据分析和对随后发展动向的捕捉及观察相结合。

2008 年，依据在东部发达地区、中部地区和西部欠发达地区各选一个省（自治区、市）的原则，我们选定了合作单位所在的宁夏、河南和广东作为调查地区，进行抽样调查。具体抽样方案是：每个省（自治区）按好、中、差选 3 个县，每个县按好、中、差选 3 个乡镇，每个乡镇选 2 个行政村（1 个村，地理位置相对较好，基础设施较健全；另 1 个村，较偏僻，基础设施差一些；不选择城中村）。

这样具体样本构成是：每个县 6 个行政村，每个省（自治区）18 个村，每个村抽 21 户（按经济状况好、中、差分层抽样，每一层抽 7 户，抽样备选 10 户/层），每个省（自治区）最终是做 378 个农户的问卷调查，18 个行政村的调查（按照调查提纲），18 个村所在的 9 个乡镇的调查（按照调查提纲）。最终调查成果是 3 个省（自治区）共 1134 个农户的调查问卷，54 个行政村的调查问卷，27 个乡镇的调查问卷。

在各省（区）相关合作单位的大力支持和配合下，课题问卷调查工作在 2008 年顺利结束。此后进行了数据的录入、复核，建数据库并投入使用。对问卷调查的数据处理和分析按照 4 个子课题（“农村产品市场和要素市场的发育和完善”、“乡村治理结构的改革与完善”、“农村经济增长与城市化进程”、“调整公共资源分配关系和公共资源使用效率”）的内容分别进行，在此基础上深入开展专题研究，并进行补充调查和案例研究，最终形成分报告和总报告。

（三）研究的技术路线、研究框架和得出的初步判断

1. 研究的技术路线与研究框架

我们用图 1 来绘制本课题研究的技术路线和研究框架。

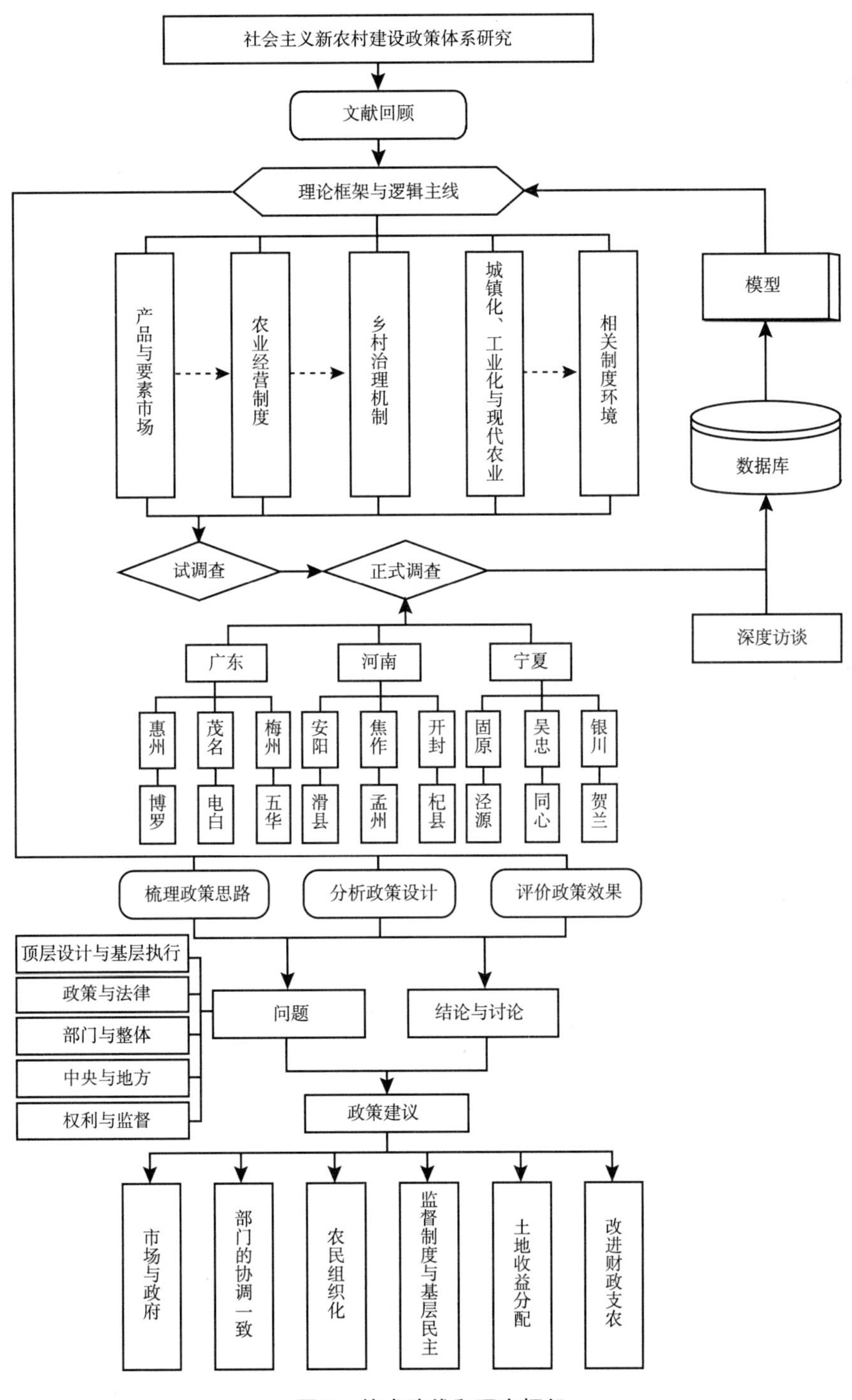

图 1　技术路线和研究框架

2. 研究得出的初步判断

进入21世纪以来，中国农业和农村的发展取得了巨大的成绩，在肯定成绩的同时，近几年的中央有关文件同时也一再强调，农村改革和发展仍然处在艰难的爬坡和攻坚阶段，制约农业和农村发展的深层次矛盾并没有消除。这一分析与判断也同样适用于社会主义新农村建设。我们按照中央的决策思路和政策导向来审视与新农村建设相关的政策措施，研究重点是政策设计中可能出现的缺陷以及政策执行中发生的问题。

通过实证研究，我们有待实践进一步检验的初步判断是：为从根本上解决“三农”问题，党中央一直有一条明晰的决策思路和一以贯之的政策导向。党的十六大以来是中国农业和农村发展的最好时期，关键在于建立起了有关社会主义新农村建设的政策体系，旨在保障农民经济利益和政治权利的农村政策和法规体系正在逐步完善。但在具体政策设计和执行中存在以下问题。

（1）中央有关新农村建设政策的顶层设计始终贯彻科学发展观，以人为本，首先考虑广大农民群众最迫切的需求，但政策在向下传递和执行的过程中，地方政府由于传统的政绩观及考核机制还没有退出历史舞台，他们的优先考虑与老百姓最迫切的需求有时并不一致，对一些政策的执行就会走样甚至扭曲。

（2）政策的最高实现形式是法律法规。中国的立法体制是统一而又多层次的，包括宪法和法律、行政法规，以及地方性法规、自治条例和单行条例。立法体制内的法律法规条例等要保持相对的稳定性，但经济社会形势在不断发展变化，政策也要进行相应调整或出台新的政策，有的政策措施就和现行的法律法规条例不尽一致，出现一些矛盾或不协调之处。

（3）各政府部门具体政策的制定和实施在一些情况下从部门工作的视角出发，反映各自部门的工作目标和部门利益，但不一定符合全局目标和整体利益。

（4）中央的政策是面向全国的，但不同地区情况不同，中央政策在不同地区发挥作用的大小及着力点都会有差异。

（5）在实践中，有关社会主义新农村建设经济方面的政策措施较多，有关农民政治民主权利实现的相关政策措施相对滞后。

按照前述研究思路和逻辑主线，我们将现行的新农村建设相关政策分解为几个方面，相应构成研究专题。每个专题均以新农村建设相关政策的制订、实施和效果检验为线索，对现行政策措施的设计和实施效果进行评价。各个专题研究首先都梳理了要检验的相关政策的要点，这些内容在各专题研究的章节中已有反映，总论中不再赘述。

二　发育和完善农业要素市场及农产品市场的政策研究

（一）农业要素市场发育和完善的政策研究

土地、资金、劳动力等生产要素市场的发育和完善对农业资源的优化配置、增加农民收入和确保粮食安全具有重要意义。随着我国农业的发展，一些农户对户外的农业生产要素需求不断增长，而另一些农户则愿意提供农业生产要素。当一部分农户对农业要素产生了需求，而另一部分农户愿意有偿地提供农业生产要素时，需求方与供给方之间的交易必然催生出农业要素市场。虽然在多数地方尚未建立起有形的市场，但是小农户间，或者种植专业大户与小农户间，或者农业企业与农户间的农业要素交易在农村日益活跃起来。

1. 有关政策设计与实施效果的主要发现

（1）耕地流转有助于提高土地生产率，但是农地流转困难和耕地撂荒同时存在。

根据《中国第二次全国农业普查资料汇编（农民卷）》，全国曾转出过耕地的农户（包括租出、包出过耕地的农户）为1525万户，占全国农户的比重为6.9%；曾转入过耕地的农户（包括租入、包入和其他形式转入耕地的农户）为1804万户，占全国农户的比重为8.2%。比较而言，转入过耕地的农户相对较多，而转出过耕地的农户相对较少。

农用地转出后，是提高了土地的生产率，还是降低了土地的生产率？尽管可能存在一定的不确定性，但是长期流转的存在，表明这有助于提高土地生产率。我国农用地流转中既有需要支付租金的，也有不需要支付租金的。如果不需要支付租金的农用地流转，由于转入耕地的农户不需要承担流转成本，这部分转出的耕地的生产率可能较流转前低，也可能较流转前高。而在需要支付租金的情况下，耕地租出农户往往需要租入农户支付土地边际产出以上的租金，否则他们宁愿自己耕种。耕地租入户为了补偿支付出的租金，可能会通过优化资源配置，合理安排生产，设法将土地生产率提高。

2009 年课题组成员在山东平度调查时了解到，当地一个种植大户从当地其他农户租入耕地时支付租金 700 元/亩。据该种植大户介绍，当地粮食补贴按实际种植面积计算，并由种植户获得补贴，每年从政府获得的补贴约 100 元/亩；租入耕地后每年种植两茬，一茬为冬小麦，另一茬为玉米，每茬粮食销售后获得的纯收益约 600 元。这样，该农户租入耕地后每年可以获得 500 元/亩的纯收益。而当地小规模种植户一般是兼业户，由于土地生产率相对较低，每年往往只能获得 500 元/亩以下的纯收益。因此，耕地通过租赁既提高了土地生产率，又使租出户和租入户都能获益。

在我国一些地方，一方面存在租入耕地难度大、成本高等问题；另一方面又存在耕地撂荒问题，集中使用难与耕地撂荒同时存在。

一些地方耕地之所以出现撂荒，既可能是农民由于获得的租金总额低，担心出租后将会失去耕地，对承包的耕地比较眷恋，又可能是耕地流转交易成本高，压抑了耕地租入使用的积极性，也可能是耕地质量相对较低，出租困难。

课题组成员在农村调查中了解到，由于缺乏有效的交易规则，各地普遍存在耕地流转难度大，流转价格不合理的问题，既有剥夺承包户权益的，也有规模经营户因为少数农户要价过高而无法优化资源配置的。农业生产要素流动受到限制，一方面需要扩大耕地的农户无法得到耕地，另一方面存在着撂荒问题。据国土资源部反映，2012 年全国大约有 3500 万亩耕地撂荒。

（2）农村金融改革不断深化，但是农户贷款难的问题仍然没有得到有效缓解。

最近几年中央的 1 号文件突出强调了深化农村金融改革，特别是提出了农村金融改革发展的目标就是要建立一个以市场为导向的、灵活的、多元化的农村金融体系，包括农村的政策性金融、商业性金融和合作性金融等。但从全国来看，这种多元化的农村金融体系还没有形成。整个农村的金融改革步伐仍相对滞后，仍不适应现代农业的发展和新农村建设的需要。农村地区很大一部分金融资金仍是为城市服务，而不是为县域经济和农村发展服务。农户、企业、合作社等对金融的需求是多样化的，不同的产业亦有不同的需求，但是现行的金融供给还是远远不能满足农户、企业、合作社等多样化的金融需求，农民专业合作社、中小企业贷款难的问题没有得到解决。正规农民合作金融组织的发育仍然是“短腿”。在解决贷款门槛高的问题上，农业保险和担保还没有相应跟进。

十七届三中全会发布的《关于推进农村改革发展若干重大问题的决定》提出，有条件的农民专业合作社可试办信用合作，全国正在试点，目前尚无成熟的经验。但值得注意的是，由于专业合作社不需要验资，注册准入的门槛又很低，一些以资本营利为目的的公司或放款人也就以合作社资金互助部门的名义来吸储和放贷营利，混淆了合作金融与民间借贷的界限，扰乱了金融秩序。

长期以来，我国农业资金市场和资本市场压抑的问题十分突出，贷款难、贷款费用高是我国农户面临的普遍性问题。近年来，国家鼓励农村金融创新，农业贷款有所增加，但是农业资金需求缺口大，特别是正规金融对农户的资金供给不足仍然是农户发展现代农业生产的重要约束因素之一。在课题组进行的农户问卷调查中，很多农户家庭没有回答是否可以从正规金融机构获得贷款的信息。在实地调查中我们了解到，农户通常通过向亲朋好友借款来满足农业生产对资金的需求。

在我国农村中，从正规金融机构获得贷款的农户普遍较少。根据《中国第二次全国农业普查资料汇编（农民卷）》，全国农村向银行、信用社正规金融机构贷款的户数总计是688.5万，在农村常住户中所占比重仅为3.1%。其中，从银行和信用社获得贷款的户数在农村正规金融机构贷款和非正规金融机构借款合计的总户数中所占比重为38.4%，这表明全国能够得到正规金融服务的农户总体上相当少，约2/3的农户融资方式是通过除了银行和信用社等正规金融机构外的其他借款。

同样根据《中国第二次全国农业普查资料汇编（农民卷）》，全国农村向银行和信用社获得贷款的纯农户（根据第二次全国农业普查规定，纯农户是指农村家庭经营行业仅有农业的农户）有571.2万户，在农村纯农户中所占比重为3.4%，农村从银行和信用社获得贷款的纯农户数在获得银行、信用社贷款以及其他借款的纯农户小计中所占比重为 38.1%，与全国农村常住户基本一致。第二次全国农业普查表明，专门从事农业生产的农户中，只有极少数才能够从正规金融机构获得贷款。

农户贷款难，不仅表现在从正规金融机构获得贷款的农户所占比重不高，而且还表现在从事农业生产的农户贷款余额相对较少。根据《中国第二次全国农业普查资料汇编（农民卷)》，全国农村常住户中户均从银行和信用社贷款余额为 10289 元，而纯农户户均从银行和信用社贷款余额为 7829 元，纯农户低于农村中其他类型的农户户均 2000 多元；农村常住户从银行和信用社获得的贷款余额在借贷款余额小计中所占比重为 44.4%，而纯农户这一比重为 41.4%，纯农户低于农村中其他类型的农户 3 个百分点。

根据 2008 年“社会主义新农村建设政策体系研究”课题组的问卷调查，有 342 户（n = 1170）[①] 填写了发生贷款或借款，在调查总户数中所占比重为 29.2%。其中，从农村信用社和商业银行等正规金融机构获得贷款的户数为 174 户，在调查总户数中所占比重为 14.9%，在发生贷款或借款的户数中所占比重为 50.9%；通过民间借贷获得借款的户数为 168 户，在调查总户数中所占比重为 14.4%，在发生贷款或借款的户数中所占比重为 49.1%。

课题组的问卷调查没有收集到农户年末贷款余额，因而与第二次全国农业普查数据不可比。单从课题组问卷调查的数据来看，发生过借贷款农户平均获得的借贷款为 26736 元/户，其中从农村信用社和商业银行等正规金融机构获得的贷款为 21358 元/户，而通过民间借贷获得的借款为 32132 元/户。

虽然课题组问卷调查参与借贷的户数高于第二次全国农业普查数据，但参与的农户仍然不足 30%，其中从正规金融机构获得贷款的户数占样本总数的 15%。课题组调查的农户平均借贷款数量约 2.7 万元，其中通过民间借贷获得的借款高于从正规金融机构获得的贷款户均约 1.1 万元。

农户从正规金融机构获得贷款比较困难，原因是多方面的。其中，最主要的原因是无担保无抵押；其次是没有关系。根据课题组调查数据库中“H05——金融状况 · H02——其他”统计，有 142 户（占调查总户数的 12.1%）当年曾向银行、信用社贷款而没有贷到款。根据调查，向正规金

① n 表示分析该问题时使用的样本数。下同。

融机构申请贷款而未获准贷款的户数中，由于无担保无抵押而没有贷到款的户数为 68 户，在申请贷款而没有贷到款全部户数中所占比重为 47.9%；由于没有关系而未能获得贷款的户数为 46 户，所占比重为 32.4%；没有送礼、超过贷款额度以及其他原因而未能获得贷款的户数为 28 户，所占比重为 19.7%。

农户从农村正规金融机构获得贷款的情形少，贷款金额不高，除了与没有有效的抵押担保、没有关系、没有送礼等因素相关外，另一重要原因是正规金融机构网点在农村相对比较少，与农户住处距离相对比较远，农村金融服务水平低。课题组调查的农户距离最近金融机构网点平均距离是 3.7 公里。其中，距离最近金融机构网点 1 公里以上的户数有 817 户，占调查总户数的比重为 69.8%；2 公里以上的户数有 645 户，占调查总户数的比重为 55.1%；3 公里以上的户数有 524 户，占调查总户数的比重为 44.8%；4 公里以上的户数有 412 户，占调查总户数的比重为 35.2%；5 公里以上的户数有 324 户，占调查总户数的比重为 27.7%。

（3）农村劳动力市场相对健全，但是农业劳动力季节性供求矛盾较为突出。

农业雇工工资率水平是判断农业劳动力市场是否健全的重要指标。如果农村农业劳动力市场与其他劳动力市场高度融合，农业雇工工资率和非农就业工资率就不会有显著差异。课题组 2008 年在 3 个省 9 个县农村中共计 1134 户 5544 人的农户问卷调查，令人十分惊奇地发现，在户外从事农业劳动和从事非农业劳动的日平均工资率几乎相等，2008 年的日均工资率都为 45 元。从问卷调查对农业务工和非农务工的日均工资比较来看，两者非常接近，甚至农业打工的日均工资的中位数还高于非农业打工者。在调查的三个省份，两方面工资的差异不尽相同：在广东基本相当，在河南非农业工资高于农业工资，在宁夏非农业工资低于农业工资。

农业雇工工资率与非农就业工资率相当，表明我国农村劳动力市场比较健全，农村绝对剩余劳动力整体上已消失。尽管一些地方农村中仍然存在着相对过剩的劳动力，主要是比重依然较高的纯农业就业人口与一部分兼业和非农从业人口，这部分劳动力因为年龄大、受教育水平低、缺乏技能，同时留守在农村的儿童和老人需要他们照料，因而流动性相对较差，表现为就业不充分。

近年来，随着农村劳动力的大量转移，家庭成员作为劳动力投入农业的现象呈现出减少态势；同时各地农业雇工，特别是农忙季节农业雇工现象明显增多，一些地方还出现了出相对较高价格雇不到合格农业劳动力的问题。课题组成员 2010 年在黑龙江肇东农村调查时了解到，在农忙季节，当地出现了农业劳动力“一工难求”的困境，尽管雇主以日均工资超过 200 元在当地劳动力市场雇工抢农时，但是经常雇不到合适的劳动力。这种农业劳动力供求关系及雇工价格的变化不但对家庭经营中农业生产产生了重要影响，而且正在影响我国农业微观组织创新。

课题组调查结果表明农户家庭劳动力工资率与其所从事的行业高度不相关，这意味着农村和农业劳动力市场已经融合，工资率水平由劳动力总供给与总需求决定，劳动力结构性转移的阶段基本结束。根据农户家庭模型（Agricultural Household Model，AHM）理论，如果农业要素市场是健全的，农户家庭劳动力转移就不会影响农业生产；如果农业要素市场不健全，农户家庭劳动力转移就会降低农业生产的集约化水平。正是由于农业劳动力市场相对健全，多年来在我国农村劳动力大量转移的同时，农业综合生产能力逐步提高和主要农产品产量保持不断增长，促进了工业化和现代农业的发展。

2. 相关政策建议

（1）制定有效规则加快培育农业要素市场。

农业要素市场的形成和发育，实现了农业生产要素的优化配置，有效地避免了一部分农户的农业生产要素退出农业而可能产生的对农产品供给的冲击，促进了现代农业的发展。因此，为了在工业化和城镇化加速发展的同时协调推进农业现代化，必须要加快培育农业要素市场。现代农业是建立在专业化和规模化的基础上的，农户通过参与农业要素市场，有助于促进农业生产专业化、规模化，有助于促进农业服务社会化。尽管美国等发达国家的绝大多数农场是兼业化农场，农业生产只是兼业化农场收入来源的次要部分，但是农产品市场绝大多数贸易量是由专业化大规模农场提供的。农户在要素市场上通过雇用劳动力、流转耕地和融资，以及获得技术等服务，能够扩大农业生产规模，从事更加专业化的生产。

长期以来，我国农业要素市场的发育主要是自发的。由于缺乏有效的农业生产要素交易规则，农业生产要素流动受到限制，要么无法流动，要么在小范围内流动。这就要求必须通过农业要素市场的组织创新和交易规则创新，降低农业生产要素交易费用，形成农业生产要素交易的合理价格，促进交易规模扩大，以缓解现代农业发展的瓶颈要素制约。

（2）提高耕地质量，促进耕地流转。

在农户家庭承包经营体制下，实现农用地规模经济，必须促进农用地流转。当前，我国农村土地流转困难与撂荒同时并存，既有农村社会保障制度不健全，城乡二元结构将外出农民工社会保障挡在城镇体系之外，农民眷恋土地，存在对农村土地转出有后顾之忧方面的原因，又有农村土地规模化经营条件不具备等方面的原因。

耕地质量是影响农用地流转的重要因素。对于质量不高的耕地，必须要长期投资，包括增加有机肥，或者增加新的土壤层，加强农田水利设施建设，进行耕地整治。提高耕地质量，还必须加强农业基础设施建设，大力改善农业生产条件。

农业基础设施建设需要的投入庞大。关键要完善投入机制，改进配套投资政策。针对我国农业基础设施的薄弱环节，要重点加强农田水利设施建设，加大土地复垦整理力度，加强中低产田改造，为农用地流转和农业规模化经营创造条件。

要通过农业基本建设和产权深化改革为现代农业发展创造条件，促进耕地依法、自愿、有偿流转。把农村土地整治、农田基本建设、土地产权确权登记整合推进，改变我国长期存在的农田水利投入多、不见效的顽症。

（3）大力发展农村金融，增加农业资金供给。

要加大对农村金融政策的支持力度，实行税收减免和费用补贴，引导更多信贷资金和社会资金投向农村。同时，要放宽农村金融准入政策，通过制定完备和明确的政策法规及条例，使农村商业性金融、政策性金融和民间金融等各种金融成分各归其位，要重点防止合作金融的异化，鼓励和促进真正的农村合作金融组织的发展。

（4）创建跨区域流动的、专业性比较强的全国性农业劳动力服务组织。

要处理好农村劳动力大量转移和农业劳动集约化投入之间的关系。未来中国农业的发展可能面临的主要矛盾是农业劳动力季节性供给与需求之间的冲突。这种季节性供求矛盾，单纯依赖要素市场自发的力量可能难以有效解决。需要政府未雨绸缪，发挥服务和调节作用。我国地域广，各地农业生产季节性劳动力需求存在一定的差异。为了保障农业生产不因为农村劳动力转移而受到负面冲击，创建跨区域流动的、专业性比较强的全国性农业劳动力服务组织是促进农业劳动力季节性供求平衡的重要途径之一。全国性的农业劳动力服务组织，可以由政府引导，主要依靠市场力量创建。政府要做好服务，加强培训，设立交通补贴，促进农业劳动力跨区域流动。

（二）发育和完善农产品市场的政策研究

发育和完善农产品市场直接关系到农民增收和农产品有效供给。开展新农村建设以来，国家采取了一系列促进农产品市场发育和完善的政策。现行农产品市场流通体系的相关政策对农产品供求平衡有何影响？从生产者角度看，小农户如何与大市场对接，小规模农产品生产者如何实现从产品到商品的惊险跳跃？从消费者角度看，如何保证农产品质量安全和营养水平？如何对农产品加工企业加强监管，从体制上消除或制约地方保护主义？在面对千千万万个小农户时，如何监督农产品的种植流程和实现产品的溯源？这些都是我们在研究中重点关注的问题。

1. 有关政策设计与实施效果的主要发现

（1）相当比例的农户希望通过增加耕作面积和农业科技投入来增加农业经营收入。

确保农产品有效供给要充分调动农户的生产积极性，而要调动其积极性，最为重要的就是增加农业生产经营收入。根据课题组的问卷调查，为增加农业生产经营收入，26.17%的农户希望增加耕作面积，16.18%的农户希望增加经济作物比重，19.76%的农户希望扩大养殖业规模，22.45%的农户希望增加农业科技投入，8.72%的农户希望增加生产性固定资产投资，6.72%的农户希望从其他方面创造条件（n＝1341）。这意味着，国家相关部门在未来激励农产品生产的政策设计中，要重点考虑扩大农业经营规模和提高农业生产科技水平的政策。

（2）农产品价格波动剧烈，调控难度大。

农产品价格波动大，2005 年 1 月至 2011 年 5 月，全国农产品批发价格环比变化幅度超过 4% 的有 17 个月，其中，2005 年 2 月、2006 年 1 月、2008 年 2 月、2009 年 10 月的变化幅度均超过 7%，分别为 7.2%、7.1%、8.2%、7.0%；“菜篮子”产品批发价格环比变化幅度均超过 4% 的有 25 个月，其中，2005 年 2 月、2006 年 1 月、2006 年 10 月、2008 年 2 月、2009 年 10 月、2011 年 1 月的变化幅度均超过 7%，分别为 8.6%、8.5%、7.4%、9.3%、8.4%、7.3%。农产品价格波动主要受宏观经济、农户生产决策、市场炒作行为、生产周期等多种因素影响。

（3）部分农户反映农产品存在卖难的问题，价格太低是最主要的原因。

根据课题组的调查，15.48% 的农户认为存在农产品卖难的问题（n = 930）。认为存在农产品卖难的农户中，14.52% 是没有销售途径，20.97% 是没有需求，39.52% 是因为价格太低，13.71% 是因为运输难（或成本高），11.28% 是其他原因。价格太低是农户感到农产品卖难的首要原因，确保农产品价格的合理水平尤为重要。

（4）商贩（中介）上门收购与集贸市场自行销售仍然是农户销售农产品的主要渠道。

课题组对农户农产品销售渠道选择状况进行的一般统计描述以及利用多元选择模型对农户销售渠道选择行为影响因素的实证分析表明，商贩（中介）上门收购与集贸市场自行销售仍是农户销售农产品的主要渠道，农户选择哪种销售方式与其自身特征、所销售产品的类型有很大关系。选择坐等商贩（中介）上门收购与集贸市场自行销售的农户所占比重分别为 71.1% 和 17.6%；和商贩（中介）上门收购相比，年龄大的农户选择集贸市场自行销售的概率更小，受教育程度高的农户选择集贸市场自行销售的概率更大，以销售粮食之外的农产品为主的农户选择集贸市场自行销售的概率更大。

（5）相当一部分参加了专业合作组织或专业技术协会的农户认为这些组织对自己有帮助。

部分农户参加了专业合作组织或专业技术协会。参加专业合作组织的农户中，48.48% 认为帮助很大，36.36% 认为帮助一般，15.16% 认为没有帮助（n＝33）；参加专业技术协会的农户中，72.73%的农户认为帮助很大，21.21%认为一般，6.06%认为没有帮助（n＝33）。

（6）农产品流通成本高、损失大。

农产品流通成本高，重要原因之一是流通环节过多，农产品流通过程中的运输费、摊位费、进场费、人工费等提高了农产品销售价格。另外，由于缺乏冷藏和冷鲜物流设施，中国农产品流通以常温物流或者自然物流为主，在流通过程中损失很大。

2. 相关政策建议

农产品有效供给和农产品价格稳定关系到国家的粮食安全和经济安全，为了提高农户的生产积极性，现有的农产品生产激励政策还需要进一步完善。在搞好生产的基础上，流通对确保农产品有效供给的作用越来越突出。本报告提出以下政策建议。

（1）完善现有农产品生产激励政策。

在现有的农业税减免、农业补贴、最低收购价格、临时收储等政策基础上，在未来的政策设计上，国家要重点考虑扩大农业经营规模和提高农业生产科技水平的政策，提高农户的农业生产经营收入进而调动农户的生产积极性。

（2）构建统一的农产品现代流通服务平台。

当今中国农户的构成是大量小规模兼业农户与少数大规模专业化、商品化农户并存；农业经营是家庭经营与公司化农业并存；中国的农业是市场化、专业化、高价值农业与口粮农业并存。这种局面将长期存在。近年来，猪肉价格的波动以及多种农产品滞销的现实说明，单个小农无法准确掌握供给与需求的平衡关系，分散的基层的农民合作社或协会，基层的乡镇政府有关部门，甚至县一级政府部门也无法了解大市场的需求，无法有效地配置资源，实现供给与需求的对接，需要培育出整合农产品现代流通服务体系中各个相关主体的更大的平台。

国外农民合作社的实践证明，合作社发展到一定阶段，则既应有地区一级的合作社以及全国性的组织体系，也应有行业协会的组织体系，这也是一种规模经济的实现形式。农民在地区或全国有自己的代言人，可减少交易费用，在生产和销售方面具有某种共性的农民在较高层次组织起来，可占有较大的市场份额，对市场信息的了解及对市场的预测也将更容易。同时，这样的组织与政府在农业生产方面协商对话、沟通信息，政府也就找到了进行宏观调控、优化资源配置的“抓手”，最终建立政府、企业与农民合作社之间的平等的伙伴关系，这应是解决农产品流通问题的治本之策。中国的现实情况是，基层的农民专业合作社刚刚起步，要让它们逐步形成地区的联社，以至全国的中央社，将是一个较长的过程。当前，中国必须借助现有的组织体系和制度安排，逐步建立起与中国城市化水平不断提高、市场化规模不断扩大相适应的、更加有组织的、打破部门界限的农产品生产和流通组织方式。

在构建农产品现代流通服务体系方面，不同部门都出台了一系列的政策措施，如供销社的“新网工程”；商务部开展的双百市场工程、农产品现代流通综合试点、启动农超对接等工作；农业部的农产品市场信息服务平台建设、推进产销对接、电子商务工作、农产品质量安全追溯体系建设等，各有各的体系。不同部门出台的政策措施之间如何协力已成为这些政策能否发挥效能的核心。

本报告认为应整合各个与农产品流通有关的部门（如农业部、商务部、供销社等）的相关功能，构建统一的农产品现代流通服务平台，通过这个平台来整合农产品流通体系中各个相关主体（企业、行业协会、合作社、经纪人、消费者协会等），使这个平台真正成为党和政府调控市场的抓手。具体要加强如下几个方面的工作：一是及时发布真实的市场需求信息，引导农户及时调整生产结构；二是加大对农产品炒作行为的惩处力度，降低农产品的金融属性；三是支持农产品直销店、农超对接、农校对接、农企对接等新型流通模式的发展，缩短农产品流通环节；四是借“农产品现代流通综合试点”等工程继续加强农产品冷藏、冷链物流设施建设，减少农产品产后损失；五是加大对农产品批发市场、农贸市场的公共投资，降低或取消这些市场的入场费、摊位费、管理费等相关费用；六是加强农村道路建设，改善村庄到批发市场、集贸市场的交通条件，降低农户的交通成本；七是加大对商贩（中介）的管理、培训和监督，保护农户利益，更好地发挥商贩（中介）对促进农产品流通的作用；八是加大对农村合作组织建设的扶持力度，帮助合作组织完善相关运行机制，引导更多的合作组织参与

“农超对接”等新型农产品流通模式，并保护它们在与超市的合作中应得的利益。

三 有关农业基本经营制度的政策研究

（一）有关政策设计与实施效果的主要发现

什么样的农业经营制度既能增加务农劳动者的收入，又能确保中国的粮食安全？在从传统农业向现代农业的转换过程中，采取什么样的政策可使分散的小农家庭经营模式实现规模经济？小规模经营、兼业、年龄偏大、素质偏低的农户如何走上农业现代化道路？家庭农业是否还有生命力？从事现代农业的主体是谁？如何看待工商资本进入农业（公司化农业）？这不仅是中国，而且是所有发展中国家面临的问题。以下重点谈巩固与完善农业基本经营制度的有关政策设计与实施效果的主要发现。

1. 混合型、多样化的农业经营模式正在出现

调查发现，现实的中国农业经营模式往往是社会主义初级阶段的一种混合型、多样化的新模式，走的是一条兼容性较强的道路。与之相关的政策也较有包容性和弹性，对吃不准的现象不把话说死说绝，而是留出较大的政策空间，允许对各种模式进行试验，由实践来检验。农业经营模式的主要形态演化，一是出现对家庭经营的扩展和延伸，通过各种形式的土地承包经营权流转，使得专业种植、养殖和营销大户开展规模经营；二是当地的公司或合伙企业，或本地外出创业的企业家回到家乡进行承包经营和/或开展产业化经营；三是外来工商资本或大企业直接进入农业，连片开发，反租倒包。这样的混合型、多样化的农业现代化发展模式和城市化、工业化、全球化的进程交织在一起，形成了中国发展现代农业的特色。

在农业现代化道路与经营模式的选择上，现阶段的焦点问题之一是如何看待工商资本甚至外国资本进入农业。在发展多种形式的适度规模经营时，农民转包、出租、转让、合作的对象是谁？包括工商资本甚至外国资本在内的各类非农业经营主体有没有资格转包和租赁农户承包地？在这个问题上，有关政策规定不断发展与深化，但不同的观点和实践中的不同做法的争论一直存在并可能将长期进行下去。

2. 工商资本进入农业出现了农地非粮化及非农化的新动向

关于工商资本（公司）能否进入农业，十七届三中全会发布的《中共中央关于推进农村改革发展若干重大问题的决定》提出，“有条件的地方可以发展专业大户、家庭农场、农民专业合作社等规模经营主体”，没有涉及公司进入农业承包农民土地的问题。许多地方政府在推进农业规模化经营的过程中则鼓励甚至是一味地提倡工商资本下乡，提出用政府引导、市场主导、资本化运作的办法，吸引工商资本、民间资本、外商资本投资农业。这里有两个非常值得关注的问题：一是农地的非粮化，工商资本进入农业后将粮田改为种植经济作物；二是农地的非农化。资本进入农业的方向和关注点是促进农业向第二、第三产业延伸，拓展农业增收功能。要使农业向第二产业延伸，就要发展工业园区；农业向第三产业延伸，就要大力发展观光农业、生态农业、农家乐、现代新村、民俗农庄等乡村休闲旅游，形成第一产业与第三产业的融合。农业向第二、第三产业延伸这种发展模式的要害是土地用途变性。

3. 农村土地具有的两种权利属性之间和两种资源属性之间存在法理上的冲突，并成为实践中产生矛盾的根源

《宪法》规定“农村和城市郊区的土地，除由法律规定属于国家所有的以外，属于集体所有；宅基地和自留地、自留山，也属于集体所有”。《中华人民共和国农村土地承包法》的第五条规定，“农村集体经济组织成员有权依法承包由本集体经济组织发包的农村土地。任何组织和个人不得剥夺和非法限制农村集体经济组织成员承包土地的权利”。农村集体经济组织的成员权是一种个人权利，要求随着成员的更替和迁移来调整集体资产（首先是土地）的权属；但农村集体经济组织的成员如何界定，法律并没有明确的说法。

2003 年实施的《中华人民共和国农村土地承包法》对土地发包方和承包方的权利和义务、承包期限和承包合同、土地承包经营权流转等做了严格规范。第 1 条规定，“赋予农民长期而有保障的土地使用权”。第 16 条规定，承包方“依法享有承包地使用、收益和土地承包经营权流转的权利，有权自主组织生产经营和处置产品”，“承包地被依法征用、占用的，有权依法获得相应的补偿”。第 26 条规定，“承包期内，发包方不得收回承包地”。第 27 条规定，“承包期内，发包方不得调整承包地”（第 26 条和第 27 条体现的是农户承包经营权的物权化倾向）。第 32 条规定，“通过家庭承包取得的土地承包经营权可以依法采取转包、出租、互换、转让或者其他方式流转”。该法已经从法律上将农地所有权中除了抵押和继承权以外的大部分权利让渡给了农户。

现有法律表明，农村集体经济组织的成员权是一种个人的权利，要求随着成员的更替和迁移来调整集体资产（首先是土地）的权属；而土地承包经营权作为用益物权是一种财产权利，要求“死不减，生不增”，而十七届三中全会《中共中央关于推进农村改革发展若干重大问题的决定》更明确提出，“赋予农民更加充分而有保障的土地承包经营权，现有土地承包关系要保持稳定并长久不变”。“完善土地承包经营权权能，依法保障农民对承包土地的占有、使用、收益等权利。”

在实践中，法律界定的两种权利时有冲突。比如一个妇女出嫁离开一个富裕村庄，嫁到另外一个村庄，她可从财产权的角度出发要求保留她对嫁出村土地承包经营权等集体资产的财产权利，而该村社区领导也可从成员权的角度否决她的诉求。如果她嫁到一个富裕村庄，她可从成员权的角度出发要求获取她对嫁入村土地承包经营权等集体资产的财产权利，而嫁入村的领导也可从财产权的角度出发否决她的诉求。两种诉求都有其合法性，必然产生矛盾。

两种权利的冲突折射出农村土地具有的两种资源属性之间的矛盾。农村土地作为生产要素，要求实现规模经营，要求有生产与投资的稳定预期。农村土地作为农民的基本生活资料，要为缺乏社会保障的农民提供基本的生活保障，使得外出就业但又未被纳入城市社保网络的农民工“进退有据”，这就必然要求土地人人有份，大稳定，小调整。

（二）相关政策建议

（1）走中国特色的农业现代化道路，要在农业中不断巩固完善和发展社会主义的生产关系，相关政策措施要能够在发展现代农业时尊重和保护农民的土地承包经营权。农户与龙头企业之间应建立公平合理的利益联结机制。将提高农民进入市场的组织化程度作为完善农业中社会主义生产关系的一个重要组成部分。

（2）修改现行的相关法律，将集体经济组织成员对该组织土地承包经营权和其他集体资产的权利固化到某一个时点，明确在该时点对该农村集体经济组织的确定数量的成员赋予长久不变的土地承包经营权等集体资产的财产权利，这种财产权利可以继承，可在本集体经济组织范围内流转，从而将农村集体经济组织的成员权利与财产权利统一。

两种资源属性的矛盾与两种权利属性矛盾交叉在一起，对退出农业生产和离开农村的一部分农民要提供其他类型的生活保障和稳定的就业机会，在此前提下，通过土地制度的变革进一步明晰产权，最终使两种资源属性的权利统一起来。

（3）建立“职业农民注册登记”制度。如果混合型、多样性的中国农业经营模式将在社会主义初级阶段的中国农村长期存在这一基本判断成立的话，未来政策的重点应该是改变从事农业的农户经营规模小、兼业性强、年龄偏大、素质偏低的状况，着力培育家庭经营基础上的从事现代农业的主体力量。2010 年中央 1 号文件提出“按照存量不动、增量倾斜的原则，新增农业补贴适当向种粮大户、农民专业合作社倾斜”。2011 年的《政府工作报告》提出，“新增补贴重点向主产区、重点品种、专业大户、农民专业合作组织倾斜”。这些政策举措在导向上有积极意义，但落实时有一定难度。“种粮大户”和“专业大户”之类的概念在各地认定标准不同，没有统一的口径和清晰的界定，不容易操作。如果制定一些优惠政策，也没有清晰的瞄准对象。同时国家对全国各地现代农业主体力量的发育情况也缺乏一个整体的把握。2012 年中央 1 号文件提出，要“大力培育新型职业农民”。课题组建议，建立“职业农民注册登记”制度，使之成为政府认证主营农业的农村生产经营者资格的一整套信息管理制度。“注册职业农民”资格的认定首先要考虑以下几个因素。

①注册职业农民的主要收入应来自种植、养殖、渔业捕捞等农业生产经营活动和销售，并在市场化、商品化和专业化的生产上达到一定经营规模。应以农户农产品销售额（量）为经营规模的主要标准，各地现代农业的发展阶段不同，可统一标准、统一口径，相应分出不同等级。这样也可更清楚

地了解各地现代农业的不同发展水平。

②注册职业农民可以兼业务工，但通过其农产品销售额（量）来保证其以务农为主。对注册职业农民实行动态管理，有进有出，有升有降。

③工商企业进入农业领域，长时间、大面积地直接租种农户的土地，对这些公司经营者不能定义为“注册职业农民”。这项规定有利于缓解目前存在的城市资本大规模在农村圈地搞大农场的趋势。

（4）探索建立中国特色农业生产法人制度。企业进入农业领域，长时间、大面积租赁和经营农户承包地的行为在法律和政策上没有明令禁止，并且在实践中时有发生。2013 年中央 1 号文件提出：“鼓励和引导城市工商资本到农村发展适合企业化经营的种养业。”同时也提出：“探索建立严格的工商企业租赁农户承包耕地（林地、草原）准入和监管制度。”现实的做法是将公司行为纳入制度化的轨道，规范其行为。制定农业生产法人的有关条例，对企业承包经营农地的权利、责任和义务做出明确的规定。要切实保障转出土地农户的权益，要实行动态监控。凡是放弃农业生产经营的企业租用的农用地，都要终止农用地租赁合同，让土地重新进入农用地流转市场。

四　深化乡村治理结构改革，进一步发育农村基层民主的相关政策研究

（一）有关政策设计与实施效果的主要发现

在城乡统筹发展的进程中，无论是促进工业化、城镇化进程，还是发展现代农业、建设社会主义新农村，都涉及农村各类要素的重新配置、农村空间布局的调整，必然导致乡村治理结构的变革，农村基层民主的发育也面临新的问题。课题问卷调查的统计分析和案例调查的结果如下。

1. 农村居民参与村委会选举投票的地区特征十分显著

问卷调查的河南省的农村居民参与村委会选举投票的意愿比广东省的农村居民低 12.9%；宁夏回族自治区农村居民参与村委会选举投票的意愿比广东省的农村居民低 13%。这充分反映了社会经济发展状况对农民居民政

治参与意愿的影响很大。

2. 政治参与热情与一个地区的市场化程度有密切关系

一个地区的人均收入水平是反映当地市场化程度的一个重要指标，正因为如此，人均收入水平高的地区，居民的平均政治参与热情也比较高。从模型估计结果可以看出，人均收入水平对一个乡镇的投票率有着显著的促进作用，当人均收入水平每增长10%时，投票率将提高1.77个百分点。在此次调查中，与河南省、宁夏回族自治区相比，广东省是经济发达地区，市场化程度比较高，因而农村居民的政治参与热情更高。不过，在一个地区内部，即使农户之间的收入差距很大，只要这一地区的人均收入水平低，则意味着其市场化程度低；并且，政治参与热情在一个社区内部可以相互影响，因此，在市场化程度较低的社区内部，收入水平不同的农户之间的政治参与热情可能差异并不大。

3. 农村基层民主发育不够的症结是缺乏有效的制衡机制

在农村基层民主政治建设中，民主选举取得的成绩最为突出，而民主决策、民主管理和民主监督却处于被忽视和较低的水准。其实，与民主选举相比，后三个民主的实现更为重要也更为困难。因为民主政治的发展，不仅要有选举制度实现官由民选，而且还要有民主决策、民主管理和民主监督制度作保障，实现广大群众对基层事务的知情权、参与权和监督权。后“三个民主”发展的状况，往往决定基层民主的质量和水平。如果对民主选举产生的领导人的所作所为没有有效的监督和对其权力的制约，民主选举也只是一次性的权力转让。农村存在的许多问题实际上是农村基层组织机构和治理机制弊端的反映。2007年，课题组成员在宁夏对一个38岁的文盲农民进行深度访谈时，当问到另外上来一批干部能否解决现在台上干部营私舞弊的问题时，他说：“现在，不当官都一样，当了官都那么样，又不是说，人人当官都是好的。把当官的弄下去，我上去，还是那样。”如果没有一种制衡机制来使普通农民能监督权力的行使、限制权力的运用，即使在农村基层，另起炉灶，建立一套新的组织机构，同样会出现权力的滥用。

4. 在社会转型期，乡村社会治理主体多元化是必然趋势

多元化组织的发育是和谐社会的一个重要标志。充分发挥自治组织、行业组织、社会中介组织以及公益慈善和基层服务性组织在提供服务、协调利益等方面的积极作用是构建社会主义和谐社会的客观需要。这点在农村也不例外。当前，在全国农村的许多地区，农民自发组织或政府或村委会倡导、农民积极响应组织的各种类型的农民合作经济组织、社团性质的协会以及非正式的组织，如农民的专业合作社、公路养护协会、农业机械化协会、管水协会、治安联防协会、老年秧歌队、文艺队、篮球队等，正在蓬勃兴起。各类农民的组织已经广泛涉及农村经济社会活动各个方面，并在农村社会进步中发挥了积极作用。温家宝总理曾提出，乡镇政府“在履行好政府职能的同时，要把不应该由政府承担的经济和社会事务交给市场、中介组织和村民自治组织”。2011 年 7 月，广东省委、省政府出台了《关于加强社会建设的决定》，提出要坚持积极引导和依法管理并举，大力发展和规范社会组织，加大政府向社会简政放权的力度，鼓励社会组织参与公共服务和管理，完善社会志愿服务体系，充分调动民间力量和资源参与社会建设。农村实践证明，在党的一元化领导下，农村正在发育形成的多元化的组织形式是落实农民作为集体事务的决策主体、参与主体的重要组织载体，它们能接手政府职能转换后释放出来的一些功能，是社会主义新农村建设的重要抓手，是顺利推进农村综合体制改革、构建农村和谐社会的重要组织保障，也是基层政府职能是否能真正转变的重要条件。

（二）相关政策建议

1. 制定政策措施来破解《村民委员会组织法》实施中的各种难题

对于农村治理，产权改革的意义可能更加重要。要使村民委员会仅仅承担村庄的公共服务职能，把土地等集体资产的管理权完全剥离到农民集体经济组织手中。为此，建议制定“村集体经济组织法”，明确村集体经济组织的内涵外延及其权能，明确村集体经济组织成员的资格、责任、权利和义务；厘清村委会和村集体经济组织之间的关系。村委会作为农村社区性的自治组织，它为本社区居民提供公共服务的经费，应该由财政解决。在经济发达地区，村委会改制为居民委员会以后，公共服务可以交由政府的派出机构承担。

2. 建立“公约自治”制度，创新基层民主管理方式

“民主自治”的前提是“民主”，核心是“自治”，而自治必须有法律

支撑的分权制度安排以及民众的契约精神。在分权制度安排难以突破的条件下，可以先行在农村社区内部引导居民签订自治公约，依据公约处理社区内部的日常事务，形成“公约自治”。这可能有利于帮助解决乡村社区公共社会失序的部分问题。

3. 创新农村基层的民主制衡机制

为使农民在新农村建设中真正起到主体作用，应改革和完善乡村治理结构，探索在农村建起一种有效的民主制衡机制，赋权（Empowerment）给广大农民群众，解决“主人（广大农民群众）缺位”的问题。可以借鉴有些地方的经验，做实村民代表大会制度或成立村民理事会，将其塑造成行政村的议决机关，而原来的权力机关村委会则成为具体的执行机构。村庄的重大事项由村民代表会议或理事会商议决定后，交由村委会实施。这样，村代表（理事）不仅成了联系村集体和村民的纽带，而且也是村民参政议政的代理人。建立有效制衡机制的结果是：中国数十万个行政村的领头人，一方面是农村能人，另一方面，他们的权力又不是无限的，是受到制约的。只有这样，民主决策、民主管理、民主监督才不至于流于形式，农村基层才能真正做到“有人管事，有钱办事，有章理事”，政府的主导作用和农民群众的主体地位才能真正落实。

4. 鼓励和提倡农村发育多元化的组织形式

乡镇政府应主动推进农村多元化组织的发育。建立乡村多元化治理模式包括发挥“两委”作用，也要重视农民合作社、农村志愿者组织、各类协会乃至乡村宗法关系网的作用，重点还是要加强以村民自治制度为核心的乡村法治建设。

五　促进城镇化、工业化进程中保护农民权益的政策研究

（一）促进城镇化、工业化进程与农村土地增值收益的分配问题

城乡统筹发展的目标是实现城乡经济社会一体化新格局。城乡一体化过程是经济社会的巨大变迁，本质上是利益格局的调整，利益的交汇点是农村的土地。城乡统筹，“钱从哪儿来”？答案是盘活农村的资源和农民的资产

(首先是土地)。农村土地制度的变革将在构建城乡经济社会发展一体化新格局的大战略中处于一种关键性的位置，也是新农村建设政策体系的重要组成部分。关键性的问题是：在农地转为非农用地进程中形成的土地增值收益究竟应该如何分配?

1. 有关政策设计与实施效果的主要发现

加速城镇化进程要建立在产业发展的基础上，城镇化要能为向城镇转移的农村劳动力提供足够的就业机会，而不是单纯城市土地的扩张。但长期以来，中国人口城镇化的速度赶不上土地城镇化速度。城镇化往往首先是土地的城镇化。1990~2000年间城镇人口年均增长4.28%，建成区面积年均扩展5.73%，城市建设用地面积年均扩展6.66%。而2000~2008年间城镇人口年均只增长3.55%，建成区面积年均扩展6.2%，城市建设用地面积年均扩展7.4%。而近年来，这种现象似乎越演越烈。随着我国城镇化快速推进，不少地方兴起了“新城区”建设热。一些在建或已建成的“新区”，盲目扩张、占用耕地、规划失当、空置率高等问题十分突出。

2006年的中央1号文件《中共中央　国务院关于推进社会主义新农村建设的若干意见》曾指出：“村庄治理要突出乡村特色、地方特色和民族特色，保护有历史文化价值的古村落和古民宅。要本着节约原则，充分立足现有基础进行房屋和设施改造，防止大拆大建，防止加重农民负担，扎实稳步地推进村庄治理。”但近几年全国各地农村以推进基本公共服务均等化、建设新农村为名进行的大规模的村庄整治、迁村并居（一些地方叫“缩村让地”、“迁村腾地”或是叫“拆院并院”）往往与地方政府的“造城运动”相结合。这种大规模的村庄整治是否就是社会主义新农村建设?是否就能加速城镇化进程?全国并没有统一的政策，但全国各地农村都开展的类似的举措背后却有共性的规律可循。其深层次、共同的原因在于，国民收入分配格局扭曲的状况尚未根本扭转，“条条”与“块块”的关系、中央与地方、地方的上级层次与基层之间的利益格局严重失衡，突出表现为税收的分享结构严重向城市、向政府的上级层次倾斜。这种格局在一定程度上造成地方各级的财权和事权划分的扭曲，基层的财权和事权严重不对称。有的发达地区尽管税收增幅很大，但刚性支出越来越多。

2010年1号文件提出，“指导地方细化考核指标，把粮食生产、农民增收、耕地保护、环境治理、和谐稳定等纳入地方党政领导班子绩效考核”。但当前在许多地区传统的管理模式和干部考核机制、晋升机制仍占据主导地位。地方官员追求政绩，以 GDP 增长、财税收入增加和招商引资为中心任务，对上负责而不是对下负责的体制还没有退出历史舞台。在这种体制和机制下，地方官员要谋求当地的发展、要获取政绩而又没有财力，只有通过大规模的村庄整治，利用“增减挂钩”、“占补平衡”等政策来获取建设用地指标，进而获取农地转为非农建设用地的增值收益；通过实施土地财政和土地金融来获取财税收入和资金。这就是一些地方政府开展土地整治、村庄兼并、新型农村社区建设的第一驱动力。

土地财政的支出重点还是在城市，不是在农村。2010 年 1 号文件提出，要确保“土地出让收益优先用于农业土地开发和农村基础设施建设”。但 2007～2009 年这三年国有土地使用权出让金支出总额中用于农村基础设施建设的比重增长幅度还远远不够（见表 1）。

表 1　国有土地使用权出让金支出情况

单位：亿元，%

年份	国有土地使用权出让金支出总额	城市建设支出	农村基础设施建设支出	国有土地收益基金支出	农业土地开发资金支出
2007	6044	2237(37)	184(3)	162	68
2008	9525	3024(31.7)	338(3.5)	261	97
2009	12255	3341(27.3)	433(3.5)	381	107

资料来源：财政部预算司。

2. 相关政策建议

根据明晰产权、规划先行、民主参与、自主开发、市场运作、税收调节的原则来处理农地转为非农建设用地增值收益的分配问题。具体来说主要有以下几方面。

（1）明晰产权（农村土地的确权、颁证）。深化以土地确权、登记、颁证为中心的产权改革，做到“确实权”即以实测面积为基础，做到承包土地的“地、账、证、合同”四个一致。在工作中将基本农田保护和土地测绘结合起来，将国土资源的第二次调查与二轮承包的台账结合在一起，将二调落实到田块，创建电子鱼鳞图，将图斑落实到承包土地经营权证上。颁发产权证，还权赋能于农民。同时健全农村土地承包经营权管理制度，保障农民合法权益，消除农村不稳定因素。

（2）规划先行。要确立“规划高于所有制”的观念，城乡的建设都要符合土地利用总体规划、城镇规划和产业规划。编制国家、省、市、县四级土地整治专项规划，制定土地整治的分区指导原则和意见，划分土地整治类型和重点区，科学安排土地整治项目和建设用地整理增减挂项目，统筹各类资金的有效使用，有序推进农村土地综合整治。全面统筹城乡土地开发利用，协调推进城镇建设和新农村建设。

（3）农民民主参与。农民成为土地制度变革平等的参与者。建立农民能享有知情权、参与权和监督权的组织架构，如农民的议事会等，使人民内部矛盾由人民自己的组织在人民内部解决。

（4）自主开发（合作开发）。在征收农民土地补偿问题上，“人民内部矛盾用人民币解决”，逐渐提高补偿标准，不是在任何情况下都能适用的，更不能从根本上解决问题，反而给群众提供了一种误导性的预期。应参照市场价格确定被征地农民的补偿标准，解决好他们的住房、社保、留地就业等安置问题，但治本之策是缩小征收范围，建立政府、社会资本和农民集体共同开发、合作共赢的机制。

（5）市场运作，税收调节。建立新的存量和增量集体建设用地开发制度和开发程序。允许集体建设用地进入城市土地市场，从事城市的经营性项目。相关的地租（地价）收入，可以保障已变为市民的农民和还在农村从事农业的农民的长远生计，还可以发挥对市场经济的调节作用。同时，在一定程度上有助于抑制土地财政的片面增长，化解社会矛盾。可以考虑对农村集体建设用地征收土地财产税（地产税、物业税），以税收来调节收入分配。

上述具体建议的核心是农地转为非农用地增值收益分配的政策应该明确农民有权得到土地开发净收益的剩余索取权。现在很多地方也提到在土地整理、村庄整治的过程中要保障农民利益，但落脚点都是在对农民的补偿上。而复垦出来的土地，则用于置换城市建设用地的指标，政府由此获得土地出让收益。这部分收益除去对农民的安置、拆迁户的补偿、土地整治的费用之外，还有一大块净收益。农民有没有权利分享这部分净收益？本课题研究认为，农民不光应该得到补偿，还应该得到剩余索取权——也就是在整个土地的增值过程中产生的净收益（剩余）中，农民应该获得属于他们的份额。只有农民得到土地开发净收益的剩余索取权，才能使失地农民获得一种长久的可持续发展的能力。

（二）城镇化、工业化进程中的农村劳动力转移

1. 有关政策设计与实施效果的主要发现

向城镇流动的农村劳动力呈现什么样的特点？留在农村的劳动力呈现什么样的特点？农村究竟还有没有剩余劳动力？建立在课题组问卷调查基础上的统计分析结果如下。

（1）当前的流动还主要是农村劳动力向城镇的流动而不是人口（家庭）流动。在当前的体制下，城乡人口流动的主体仍然是劳动力而不是家庭，短期流动人口中尤以 20～30 岁的人口为主。由此产生了留守老人、留守妇女、留守儿童等社会问题，也导致了农村人口素质的退化。流出的人口往往不能在城市定居下来，在达到一定年龄后因体力和技能不能满足城市需求而退回农村。

（2）农村劳动力中兼业现象非常普遍。在全部适龄劳动力中，完全从事农业的劳动力占 41%，完全从事非农业的占 23%，而兼业的占 25%。这表明就业转变有着层次性和地区间差异，农业兼业化仍比较普遍。在兼业者中，劳动总天数中干农活所占比重在 20% 以下的占到 35%，而干农活所占天数比重在 80% 以上的仅占了 10.9%。相反，从事非农业活动占在业天数的比重在 80% 以上的人口占 36%，而比重在 20% 以下的人口仅占 8%。也就是说，即使不考虑有效工作日问题，单从劳动天数上看，兼业者主要从事非农业。

（3）农民在城镇化过程中不再是完全被动的，而是有一定程度的选择权利，而究竟做出怎样的选择则主要取决于对城镇化前后成本收益的权衡结果。从流动到迁移，外出农民工利益权衡所要考虑的因素日益增多。其中，实现城镇化可供选择的模式、政府公共服务的供给方式都对这种权衡有着显著的影响。流动与迁移决策的影响因素如图 2 所示。

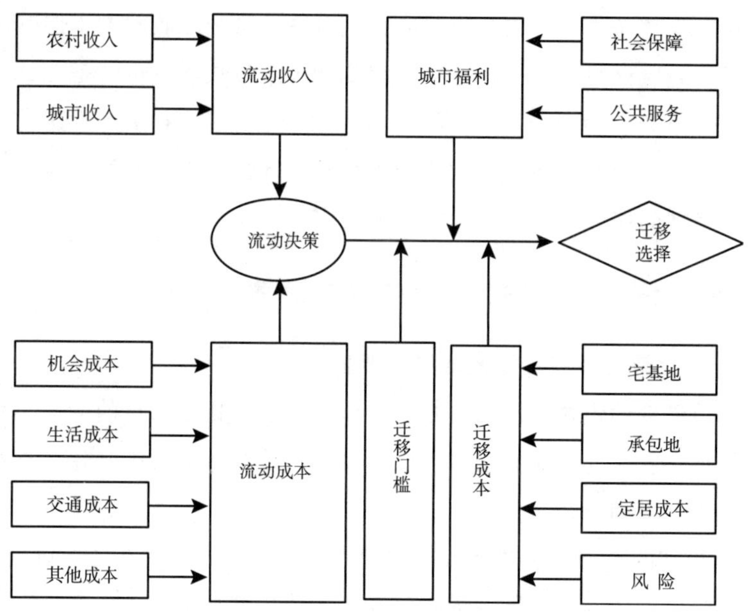

图 2 流动与迁移决策的影响因素

正是在这种权衡下，出现了“大城市进不去，县乡与小城市不愿进”的城镇化现状。实际上在乡镇一级，甚至在县一级，城镇户籍已经对农民放开，前提可能是放弃农村的宅基地、承包地和一些其他权益，如国家补贴等。在此情况下，农民城镇化的意愿并不高。在很多地方，户籍迁回农村的意愿甚至远高于迁入城市，难度也远大于后者，通常需要迁入村村民（代表）大会通过，再经过户籍管理部门的审批才能迁回农村。

（4）农村劳动力绝对剩余的数量显著减少。农村究竟还有没有剩余劳动力？一种观点是能出去的劳动力基本上都出去了；另一种观点是农村还有1亿多剩余劳动力。

从适龄劳动力中纯农业从业人口的全年农业就业时间分布来看，农业劳动时间在3个月以内的占不到20%，农业劳动时间在3个月到6个月之间的占22.3%，在半年以上的占了58.7%。在此，可将纯农业从业人口中就业时间不足三个月的理解为绝对剩余，剩下部分看作相对剩余，因为后者需要靠技术进步和生产方式转变来释放。显然纯农业劳动力中如有绝对剩余，潜力也并不很大。在进一步消除农业绝对剩余劳动力的同时，使劳动力得到充分利用的重点应该是如何释放比重较大的那部分相对剩余劳动力的劳动潜能。

2. 相关政策建议

（1）创造条件使农民工能整户搬迁到城镇落户。劳动力的流动最终是要获得稳定的和收入较高的就业机会。根据农民工的具体情况有针对性地消除户籍的差别待遇，使符合条件的农民工能整户搬迁到城镇落户，这样就可以释放出一部分相对剩余劳动力的劳动潜能，一方面能缓解城镇工业企业招工难的压力；另一方面也能增加农民工家庭的收入。

（2）为进城农民工的定居提供公平的公共服务，使其享受改革发展的成果。以农民工为主体的外来人口，为所在地的经济发展做出了巨大的贡献，但他们往往无法享受和当地居民一样的公共服务。如我国南方某个著名的“民工城市”，根据第六次全国人口普查，2010 年 11 月 1 日零时的常住人口为 822 万人。而据统计，2009 年 10 月 1 日至 2010 年 9 月 30 日，该市户籍人口总数为 180.66 万。也就是说，这个城市常住人口中的户籍人口只占不到 22%。但城市所提供的医疗卫生、教育、住房等公共服务还是按照户籍人口的财政预算。作为当地政府，如果要逐渐向 600 多万的非户籍人口提供教育、医疗、养老、失业保障等基本公共服务，压力之大，可想而知。但政府的公共财政并不仅是户籍人口的财政，为这个地区的发展做出贡献的外来人口同样应该沐浴到公共财政的阳光。在加速我国工业化和城镇化进程的同时，要改革地方政府的预决算制度，按常住人口来编制当地公共服务的预算，使数以千万计的农民工能够充分分享到我国改革发展的成果。这是农民工在城镇定居和发展的先决条件。

（3）实质推进户籍制度改革。2010 年的中央 1 号文件提出深化户籍制度改革，促进符合条件的农业转移人口在城镇落户。农村人口进城落户定居，不可能采取一种模式“一刀切”。由于社会和物质的基础设施的限制，大城市不可能无限扩张。大城市接纳外来人口，包括外来农村人口和外来城镇人口，要遵循做出的贡献与享受的权利相对等的原则。一些城市采取积分制等措施，如将学历、学位、职业技师或高级技师资格，参加该市社会养老保险累积多少年以上等指标折成分数，明确进入的门槛。通过制定统一、公开、公平的规则，使外来人员能形成合理的预期。中小城市或小城镇，根据当地的具体情况，制定较低的进入门槛。在解决农民工就业和定居的问题上，由于农民工群体的异质性，流入地政府应针对不同类型的农民工，采用不同的解决办法。从长期的实践看，关键的问题并不是户籍，而是附着在特定地区户籍上的社会福利和公共服务。要采取有针对性的措施，统筹研究农业转移人口进城落户后城乡出现的新情况新问题，积极、谨慎和有序地把进城农民工纳入城镇社会保险体系，首先是使在城镇已经稳定就业和有一定居住条件的农民工逐渐转变为城镇居民，使这部分农民工在劳动报酬、子女上学、公共卫生、住房租购以及社会保障方面与城镇居民享有同等待遇。这部分人在城镇有了稳定的就业机会和住房，并被城镇社会保障体系所覆盖，他们就可以免除后顾之忧，农村土地管理制度的改革以及农民作为用益物权人对承包地和宅基地依法享有的占有、使用和收益的权利就有条件实现让渡，统筹城乡发展的大战略的实施就能加大力度、加快步伐，发展现代农业和建设社会主义新农村也就有了坚实的依托。

六 新农村建设的财政支农政策研究

（一）政策设计与实施效果研究的主要发现

2010 年中央财政用于“三农”的支出合计 8579.7 亿元，增长 18.3%。主要分为三大块，其中：第一块是支持农业生产的支出 3427.3 亿元，第二块是对农民的粮食直补、农资综合补贴、良种补贴、农机购置补贴支出 1225.9 亿元，第三块是促进农村教育、卫生等社会事业发展支出 3350.3 亿元；此外还有农产品储备费用和利息等支出 576.2 亿元。根据财政部的预算报告，2011 年中央财政用于“三农”的支出安排合计 9884.5 亿元，增长 15.2%。其中：支持农业生产支出 3938.7 亿元，对农民的粮食直补、农资综合补贴、良种补贴、农机购置补贴支出 1406 亿元，促进农村教育、卫生等社会事业发展支出 3963.6 亿元，农产品储备费用和利息等支出 576.2 亿元。

财政支持新农村建设的政策专题研究主要集中于两块，一是增加农业和农村基础设施投入的政策研究；二是促进农村社会事业发展、实现基本公共服务均等化的相关政策研究。研究的具体问题包括：根据当前的财政支农支出数量和支出结构，调整国民收入分配格局是否还存在困难和障碍？在财政支农方面对我国现有政策的效率和公正目标如何做出评价？在农村基本公共品提供方面对我国现有政策的效率和公正目标如何评价？

1. 财政转移支付中专项转移支付占的比重居高不下

中央把钱收上去后很大一部分是通过财政转移支付再返还给地方。但问题是专项转移支付所占的比重过大。十七大报告提出："加快形成统一规范透明的财政转移支付制度，提高一般性转移支付规模和比例"，上述情况近年来有所改观，但进展仍不够快（见表2）。

近两年专项转移支付占转移支付比重的下降在很大程度上是将体现基本公共服务均等化且按因素法分配的一些专项转移支付项目调整为一般性转移支付，这部分资金仍然是专款专用，有的还要地方配套，地方政府还是不能根据本地实际情况和最紧迫的需求来调剂使用。对地方政府来讲，最有意义的是均衡性转移支付，但2011年均衡性转移支付占一般性转移支付的比重为40.9%，根据财政部的预算报告，2012年均衡性转移支付占一般性转移支付的比重进一步下降为38.1%（见表2）。这不利于地方经济社会事业的发展，无法使地方各级政府真正拥有为本地区提供基本公共服务和公共产品的财政能力。

表2　中央对地方转移支付的构成

单位：亿元，%

项目	预算数	执行数	执行数占预算数的百分比	备注
2011年				
中央对地方的转移支付	32242.01	34821.58	108.00	
1. 一般性转移支付	17336.77	18299.93	105.60	
其中：均衡性转移支付	—	7486.81	—	
均衡性转移支付占一般性转移支付的比重	—	40.90	—	
2. 专项转移支付	14905.24	16521.65	110.80	
专项转移支付占转移支付的比重	—	47.40	—	2010年 51.60

续表

项目	预算数	执行数	执行数占预算数的百分比	备注
2012 年				
中央对地方的转移支付	39912.45	—	—	
1. 一般性转移支付	22526.19	—	—	
其中:均衡性转移支付	8583.65	—	—	
均衡性转移支付占一般性转移支付的比重	38.10	—	—	
2. 专项转移支付	17386.26	—	—	
专项转移支付占转移支付的比重	43.60	—	—	

专项资金问题的关键首先不在于比重和数额的大小，而是其分配的方式。在实际分配过程中产生了一种循环：中央通过分税制将钱从地方收上来，转化为中央各个部委的专项资金，地方再通过跑部进京，找部委再把钱要回来，其间要产生大量的交易成本，严重的设租寻租行为就不可避免。

2. 专项资金掌握在中央各个垂直部门手中，在向下拨付过程中，存在严重的资金投入分散、多头管理、重复交叉投入的低效率问题，这种情形与支农体制密切相关

最典型的案例是农田水利建设资金的九龙治水格局。农业部有基本农田建设的资金，财政部有农业综合开发的资金，发改委有千亿斤粮食增产计划资金，国土资源部土地整治资金中有涉及水利的，还有水利部的资金。这些资金各有各的归口，各有各的考核指标，各有各的专项，这导致一部分基础设施投入形成浪费。

另一个很能说明问题的案例是农民培训资金。中央提出加强农民培训的政策要求后，很多中央部门都出台了农民培训计划。由此导致农民培训的专项资金分布在各个部门，实行多头管理。目前涉及农民培训的项目，农业部有“万名农民素质培训工程”、“欠发达乡镇农业科技培训项目”、“农村劳动力转移培训阳光工程”和“跨世纪青年农民科技培训工程”等；劳动和社会保障部有“农村劳动力就业上岗培训工程”；中央组织部有“农村基层党员素质培训工程”；全国妇联有“农村妇女种养殖业技术培训工程”；全国科协有

“农民网上函授教育培训工程”；团中央有“农村青年人才培训工程”。

“十一五”时期，虽然开展了财政支农资金整合的试点，但主要针对农业资金进行整合，具体措施是以县为平台整合支农资金，但在县层面的整合却受到上边垂直部门的制约，专款专用，上面各个垂直部门按自己的指标分头来考核。这使实践中的整合很难操作，即使整合，哪个部门都愿意以我为主去整合别人，而不愿意被别人整合。

3. 政策衔接的有效性比较低

例如，最低生活保障制度与其他制度的不相衔接，城乡建设政策与土地政策之间不协调，村民自治政策与其他乡村治理政策不协调，扶贫政策与其他支农政策不协调，城乡之间的许多政策不协调等。

4. 农民享受到的公共服务和社会保护程度仍然较低

农户问卷调查和深度访谈显示，尽管我国扭曲的公共资源分配关系近些年有一定程度的调整，但农民仍未能享受到较为充分的公共服务和社会保障。而且，在农田水利设施这一基础性的农业生产条件及关乎基本生存的饮用水方面，也存在着较为严峻的问题。

在被调查的行政村，农田水利设施普遍老化、失修。从现有水利设施的情况看，在37份有效问卷中，有9个村没有中小水利设施，占24.3%；有2个村尽管有水利设施，但其严重老化，不能发挥作用；有17个村的水利设施不能发挥应有的功能，占45.9%；只有9个村的水利设施完好，一直发挥作用，占24.3%。从中可看出，农田水利建设的任务任重道远。从区域的情况看，宁夏被调查的行政村中，高达60%的行政村没有任何农田水利设施。广东省农作物以水稻为主，对水利设施的要求条件较高，但在被调查的11个行政村中，竟然有1个村完全没有水利设施，有6个村的水利设施损坏老化，不能正常发挥作用。

5. 省域内部的转移支付尚未建立，发达省份内的欠发达地区的农民未能享受到较充分的公共服务和社会保障

课题组在确定广东省的调研县（市）时，考虑到珠三角地区经济发达而没有代表性，因而选择了广东省经济发展中等或稍微欠发达的梅州市的五华县、茂名市的电白县和惠州市的博罗县作为调研点。调查发现，广东省被调查农户享受的公共产品和服务的水平较低，公共财政资源没有充分发挥其向农民提供公共产品和服务的作用。

河南省和宁夏回族自治区依靠中央财政的项目投入，使其农村学校的教学条件在较短的时间内得到了改善，教学质量也相应有所提高，从而得到了农民的认可。但广东省属于东部发达地区，在农村社会事业发展方面得到中央财政的支持较少。而广东省各地的经济发展水平有很大的差异，因为省域内部转移支付滞后且存在片面的发展观，从农民评价的这一指标上看，广东省农村教育医疗等社会公共产品和服务的水平的改善程度反而落后于中西部地区的河南省和宁夏回族自治区。①

2008 年，从对新农村建设这项事业的知晓情况看，河南省和宁夏回族自治区被调查农户的知晓率更高，分别为 91.8% 和 86.3%。而广东省被调查农户的知晓率相对较低，在 368 户中，只有 223 户知道政府正在推进新农村建设，仅占 60.6%。在广东省被调查的 361 户农户中，完全不知道新农村建设内容的有 283 户，占 93.4%；而河南省被调查的 372 户中，这一指标为 51.0%；宁夏回族自治区被调查的 364 户中，这一指标为 48.4%。

饮水是涉及基本生存保障的公共产品。但是，特别值得注意的是，广东省被调查农户中，有 21.2% 的农户认为存在着饮水困难。宁夏回族自治区被调查农户中，有 34.4% 存在着饮水困难。

在对学校教学条件的认识上，广东省被调查农户中，认为教学条件“提高了”的农户只占 58.9%，远低于河南省的 90.4% 和宁夏回族自治区的 87.2%。在对教学质量的评价方面的情况同样如此，广东省被调查农户认为教学质量与过去相比“提高了”的比例只有 46.2%，而河南省的这一指标为 79.1%，宁夏回族自治区为 73.7%。

从参加新农合这一指标看，2007 年，广东省样本户中的参合率为 73.7%；河南省的这一指标高达 99.3%；宁夏回族自治区为 86%。

6. 公共资源分配中存在的问题已经影响到资金的使用效率

（1）公共财政资源在地区配置上存在问题。样本村调查数据分析显示，在公共资源分配关系调整中，被政府确定为新农村建设的试点村以及村经济

① 值得指出的是，这里农民是针对“改善程度”，而非针对“实际公共服务水平”的评价。调查结果可能也并不否定即使在广东的这些相对欠发达地区，其实际享有的“公共服务”水平仍然比其他两个省高。

实力较强的村往往可以得到更多的项目和支持资金，而且这两类村庄往往又是交叉的。

（2）公共财政资源在不同领域的配置上也存在问题。从新农村建设的项目类型来看，各样本村具有较高的同质性，项目建设主要集中在硬件设施上（包括修建道路、水利和文化广场等），这种“重硬件、轻软件”的建设模式在一定程度上有偏离农民生产生活迫切需要的倾向。

（3）公共资源配置与农村实际和农民需求的优先序不一致。农民对公共产品和服务的需求具有异质性，不同类型、不同区域农民对政府财政资金的需求量、方向和结构具有明显差异。而且，农民的需求优先序还处于不断变动之中。但是，我国多数支农专项资金的设置往往采取以项目资金为主、各部门分散管理、中央和省级部门高度集权的投入体制，上面定项目，下面提申请。由于信息不对称等因素的影响，许多资金项目并不符合基层实际需要的优先序，从而降低了资源的配置效率。

从农民的反映情况来看，整体上新农村建设大多数项目与农村和农民的需求基本适应。在 747 户农民的有效问卷中，有 429 户表示该村所实施的项目正是他们村里最需要的项目；有 161 户表示村里所实施的项目中，有的是村里所急需的，有的不是。但是，需要特别注意的是，有 157 户（占被调查农户总数的 21.0%）农户表示村里所实施的项目并不是村里最急需的项目。

（4）农民较低的参与程度影响了资金使用效率。在社会主义新农村建设中，多数村都不同程度地得到了国家政策落实的好处，一些项目还得到政府的财政支持。但农民认为资金是“村干部有能力才搞到的”。所以，他们对资金的使用方向、方式和效率问题“天然”地不关心。微观数据还显示，尽管多数被调查农户知道政府正在推进新农村建设，但其中知道新农村建设具体内容的农民为数不多。因此，从某种程度上说，正是以专项资金为主的资金分配方式，阻碍了农民参与资金管理和使用的积极性。

（二）相关政策建议

1. 用中央财政对“三农”投入的增幅高于中央财政总支出的增幅这个指标来反映对“三农”的投入力度

2011 年的《政府工作报告》提出，“财政支出重点向农业农村倾斜，确保用于农业农村的总量、增量均有提高”。报告中所用的总量和增量这两个指标缺乏真正的约束力，从而很难发挥实际约束作用。2010 年的中央经济工作会议曾提出对“三农”投入的总量、增量、比重和增幅都要提高。只有保持对“三农”投入较大幅度的增长，才有可能逐步缩小城乡发展的差距。建议用中央财政对“三农”投入的增幅要高于中央财政总支出的增幅这个指标，这样，总量、增量和比重三个指标也就不成问题。过去的几年（2006～2010 年），有 4 年中央财政对“三农”投入的增幅快于中央财政总支出的增幅，说明这个指标是可行的。

2. 确保预算内固定资产投资中用于农业农村基础设施建设的比重进一步提高

2011 年的《政府工作报告》提出，“加大‘三农’投入，完善强农惠农政策”。报告中提出三条政策措施，其中第 2 条是“预算内固定资产投资重点用于农业农村基础设施建设，确保总量和比重进一步提高”。总量这个指标意义不大。随着经济的发展、物价水平的提高，投资总量的增长是一个必然的趋势，农业农村基建投资也会相应增长。但比重的提高则有很强的约束力。2011 年的政府工作报告也明确指出：“2010 年强农惠农政策有效实施。全年中央财政用于‘三农’方面的支出 8579.7 亿元，比上年增长 18.3%，其中，用于农业和农村建设的中央预算内投资 1928 亿元，占全部中央预算内投资的比重达到 49%。”49% 的比重指标就为以后年份的农业农村基建投资强度设立了一个标杆，这个有约束力的指标一定要坚持。

3. 提高体现均衡性的一般转移支付的比例，增强地方财政的独立性

（1）继续增加一般性转移支付的比例。财政的“重心”要适当下移，要显著增强地方政府特别是基层政府的财政能力。大幅度地减少专项资金，财政收入增量应大幅度增加对地方的一般性转移支付，在转移支付的构成中，较大幅度地增加均衡性转移支付占一般性转移支付的比重，使地方政府真正拥有为本地区提供公共服务和公共产品的经济能力，这样地方政府才有可能从经济型政府转为服务型政府。要规范和清理专项转移支付，将适合地方管理的专项转移支付的项目审批和资金分配、使用权下放给地方政府。同时要强化对各级政府的问责、质询和监督、制衡机制，改革干部考核和晋升机制。这样才能减少寻租行为和决策的随意性，有利于杜绝腐败，提高经济效率，真正使财政体制能具有平衡地区间提供基础性公共服务的能力。

（2）公开项目的实施计划，改进项目监督办法。各部委应将自己支农项目的主要实施内容全面向社会公开，公开内容包括资金数量、责任人、目标要求、完成期限和验收记录等。每个项目都应有监督机构，如成立监督委员会或小组，其成员应有农民代表。项目的验收也应有受益农民参与。

4. 完善省以下财税体制

从全国来看，以社会公平为目标，加大上级政府对落后地区的转移支付势在必行。中央政府应该加强对中西部欠发达地区的转移支付。在东部地区，省级财政应加强对省内经济困难地区的财政转移支付。中央政府在把农村社会事业发展的筹资责任移交给省内解决的同时，应监督东部地区省份省级财政对该省域经济困难地区的财政转移支付情况。

5. 建立自下而上的需求表达机制以及农民能够参与财政资金配置决策的机制

这是一个与增加一般性转移支付相关联的应对性措施。增加一般性转移支付的风险在于县乡政府和官员可能不顾公共财政的原则，完全根据自己的意志和意愿来安排和使用资金。在县乡财政普遍困难的情况下，这是一种可以预测到的不良结果。同时，增加一般性转移支付并不能保证资金使用的方向和优先序与农民的需求完全吻合。在公共资源分配基本由地方主要领导决定的情况下，县乡领导还有可能依据其自身的目标分配资金的用途，而不考虑或少考虑农民的目标。为了提高资金的使用效率，客观上要求建立自下而上的需求表达机制和程序，这就要求进行相关层面的改革。一是改革由主要党政领导说了算的情况，加强农民和地方人大对预算的监督，参与预算的制定；二是完善自上而下的监督机制和约束机制。转移支付应与农民的实际或最迫切需求相吻合。

应提高村级财务的独立性，提高农民的参与性。在增加地方政府一般性转移的基础上，探索公共财政资金公平分给村社区集体，由村社区集体决定资金的使用方向。这方面成功的经验来自印度克拉拉邦，该邦把邦财政预算中的计划基金（占总额的50%）中的40%交到乡一级，让乡来决定如何支配。这个比例大体占整个乡财政预算的20%。因为有了能够预见的、稳定的收入来源，乡级政府就可以参与项目的选择和实施计划。

我国要实现农村治理模式的转变和激发农民参与发展内在动力，就应把资源分配到最底层的乡镇政府和村级组织，使得他们可以根据能够预期得到的公共资源来决定发展规划。这种方式有利于提高资源的利用效率，以比较小的投入产生比较大的效果和效益。

6. 加大对村级公共服务基础设施建设的投入，强化村级组织公共服务功能，完善农村公共服务体系

村级作为农村公共服务体系中的一个环节，其重要性毋庸置疑，而通过加大对村级公共服务基础设施建设的投入，可以强化村级组织在公共产品和服务供给以及配置上的功能，完善农村公共服务体系，使广大农村居民可以就近享受一定数量和质量的公共服务，使农村公共服务的触角真正延伸至村一级，真正实现公共财政的“阳光”普照农村的目标。

第一，增加对村级公共服务建设的投入，中央财政设立村级公共服务建设专项资金。

第二，整合资金，集中建设。目前各个部门都有不同的项目资金，资金分散投入、项目分散建设，导致财政资金的低效率，特别是在村一级。为了解决这个问题，可以将各个部门不同的项目资金整合集中使用，在人口相对集中（不一定是村委会所在地）地区建设村级服务中心，将村卫生室、文化室（农家书屋）、体育健身场所、计生室等集中在一起，这样既可以节约一部分土地，也可以使村级公共服务设施使用更具有可持续性。

第三，村级公共服务基础设施建设项目可以将农民的投工投劳作为配套，以减少地方政府项目配套困难或虚假配套，但必须严防假借项目增加农民不合理负担。“一事一议”更适合于那些农民收入较高、集体经济收入较多的地方，它不能作为筹资的手段，更多地体现的是公共事业建设的民主决策程序和方式。

7. 深化农村公共服务机构改革，建立多元化的农村公共服务供给机制

不能一味追求政府直接生产和供给公共服务的方式，要建立多元化的新型农村公共服务供给机制。应在政策上建立有利于农村民营公共服务的体制和机制。当公共服务的数量和质量可以明确规定时，可以采取政府购买服务的办法，向提供者支付基于产出的服务费，这有利于提高服务效率。例如，一些预防、防疫等农村公共卫生项目、农业科技推广、农民教育和培训等公共服务，都可以尝试采取这种办法。

对于政府举办的公共服务机构，一方面要加强政府投入，消除其“赢利性”的客观基础。另一方面，应逐步消除县、乡行政管理机构的干预，增强其从事公共服务职能的独立性。

8. 继续建立和完善促进公共资源分配关系调整的制度

制度带有根本性、全局性和稳定性。同时，制度本身具有自我强化的功能。在目前的政治体制下，尽管基层政府官员的任期普遍较短，其行为选择可能与上级政府的要求及农民的利益都有某种程度的不相容乃至冲突。但是，只要建立了相应的制度，逐步完善这些制度从而提高农民的福利水平，就将成为历任政府官员不能绕开的问题。

七　结论与讨论

在基本理论的指引下，在各个专题研究的基础上，我们仍坚持报告之前提出的有待实践进一步验证的初步判断，即我国已经建立起了有关社会主义新农村建设的政策体系，旨在保障农民经济利益和政治权利的农村政策和法规体系正在逐步完善。但在具体政策设计和执行中存在一些不可忽视的问题，影响社会主义新农村建设健康发展的体制机制障碍还相当突出，构建城乡经济社会一体化的新格局任重道远。为此，必须进一步深化改革。农村改革的不断深化即是农村的制度变革和组织创新的进程，其目的是维护和进一步落实广大农民的财产权利及政治权利，使农民的物质技术投入具有强有力的制度保障和组织载体，从而提高农村经济活动的效率，最终将中国农村建设成为富强民主文明的社会主义新农村。在深化改革的进程中，以下几个方面与政策设计有关的问题可以进一步讨论。

第一，在农业生产要素配置方面，要充分发挥市场在配置资源中所起的决定性作用，同时政府要保证公共产品和社会服务的有效供给，使作为劳动者的农民能够与土地、技术、资金、经营管理、市场信息等生产要素更好地结合。在产品市场方面，保障中国的粮食安全要注重用价格信号引导资源优化配置，并通过政府有效的调控，如通过农产品进出口和库存的吞吐调剂余缺，保持农产品供给和需求之间的平衡，使农产品的价格保持在一个较高的合理区间。应通过农业要素市场的组织创新和交易规则创新，降低交易费用，形成合理价格，促进交易规模扩大，缓解现代农业发展的瓶颈制约。

第二，在农产品市场发育方面，当前形势下一个大问题是各个与农产品流通有关的政府部门及其他部门（如农业部、商务部、供销社等）各自为政，资源、信息和服务功能割裂，政策措施应着眼于整合上述部门的相关功能，构建统一的农村现代流通服务体系的平台，通过这个平台来协调农村流通体系中各个相关主体（企业、行业协会、合作社、经纪人、消费者协会等）之间的利益关系，将生产者合法的垄断与消费者主权的实现相结合，使这个平台真正成为党和政府调控市场的抓手。

第三，在巩固与完善农业基本经营制度方面，我们承认混合型、多元、多样化的农业经营模式的现实，但要坚定不移地走中国特色的农业现代化道路，即要在农业中不断巩固完善和发展社会主义的生产关系，相关的政策措施要强调在发展现代农业时尊重和保护农民的土地承包经营权。农户与龙头企业之间应建立公平合理的利益联结机制。将提高农民进入市场的组织化程度作为完善农业中社会主义生产关系的一个重要组成部分。

第四，在深化乡村治理机制改革方面，当前的关键问题是缺乏有效的对权力的制衡机制。政策措施要能促进制度的制定与完善，尤其是监督制度的执行。应建立一种制度安排和组织架构，让具有广泛代表性的村民享有对政策信息的知情权、对于决策的参与权和政策实施的监督权，这样政策才能有机会得到群众的检验，才能不断在实践中修订完善，使政策能最终反映最广大农民群众的最根本的需求。

政府应提供政策保障来促进农村多元化组织结构的形成，为农民的社会资本和组织资本的发育创造条件。投资于社会资本、组织资本和人力资本，往往能得到比投资于物质资本更高的回报。因此，除了通过促进农民合作社的发展提高农民进入市场的组织化程度外，还应提高农民在社会事务方面的组织化程度，这样不仅能提高群众对公共事务的参与度，使他们对行政管理机构的监督更为有效，再分配更为透明、公平，最终也将有利于增加产出、提高效率。没有农民组织化程度的提高，村民自治也就无从谈起。

第五，在促进城镇化、工业化进程方面，土地问题是关键，土地问题中土地增值收益的分配又是关键的关键。在土地整理、村庄整治的过程中农民不只应该得到补偿，在整个土地的增值过程中产生的净收益（剩余）中，农民还应该获得属于他们的份额。政策措施要使农民能得到土地开发净收益的剩余索取权，从而获得一种长久可持续的发展能力。

第六，在调整国民收入分配格局、改进财政支农政策方面，必须把深化农村改革和深化宏观经济体制的改革相结合，尤其是着力于中央和省一级的行政管理机构的改革和县级综合配套改革，更自觉地调整国民收入分配结构，协调“条条”与“块块”的关系，中央与地方以及地方的上级层次与基层之间的利益关系，同时使政府资金的投放更为制度化、规范化和透明，建立一个更为公平的国民收入再分配体系。要建立规范的横向和纵向财政转移支付体系，财政的“重心”要适当下移，要显著增强地方政府特别是基层政府的财政能力。大幅度地减少专项资金，从源头上削减中央各部门配置资源的权力，使地方政府真正拥有为本地区提供公共服务和公共产品的经济能力，这样地方政府才有可能从经济型政府（公司主义的政府）转为服务型政府。

在渐进的改革进程中，不同集团或部门的既得利益也逐渐地积累起来，并形成刚性的格局。今日改革的阻力，实质上是已经获取了既得利益的过去的改革者，改革就要革当初改革者的命。深化改革缺乏有决策权的驱动力，这是深化改革最大的难点。改革不仅要有顶层设计，还需要顶层与基层的改革动力相结合，上下联动来推动改革措施并真正加以实施，打破既得利益格局。

进入21世纪以后，党中央连续发了11个1号文件，2008年，十七届三中全会又发布了《中共中央关于推进农村改革发展若干重大问题的决定》。这些文件的制定、颁布和实施长期以来一直是贯彻落实新农村建设政策措施的基本运转方式，并且被证明是切实可行、富有成效的，对于促进农业增长、农民增收和农村发展，都发挥了极为重要的作用。但是逐步推进“三农”政策建设的法制化也是必然的趋势。随着21世纪以来连续11个1号文件的出台，合乎社会主义市场经济体制要求的“三农”以及社会主义新农村建设有关的政策体系框架已经基本成型，下一步工作重点是改进和完善这个政策体系，制定、修改和完善与农业及农村相关的法律法规，以法律法规的形式把这个政策体系固定下来。最终能将以法律法规为导向的相对稳定的宏观政策体系与以红头文件为导向的适应形势发展变化的宏观政策措施有机地结合在一起，这是今后社会主义新农村政策体系建设的一项重要工作，也是今后农村改革的一项重要内容。

回顾与审视近 8 年来社会主义新农村建设的演进历程，我们再次强调报告所依据的理论基点，在任何时候，在有关“三农”问题的任何事情上，都必须遵循--个基本准则：保障农民的物质利益，尊重农民的民主权利。这是中国农村改革实践所证明了的颠扑不破的真理。

第二章　我国农业要素市场发育与现代农业发展

在我国现代农业发展进程中，一方面农业要素市场在农村各地自发地发育，另一方面农户对农业要素市场的依赖程度不断提高。建设社会主义新农村政策体系提出了建立城乡统一的农业要素市场的要求。国外对农业要素市场进行了较多的研究，而我国学术界对农业要素市场的深入研究总体上还显得不够。本章在对国内外有关农业要素市场学术文献简要回顾的基础上，分别对农业劳动力、农用地、农村资金市场现状进行了总体描述，探讨了我国农业要素市场培育的重大意义及其对策建议。

一　引言

《中共中央国务院关于推进社会主义新农村建设的若干意见》（2006 年中央 1 号文件）明确提出了在我国建立健全农村要素市场的目标和途径，要求“充分发挥市场配置资源的基础性作用，推进征地、户籍等制度改革，逐步形成城乡统一的要素市场，增强农村经济发展活力”。在新农村建设中，为什么要培育农村要素市场，特别是农业要素市场？我国目前农业要素市场现状如何？农业要素市场发育受到哪些因素影响？

家庭承包经营是我国农村基本经营制度的核心，我们会毫不动摇地坚持下去。在农业劳动力转移后，一些农户已经放弃了农业生产，转出承包地成为租出地的供给来源。而农村中一些农户拥有从事农业生产的比较优势，他们选择农业生产，对租入地的需求强烈。这种农用地租入租出的情况在不同地方虽然存在着明显差异，但是总体上呈现出增多的态势。农用地流转，特别是租入租出，对农业生产要素配置及其农业产出将会产生怎样的影响？

长期以来，贷款难是我国农户面临的普遍性问题。近年来，国家鼓励农村金融创新，农业贷款有所增加，但是农业资金需求缺口大，特别是正规金融对农户的资金供给不足仍然是农户发展现代农业生产的重要约束因素之一。我国现实中的农户面临怎样的农业资金约束？

近年来，随着农村剩余劳动力的大量转移，家庭成员作为劳动力投入农业数量呈现出减少态势；同时各地农业劳动力雇佣，特别是农忙季节农业劳动力雇佣情形明显增多，一些地方还出现了出相对较高价格也雇佣不到合格农业劳动力的问题。这种农业劳动力供求关系及其雇佣价格的变化对农业生产会产生怎样的影响？家庭劳动力投入农业数量减少，意味着农业集约化水平下降，这必然会带来农业产出的下降吗？未来农业劳动力供求关系及其雇佣价格将会呈现出怎样的变化态势？农业政策研究者和制定者如何对农业劳动力市场变化做出反应？

本文从相关理论、一些学术性研究文献以及本课题的实际调查结果进行分析，尝试性地对上述问题给予回答。

二　农业要素市场研究的几个基本问题

经济学一般认为，用于生产物品与劳务的投入，就是生产要素（曼昆，2009）。劳动、土地和资本是三种最重要的生产要素。生产要素市场与普通商品和劳务市场的最大区别在于生产要素的需求是派生需求。

我国农业要素市场包括哪些？从我国学者对农业要素市场研究的相关文献来看，一些学者研究的农业要素市场主要包括农用地（本文农用地专指农业用地，与农地不同。农地包括了农村建设用地）市场、农业劳动力市场、农业资金市场和农业技术市场。

（一）我国农村中的农业要素市场自发产生的内在动力

随着我国农业的发展，一些农户对户外的农业生产要素需求不断增长，而另一些农户则愿意提供农业生产要素。当一部分农户对农业要素产生了需求，而另一部分农户愿意有偿地提供农业生产要素，需求力量与供给力量必然催生出农业要素市场。这种要素市场虽然在多数地方尚未建立起有形的市场，但是农户间，或者种植大户与农户之间，或者农业企业与农户之间的农业要素交易在农村日益活跃起来。

外出农民工，一部分兼职从事农业生产，通过农忙季节回乡或者雇用劳动力，或者租用农业机械，仍然没有放弃粮食等非劳动密集型农产品的生产。这部分兼业农民，可能是农业要素市场上的农业劳动力等要素的雇佣者。另一部分可能完全放弃农业生产，专门从事非农产业，这部分农户可能会成为土地等农业要素市场上的提供者。

我国地域广阔。随着农业结构调整的不断推进，我国主要农产品生产区域化十分明显，一些农产品在特定的区域集中度相对较高。这些都为农业劳动力跨区域流动带来了内在动力。一些地方可能正处于农闲季节，可以供给农业劳动力；另一些地方可能正处于农忙季节，对农业劳动力存在着强劲需求。不同地方农业生产对劳动力供给与需求出现的差异，创造了农业劳动力跨区域流动市场。

农村劳动力转移，引入新的生产要素，都可能打破原有的耕地与其他要素的平衡配置，带来不同要素边际生产率的变化，产生农用地与其他要素的重新配置要求。在集体产权制度下，农用地流转市场没有发育的情况下，农户之间往往会进行农用地的调整。即使在农业税时代，农户之间调整承包耕地也会发生。而随着国家赋予农户农用地承包期的不断延长，促进了农用地流转市场的形成，农用地租入租出替代了农户间耕地的调整。特别是农业税的废除、农业补贴政策的实施、农产品价格持续上涨的预期，农户间承包地的调整难度越来越大，而农户通过耕地的租赁市场重新配置农业生产资源及其他要素越来越普遍。

近年来，我国农村中涌现了大量的种养大户和合作组织。一些企业也将城市中的资本和技术带到农村投资农业。这些新型农业微观组织是农业要素市场的需求者，需要在农村中从农户手中租入耕地和雇佣农户家庭劳动力，一些种养大户和合作组织不但需要农户供给承耕地和劳动力，而且还可能需要农户供给资金。

农业要素市场的形成，实现了农业生产要素的优化配置，有效地避免了一部分农户的农业生产要素退出农业而可能产生的农产品供给冲击，促进了现代农业的发展。

（二）我国农业要素市场发育程度到底如何

如何反映农业要素市场状况？从查阅的文献来看，并没有统一的，或者公认的指标体系。特别是在比较通用的教科书中都没有查阅到权威的定义或者可借鉴的指标体系。

我国加入世贸组织之前，市场化状况及其他世贸组织成员对我国市场化地位的承认，直接影响到我国加入世贸组织的进程及其可享受的政策。在这样的背景下，国内一些学者对农业要素市场化程度进行了测度。

我国对农业要素市场的早期研究，只关注了农业劳动力市场化程度和农业资金市场化程度（陈宗胜等，1999）。也有学者在农业劳动力市场和农业资金市场基础上增加了农业技术市场（程国强，2000）。

从查阅到的资料来看，加入世贸组织前虽然我国农产品市场化程度已经相当高，但是农业要素市场化程度是相当低的。据资料（刘江，2000）显示，1997 年，我国农村转让耕地在耕地中所占比重为 1.2%。

至于说我国农业要素市场发育程度低的原因，只有较少的文献涉及。有学者（钱忠好，2002）认为，制约我国农用地流转的原因，主要是我国农用地产权不完善。一方面，家庭承包经营压抑农用地转入需求；另一方面，租金不高压抑了农用地转出供给。农用地流转处于相对较低的水平。

根据一些学者的研究，结合笔者的思考，反映农业要素市场状况的指标，应该是多方面的。比较而言，要素市场交易规模、要素市场参与主体等是反映农业要素市场发育程度直观的指标。

使用比较多的，是利用市场交易的比重，作为要素市场化程度的指标。如农户有偿流转的耕地在耕种土地面积中的比重，可以反映耕地的市场化程度或者要素市场发育状况。

反映农业要素市场状况还经常使用的指标，也可能是农户对要素市场的参与程度，它是反映农户资源配置效率状况的一个重要标志。如何衡量农户对要素市场的参与率？对于劳动力来说，劳动力非农转移的户数占调查户数的比重，可以作为农业劳动力的市场参与率。类似地，可以观察农户资金、农用地等要素的市场参与率。

（三）农业要素市场与新农村建设之间的一些关系

劳动力市场的建立与完善，是我国现代化和社会主义市场经济发展的重要体制创新之一，无疑对新农村建设会产生重要影响。一般认为，城乡统一的劳动力市场，有助于打破城乡二元结构，改善农民工就业环境，增加农民收入。

根据《中共中央国务院关于推进社会主义新农村建设的若干意见》（2006 年中央 1 号文件），农村劳动力政策的基本目的是通过保障外出农民工合法权益促进农村劳动力转移。要求“保障务工农民的合法权益。进一步清理和取消各种针对务工农民流动和进城就业的歧视性规定和不合理限制。建立健全城乡就业公共服务网络，为外出务工农民免费提供法律政策咨询、就业信息、就业指导和职业介绍。严格执行最低工资制度，建立工资保障金等制度，切实解决务工农民工资偏低和被拖欠问题。完善劳动合同制度，加强务工农民的职业安全卫生保护。逐步建立务工农民社会保障制度，依法将务工农民全部纳入工伤保险范围，探索适合务工农民特点的大病医疗保障和养老保险办法。认真解决务工农民的子女上学问题”。

农村劳动力转移对农业生产将产生怎样的影响？从逻辑上讲，农业劳动生产率的变化是判断农村劳动力从农业向非农产业转移后对农业产出影响的重要依据之一。当农村劳动力转移后，如果农业劳动生产率提升速度快于农村劳动力转移速度，则农业产出不但不会减少，反而会增加。

我国有学者（黄宇峰，2009）认为农村劳动力转移对农业生产有消极影响，基本逻辑是农村劳动力转移，不但可能带来“撂荒”问题，而且可能减少农户对农业生产的投入，导致土地产出率的下降，影响国家粮食安全。至于农村劳动力转移对农业资源的利用效率，对农业产出及其国家的粮食安全影响方面的研究，总体上缺乏实证分析和数量验证。

严格来说，我国农村劳动力转移是否一定会带来土地产出率的下降？或者说，农村劳动力转移是否一定会带来农户的集约化水平（Agricultural Intensity）的下降？这可能不是简单的确定性关系。从我国农业发展的实际情况来看，我国农村劳动力转移后普遍地出现了农产品单产的提高。

各国经济发展的普遍经验表明（Dennis.，1979；Low，1981），农村劳动力从农业向非农产业转移，对农业生产的影响并没有呈现出一致的结果。有些国家在农村劳动力转移过程中，农业产出保持增长，而有些国家则出现下降。

实际上，西方学者为了回答农业要素市场发育对农业生产是否产生影响，建立了农业生产者家庭模型（Agricultural Household Model），简称农户家庭模型（AHM），提出了农户家庭消费决策和农业生产决策可分（Separability）的理论。一些研究（Singh et al.，1986；Raul，1989）认为，如果商品和要素市场是完善的，则农户家庭决策是可分的。

按照可分农户家庭模型（Separated AHM）假说，农户为了优化配置家庭资源（包括劳动力、土地和资本等）实现家庭效用最大化，进行的农业生产决策是独立于效用最大化决策的。这样，按照可分农户家庭模型假说，如果农户有农业要素市场可以利用，当家庭劳动力安排了非农就业（Off-farm Labor），也不会对农业生产带来消极影响。

在农户家庭劳动力可以转移、要素市场健全条件下，农户家庭农业生产是否会必然放弃？实际上，通过对农村的调查，经验已经告诉了我们，在我国农业劳动力大量转移发生后，大多数家庭既没有彻底离开农村，也没有放弃农业生产。

根据2010年3月国家统计局信息网站发布该局农村司的《2009年农民工监测报告》，2009年举家外出农民工大约3000人，占当年农民工总量的12.9%，占外出农民工总量的20.4%。

显然，农村劳动力转移是否对农业生产产生了冲击，一方面取决于农民完全放弃农业生产的实际发生率，另一方面取决于没有完全放弃农业生产的农户家庭对农业生产投入的集约化程度。如果家庭有转移劳动力的，降低农业投入，使农业集约化水平下降，导致农业产出水平下降，这才意味着家庭农业劳动力转移对我国农业增产的目标可能产生了不利影响。

农业劳动力市场供求关系变化的一个重要特点是季节性变化。Robert（1989）的研究表明，在一个完善的农业劳动力市场条件下，如果经济激励能够发挥作用，通过农业劳动力地域间流动，是可以实现季节性农业劳动力供求平衡的。

农业领域的就业规模减小是农业发展的必然结果。根据 Holt（1982）的研究，随着劳动替代的农业生产技术的应用，美国农业领域劳动力就业数量总体上趋于减少，但是农业雇工数量在农业就业人员数量中所占比重呈现出上升的趋势。

一般来说，随着经济的发展，农业领域劳动力就业数量总体上趋于减少。据资料（Holt，1982）表明，美国农业领域劳动力就业数量（Agricultural Employment）在 20 世纪初就开始持续下降。20 世纪 50 年代和 60 年代，美国农业领域劳动力就业数量快速下降。据资料（Andrew，1990）表明，美国农业工人从 1940 年的 900 多万人下降到 1985 年的大约 300 万人。

据研究（Holt，1982）表明，美国农业领域劳动力就业数量总体上一直趋于减少，但 20 世纪 60 年代和 70 年代初，曾出现一些结构性的变化，主要表现是家庭劳动力从事农业的数量下降速度明显变缓，而农业中雇用劳动力数量（Hired Agricultural Employment）相对稳定，在农业领域劳动力就业数量中所占比重不断增加。

农民贷款困难是世界上的普遍难题。即使在发达国家，多数农民也无法获得贷款。据研究（Blancard et al.，2006）表明，在短期内 2/3 的法国农民贷款受到限制，而在长期内，几乎所有的法国农民都面临贷款约束。美国也有部分农民的贷款无法得到满足（Lee and Chambers，1986；Fare，Grosskopf and Lee，1990）。

三 农村劳动力流动

发展现代农业是社会主义新农村建设的首要任务。在研究农业要素市场对新农村建设影响时，不妨首先集中考察农业劳动力流动与现代农业发展之间的关系。

（一）我国农村劳动力转移与农业劳动力情况

我国现代化过程中，伴随着大量农村劳动力由农业向非农产业的转移，特别是农村劳动力由农村向城镇的转移。根据国家统计局的监测，2009 年，全国农民工总量为 22978 万人，其中外出农民工 14533 万人，与上年相比，农民工总量增加 436 万人，增长 1.9%。根据《中华人民共和国 2010 年国民经济和社会发展统计公报》，2010 年，全年农民工（根据国家统计局定义，年度农民工数量包括年内在本乡镇以外从业 6 个月以上的外出农民工和在本乡镇内从事非农产业 6 个月以上的本地农民工两部分）总量达到 24223 万人，比上年增长 5.4%。其中，外出农民工 15335 万人，增长 5.5%；本地农民工 8888 万人，增长 5.2%。

我国在工业化中从事第一产业的劳动力无论是绝对量还是相对量一直趋于减少。2001～2009 年，第一产业就业人数减少了 6805 万，年均下降超过 2.5%；第一产业就业人数在三大产业就业人数中所占比重由 50.0% 下降到 38.1%，年均下降 1 个多百分点。特别是，2004 年以来随着中国经济增长加快，第一产业就业人数加速下降，2009 年第一产业就业人数首次降至 3 亿人以下，2004～2009 年间第一产业就业人数年均下降 3.4%。如果只从从事第一产业劳动力数量来看，中国农业增长的来源中劳动力要素带来了负贡献。中国从事第一产业劳动力数量的减少，是中国经济发展的必然结果。这个结果意味着中国未来农业增长，必须更多地依赖替代劳动力的技术的推动。

农户家庭劳动力是否外出？从劳动力资源来看，农户可以选择外出务工，或者从事家庭经营。如果农村劳动力离开家庭外出务工，显然是参与了劳动力市场。

根据本课题的农户问卷分析，不同年龄段和不同性别的家庭劳动力，选择在本村居住时间的差异很大。

比较而言，60 岁以上的老人平均在本村居住的时间最长。平均来说，61～70 岁年龄段的农户家庭人口在本村居住时间达到了 360.8 天。绝大多数农村中的老龄人，基本上全年都生活在农村（见表 1）。

根据问卷调查分析，农户家庭中 0～15 岁人口尽管年幼，并没有跟随外出

表 1　不同年龄段农村人口在农村居住和从事农业时间情况

年龄段（岁）	人数(人)	人均在本村的居住时间(天)	人均在本户从事农业时间(天)	
				其中:8 小时及以上工作日数
0～15	1265	334.4	23.2	16.6
16～25	1156	182.8	84.3	61.6
26～45	1601	285.9	135.6	83.0
46～60	968	351.1	166.1	89.9
61～70	347	360.8	161.3	78.8

资料来源："社会主义新农村建设政策体系研究"课题组调研数据库。

务工的父母到外地居住或者外出求学，基本上都待在农村。可见，本课题的调查问卷分析也表明，随着我国农村劳动力的转移，农村确实出现了留守老人和留守儿童问题。

农户家庭中 16～25 岁青年人在农村居住的时间最短，人均居住时间为 182.8 天，意味着这个年龄段的农村人口大约有半年时间外出务工或者求学或者从事其他活动。

由于本课题的农户问卷调查都在农忙季节进行，因此青壮年劳动力生活在本村的数量可能相对较多。从问卷统计结果来看，26～45 岁年龄段的青壮年劳动力每年平均在本村居住时间为 285.9 天，接近全年 1/3 的时间在外出。从生活常识来说，26～45 岁年龄段的人口外出，求学的可能性非常小，主要是外出务工经商，应是农村外出劳动力的主力军。46～60 岁年龄段的农户家庭劳动力在本村居住的时间明显增加，人均全年达到 351.1 天，这意味着人均全年大约 10 天在外出。

农户家庭劳动力是否外出，除了与年龄的关系很大外，与性别关系也很大（见表 2）。相对来说，农户家庭中男性劳动力在本村居住的时间相对较短，而女性劳动力在本村居住时间相对较长。

比较而言，26～45 岁年龄段不同性别的人口在本村居住时间差异最大，女性全年人均在本村居住时间为 302.2 天，高于男性 52 天。而 16～25 岁和 46～60 岁两个年龄段的农户家庭人口，虽然也存在着女性在村中居住时间相对较长，但是女性人均全年在本村居住的时间比男性多出的天数不足 10 天。

表 2　16～60 岁年龄段不同性别农村人口在农村居住和从事农业时间情况

年龄段（岁）	性别	调查人数(人)	人均在本村居住时间(天)	人均在本户从事农业时间(天)	
					其中:8 小时及以上工作日数
16～25	男性	587	162.7	31.5	17.6
	女性	562	170.6	42.5	18.2
26～45	男性	824	254.2	92.4	50.0
	女性	765	302.2	117.1	54.0
46～60	男性	479	344.2	144.9	68.8
	女性	489	352.3	142.6	65.3

资料来源："社会主义新农村建设政策体系研究"课题组调研数据库。

（二）影响农村劳动力转移的一些因素

哪些因素会影响农户家庭劳动力外出？影响农户劳动力外出的最重要经济因素是劳动力预期收益。显然，其他因素，如就业环境、发展机会、家庭照看、生活习惯等对某些农户家庭劳动力外出也会起关键的影响。2008 年 6 月在宁夏同心调研时了解到，当地居民以回族为主，他们由于担心无法吃到素食而不选择外出务工，尽管当地农业生产经常遭受干旱而出现大幅度减产。

劳动力预期收益，又受到就业机会（或劳动机会）、工资率和工资兑付率等因素的影响。

就业机会或者劳动机会是决定劳动力预期收益的关键因素。工资率一定，就业机会的多少，劳动时间的长短，直接决定预期总收益的大小。一般来说，外出到工商企业务工，劳动时间相对较长，预期总收益相对较高。而种植业生产具有明显的季节性，农忙季节劳动力需求大，农闲季节没有劳动力需求，或者需求较少。因此，一些农户的劳动力往往选择部分时间生活在家庭中从事农业生产，部分时间从事非农活动或者外出务工经商。由于不同的劳动力面临的就业机会存在着明显差异，必然会带来他们在家庭生活和外出务工经商的时间的明显差异。

工资率是决定劳动力预期收益的重要因素。在劳动力市场比较健全的情况下，一个劳动力从事不同的行业，其工资率理应趋于一致，或者说具有相同条件（如劳动者素质、受教育程度和工作经验）的不同的劳动力的工资率在统计上没有显著差异。试想，如果一个劳动力从事不同行业的工资率存在着明显差异，则他（她）必然会选择流动而试图找到工资率相对较高的行业。劳动力自由流动的结果，是不同行业的工资率趋于一致。

工资兑付情况也会影响到劳动力预期收益。2008 年前，我国一些雇工企业经常拖欠农民工工资，经过政府主管部门几年来的整顿，拖欠农民工工资的事件基本上得到扼制。毫无疑问，政府督促清理拖欠农民工工资，有助于缓解近几年出现的“民工荒”。

（三）农业劳动力转移与农业生产要素配置

现代农业具有很多特征。其中，专业化和规模化是现代农业生产普遍的现象。农户通过参与农业要素市场，有助于促进农业生产专业化、规模化，有助于促进农业服务社会化。现代农业是建立在专业化和规模化的基础上的。尽管美国等发达国家的绝大多数农场是兼业化农场，农业生产是兼业化农场收入来源的小部分，但是农产品市场贸易量绝大多数是由专业化大规模农场提供的。农户在要素市场上通过雇佣劳动力、流转耕地和融资，以及获得技术等服务，能够扩大农业生产规模，从事更加专业化的生产。

回答农业要素市场发育与现代农业发展之间的关系，不仅要回答农业要素市场对现代农业发展的作用，而且要回答农业要素市场发育过程与农业现代化之间的关系。假定农业实行农户家庭经营基本制度，在农业要素市场受到压抑的情况下，单个农户生产可能受到某类资源的约束，这既限制农业产出水平的增加，又制约农户收入的提高。笔者在农村调查中了解到，在同样的村庄同一个村民小组中分配到同样的耕地资源，但是农户间收入差距很大。为什么会出现即使同样的耕地等资源数量，但收入悬殊？主要原因可能在于要素资源质量的差异及其带来的边际生产率的差异。

从改革初期来看，农村中不同农户资源差异相对较小，一个集体中的成员基本上是人均分配土地的承包经营权。随着改革的深化和经济的发展，农户间的收入差距越来越大。根据国家统计局对我国农户调查的资料分析，农村中高收入农户人均纯收入与低收入农户人均纯收入之间的差距超过城乡收入差距。为什么农村改革初期农户要素资源比较均等，而随着时间推移，农户收入出现明显的分化，这与农户间要素资源的边际生产率差异是密切相关的。

农业要素市场发育是现代农业发展的推动力量。现代农业发展是一个引进新的生产要素并不断优化配置的过程。

农业要素市场的发育，必然包含一系列交易规则的形成和完善。发展经济学认为，制度创新是经济发展的重要推动力量之一。农业要素市场的发育，是制度创新的一个重要方面（Justin Yifu Lin，1995）。

对于一个农户家庭来说，如果其原有劳动力的边际生产率大于零，在不利用市场的情况下，且农户劳动力又不愿放弃原有的闲暇时间，毫无疑问，这个家庭发生了劳动力转移后，必然会对农业产出总量产生影响。但是，如果这个家庭利用要素市场，如增加雇佣劳动力，或者购置或者租赁农业机械设备，或者直接外购农机服务，则这个家庭劳动力发生转移后，其农业产出总量可能不会受到影响。

改革前，农业要素市场未能有效发育之前，缺乏有限的农业生产要素交易规则，农业生产要素流动受到限制，要么无法流动，要么在小范围内流动。笔者在农村调查中了解到，由于缺乏有效的交易规则，各地普遍存在着耕地流转难度大，流转价格不合理，既有剥夺承包户权益的，也有规模经营户因为少数农户要价过高而无法优化资源配置的。农业生产要素流动受到限制，一方面需要扩大耕地的农户无法得到耕地，另一方面存在着撂荒问题。

农户家庭如何配置其劳动力？或者说农户家庭配置劳动力的决策受哪些因素影响？从逻辑上说，农户家庭劳动力配置既有市场化的，也存在着非市场化的。在我国，农业劳动力转移和农业领域雇佣劳动力可能以市场化为主，而农户家庭承包经营中投入的家庭劳动力可能不完全受市场影响，如妇女儿童和老人等从事家庭经营劳动，可能主要受到自给性消费等经济因素影响和守家等社会因素影响。

与耕地要素相类似，农业劳动力交易价格不合理，交易规模制约因素多等问题突出。在农村，由于农业劳动力市场受到限制，帮工和换工现象比较普遍。如果某个农户缺乏劳动力，则帮工和换工就面临困难。笔者在农村调查时了解到，一些农户因病致穷，根本原因是缺乏合格的劳动力，既限制了家庭经营农业投入，又无法帮工和换工，更无法顺利雇工。农业劳动力市场受到限制，农业劳动力价格高，供求缺口大这一现象在现代农业发展中将会越来越突出。笔者 2010 年 12 月在黑龙江肇东农村调查时了解到，当地农村农忙季节，每日支付 200 元都雇不到合格的体力劳动者。

农业劳动力市场面临的主要矛盾是季节性供求矛盾。农业生产是自然再生产和经济再生产的交织。农业生产特点决定了农业劳动力具有明显的季节性。农忙季节，农业劳动力往往供不应求；而在农闲季节，农业劳动力需求一般会显著下降。

农户家庭适应农业劳动力季节性需求的理性选择，一是选择兼业；二是减少闲暇，动用家庭非主要劳动力，如老人，儿童；三是利用农业劳动力和其他要素市场，如农忙季节增加雇佣工人，增加机械作业；四是通过换工或者帮工，进行劳动合作。

在中国，农村年轻劳动力外出概率相对较高，实际上是对农业劳动力季节性需求的一种必然的市场反应。

农户劳动力转移在怎样的条件下才不会冲击农业生产？只要农产品市场存在，农产品价格相对比较合理，在要素市场形成后，农户家庭资源配置的不断优化，不但不会冲击农业产量，反而会带来农业增产增效的结果。近年来，我国农业增产增效，表明农业生产集约化水平的提高和资源配置更加合理。

我国虽然出现了农村劳动力大量转移，但是农业生产没有受到明显的不利影响。这是为什么呢？归根到底，是市场经济，包括农业农村要素市场的建立，通过农产品价格和农业要素价格机制的作用，促进了农业要素的重新组合和重新配置，实现了农业增产和农业增效。

在市场机制的有效作用下，我国主要农产品总体上呈现出增产增效的态势。无论是粮食，还是其他农作物，单产水平和成本收益率，特别是单位活劳动力投入的收益率虽然受到市场价格波动等因素影响，但是在相对较长时期内都呈现出上升的趋势。

我国实行家庭承包经营。农户家庭劳动力转移，必然会引起劳动力资源的重新配置。农户家庭劳动力转移后，既可能相应减少承包地，也可能没有减少承包地。如果农户家庭劳动力明显转移后，没有相应减少承包地，就需要重新在减少闲暇或者增加农业劳动力雇佣等方面进行配置。否则，就可能会减少农业活劳动力的投入。

（四）我国三种粮食作物生产用工与增产增效

进入21世纪后，特别是2003年，我国经济发展进入到加快的阶段。与其同时，我国农业发展也经历了一些明显的变化。自2003年以来，我国稻谷、小麦和玉米三种粮食生产用工数量总体上趋于减少，特别是家庭用工数量减少明显。2003年，稻谷、小麦和玉米三种粮食生产家庭用工天数超过10日/亩，而到了2009年，已经降到大约7日/亩，不到10年间减少了约3日/亩（见表3），下降幅度达到34.9%。

在粮食生产中，家庭用工天数和雇工天数同时减少，下降幅度大体一致。2003年，稻谷、小麦和玉米三种粮食雇工天数约0.5日/亩，而到了2009年，已经降到大约0.3日/亩，下降幅度达到36%（见表3）。

表3　我国三种粮食作物增产增效情况

年份	单产（公斤/亩）	家庭用工天数(日/亩)	雇工天数（日/亩）	现金成本净收益率(%)	家庭用工现金收益(元/日)
2003	344.2	10.6	0.50	105.8	19.9
2004	404.8	9.4	0.53	171.5	39.6
2005	393.1	9.2	0.44	139.3	34.8
2006	403.9	8.3	0.39	146.7	43.0
2007	410.8	7.8	0.39	154.6	51.9
2008	436.6	7.3	0.36	138.0	59.2
2009	423.5	6.9	0.32	143.1	67.6

注：现金收益指产品产值减去为生产该产品而发生的全部现金和实物支出后的余额，反映了生产者实际得到的收入（包括现金收入和实物折算为现金的收入）。其计算公式为：现金收益=产值合计-现金成本。

资料来源：2009年和2010年《全国农产品成本收益资料汇编》。

稻谷、小麦和玉米三种粮食用工明显减少了，但是这三种粮食的单产水平总体上呈现出增加的态势。2003年，三种粮食的单产水平不足350公斤/

亩，而到了2009年，单产已经明显地超过了400公斤/亩，单产提高幅度超过20%。

三种粮食用工减少，单产提高的同时，现金收益和现金成本收益率总体上呈现出增加和上升的态势。2003年，三种粮食的现金收益为211.5元/亩，而到了2009年，三种粮食的现金收益达到466.7元/亩，翻了一番多；同期三种粮食的现金收益率由105.8%上升到143.1%。

如果假设不考虑其他要素对三种粮食现金收益的贡献，则家庭每个用工日的现金收益呈现出明显增加的态势。2003年，三种粮食家庭用工的现金收益为19.9元/日，而到了2009年，三种粮食家庭用工的现金收益已经增加到67.6元/日，增长239.7%。

（五）我国大豆生产用工与增产增效

自2003年以来，我国大豆生产用工天数和家庭用工天数减少明显。2003年，大豆生产家庭用工天数超过7日/亩，而到了2009年，已经降到大约4日/亩以下，不到10年间减少了约3.4日/亩（见表4），下降幅度达到47.7%。

在大豆生产中，雇工天数和家庭用工天数一样，总体上趋于减少。2003年，大豆雇工天数0.4日/亩，而到了2009年，已经降到0.23日/亩，下降幅度达到42.5%。

大豆用工明显减少了，尽管大豆的单产水平经历波动，但是总体上呈现出增加的态势。2003年，大豆的单产水平不足120公斤/亩，而到了2009年，单产已经明显地超过了120公斤/亩，单产提高幅度超过7%。

每亩大豆用工减少，单产提高的同时，现金收益和现金成本收益率总体上呈现出增加和上升的态势。2003年，大豆的现金收益245.2元/亩，而到了2009年，大豆的现金收益达到312.4元/亩。尽管单位面积上的现金收益有所增加，但是同期大豆的现金成本收益率不但没有增加，反而出现下降。2003~2009年，大豆现金成本收益率由202.4%下降到180.3%（见表4）。大豆现金成本收益率没有提高，这可能与我国大豆对外开放程度高，价格涨幅小且国产大豆单产提高幅度不大，而现金成本增加快等因素有很大关系。

表 4　我国大豆增产增效情况

年份	单产（公斤/亩）	家庭用工天数（日/亩）	雇工天数（日/亩）	现金收益（元/日）	现金成本收益率（%）	家庭用工现金收益（元/日）
2003	119.9	7.10	0.40	245.2	202.4	34.5
2004	130.2	4.78	0.40	242.1	175.5	50.7
2005	132.2	4.77	0.34	216.7	160.1	45.4
2006	128.4	4.39	0.26	207.4	162.1	47.2
2007	110.1	4.32	0.21	333.6	250.1	77.2
2008	139.7	3.68	0.21	350.4	199.0	95.2
2009	128.8	3.71	0.23	312.4	180.3	84.2

注：现金收益指产品产值减去为生产该产品而发生的全部现金和实物支出后的余额，反映了生产者实际得到的收入（包括现金收入和实物折算为现金的收入）。其计算公式为：现金收益 = 产值合计 - 现金成本。

资料来源：2009 年和 2010 年《全国农产品成本收益资料汇编》。

如果假设不考虑其他要素对大豆现金收益的贡献，则家庭每个用工日的现金收益呈现出明显增加的态势。2003 年，大豆家庭用工的现金收益为 34.5 元/日，而到了 2009 年，大豆家庭用工的现金收益已经增加到 84.2 元/日，增长了 144%。这表明，大豆生产中家庭用工减少，大豆增产不明显而增效比较明显。

（六）我国两种油料生产用工与增产增效

自 2003 年以来，我国油菜子和花生两种油料生产用工数量和家庭用工天数减少明显。2003 年，油料生产家庭用工天数超过 12 日/亩，而到了 2009 年，已经降到大约 9 日/亩，不到 10 年间减少了大约 3 日/亩（见表 5），下降幅度达到 26.5%。

与家庭用工相比，在油料生产中的雇工天数减少幅度更大。2003 年，油料雇工天数 0.4 日/亩，而到了 2009 年，已经降到大约 0.12 日/亩，下降幅度达到 70%。

油料用工明显减少了，但是油料的单产水平总体上却呈现出增加的态势。2003 年，油料的单产水平 140.8 公斤/亩，而到了 2009 年，单产已经达到了 180 公斤/亩，单产提高幅度为 27.8%。

表 5　我国两种油料作物增产增效情况

年份	单产（公斤/亩）	家庭用工天数（日/亩）	雇工天数（日/亩）	现金收益（元/亩）	现金成本收益率（%）	家庭用工现金收益（元/日）
2003	140.8	12.30	0.40	269.4	173.3	21.9
2004	173.8	11.14	0.23	393.6	222.9	35.3
2005	163.7	10.63	0.28	310.1	176.2	29.2
2006	174.4	10.26	0.14	410.6	222.2	40.0
2007	175.5	9.81	0.15	650.3	310.3	66.3
2008	177.7	9.58	0.11	569.8	229.7	59.5
2009	180.0	9.04	0.12	608.2	249.8	67.3

注：现金收益指产品产值减去为生产该产品而发生的全部现金和实物支出后的余额，反映了生产者实际得到的收入（包括现金收入和实物折算为现金的收入）。其计算公式为：现金收益 = 产值合计 - 现金成本。

资料来源：2009 年和 2010 年《全国农产品成本收益资料汇编》。

在油料生产每亩用工减少、单产提高的同时，现金收益和现金成本收益率总体上呈现出增加和上升的态势。2003 年，油料的现金收益为 269.4 元/亩，而到了 2009 年，油料的现金收益达到 608.2 元/亩，增长了 125.8%。在现金收益明显增加的同时，油料的现金成本收益率总体上也明显提高。2003～2009 年，油料现金成本收益率由 173.3% 上升到 249.8%，上升了 76.5%。

如果假设不考虑其他要素对油料现金收益的贡献，则家庭每个用工日的现金收益呈现出明显增加的态势。2003 年，油料家庭用工的现金收益为 21.9 元/日，而到了 2009 年，油料生产家庭用工的现金收益已经增加到 67.3 元/日，增长了 207.3%。这表明，油料生产中家庭用工减少，但增产增效明显。

（七）我国棉花生产用工与增产增效

自 2003 年以来，我国棉花生产过程中家庭用工天数总体上趋于减少。2003 年，棉花生产家庭用工天数超过 26 日/亩，而到了 2009 年，已经降到大约 20 日/亩，不到 10 年间减少了大约 6 日/亩（见表 6），下降幅度达到 22.7%。

表 6 我国棉花增产增效情况

年份	单产（公斤/亩）	家庭用工天数(日/亩)	雇工天数（日/亩）	现金收益（元/亩）	现金成本收益率(%)	家庭用工现金收益(元/亩)
2003	68.2	26.30	0.80	832.0	271.3	31.6
2004	76.3	23.34	1.29	615.4	175.5	26.4
2005	74.8	23.63	1.23	784.3	231.7	33.2
2006	85.1	23.59	1.45	832.4	222.8	35.3
2007	82.2	23.24	1.61	944.6	231.0	40.6
2008	83.3	21.49	1.60	587.1	123.3	27.3
2009	84.2	20.34	1.46	970.2	206.5	47.7

注：现金收益指产品产值减去为生产该产品而发生的全部现金和实物支出后的余额，反映了生产者实际得到的收入（包括现金收入和实物折算为现金的收入）。其计算公式为：现金收益 = 产值合计 - 现金成本。

资料来源：2009 年和 2010 年《全国农产品成本收益资料汇编》。

与家庭用工相比，在棉花生产中的雇工天数则呈现出明显的增加态势。2003 年，棉花雇工天数为 0.8 日/亩，而到了 2009 年，已经增加到大约 1.5 日/亩，增长了 82.5%。棉花用工结构与粮食和油料生产出现差异，在用工总量和家庭用工数量总体上不断减少的过程中，外雇工人则趋于增加。

棉花生产中家庭用工减少了而雇工增加了，结果和其他农产品生产一样，单产水平总体上也呈现出增加的态势。2003 年，棉花的单产水平 68.2 公斤/亩，而到了 2009 年，单产已经达到了 84.2 公斤/亩，单产提高幅度为 23.5%。

在棉花生产过程中每亩家庭用工减少、单产提高的同时，现金收益总体上呈现出增加的态势，但是现金成本收益率则出现了明显下降。2003 年，棉花的现金收益为 832 元/亩，而到了 2009 年，棉花的现金收益达到约 970 元/亩，增长了 16.6%。在现金收益明显增加的同时，棉花的现金成本收益率波动很大，一些年份反而出现下降。2003 ~ 2009 年，棉花现金成本收益率由 271.3% 下降到 206.5%，下降了 64.8%。棉花现金成本收益率明显下降的一个重要原因是棉花价格剧烈波动。2003 年，每 50 公斤的棉花出售价格为 746.9 元，而到了 2009 年，棉花价格为 664.7 元，下降了 11%，这意味着棉花生产的市场风险相当大。

尽管棉花风险大，但是棉花生产的家庭用工现金收益总体上趋于增加。如果假设不考虑其他要素对棉花现金收益的贡献，则家庭每个用工日的现金收益呈现出明显增加的态势。2003 年，棉花家庭用工的现金收益为 31.6 元/日，而到了 2009 年，棉花生产家庭用工的现金收益已经增加到 47.7 元/日，增长了 50.9%。这表明，棉花生产中家庭用工减少的过程中仍然呈现出单产提高、家庭用工收益增加。

四　农户借贷

一般认为，发展中国家或地区金融压抑会制约现代农业的发展。农村的正规金融发展迟缓，农村金融市场受到政府严格限制，非正规金融提供服务能力有限，价格过高，往往导致农村金融供给严重不足，农户对金融的需求满足程度低。

长期以来，我国农业资金市场和资本市场压抑的问题十分突出，农民贷款难、贷款费用高等问题得不到解决。本课题组进行的农户调查，很多农户家庭没有回答可以从正规金融机构获得贷款方面的信息。在实际调查中了解到，农户通常是通过亲朋好友借款满足农业生产对资金的需求。

在我国农村中，从正规金融机构获得贷款的农户普遍较少。根据《中国第二次全国农业普查资料汇编（农民卷）》，全国农村向银行、信用社等正规金融机构贷款的户数总计是 688.5 万户，在农村常住户中所占比重仅为 3.1%；从银行和信用社获得贷款户数在农村正规金融机构贷款和非正规金融机构借款合计的总户数中所占比重为 38.4%；全国农村向银行和信用社获得贷款的纯农户（根据第二次全国农业普查规定，纯农户是指农村家庭经营行业仅有农业的户）571.2 万户，在农村纯农户中所占比重为 3.4%，略高于全国常住农户的平均水平；农村从银行和信用社获得贷款纯农户数在获得银行、信用社贷款以及其他借款的纯农户小计中所占比重为 38.1%，与全国农村常住户基本一致。因此，从全国来看，能够得到全国正规金融服务的农户总体上相当少，约 2/3 的农户融资方式是除了银行和信用社等正规金融机构外的其他借款。

农户贷款难，不仅表现在从正规金融机构获得贷款的农户所占比重不高，而且还表现在从事农业生产的农户贷款余额相对较少。根据《中国第二次全国农业普查资料汇编（农民卷）》，全国农村常住户中户均从银行和信用社贷款余额为10289元/户，而纯农户从银行和信用社贷款余额为7829元/户，纯农户低于农村中其他类型的农户户均2000多元；农村常住户从银行和信用社获得的贷款余额在借贷款余额小计中所占比重为44.4%，而纯农户这一比重为41.4%，纯农户低于农村中其他类型的农户3个百分点。

根据2008年“社会主义新农村建设政策体系研究”课题组的调研，有342户填写了发生贷款或借款，在调查总户数中所占比重为29.2%。其中，从农村信用社和商业银行等正规金融机构获得贷款的户数为174户，在调查总户数中所占比重为14.9%，在发生贷款或借款的户数中所占比重为50.9%；通过民间借贷获得借款的户数为168户，在调查总户数中所占比重为14.4%，在发生贷款或借款的户数中所占比重为49.1%（见表7）。

表7 2008年新农村建设政策体系课题组调研的有关农户借贷款户数情况

单位：户，%

项　　目	借贷款户数	在调查总户数中所占比重	在借贷款户数中比重
向农村信用社和商业银行等正规金融贷款	174	14.9	50.9
通过民间借贷获得借款	168	14.4	49.1
合　计	342	29.2	100.0

注：根据课题组数据库中H00—基本信息表，调查总户数为1170户。

资料来源：“社会主义新农村建设政策体系研究”课题组调研数据库。

“社会主义新农村建设政策体系研究”课题组调查的问卷没有收集到农户年末贷款余额，因而与第二次全国农业普查数据不可比。单从“社会主义新农村建设政策体系研究”课题组调研的数据来看，发生过借贷款农户平均获得的借贷款为26736元/户，其中从农村信用社和商业银行等正规金融机构获得的贷款为21358元/户，而通过民间借贷获得的借款为32132元/户。

虽然“社会主义新农村建设政策体系研究”课题组调研的参与借贷的户数高于第二次全国农业普查数据，但参与的农户仍然不足30%，其中从正规金融机构获得贷款的户数占样本总数约15%。“社会主义新农村建设政策体系研究”课题组调研的农户平均借贷款数量约 2.7 万元，其中通过民间借贷获得的借款高于从正规金融机构获得的贷款户均约 1.1 万元。

农户从正规金融机构获得贷款比较困难，原因是多方面的。其中，最主要原因是无担保无抵押；其次是没有关系。

根据“社会主义新农村建设政策体系研究”课题组调研数据库中“H05—金融状况—02 其他”统计，有 142 户（占调查总户数的 12.1%）当年曾向银行、信用社贷款而没有贷到款。

根据调查，向正规金融机构申请贷款而未获准贷款的户数中，由于无担保无抵押而没有贷到款的户数为 68 户，在申请贷款而没有贷到款全部户数中所占比重为 47.9%；由于没有关系而未能获得贷款的户数为 46 户，所占比重为 32.4%，没有送礼、超过贷款额度以及其他原因而未能获得贷款的户数为 28 户，所占比重为 19.7%（见表 8）。

表 8　农户当年曾向银行、信用社贷款而没有贷到款的户数情况

单位：户，%

原因	户数	在申请贷款而没有贷到款总户数中的比重	原因	户数	在申请贷款而没有贷到款总户数中的比重
无担保无抵押	68	47.9	超过贷款额度	8	5.6
无关系	46	32.4	其他	11	7.8
无送礼	9	6.3	合　计	142	100.0

资料来源：“社会主义新农村建设政策体系研究”课题组调研数据库。

农户从农村正规金融机构获得的贷款情形少，贷款余额不高，除了与没有有效的抵押担保、没有关系、没有送礼等相关外，另一重要原因是正规金融机构网点在农村相对比较少，与农户住处距离相对比较远，农村金融服务水平低。“社会主义新农村建设政策体系研究”课题组调查的农户距离最近金融机构网点平均距离是 3.7 公里。其中，距离最近金融机构网点 1 公里以上的户数有 817 户，占调查总户数的比重为 69.8%；2 公里以上的户数有 645 户，占调查总户数的比重为 55.1%；3 公里以上的户数有 524 户，占调查总户数的比重为 44.8%；4 公里以上的户数有 412 户，占调查总户数的比重为 35.2%；5 公里以上的户数有 324 户，占调查总户数的比重为 27.7%。

五 农用地流转

我国实行家庭承包经营，农户参与农地要素市场的情况怎样？根据《中国第二次全国农业普查资料汇编（农民卷）》，全国曾转出过耕地的农户（包括租出、包出过耕地的农户）为1525万户，占全国农户的比重为6.9%；曾转入过耕地的农户（包括租入、包入和其他形式转入耕地的农户）为1804万户，占全国农户的比重为8.2%。比较而言，转入过耕地的农户相对较多，而转出过耕地的农户相对较少。

在耕地流转过程中，一部分耕地可能是亲朋好友间转入转出的，这部分流转的耕地可能没有发生租金，而另一部分可能是需要支付租金的。根据《中国第二次全国农业普查资料汇编（农民卷）》，全国租入或租出过耕地的农户为3282万户，占全国农户的比重为14.8%。

我国不同地区参与耕地流转农户的比重存在着相当大的差别。比较而言，经济繁荣的特大城市和经济相对发达的省份，农户参与耕地流转的比重相对较高。根据《中国第二次全国农业普查资料汇编（农民卷）》，上海有近1/3的农户曾转出过承包地，超过1/3的农户租入或租出过承包地。类似地，浙江、北京和福建转出过耕地的农户所占比重都超过了20%，这三个省份租入或者租出耕地农户所占比重都超过了25%（见表9）。

表9 部分省份农户参与农用地流转情况

单位：%

省份	转出过耕地农户占全部农户中比重	转入耕地农户占全部农户中比重	租入或租出耕地农户占全部农户中比重
上海	32.4	5.4	36.6
浙江	26.2	9.9	35.4
北京	21.7	4.4	25.2
福建	20.8	12.1	32.3
河北	2.8	3.2	6.0
山东	2.4	3.0	5.3
河南	1.8	3.3	5.0
甘肃	1.8	3.6	5.3

资料来源：《中国第二次全国农业普查资料汇编（农民卷）》。

经济相对落后的省份，参与耕地流转的农户所占比重也相对较低。河北、河南和甘肃转出过耕地农户所占比重都没有超过3%，转入耕地农户所占比重没有超过4%，而租入或者租出耕地农户所占比重在5%～6%。

值得注意的是，山东是一个比较特殊的省份，经济相对发达，农业发展水平也相对较高，但农户参与耕地流转的比重相对较低，与经济不发达省份相近。究其原因，有待于深入观察和研究。

从农村常住户转入的耕地占实际经营耕地面积的比重来看，全国平均水平为10.8%，而一些转入耕地比较多的地区农村常住户转入的耕地比重占实际经营耕地面积的比重超过了20%。根据《中国第二次全国农业普查资料汇编（农民卷)》，在农村常住户实际经营的耕地面积中，转入耕地所占比重超过20%的省份有5个，从高到低排列分别是黑龙江、上海、浙江、福建和新疆。

表10 分地区和部分省份农村常住户转入耕地占经营耕地面积比重情况

单位：%

地　区	转入耕地占实际经营耕地面积比重	地　区	转入耕地占实际经营耕地面积比重
全国平均	10.8	黑龙江	27.9
东部地区	7.5	上　海	27.6
中部地区	8.0	浙　江	24.3
西部地区	9.5	福　建	21.7
东北地区	20.6	新　疆	20.5

资料来源：《中国第二次全国农业普查资料汇编（农民卷)》。

如果按照全国四大区域来看，东北地区农村常住户实际经营耕地中，转入耕地面积所占比重达到了20.6%，而在东部地区的这一比重只有7.5%。这可能与不同区域生产的农产品种类存在着差异有关。一般来说，东部地区生产粮食的农户相对较少，而生产园艺作物的农户相对较多，而东北地区是我国粮食主产区，从事园艺作物生产的农户相对较少。粮食属于耕地密集型生产，对土地规模依赖性较强。因此，东北地区农户转入的耕地所占比重相对明显地高于全国其他地区。显然，生产不同农产品影响农户转入耕地规模的结论是否正确，需要深入研究，因为上海不是我国粮食主产区，但是农村常住户转入耕地所占比重仍然达到了27.6%，仅低于黑龙江0.3个百分点。

在中国，参与农用地流转的农户并不是很多，特别是参与农用地转出的农户所占份额不足10%。这是为什么呢？这可能是交易成本过高，或者是农民眷恋耕地，或者是别的其他原因。在中国，农用地流转的难度大，部分原因是交易成本高。家庭联产承包责任制后，原集体成员平均地分到耕地，规模小，地块多。这使得租入地的农户要与比较多的租出地农户进行商谈，交易成本相当高。

在我国一些地方，一方面存在着耕地撂荒问题，另一方面又出现租入耕地难度大、成本高、风险大等问题。耕地撂荒与集中使用难同时存在。

一些地方耕地之所以出现撂荒，既可能是耕地质量相对较低，出租困难，或者是农民获得的租金总额低，担心出租后将会失去耕地，对承包的耕地比较眷恋，又可能是耕地流转交易成本高，压抑了耕地租入使用的积极性。

耕地质量不高，如耕地的土壤肥力差或者不具备抗旱排涝的条件，或者地块太小而不易机械化耕作，都可能导致流转不出去。对于质量不高的耕地，必须要长期投资，包括增加有机肥，或者增加新的土壤层，加强农田水利设施建设，进行耕地整治。这就带来一个问题：谁会对质量不高的耕地进行长期投资？

农用地流转后一定会提高土地生产率吗？农用地转出后，是提高了土地的生产率，还是降低了土地的生产率，可能存在着一定的不确定性。在中国，农用地流转中只有一部分是需要支付租金的。如果不需要支付租金的农用地流转，由于转入耕地的农户不需要承担流转成本，这部分转出的耕地的生产率可能较流转前低，也可能较流转前高。在废除农业税后，无论哪种情况，对于耕地转入户来说，其边际产出都可能是有利的。而在需要支付租金的情况下，耕地租出农户往往需要租入农户支付土地边际产出以上的租金，否则宁愿自己耕种。耕地租入户为了补偿支付出的租金，可能会通过优化资源配置，合理安排生产，设法将土地生产率提高。

2009年笔者在山东平度调查时了解到，当地一个种植大户从当地其他农户租入耕地时支付租金700元/亩。据该种植大户介绍，当地粮食补贴按实际种植面积计算，并由种植户获得补贴，每年从政府获得的补贴约100元/亩；租入耕地后每年种植两茬，一茬为冬小麦，另一茬为玉米，每茬粮食销售后获得的纯收益约600元。这样，该农户租入耕地后每年可以获得600元/亩的纯收益。而当地小规模种植户一般是兼业户，由于土地生产率相对较低，每年往往只能获得600元/亩以下的纯收益。因此，耕地通过租赁既提高了土地生产率，又使租出户和租入户都能获益。

虽然我国农用地流转存在着难度，但是城乡统一的征地市场发育起步更难。问卷中有关农村土地征用方面的数据不多（可能征用方面填写的内容特别少）。在河南孟州调研时了解到，当地农村普遍存在着以租代征现象。这就是压抑农村土地市场的不良后果。农民虽然拥有土地使用权，但无法享受征地所带来的利益。

六　简要结论

在我国现代农业发展进程中，一方面农业要素市场在农村各地自发地发育，另一方面农户对农业要素市场的依赖程度不断提高。在农业劳动力转移后，一些农户已经放弃了农业生产，转出承包地成为租出地供给来源。而农村中一些农户拥有从事农业生产的比较优势，选择农业生产，对租入地需求强烈。这种农用地租入租出的情况在不同地方虽然存在着明显差异，但是总体上呈现出增多的态势。农用地流转，特别是租入租出，对农业生产要素配置及其农业产出都会带来重要影响。

在农业实行农户家庭经营基本制度的条件下，如果农业要素市场受到压抑，单个农户生产可能受到某类资源的约束，这既限制农业产出水平的增加，又制约农户收入的提高。笔者在农村调查中了解到，在同样的村庄同一个村民小组中分配到同样的耕地资源，但是农户间收入差距很大。为什么会出现即使同样的耕地等资源数量，但收入悬殊？主要原因可能在于要素资源质量的差异及其带来的边际生产率的差异。

从改革初期来看，农村中不同农户资源差异相对较小，一个集体中的成员基本上是人均分配土地的承包经营权。随着改革的深化和经济的发展，农户间的收入差距越来越大。根据国家统计局对我国农户调查的资料分析，农村中高收入农户人均纯收入与低收入农户人均纯收入之间的差距超过城乡收入差距。为什么农村改革初期农户要素资源比较均等，而随着时间推移，农户收入出现明显的分化，这与农户间要素资源的边际生产率差异是密切相关的。

农业要素市场的形成和发育，实现了农业生产要素的优化配置，有效地避免了一部分农户的农业生产要素退出农业而可能产生的农产品供给冲击，促进了现代农业的发展。因此，为了在工业化和城镇化加速发展的同时协调推进农业现代化，必须要加快培育农业要素市场。

农户通过参与农业要素市场，有助于促进农业生产专业化、规模化，有助于促进农业服务社会化。现代农业是建立在专业化和规模化的基础上的。尽管美国等发达国家的绝大多数农场是兼业化农场，农业生产是兼业化农场收入来源的小部分，但是农产品市场贸易量绝大多数是由专业化大规模农场提供的。农户在要素市场上通过雇用劳动力、流转耕地和融资，以及获得技术等服务，能够扩大农业生产规模，从事更加专业化的生产。

长期以来，我国农业要素市场的发育主要是自发的。全国普遍的农村资金市场和农村土地流转市场交易比较谨慎，甚至采取压抑政策。由于缺乏有效的农业生产要素交易规则，农业生产要素流动受到限制，要么无法流动，要么在小范围内流动。这就要求必须通过农业要素市场的组织创新和交易规则创新，降低农业生产要素交易费用，形成农业生产要素交易的合理价格，促进交易规模扩大，以缓解现代农业发展的瓶颈。

从长期来看，推进社会主义新农村建设，还需要大量转移农村劳动力，还需要更加高效的、灵活的农业劳动力投入。根据发达国家的经验，处理好农村劳动力大量转移和农业活劳动力集约化投入之间的关系，未来可能面临的主要矛盾是农业劳动力季节性供给与需求之间的冲突。

2010 年在黑龙江肇东农村调查时了解到，在农忙季节，当地出现了农业劳动力“一工难求”的困境，尽管雇主以日均工资超过 200 元的条件在农业劳动力市场雇工抢农，但还是经常遭遇找不到合适劳动力的问题。

解决好农业劳动力季节性供求矛盾，单纯地依赖要素市场自发力量可能不完全有效。这就需要政府未雨绸缪，发挥服务和调节作用。我国地域广，各地农业生产季节性劳动力需求存在一定的差异。政府要做好服务，加强培训，设立交通补贴，促进农业劳动力跨区域流动。

为了减少农村劳动力大规模转移后对现代农业发展的冲击，应尽快创建全国性的农业劳动力服务组织。随着农村劳动力的进一步大量转移，在农业区域化形成后，一些农产品生产可能会面临比较严重的农业劳动力季节性矛盾。新疆棉花对农业劳动力季度性的需求及其全国性流动是这种现象的代表。为了保障农业生产不因为农村劳动力转移而受到负面冲击，创建跨区域流动的、专业性比较强的全国性农业劳动力服务组织是促进农业劳动力季节性供求平衡的重要途径之一。全国性的农业劳动力服务组织，可以由政府引导，主要依靠市场力量创建。农业劳动力服务组织原则上一般设立在自愿从事农业相对集中的地区。由某种农产品集中产区，或者基地的政府或者行业组织提供农业劳动力季节性需求信息。在集中向产区或者特定基地提供农业劳动力之前，应对农业劳动力进行专业化培训。对于纳入国家重点农产品生产的，培训和农业劳动力流动过程中的交通费用补贴应由中央政府或者省级政府提供。

家庭承包经营是我国农村基本经营制度的核心，会毫不动摇地坚持下去。在现代农业发展进程中，家庭承包经营要从在家庭内部优化农业资源配置向充分利用农业要素市场并注重采用先进科技和生产手段的方向转变，增加技术、资本等生产要素的投入，着力提高集约化水平。

制约我国农业集约化投入水平的一个关键因素是农业规模化经营。初步的一些实证研究表明，我国通过耕地规模化经营后，有效地提高了土地生产率。这意味着我国农用地经营存在着规模经济，随着农用地经营规模的扩大，单位生产成本呈现出下降态势。近年来，我国一些地方农用地流转市场活跃，租金提高快，除与农产品价格上涨有关外，也可能与农用地经营的规模经济有非常大的关系。

在农户家庭承包经营体制下，实现农用地规模经济，必须促进农用地流转。当前，我国农村土地流转困难与撂荒并存，既有农村社会保障制度不健全，城乡二元结构将外出农民工社会保障挡在城镇体系之外，农民眷恋土地，对农村土地转出存在着后顾之忧方面的原因，又有农村土地规模化经营条件不具备等方面的原因。

耕地质量是影响农用地流转的重要因素。对于质量不高的耕地，必须要长期投资，包括增加有机肥，或者增加新的土壤层，加强农田水利设施建设，进行耕地整治。提高耕地质量，还必须加强农业基础设施建设，大力改善农业生产条件。

农业基础设施建设需要的投入庞大。关键要完善投入机制，改进配套投资政策。针对我国农业基础设施薄弱环节，要重点加强农田水利设施建设，加大土地复垦整理力度，加强中低产田改造，为农用地流转和农业规模化经营创造条件。

要通过农业基本建设和产权深化改革为现代农业发展创造条件，促进耕地依法、自愿、有偿流转。把农村土地整治、农田基本建设、土地产权确认登记整合推进，改变我国长期存在的农田水利设施投入多，但不见效的情形。

为了更好地促进农村土地流转，还需要深化农村土地改革，将农户家庭对集体土地的承包经营权长久地落到实处。加快修订《土地管理法》等法律法规，规范农用地流转，保护农用地租入租出者权益。对于工商资本进入农村实行规范化管理。凡是放弃农业生产经营的企业租用的农用地，都要终止农用地租赁合同，重新进入农用地流转市场。

农业资金约束是农户农业生产的重要约束因素之一。农村的正规金融市场发展迟缓，农村金融市场受到政府严格限制，非正规金融提供服务能力有限，价格过高，往往导致农村金融供给严重不足，农户对金融的需求满足程度低。

农户从正规金融机构获得贷款比较困难，原因是多方面的，其中一个是正规金融机构网点在农村相对比较少，服务能力不足，有效资金供给少。

农村信用社经营困难重重，为农村服务能力非常有限。1996 年虽然进行了农村信用社改革，但其非农化经营倾向严重，农民、个体工商户很难得到贷款。曾着力发展的农业和农村保险业务，由于种种原因也处于停滞甚至倒退的状态。1994 年成立的中国农业发展银行，其初衷是承担政策性业务，为农副产品收购、农业基本建设和农业综合开发提供贷款。但中国农业发展银行的政策性业务极其有限，主要承担收购贷款的责任，其支持农村的力度明显不足。

政府压抑农村金融市场的主要依据与政府以稳定农村经济社会为主要目

标有关。一方面，政府对农村的经济社会监管和调控能力严重不足。中央政府远离农村，主要信赖地方政府，特别是基层政府进行监管。而基层政府的监管能力严重缺乏，关闭合作基金会就是明显的例子。20 世纪 80 年代后期，农村合作基金会得到迅速的发展，由于 20 世纪 90 年代中期经济过热，相当多的乡镇政府控制的合作基金会出现违法操作，尽管大多数村级的基金会没有卷进去，但到 1997 年，出于防范金融风险和规范管理的要求，所有的农村合作基金会都被清盘关闭。另一方面，农村发展严重缺乏现代化建设人才。农村土地市场、农村金融市场的发展，如果放任缺乏专业训练的农民操作，混乱和无序的风险难以降低。

要加大对农村金融政策支持力度，实行税收减免和费用补贴，引导更多信贷资金和社会资金投向农村。同时，要放宽农村金融准入政策，健全商业性金融、合作性金融和政策性金融相结合的农村金融体系，并建立农村金融市场。

第二章附录　养殖小区发展状况及其影响分析*

本报告利用调查数据，在分析养殖小区发展状况的基础上重点分析了养殖小区对农户养殖收入和养殖成本的影响。研究结果表明，有养殖小区的村和进入养殖小区从事养殖的农户还不是很多；大部分农户认为，养殖小区在调动养殖积极性、增加农民收入、改善村容村貌和卫生状况、改善本户卫生状况等方面发挥了积极作用。模型分析结果表明，养殖小区对农户养殖收入和农户养殖成本没有显著影响。

一　引言

近年来，肉类价格涨跌互现，波动很大。肉类价格的大幅波动影响了农民的养殖收入，如何确保肉类市场稳定和农民增收成为一项非常重要的课题。为了逐利，部分养殖户在饲料中添加激素，不健康的养殖方式引发了很多问题，越来越威胁到居民的健康。同时，畜禽养殖造成的环境污染严重影响到新农村建设"村容整洁"的实现。在这种背景下，发展畜禽养殖小区成为推

* 课题组在调查中发现，在养殖小区从事养殖的农户还非常少，本报告只是就养殖小区对所有养殖户的示范作用进行了初步考察，养殖小区对加入其中的养殖户的实际作用有待进一步观察和分析。

进畜禽养殖业生产方式转变、促进健康养殖和农民增收的重要举措。2004 年，中央 1 号文件明确指出，要“鼓励乡村建立畜禽养殖小区”。随后农业部出台了《关于推进畜禽现代化养殖方式的意见》，提出要积极探索畜禽养殖小区建设和发展的模式，使养殖小区真正成为现代化的畜禽养殖基地。

经过几年的发展，养殖小区发展状况如何？养殖小区在增加养殖收入和降低养殖成本方面是否发挥了积极作用？了解这些问题对采取相应政策促进养殖小区健康发展有非常重要的作用。从现有文献来看，大部分的研究主要是针对具体某个地方的养殖小区，通过较大范围调研来进行的研究还比较少。从方法上来说，大部分研究采用定性分析方法，采用定量分析方法进行的研究还很少。本报告将利用调查数据，在分析养殖小区发展状况的基础上重点分析养殖小区对农户养殖收入和养殖成本的影响。

二　研究方法和数据说明

（一）研究方法

本报告在分析养殖小区发展状况时采用简单统计描述分析方法；在分析养殖小区对养殖收入的影响时采用生产函数；分析养殖小区对农户养殖成本的影响时采用成本函数。

1. 生产函数

本报告用生产函数分析建设养殖小区对农户养殖收入的影响。采用 C-D 生产函数，待估计模型如下：

$$\ln y = \alpha + \beta_0 d + \beta_1 \ln l + \beta_2 \ln k + \mu \tag{1}$$

式（1）中，y 表示养殖收入；α、β 分别表示待估计参数；l 表示养殖业的劳动投入；k 表示对养殖业的资金投入；d 为虚拟变量，$d=1$ 表示农户所在村有养殖小区，否则 $d=0$。经回归后，若 β_0 显著地大于 0，表明养殖小区对提高农户养殖收入有显著积极影响。

2. 成本函数

成本函数主要用来分析养殖小区对养殖成本的影响。某农户养殖的成本函数采用S型曲线，待估计模型如下：

$$c = b_0 + \delta d + b_1 q + b_2 q^2 + b_3 q^3 + \mu \tag{2}$$

式（2）中，c表示养殖成本，q表示养殖数量，δ、b表示待估计参数，d为虚拟变量，$d=1$表示农户所在村有养殖小区，否则$d=0$。若δ显著地小于0，表明养殖小区建设对降低农户养殖成本具有明显的积极意义。

（二）数据说明

1. 数据来源

本报告建模的数据来源于2008年国家社科基金重大项目“社会主义新农村建设政策体系”课题组对宁夏、河南和广东行政村和农户的调研。由于问卷存在部分信息缺失的情况，为了充分利用问卷提供的信息，本报告在对养殖小区发展状况进行分析时没有统一样本，但对分析具体指标时使用的样本，在相应位置进行了标注。建立生产函数时包括103个有效农户样本，建立成本函数时包括163个有效农户样本。估计模型时，用标准劳动工日（8小时/天）表示养殖业的劳动力投入；资本投入、养殖成本均包括种苗、饲料、防疫、卫生、购买维修工具、购置其他生产性固定资产支出等；由于大部分农户养牛，所以把猪、鸡等动物按牛的平均价值换算成牛的价值后计算养殖数。本报告用Eviews3.0来对模型进行估计。

2. 统计描述分析

从统计结果看，有养殖小区的村，户均养殖收入为11352.15元，比没有养殖小区的村高63.52%；户均养殖成本为4004.31元，比没有养殖小区的村低12.59%（见表1）。这在一定程度上说明养殖小区对增加养殖收入、降低养殖成本可能有积极作用，本报告将在后面部分通过模型对此进行检验。

表1　有无养殖小区对养殖收入、养殖成本的影响

单位：元

小区类型	养殖收入		养殖成本	
	样本量	平均值	样本量	平均值
无养殖小区	77	6942.23	128	4581.13
有养殖小区	26	11352.15	35	4004.31
合　　计	103	8055.42	163	4457.28

三　养殖小区发展状况

根据调查，38.9%的村有养殖小区，61.1%的村没有养殖小区（n=36）。农户都是自愿进入养殖小区，进入养殖小区的养殖户平均每村为18户，最少的村有2户，最多的村有50户（n=11）。有养殖小区的村，14.29%的农户在养殖小区从事养殖；85.71%的农户没有在养殖小区从事养殖（n=42）。没有在养殖小区从事养殖的，14.7%的农户是因为无法在小区获得畜舍；14.7%的农户是因为进入小区后养殖成本过高；41.2%的农户是因为自建畜舍条件更好；5.9%的农户是因为品种不一样；23.5%的农户是因为其他原因（n=34）。

养殖小区建设的投入成本平均为117.64万元，村之间的差别比较大，投入最少的为2万元，投入最大的达到300万元（n=9）。

大部分农户认为养殖小区在调动养殖积极性、增加农民收入、改善村容村貌和卫生状况、改善本户卫生状况方面发挥了积极作用。53.66%农户认为养殖小区明显提高养殖意愿；31.71%的农户认为提高不多；14.63%的农户表示没有提高（n=41）。65.85%的农户认为建立养殖小区后，收入明显提高；21.95%的农户认为收入提高不多；9.76%的农户认为收入没有提高；2.44%的农户认为收入降低（n=41）。54.8%的农户认为建立养殖小区后村容村貌和卫生状况明显改善；26.2%的农户认为改善不多；14.3%的农户认为没有改善；4.8%的农户认为有负面影响（n=42）。62.50%的农户认为养殖小区明显改善本户卫生状况；12.50%的农户认为改善不多；25.00%的农户认为没有改善（n=16）。

四　养殖小区对养殖收入和养殖成本的影响分析

从生产函数估计结果看，资本和劳动力投入对增加养殖收入有显著的正向积极作用，估计系数分别为0.347、0.582，这表明资本投入每增加1个百分点，养殖收入就增加0.347个百分点；劳动投入每增加1个百分点，养殖收入就增加0.582个百分点。显然，劳动力投入对增加养殖收入的影响更大。虚拟变量的系数为0.045，但没有通过显著性检验，这说明养殖小区对增加养殖收入的影响不显著（见表2）。

表2　生产函数估计结果

变量	系数	标准差	T统计值	概率
α	3.017	0.428	7.047	0.000
β_0	0.045	0.205	0.221	0.826
β_1	0.347	0.063	5.525	0.000
β_2	0.582	0.058	10.087	0.000
R^2	0.678			

从成本函数估计结果看，虚拟变量的系数为0.101，但没有通过显著性检验。这说明养殖小区对农户养殖成本没有显著的影响（见表3）。

表3　成本函数估计结果

变量	系数	标准差	T统计值	概率
b_0	-0.049	0.058	-0.836	0.404
b_1	0.135	0.023	5.784	0.000
b_2	-0.008	0.002	-4.815	0.000
b_3	0.000	0.000	8.245	0.000
δ	0.101	0.080	1.268	0.207
R^2	0.891			

养殖小区对农户的养殖收入和养殖成本的影响不显著，可能是因为养殖小区的示范作用需要较长时间才能显现出来。

五　总结和讨论

本报告利用调查数据，在分析养殖小区发展状况的基础上重点分析了养殖小区对农户养殖收入和养殖成本的影响。研究结果表明，有养殖小区的村和进入养殖小区从事养殖的农户还不是很多；大部分农户认为养殖小区在调动农户养殖积极性、增加农民收入、改善村容村貌和卫生状况、改善本户卫生状况等方面发挥了积极作用；模型分析结果表明，养殖小区对农户养殖收入和农户养殖成本没有显著影响。

为了促进养殖小区在改善环境、增加养殖收入和降低养殖成本方面发挥更为积极的作用，本报告认为，国家应该加大对养殖小区建设的扶持力度，减轻农民负担，引导更多的村建立养殖小区和吸引更多的农户进入养殖小区进行养殖。

第三章　农村劳动力转移与农业集约化投入

中国现代化过程，伴随着大量农村劳动力由农业向非农产业的转移，特别是农村劳动力由农村向城镇的转移。根据《中华人民共和国 2012 年国民经济和社会发展统计公报》，2012 年，全年农民工总量达到 26261 万人，占到农村劳动力的 2/3。其中，外出农民工 16336 万人。农村劳动力转移是否一定会带来土地产出率的下降？或者说，农村劳动力转移是否一定会带来农户的集约化水平（Agricultural Intensity）的下降？本章以农户家庭模型为基本思想，利用“社会主义新农村建设政策体系研究”课题组调查数据，通过计量模型从农户劳动力转移对农业雇工、工资率、机械化和耕地流动等方面的影响检验农村劳动力市场的发育程度及其农户配置资源状况。

一　引言

农村劳动力的大规模转移，无疑会带来农户家庭收入的增加和绝大多数农户工资性收入在农户家庭收入中比重的上升。但是，农户家庭劳动力，特别是主要劳动力的转移，对农业生产会产生怎样的影响？农户劳动力转移是否冲击了农业生产？

社会上，普遍存在着农村劳动力大规模转移会对农业生产产生冲击的担忧。有学者（黄宇峰，2009）认为，农村劳动力转移，不但可能带来“撂荒”问题，而且可能减少农户对农业生产的投入，导致土地产出率的下降，影响国家粮食安全。社会上更有人担心未来将没有劳动力种粮。

实际上，通过检索有关学术文献资料，发现学术界有关农村劳动力转移对农业资源的利用效率，以及对农业产出及国家的粮食安全影响方面的研究，总体上缺乏实证分析和数量验证。

农户劳动力从事非农产业，对农业生产可能会产生怎样的影响？农户劳动力外出是否会冲击农业生产？农户家庭劳动力外出，一定会带来农业产出的减少？或者说，农户家庭劳动力外出在怎样的条件下才会影响农业产出？为了回答这些问题，需要认识农户劳动力流动是一个什么问题。实际上，农户劳动力外出，是经济发展所引起的家庭资源或者农业要素资源重新配置的过程。

二　农户家庭模型

我国农村劳动力的转移对农业生产的影响，除了总体影响外，可能还需要进一步深入研究对不同情况下的农户家庭承包经营的影响，如在农用地转移中对农用地转入户决策的影响，对农用地转出户决策的影响，对农业规模经营的影响。为此需要引入农户家庭模型。

假设农户家庭（Farm Household）拥有农业生产资源和要素，农户家庭需要对农业生产和家庭消费进行决策。在理论上，有关农户家庭资源配置的核心是对家庭消费和农业生产决策是否可分别进行深入分析。如果在商品市场（包括农产品市场）和要素市场完善（Perfectly Competitive Goods and Factor Markets）的情况下，农户家庭消费决策与家庭对农业生产的决策是可分的，则农户家庭劳动力外出不会对农业生产造成冲击。

农户配置家庭资源要素，包括分配家庭成员的劳动时间和休闲时间，而劳动时间又进一步地分为家庭从事农业生产时间（On-farm）和外出劳动时间（Off-farm）。农户配置家庭资源，其目的既可能是家庭自给需要的农产品生产，也可能是用于销售获得现金收入的农产品生产。

设定农户家庭效用函数

$$U = U(G_i, Q_i, L_e) \tag{1}$$

其中：$\frac{\partial U}{\partial G_i} > 0, \frac{\partial U}{\partial Q_i} > 0, \frac{\partial U}{\partial L_e} > 0; \frac{\partial^2 U}{\partial G_i^2} > 0, \frac{\partial^2 U}{\partial Q_i^2} > 0, \frac{\partial^2 U}{\partial L_e^2} > 0$

式（1）中：U 为农户家庭效用函数；G_i 为农户家庭外购的商品；Q_i 为家庭自给生产的农产品；L_e 为家庭休闲时间。

约束条件包括（1）、（2）：

$$L_e + L^h + L^o = L \tag{2}$$

式（2）中：L 为家庭时间总禀赋（Time Endowment）；L_e 为家庭劳动力休闲时间；L^h 为家庭劳动力投入自家农业劳动时间；L^o 为家庭劳动力外出劳动时间。

$$\sum G_i P_i \leqslant \omega L^o + \sum Q_j P_j - \sum K_m P_m + E \tag{3}$$

式（3）中：ω 为外出务工工资率；P_j 为家庭生产农产品 Q_j 的销售价格；K_m 为家庭经营中农业生产外购投入物和生产要素；P_m 为家庭经营中农业生产用的 K_m 的外购价格；E 为除工资性收入和家庭经营农业收入外的其他收入（如财产性收入和转移性收入）。

家庭从事农业生产的函数为

$$\sum Q_j = Q(K_m, K_r, L_a) \tag{4}$$

式（4）中：K_r 为家庭投入的非劳动力资源；L_a 为家庭投入农业生产的全部劳动力资源，包括家庭劳动力和外雇劳动力。

$$L_a = L^h + L^s \tag{5}$$

式（5）中：L^s 为投入家庭经营中农业生产的外雇劳动力。

我国农村劳动力转移要完成的重要历史任务：第一，促进城镇化和工业化；第二，为农村居民带来更多的收入，为缩小城乡居民收入差距做出贡献；第三，通过农地流转，促进农业规模化经营，确保农业劳动生产率以更快的速度提升。

新农村建设政策中提出了促进农村劳动力转移。这项政策无疑有助于促进城镇化和工业化，有助于增加农民收入。如2009年农民家庭人均工资性收入首次超过了家庭经营第一产业纯收入。在我国值得研究的问题是，农村劳动力转移政策是怎样影响农业发展的？

假设中国农业土地等农业自然要素资源有限，保持农业增产是我国农业发展的宏观目标，显然这未必是农户家庭的目标。借助西方经济学中有关农户模型（Agricultural Household Models，AHM），将农村劳动力转移怎样影响农业增产这个命题理论化，即农户家庭劳动力配置目标与农业增产目标之间是否必然冲突？

假如说农户家庭劳动力存在着市场化和非市场化两种配置力量，那么如何回答促进农村劳动力转移政策是怎样影响农业生产的？

第一，农户家庭劳动力非市场化配置方式下，家庭投入的活劳动对农业生产效率是怎样影响的？是否存在着明显的低效率问题？

第二，农户家庭劳动力市场化配置方式下，家庭劳动力安排是否必然会减少农业生产的活劳动投入？

假定在农产品市场和农业要素市场存在的情况下，只要农产品价格上涨率（实际的农业边际劳动，Real Marginal Productivity）高于农业雇工工资率（Wage For Hired Ag Labors），则农业增产（假设中国农业土地等农业自然要素资源有限，保持农业增产是我国农业发展的宏观目标，显然这未必是农户家庭的目标）所受到的劳动力转移的影响并不是确定的。

三　农户雇佣农业劳动力与非农就业关系

为了考察农户家庭资源配置情况，首先利用“社会主义新农村政策体系研究”课题组的调查数据库，分析农户家庭经营用工情况。

一个农户家庭，农业用工大致可分为两个来源：一个是农户家庭用工（Employment of Farm Operators and Family Members），另一个是农业雇工（Hired Agricultural Employment）。

对于农户雇佣农业劳动力及其农户家庭非农就业之间的样本选择和数据处理如下：

- 在“社会主义新农村建设政策体系研究”课题调查的数据库“H01——人口与就业信息”表中选择不同家庭成员“本户从事农业时间”和“实际从事非农业时间”按户进行汇总，得到每户劳动力在户内从事农业的时间和非农的时间，单位为按照 8 小时折算的日数。
- 在“社会主义新农村建设政策体系研究”课题调查的数据库“H02——农业生产、H04——雇佣农业从业人员情况”表中选择“合计工作日”、“日均劳动时间”和“日均工资额”以及“总支出”字段，计算出以户为单位雇佣的农业劳动力工作日数，结合“H02——农业生产、H04——雇佣农业从业人员情况、H01——生产类型”表中选择“农业生产类型”字段中从事种植的农户。
- 在“社会主义新农村建设政策体系研究”课题调查的数据库“H04——土地承包经营和宅基地、H01——承包和经营”表中选择“2007 年实际经营耕地面积”大于 0 的农户。

在宁夏、河南和广东三省“社会主义新农村建设政策体系研究”课题调查的 1166 个农户中，有 877 户从事种植业生产（以 2007 年农户经营耕地大于 0 为条件进行的查询），而雇用农业劳动力从事种植业生产的农户只有 72 户，表明雇用农业劳动力从事种植业生产的农户占到从事农业生产的农户的比重为 8.21%。

正是由于农村劳动力市场的存在，农户根据家庭经济社会目标和资源约束条件，一方面投入家庭劳动力从事农业生产，另一方面在转移到非农就业的同时，还雇用劳动力从事农业生产（见表 1）。

2007 年，调查的宁夏、河南和广东三省（自治区）每户家庭劳动力投入户内农业工作日数平均为 370.4 日（见表 1）。其中，宁夏为近 400 日，相对较多；广东约 360 日；河南为 354.5 日，相对较少。

2007 年，调查的河南和广东、宁夏三省（自治区）每户家庭劳动力在投入家庭经营中农业生产的同时，多数农户家庭劳动力进行转移，每户从事非农劳动的日数平均为 473.9 日。其中，广东为 556.8 日，相对较多；河南为 390.4 日；宁夏为 374.8 日，相对最少。

2007 年，调查的宁夏、河南和广东三省每户雇用农业劳动力工作日数

表1　从事种植业且雇佣农业劳动力的农户劳动配置和实际经营耕地面积情况

	三省（自治区）	宁夏	河南	广东
家庭劳动力投入户内农业工作日数（日/户）	370.4	399.8	354.5	360.8
家庭劳动力从事非农劳动日数（日/户）	473.9	374.8	390.4	556.8
雇佣农业劳动力工作日数（日/户）	11.2	9.0	10.7	12.6
劳动力从事非农与投入户内农业活劳动时间之比（以投入户内农业活劳动天数为1）	1.28	0.94	1.10	1.54
雇佣农业劳动力工作日数在家庭投入农业活劳动的比重（%）	2.94	2.20	2.93	3.38
雇佣农业劳动力工资水平（元/日）	44.8	46.5	42.6	44.7
2007年家庭实际经营耕地面积（亩/日）	10.2	13.6	9.7	8.7

资料来源："社会主义新农村建设政策体系研究"课题组调研数据库。

平均为11.2日。其中，广东为12.6日，相对最多；河南为10.7日；宁夏为9.0日。

比较而言，调查三省（自治区）的农户家庭劳动力从事非农时间多于投入户内农业生产时间。以投入户内农业活劳动天数为1，调查的河南和广东、宁夏三省（自治区）农户家庭劳动力从事非农与投入户内农业活劳动时间的比例平均为1.28。其中，广东为1.54，河南为1.1。而宁夏农户家庭劳动力从事非农时间则略少于投入户内农业生产时间，前者与后者之比为0.94。

2007年，调查的宁夏、河南和广东三省（自治区）雇佣的农业劳动力工作日数在家庭投入农业活劳动的比重为2.94%。其中，广东为3.38%，河南为2.93%，宁夏为2.2%。

从农户家庭劳动力资源配置和外雇农业劳动力同时发生的实际情况来看，至少有部分农户在充分利用农业劳动力市场。

为什么农户在配置家庭劳动力资源的同时还外雇农业劳动力？

为了简化起见，假定：某个农户家庭雇用的劳动力占家庭从事农业生产投入的所有活劳动比重，取决于三个主要因素：雇用农业劳动力日均工资额、农户家庭非农就业时间占家庭自有劳动力全部劳动时间比重和2007年家庭实际经营耕地面积。这样，在不考虑区域差异（即分省）的情况下进行回归分析。可以建立如下方程：

$$Y_i = \beta_0 + \beta_1 X_{1i} + \beta_2 X_{2i} + \beta_3 X_{3i} \quad (6)$$

式（6）中：Y_i 为 i 户家庭雇用的劳动力占家庭从事农业生产投入的所有活劳动比重；X_{jt}：$j=1$，2，3，分别表示雇用农业劳动力日均工资额、农户家庭非农就业时间占家庭自有劳动力全部劳动时间比重和2007年家庭实际经营耕地面积。β_k 为待估参数，$k=0$，1，2，3。模型（1）估计的结果见表2。

表2 模型（1）估计结果

	非标准化系数		t 检验值	Sig.	共线性统计量	
	回归系数	标准差			容差	VIF
β_0	-30.0318	7.580605	-3.96166	0.000181		
β_1	0.068426	0.083567	0.818821	0.415749	0.965216	1.036038
β_2	0.585578	0.0941	6.222959	3.45E-08	0.965829	1.03538
β_3	0.498935	0.163819	3.045643	0.003302	0.999325	1.000675

模型（1）回归结果显示：R^2 为0.41，选择该模型能够在一定程度上解释农户家庭为什么雇用农业劳动力；F 值为16，其概率值为0.000，表明模型（1）相对比较理想，具有1%的显著水平；Durbin-Watson 值为2.18，表明共线性问题不突出。

从解释变量回归系数和相关统计值看，农户家庭雇用农业劳动力所占比重，与家庭非农就业时间占家庭自有劳动力全部劳动时间比重和2007年家庭实际经营耕地面积关系极大。家庭非农就业时间占家庭自有劳动力全部劳动时间比重变量的回归系数为0.586，其 t 值为6.223，其显著水平值的概率值为0.000，表明家庭非农就业时间占家庭自有劳动力全部劳动时间比重这个解释变量最显著。即在其他条件不变的情况下，农户家庭非农就业时间占家庭自有劳动力全部劳动时间比重每提高1个百分点，选择雇用农业劳动力的可能性越大，相应会提高近0.6个百分点。

除了家庭非农就业时间占家庭自有劳动力全部劳动时间比重这个解释变量选择相对较好外，2007年家庭实际经营耕地面积对雇用农业劳动力解释也非常显著。2007年家庭实际经营耕地面积这个变量的回归系数约为0.5，t 检验值为3.046，其概率值为0.003，影响程度既比较大，又相当显著。显然，这个回归结果容易理解，农业经营规模越大，外雇农业劳动力的可能性就会上升。

接下来分省、自治区进行回归分析。为了简化起见，假定：某个农户家庭雇用的劳动力占家庭从事农业生产投入的所有活劳动比重，决定于四个主要因素：雇用农业劳动力日均工资额、农户家庭非农就业时间占家庭自有劳动力全部劳动时间比重和2007年家庭实际经营耕地面积，以及农户家庭所处的地理环境和经济条件。这样，可以建立如下方程：

$$Y_i = \beta_0 + \beta_1 X_{1i} + \beta_2 X_{2i} + \beta_3 X_{3i} + \beta_4 X_{4i} \tag{7}$$

式（7）中：Y_i 为 i 户家庭雇用的劳动力占家庭从事农业生产投入的所有活劳动比重；X_{jt}：$j=1$，2，3，4 分别表示雇用农业劳动力日均工资额、农户家庭非农就业时间占家庭自有劳动力全部劳动时间比重、2007年家庭实际经营耕地面积和所在省（自治区）（宁夏＝1；河南＝2；广东＝3）。β_k：待估参数，$k=0$，1，2，3，4。

模型（2）估计的结果见表3。

表3　模型（2）估计结果

	非标准化系数		t 检验值	Sig.	共线性统计量	
	回归系数	标准差			容差	VIF
β_0	-29.0244	9.071096	-3.19965	0.002103		
β_1	0.069132	0.084231	0.820744	0.414703	0.963611	1.037764
β_2	0.591761	0.099424	5.951914	1.08E-07	0.87752	1.139575
β_3	0.493874	0.16681	2.960695	0.004242	0.977577	1.022937
β_4	-0.5937	2.886978	-0.20565	0.83769	0.890079	1.123496

模型（2）回归结果显示：R^2 为0.41，选择该模型能够在一定程度上解释农户家庭为什么雇用农业劳动力；F 值为11.845，其概率值为0.000，表明模型（2）相对比较理想，具有1%的显著水平；Durbin-Watson值为2.18，表明共线性问题不突出。总体上说，分省变量引入后基本上没有改变模型性状。

从解释变量回归系数和相关统计值来看，农户家庭雇用农业劳动力所占比重，与家庭非农就业时间占家庭自有劳动力全部劳动时间比重和2007年家庭实际经营耕地面积关系极大。家庭非农就业时间占家庭自有劳动力全部劳动时间比重变量的回归系数为0.592，其 t 值为5.952，其显著水平值的概率值为0.000，表明家庭非农就业时间占家庭自有劳动力全部劳动时间比重这个解释变量最显著。即在其他条件不变的情况下，农户家庭非农就业时间占家庭自有劳动力全部劳动时间比重每提高1个百分点，选择雇用农业劳动力的可能性越大，相应会提高近0.6个百分点。

除了家庭非农就业时间占家庭自有劳动力全部劳动时间比重这个解释变量选择相对较好外，2007年家庭实际经营耕地面积对雇用农业劳动力解释也非常显著。2007年家庭实际经营耕地面积这个变量的回归系数约为0.5，t检验值为2.961，其概率值为0.004，影响程度既比较大，又相当显著。显然，这个回归结果容易理解，农业经营规模越大，外雇农业劳动力的可能性就会上升。

分省（自治区）变量引入后，t检验值的概率值超过0.8，极不显著，表明地区差异对解释家庭外雇农业劳动力没有什么帮助。

四　农村劳动力转移与工资率

农村劳动力转移对农业雇工工资率有什么影响？农业雇工工资率显著低于非农就业吗？

假设农村劳动力市场高度融合，农业雇工工资率和非农就业工资率没有显著差异。如果这个假设成立，则表明农业劳动力供给从工资率角度来说不成问题。只要农业劳动力存在需求，则表明农业劳动力市场供求就能够实现平衡。

如果农业雇工工资率明显低于非农就业工资率，则农业劳动力市场可能存在着农业劳动力供给短缺的问题。在同等条件下，由于农村劳动力的流动所受到的制度约束相当小，受工资率差异的影响，农村劳动力会流向工资率相对比较高的行业或者地区。在其他条件相同情况下，如果非农就业工资率显著高于农业，必然会出现农业劳动力供给不足的问题。

（一）有关农户劳动力获得工资水平方面的数据及其处理

首先在调查数据库H01表中选取本户外从事农业时间和户外农业收入同时大于0的调查对象，这样，确保在户外参与了农业劳动力市场，并取得了工资收入。由于从事农业的劳动力在一年内可能到多个地区从事农业劳动，这种情况下无法确定属于哪种工作地点，因而将调查对象进行删除。

在调查的5544人中，在本户外从事农业的人数相对较少，共计142人，人均在户外从事农业时间为65.7天，而在户外从事农业的农业劳动力中获得收入的人数更少。在142人中进一步筛查，按照日均工资不低于10元，不高于100元选取有效数据（数据库H01表中出现一些工资率过高过低的样本，处理时进行了日均工资介于10元和100元的样本保留，否则删除），共计50个样本，选取样本的劳动力每天在户外从事农业的收入为40.4元。

而从事了非农业的人数相对较多，共计1445人。同样的，数据库H01表中出现一些从事非农劳动的工资率过高过低的样本，处理时进行了日均工资介于10元和100元的样本保留，否则删除。这样，共选取了从事非农业劳动的样本1254个，平均工资率为40.5元。

按照有效数据筛选样本，共计获得1304个样本。令人十分惊奇的是，在户外从事农业劳动和从事非农业劳动的日工资率几乎相等。这是巧合，还是现实经济生活的真实反映？接下来借助建立一个计量模型进行检验。

（二）模型设定

假设农村劳动力市场上的工资率受到从事行业、就业地点、年龄和受教育程度的影响。

$$W_i = \beta_0 + \beta_1 X_{1i} + \beta_2 X_{2i} + \beta_3 X_{3i} + \beta_4 X_{3i}^2 + \beta_5 X_{4i} \qquad (7)$$

式（7）中：W_i 为 i 农村劳动力的日均工资水平；X_{ji}：$j=1$，2，3，4，分别表示从事的行业（农业或者非农产业）、工作地点（乡内、乡外县内、县外省内和省外）、年龄和受教育程度。X_{1i}表示从事的行业，分成两大类型：记农业为1，非农产业为2；X_{2i}表示工作地点：本乡内=1，乡外县内=2，县外省内=3，省外=4；X_{3i}表示农户家庭劳动力实际年龄；X_{4i}表示受教育程度：文盲=0，小学=6，初中=9，高中和中专=12；β_k 为待估参数，$k=0$，1，2，3，4，5。

（三）计量结果

借助SPSS11.0运行，得到：R^2 为0.003，F 检验值为0.705，F 检验值的显著水平值为0.620，Durbin-Watson值为1.687；表明通过选取从事的行业、劳动地点、年龄和受教育程度等变量在总体上很难解释农村劳动力工资率的决定问题。换句话说，农村劳动力的日工资率受到模型中选择变量之外的因素影响。同时，作为农村劳动力日工资率的解释变量之间的共线性问题不太严重。

单纯地从从事行业变量来看，得到的系数为 -1.155，该系数的标准差高达4.542，t 检验值为 -0.254，其显著水平的概率值为0.799，表明农村劳动力是从事农业，还是从事非农产业，基本上与他（她）们的日工资率没有太大关系（见表4）。

表4　农村劳动力日工资水平模型的系数值及其检验值

	未标准化系数		标准化系数值	t 检验值	Sig.
	系数值	标准差			
常数	42.401	11.036		3.842	0.000
从事行业	-1.155	4.542	-0.007	-0.254	0.799
工作地点	0.303	0.878	0.011	0.345	0.730
年龄	-0.144	0.260	-0.058	-0.552	0.581
年龄平方	0.001	0.003	0.036	0.350	0.726
受教育程度	0.382	0.273	0.039	1.397	0.163

五　农户劳动力转移与机械作业费

农户家庭劳动力明显转移，是否必然会对农业生产带来明显的负面冲击？这还需要看农业机械化是否对农业劳动力进行了有效的替代。如果农业机械化缓解了农业劳动力投入可能的减少，则农户家庭劳动力转移可能没有降低农业集约化水平。

假定1：非农时间越多的家庭，机械作业费相对较多。

假定2：农业收入越多的家庭，机械作业费相对较多。

样本选择之一：在新农村建设调查数据库的“H02——农业生产、H02——农业经营支出”表中选择了1090个样本。根据“H01——人口与就业信息”表中家庭劳动力在户内从事农业时间、户外从事农业时间和非农时间按户进行汇总，得到1166个家庭的劳动力从事不同产业的时间。进一步地，按照每户同时发生了机械作业费和非农时间选择了333个有效样本。

根据三个省（自治区）333个有效农户样本，每户种植业成本支出中机械作业费约531元，占种植业成本支出的比重约为15%（见表5）。不同地区的种植业成本支出中机械作业费及其所占比重存在着很大的差异。比较而言，广东农户家庭平均机械作业费相对较多，近600元，占种植业成本支出的比重近24%；而宁夏农户家庭平均作业费相对较少，不足500元，在种植业成本中所占比重只有大约10%。

表5　每户种植业成本支出中机械作业费情况

单位：元/户，%

地　　区	种植业成本支出	种植业成本支出中机械作业费	机械作业费占种植业成本支出中比重
宁　　夏	4785.67	483.53	10.10
河　　南	3268.79	540.10	16.52
广　　东	2504.50	596.51	23.82
三省平均	3657.08	531.23	14.53

资料来源："社会主义新农村建设政策体系研究"课题组研究数据库。

根据三个省（自治区）333个有效农户样本，每户劳动力在家庭内投入农业时间平均为352天，而从事非农时间为422天，表明家庭劳动力参与劳动力市场或者说实现转移的情形相对较多，平均每户家庭劳动力从事非农时间占家庭全部劳动时间比重为53.43%（见表6）。不同地区的农户家庭劳动力在不同行业上分配的时间存在着一定的差异。比较而言，河南省家庭劳动力从事非农时间所占比重相对较多，平均每户从事非农时间约453天，在家庭劳动力从事劳动全部时间中所占比重近63%。

表6　每户从事农业时间和非农时间分配情况

单位：天/户，%

地　　区	户内从事农业时间	从事非农时间	从事非农时间占家庭全部劳动时间比重
宁　　夏	367.95	288.15	42.93
河　　南	260.51	453.27	62.69
广　　东	525.27	593.45	51.54
三省平均	352.17	422.47	53.43

注：家庭全部劳动时间包括三个部分，分别为户内从事农业时间、户外从事农业时间和从事非农时间。

资料来源："社会主义新农村建设政策体系研究"课题组研究数据库。

首先，不分省回归。为了简化起见，假定：某个农户农业机械的应用水平与其转移的劳动力等因素有关。这样，可以建立如下方程：

$$Y_i = \beta_0 + \beta_1 X_{1i} \tag{8}$$

式（8）中：Y_i 为 i 个农户家庭种植业的农业机械作业费在种植业成本支出中的比重；X_{1i}为 i 个农户家庭从事非农时间占家庭全部劳动时间比重；β 为待估的回归系数。

模型（3）回归结果显示：R^2 为 0.101，相对较小；F 值为 3.407，其概率值为 0.066，表明本模型总体回归基本可行，具有 10% 的显著水平；Durbin-Watson 值为 1.846；农户家庭从事非农时间所占比重变量的回归系数为 0.076，t 值的显著水平值为 0.066，表明在 10% 的显著水平内农户家庭从事非农时间所占比重每提高 1 个百分点，其机械作业费所占比重相应提高 0.076 个百分点，即在其他条件不变的情况下，农户从事非农时间所占比重越高，选择机械替代活劳动的可能性越大。

表 7　模型（3）回归结果

	非标准化系数		t 检验值	Sig.
	系数值	标准误差		
β_0	17.708	2.372	7.467	0.000
β_1	0.076	0.041	1.846	0.066

接下来进行分省（自治区）回归。进一步的，在模型（3）基础上引入分省变量，模型为：

$$Y_i = \beta_0 + \beta_1 X_{1i} + \beta_2 X_{2i} \tag{9}$$

式（9）中：Y_i 为 i 个农户家庭种植业的农业机械作业费占种植业成本支出的比重；X_{1i}为 i 个农户家庭从事非农时间占家庭全部劳动时间的比重；X_{2i}为分省（自治区）变量，记宁夏 =1，河南 =2，广东 =3；β 为待估的回归系数。

模型（4）回归结果显示：R^2 为 0.165，相对较小；F 值为 4.616，其概率值为 0.011，表明模型（4）相对比较理想，具有 5% 的显著水平；农

表 8　模型（4）回归结果

	非标准化系数		t 检验值	Sig.	共线性统计量	
	回归系数	标准差			容差	VIF
β_0	12.827	3.110	4.125	0.000		
β_1	0.054	0.042	1.281	0.201	0.951	1.051
β_2	3.282	1.365	2.404	0.017	0.951	1.051

户家庭从事非农时间所占比重变量的回归系数为 0.054，其 t 值为 1.281，其显著水平值的概率值为 0.201，表明从事非农时间所占比重变量对农户家庭机械作业费所占比重不够显著。尽管从事非农时间所占比重对农户家庭机械作业费所占比重不够显著，但是，回归系数仍然表明农户从事非农时间所占比重越高，选择机械替代活劳动的可能性越大。

实际上，进一步的研究表明，农户种植规模与机械作业费所占比重的相关性更大。由于本研究集中研究在农村劳动力发生转移的大背景下机械化服务市场对农业生产的影响，对农户种植规模与机械作业费所占比重之间关系的研究从略。

六　农户转出耕地与非农就业关系的研究

农用地流转市场发育受哪些因素影响？假设影响农用地流转市场发育的因素包括劳动力转移规模（再假设某地农村劳动力转出数量越多，农用地流转规模越大）、农产品价格水平（或者农业比较效益）、农用地流转租金。

有关农户转出耕地与非农就业数据收集及其处理如下：

- 在“社会主义新农村建设政策体系研究”课题调查的数据库“H04——土地承包经营和宅基地、H01——承包和经营、H001——租包转”表中选择“流转类型”字段，再按照“租包转出”项选择有效样本，结果是从发生过土地流转的 384 个调查户中选择 133 个样本。其中，仅 2006 年以前转出的样本 72 个，仅 2006 年以来转出的样本 60

个，其他 1 个；2006 年以前转出农户中没有索取租金的样本 27 个，索取租金的样本 45 个；2006 年以来转出农户中没有索取租金的样本 20 个，索取租金的样本 40 个。在索取租金的农户中，只有 14 个样本填写了具体租金的金额，多数没有填写具体数据。为了能够保证更多的有效样本，在研究中取索取租金的农户为 1，否则为 0。

- 在“社会主义新农村建设政策体系研究”课题调查的数据库“H04 - 土地承包经营和宅基地 - 01 承包和经营”表中选择“2007 年实际经营耕地面积”大于 0 的农户。
- 在“社会主义新农村建设政策体系研究”课题调查的数据库“H01 - 人口与就业信息”表中选择不同家庭成员“本户从事农业时间”和“实际从事非农业时间”按户进行汇总，得到每户劳动力在户内从事农业时间和非农时间，单位为按照 8 小时折算的日数。

以“H04 - 土地承包经营和宅基地 - 01 承包和经营 - 001 租包转”表中的“租包转出”字段为标准选择影响农户转出承包地的设定的因素。

根据以上收集处理办法，计算出租转包出去的农户占发生租包转入转出的全部农户比重为 34.64%。

假定：农户转出耕地受到从事非农时间、土地租金、新农村建设实施等因素影响。

首先不分省（自治区）进行回归。

建立如下方程：

$$Y_i = \beta_0 + \beta_1 X_{1i} + \beta_2 X_{2i} + \beta_3 X_{3i} \tag{10}$$

式（10）中：Y_i 为 i 个农户转出耕地面积比重，定义为 $Y_i = L/(L + F)$，L 为农户转出耕地面积，F 农户 2007 年实际经营耕地面积；X_{1i} 为 i 个农户家庭从事非农时间占家庭全部劳动时间比重，其中家庭全部劳动时间为从事非农时间与户内农业劳动时间之和。X_{2i} 为 i 个农户转出耕地索取租金变量，$X_{2i} = 1$，有租金；$X_{2i} = 0$，其他情况。X_{3i} 为 i 个农户转出耕地受到新农村建设的影响，$X_{3i} = 1$，为 2006 年前发生的耕地转出；$X_{3i} = 2$，2006 年后发生的耕地转出。β 为待估的回归系数。

表 9　模型（5）回归结果

	非标准化系数		t 检验值	Sig.	共线性统计量	
	回归系数	标准误差			容差	VIF
β_0	48.459	9.744	4.973	0.000		
β_1	0.0626	0.076	0.827	0.411	0.989	1.011
β_2	0.5083	5.466	0.093	0.926	0.986	1.013
β_3	-4.7991	5.370	-0.893	0.374	0.977	1.022

模型（5）回归结果显示：R^2 为 0.145，相对较小；F 值为 0.550，其显著水平值为 0.650，表明本模型总体回归不够理想，显著性较差；Durbin-Watson 值为 1.794；农户家庭从事非农时间所占比重变量的回归系数为 0.063，t 值的显著水平值为 0.411，表明尽管农户家庭从事非农时间所占比重对该农户转出耕地存在一定的正向影响，但是这种影响不够显著。尽管如此，模型回归的结果同时表明农户非农就业并没有产生对耕地流转不利的确定性影响。农户从事非农就业，转出耕地，仍然有助于将对农业生产的负面影响降低。

从理论上说，某个农户非农就业份额大，转出其耕地可能有助于降低对农业生产的不利影响。怎样才能促进非农就业相对较多的农户转出耕地？本模型无法给出令人满意的回答。

由于农户是否转出耕地，主要受到本模型外其他因素影响，有待于进一步深入研究。

接下来分省（自治区）进行回归。

进一步，在模型（5）基础上引入分省变量，模型为：

$$Y_i = \beta_0 + \beta_1 X_{1i} + \beta_2 X_{2i} + \beta_3 X_{3i} + \beta_4 X_4 \quad (11)$$

式（11）中：Y_i 为 i 个农户转出耕地面积比重，定义为 $Y_i = L/(L+F)$，L 为农户转出耕地面积，F 为农户 2007 年实际经营耕地面积；X_{1i} 为 i 个农户家庭从事非农时间占家庭全部劳动时间比重，其中家庭全部劳动时间为从事非农时间与户内农业劳动时间之和。X_{2i} 为 i 个农户转出耕地索取租金变量，$X_{2i}=1$，有租金；$X_{2i}=0$，其他情况。X_{3i} 为 i 个农户转出耕地受到新农村建设的影响，$X_{3i}=1$，2006 年前发生的耕地转出；$X_{3i}=2$，2006 年后发生的耕地转出。X_4 为分省变量，$X_4=1$ 为宁夏农户；$X_4=2$ 为河南农户；$X_4=3$ 为广东农户。β 为待估的回归系数。

表 10　模型（6）回归结果

	非标准化系数		t 检验值	Sig.	共线性统计量	
	回归系数	标准误差			容差	VIF
β_0	41.88088	14.16324	2.957012	0.004137		
β_1	0.056488	0.076549	0.737932	0.462828	0.974406	1.026266
β_2	1.488481	5.695179	0.261358	0.794523	0.916032	1.091664
β_3	-4.35273	5.435357	-0.80082	0.425733	0.96155	1.039988
β_4	2.312576	3.601065	0.642192	0.522681	0.891909	1.121191

模型（6）回归结果显示：R^2 为 0.162，相对较小；F 值为 0.512，其显著水平值为 0.727，表明模型（6）显著水平极低，模型总体上极不理想；农户家庭从事非农时间所占比重变量的回归系数为 0.056，其 t 值为 0.738，其显著水平值的概率值为 0.463，表明从事非农时间所占比重变量对农户转出耕地所占比重的影响不够显著。尽管从事非农时间所占比重对农户转出耕地所占比重不够显著，但是，回归系数大于 0 仍然表明农户从事非农时间所占比重越高，转出耕地的可能性越大。

七　简要结论

根据中央建设社会主义新农村的部署，一方面要进一步促进农村劳动力大量转移，另一方面要加快现代农业发展，提高国家粮食安全保障水平。农户家庭劳动力转移，必然会引起劳动力资源的重新配置。农户家庭劳动力发生明显转移后，是否会减少农业活劳动力的投入，进而给农业生产带来负面影响？

根据农户家庭模型（Agricultural Household Model，AHM）理论，如果农业要素市场是健全的，农户家庭劳动力转移可能不会影响农业生产；如果农业要素市场是不健全的，农户家庭劳动力转移可能就会降低农业生产的集约水平。

随着我国市场经济体制改革的深化，农村农业要素市场基本建立。要判断农业要素市场是否健全，必须要进行深入研究和实证分析。

农业雇工工资率水平是判断农业劳动力市场是否健全的重要指标。如果农村农业劳动力市场与其他劳动力市场高度融合，农业雇工工资率和非农就业工资率没有显著差异，只要农业劳动力存在需求，就表明农业劳动力市场供求就能够实现平衡。

通过课题组 2008 年在 3 个省（自治区）9 个县农村中共计 1170 户中 5544 人的农户问卷调查，十分惊奇地发现，在户外从事农业劳动和从事非农业劳动的日平均工资率几乎相等，2008 年的日均工资率都大约为 45 元。进一步的，构建模型，假设农村劳动力市场上的工资率受到从事行业、就业地点、年龄和受教育程度等因素的共同影响，结果表明农户家庭劳动力工资率与其所从事的行业高度不相关，这意味着农村和农业劳动力市场已经融合，工资率水平可能由劳动力总供给与总需求决定，劳动力结构性转移的阶段基本结束。

可能正是由于农业劳动力市场相对健全，多年来在我国农村劳动力大量转移的同时，农业综合生产能力逐步提高和主要农产品产量保持不断增长，促进了工业化和现代农业的全面发展。

第四章　新农村建设政策对农村产品市场的影响分析

农村产品市场[1]的发育和完善直接关系到农产品有效供给、农民增收和扩大内需。近几年，国家把它作为新农村建设的重要内容，采取了多项措施。具体的措施有哪些？这些措施发挥了什么作用？还存在什么问题？如何进行完善？这些问题的回答对完善农村产品市场具有非常重要的现实意义，本章将尝试对以上问题进行回答。本章结构安排如下：第一部分对促进农村产品市场发育的相关政策进行梳理；第二部分对农村产品市场发育情况进行分析；第三部分对农村产品市场发育存在的问题进行总结；第四部分就如何进一步促进农村产品市场的发育和完善提出相关政策建议。

一　促进农村产品市场发育的相关政策

为促进农村产品市场的发育和完善，国家采取了一系列政策。在促进农产品生产方面出台了农业税减免、农业补贴、最低收购价格、临时收储、高产创建等政策；在促进农村商品流通方面实施了“双百市场工程”、农超对接、农产品现代流通综合试点、农产品“绿色通道”、“万村千乡市场工

---

① 本章讨论的农村产品市场包括农产品市场、消费品市场和农业生产资料市场。

程”、农村商务信息服务工程等；在刺激农村消费方面实施了“家电下乡”、“汽车摩托车下乡”等政策；为提高农民的消费能力，国家有关部门想方设法增加农民的农业收入和非农就业收入，同时积极推进农村居民最低生活保障、新型农村合作医疗、新型农村社会养老保险等社会保障政策。

（一）促进农产品生产的政策

1. 农业税减免政策

从2004年开始，国家出台了农业税减免政策。当年，国家取消牧业税和除烟叶外的农业特产税；吉林、黑龙江两个粮食主产省进行免征农业税改革试点；河北、内蒙古、辽宁等11个粮食主产地降低农业税税率3个百分点；其余地区总体上降低农业税1个百分点。2005年，在全国范围内免征牧业税；农业税减免速度进一步加大，28个省免征农业税，其他3个省农业税税率降到2%以下。2006年，全国全部免征农业税，结束了农民种田交税的历史。通过实施农业税减免政策，减轻了农民负担，间接增加了农民收入，提高了农民的种粮积极性。

2. 农业补贴政策

（1）种粮补贴政策。国家加大支农力度，种粮补贴不断增加。2004年，全国29个省（市、区）安排补贴资金116亿元，13个粮食主产省（区）和16个非主产省省内产粮大县的农民得到了补贴。另外，国家还对13个粮食主产省安排了良种补贴资金28.5亿元，农机具购置补贴资金7000万元。2005年，国家增加种粮补贴资金，全国安排粮食直补资金132亿元，良种补贴资金37亿元，农机购置补贴资金3亿元。同时，中央财政还安排55亿元专项资金，对产粮大县予以财力补助。2006年，为弥补由于农资价格上升增加的粮食成本，国家增设了农资综合直补项目。全国安排粮食直补资金142亿元，其中，13个粮食产区为125亿元；农资综合直补资金120亿元；良种补贴资金41.5亿元；农机购置补贴资金6亿元；另外，中央财政安排85亿元资金进一步加大对产粮大县的奖励力度。2007年，农业补贴进一步增加，其中，粮食直补资金151亿元，农资综合直补资金276亿元。2008年，国家粮食直补、良种补贴、农机具购置补贴和农资综合补贴四项补贴资金总额达到1028.6亿元，比上年翻一番。其中，农资综合补贴资金达到

482 亿元。2009 年，中央财政安排种粮农民直接补贴 190 亿元、农资综合补贴 756 亿元、良种补贴 198.5 亿元、农机具购置补贴 130 亿元。2010 年，对种粮农民的“四项补贴”总量达到 1345 亿元，亩均补贴达到 58.8 元。2011 年国家继续加大对种粮农民的补贴，补贴总额达 1406 亿元，较 2010 年增加 4.54%。通过实施种粮补贴政策，直接增加了种粮农民的收入，提高了农民的种粮积极性。

（2）油料作物补贴政策。为促进油料生产恢复发展，国家采取了多项补贴措施。2003 年开始大豆良种补贴，2008 年将东北三省和内蒙古自治区的补贴面积由 1000 万亩扩大到 4000 万亩，2010 年，大豆良种补贴在辽宁、吉林、黑龙江、内蒙古等省（区）实行全覆盖。2007 年，国家开始实施油菜良种补贴，补贴区域为长江流域“双低”油菜优势区（包括四川、贵州、重庆、云南、湖北、湖南、江西、安徽、河南、江苏、浙江），中央财政对农民种植油菜给予每亩 10 元补贴。2008 年，中央财政开始对产油大县进行奖励，由省级人民政府按照“突出重点品种、奖励重点县（市）”的原则确定具体的奖励条件，入围后各县享受的奖励资金不得低于 100 万元。

（3）棉花补贴政策。2007 年，中央财政划拨了 5 亿元，对全国近 4000 万亩棉田种植进行良种补贴。其中，黄河流域棉区补贴金额 24050 万元（山东 9450 万元、河南 8900 万元、河北 5700 万元）；长江流域棉区补贴金额 10050 万元（湖北 3000 万元、安徽 3000 万元、江苏 2850 万元、湖南 1200 万元）；西北内陆棉区补贴金额 15900 万元（新疆地方 9450 万元、新疆兵团 6450 万元）。2008 年，中央财政继续安排 5 亿元棉花良种补贴专项资金，按照区位优势和规模优势相结合原则，对河北、河南、山东、江苏、安徽、湖北、湖南、新疆等 8 省（区）和新疆建设兵团 3333 万亩棉花实施了良种补贴。2009 年开始，对棉花良种补贴进行全覆盖，补贴标准是 15 元/亩。

（4）畜产品补贴政策。为了加快生猪品种改良，提高生猪良种化水平，2007 年，国家开始实施生猪良种补贴，每头能繁母猪年补贴 40 元。2007 年 7 月，中央出台《国务院关于促进生猪生产发展稳定市场供应的意见》，提出扶持生猪标准化规模养殖。2008 年 3 月，国家发改委和农业部出台相关文件，按出栏量分四档规定了生猪标准化规模养殖场（小区、重点户）的中央投资补助标准，其中最低一级的标准为“年出栏500～999头的养殖场（小区）每个中央平均补助投资20万元”，最高一级的标准是“年出栏3000头以上的养殖场（小区）每个中央平均补助投资80万元”。

3. 最低收购价格政策

国家对粮食主产区的重点粮食品种实行最低收购价政策。2004～2007年，早、中晚籼稻和粳稻最低收购价分别为每50公斤70元、72元和75元。2006年，国家开始对小麦实行最低收购价政策，为每50公斤白小麦72元、红小麦69元。2007年，白小麦和红小麦最低收购价格保持不变，混合小麦每50公斤69元。2008年，国家适当提高最低收购价格水平，每50公斤早、中晚籼稻和粳稻最低收购价格分别提高到77元、79元、82元，比2007年均提高7元；白小麦、红小麦、混合麦分别提高到77元、72元、72元，比2007年分别提高5元、3元、3元。2009年，国家较大幅度提高最低收购价格水平，早、中晚籼稻和粳稻最低收购价分别提高到每50公斤90元、92元、95元，均比2008年提高13元；白小麦、红小麦、混合麦每50公斤分别提高到87元、83元、83元，比2008年分别提高10元、11元、11元。2010年，国家继续在小麦和稻谷主产区实行最低收购价政策，并适当提高最低收购价格水平，早、中晚籼稻和粳稻最低收购价格分别提高到每50公斤93元、97元、105元，比2009年分别提高3元、5元、10元；白小麦、红小麦、混合麦最低收购价分别提高到每50公斤90元、86元、86元，均比2009年提高3元。2011年，早籼稻、中晚籼稻、粳稻最低收购价格分别提高到每50公斤102元、107元、128元，比2010年分别提高9元、10元、23元；白小麦、红小麦和混合麦最低收购价分别提高到每50公斤95元、93元和93元，比2010年分别提高5元、7元和7元。通过实施最低收购价政策，粮食价格平稳上升，增加了农民的收入，提高了农民的种粮积极性。

4. 临时收储政策

为稳定粮食市场，防止粮食价格下跌，国家出台了粮食临时收储政策。2008年10月至2009年4月，国家共下达6批粮食临时收储计划，2008年3批，2009年3批。其中，2008年稻谷临时收储计划1750万吨，大豆临时收储计划300万吨，玉米临时收储计划3000万吨；2009年，稻谷临时收储计划500万吨，大豆临时收储计划425万吨，玉米临时收储计划1000万吨。2009年12月1日至2010年4月30日，国家继续在东北地区实行玉米、大豆临时收储政策。国家的临时收储政策在防止玉米、大豆、稻谷价格下跌、稳定粮食市场方面发挥了积极作用，提高了农民的种粮积极性。临时收储政策也存在一些问题，比如说，粮食临时收储政策在拉升市场价格、保护农民利益的同时，加大了粮食加工企业的压力，企业停产的现象非常普遍。

为防止猪价过度下跌，国家实施冻肉收储政策。2010年4月1日，云南省率先拉开了国内冻肉收储的序幕，商务部在云南定向实施3000吨猪肉收储措施；4月20日，商务部会同财政部、发展改革委、中国农业发展银行公开竞价收储第二批中央储备冻猪肉；5月20日公开竞价收储第三批中央储备冻猪肉；6月2日启动第四批冻肉收储；6月30日国家再次启动第五批冻肉收储工作。

5. 高产创建活动

为促进粮食生产稳定发展，保障粮食有效供给，我国农业部从2008年开始积极推进高产创建活动。2008年提出的目标是在全国粮食主产区建设500个万亩优质高产创建示范点，其中水稻、小麦、玉米各150个，马铃薯50个。通过开展粮食高产创建，力争示范区粮食单产实现“6789”的目标要求，即小麦集中连片亩产600公斤以上，单季稻700公斤以上，玉米800公斤以上，双季稻900公斤以上。同时，马铃薯2000~3000公斤以上（鲜重），辐射带动高产创建示范县单个粮食作物总产较前三年平均增长10%以上，粮食订单种植率30%以上。2009年提出的目标是在全国选择1700个粮棉油生产大县，建设2600个粮棉油高产创建示范点。其中粮食作物2050个，油料作物350个，棉花200个。2010年提出的目标是在全国建设5000个示范点。其中，粮食4380个、油料370个、棉花200个、糖料50个，万亩示范点单产水平比上年提高5%以上，示范带动区域均衡增产。2011年提出的目标是全国建设5000个高产创建万亩示范点。其中，粮食4300个、油料380个、棉花260个、糖料60个。示范点单产水平比上年提高5%以上，辐射带动示范县均衡增产。

（二）促进农村商品流通的政策

1. “双百市场工程”

为加强农产品现代流通体系建设，2006 年以来，商务部会同财政部实施了“双百市场工程”。该工程的主要目标是从 2006 年起，力争用三年时间，通过中央和地方共同推动以及重点市场、重点企业示范带动，完成全国一半左右（约 2000 家）农产品批发市场升级改造，使农产品流通成本明显降低，流通环节损耗大幅减少；全国约 300 家大型农产品流通企业经超市销售农产品的比例达到 30% 以上，使更多优势农产品进入跨国公司的国际营销网络。2009 年，在农产品重点销区和产区，支持建设和改造 200 家大型鲜活农产品批发市场，引导市场与基地和农户建立紧密联系，提升市场服务水平；支持 400 家县乡农贸市场进行标准化建设和改造，完善交易设施，改善交易环境。2006 ~ 2009 年，中央财政累计安排专项资金 15 亿元，对 936 家农产品批发市场、流通企业和农贸市场的 1565 个项目建设进行了扶持。

2. 农超对接

2009 年，商务部会同农业部实施农超对接，主要目标是到 2012 年，试点企业鲜活农产品产地直接采购比例达到 50% 以上，减少流通环节，降低流通费用，并建立从产地到零售终端的鲜活农产品冷链系统。2009 年，中央财政安排 4 亿元，采取以奖代补的方式，在 17 个省（区、市）开展试点，支持了农产品冷链系统、配送中心、快速检测系统及农产品品牌培育等 205 个建设项目。

3. 农产品现代流通综合试点

农产品现代流通综合试点是“双百市场工程”和农超对接工作的延续、深化、发展和创新，力争在 3 ~ 5 年内初步建成高效、畅通、安全的农产品现代流通体系。2010 年，商务部会同财政部投入 6.8 亿元支持河北等 8 个省份开展农产品现代流通综合试点工作，共支持了 82 家农产品批发市场和 182 家农贸市场项目建设，支持了 138 个农超对接和 81 个农产品流通模式创新项目建设。2011 年，商务部会同财政部投入 6.4 亿元支持江苏等 8 个省份开展农产品现代流通综合试点。

4. 农产品“绿色通道”

为提高农产品流通效率、降低农产品流通成本、减少鲜活农产品损失、保障城镇鲜活农产品供给，促进农民增收，2005 年，国家相关部门联合提出在全国建立布局为“五纵二横”的“绿色通道”网络；统一界定了鲜活农产品是指新鲜蔬菜、水果，鲜活水产品，活的畜禽，新鲜的肉、蛋、奶。2009 年，交通部和发改委提出，对于确定的国家“五纵二横”鲜活农产品运输“绿色通道”，各地要坚决落实各项相关政策，免收整车合法装载运输鲜活农产品车辆的车辆通行费。同时，要求各省、自治区、直辖市要加快构建区域性“绿色通道”。另外，为了统一政策、便于操作，对鲜活农产品具体品种进行了进一步界定，制定了《鲜活农产品品种目录》。交通部、发改委、财政部提出，从 2010 年 12 月 1 日起，全国所有收费公路（含收费的独立桥梁、隧道）全部纳入鲜活农产品运输“绿色通道”网络范围，对整车合法装载运输鲜活农产品车辆免收车辆通行费。新纳入鲜活农产品运输“绿色通道”网络的公路收费站点，要按规定开辟“绿色通道”专用道口，设置“绿色通道”专用标志，引导鲜活农产品运输车辆优先快速通过。同时，将马铃薯、甘薯（红薯、白薯、山药、芋头）、鲜玉米、鲜花生列入《鲜活农产品品种目录》落实免收车辆通行费等相关政策。

5. “万村千乡市场工程”

为促进农村商品流通工作，构建工业品下乡与农产品进城的双向流通网络：一方面向农村居民提供消费品和农业生产资料，另一方面利用网络优势，农家店在当地直接收购农产品，到城镇超市中销售，2005 年，商务部正式启动“万村千乡市场工程”。目标是从 2005 年起，力争用 3 年时间，在试点区域培育出约 25 万家农家店，形成以城区店为龙头、乡镇店为骨干、村级店为基础的农村消费经营网络，逐步缩小城乡消费差距。“十一五”期间，中央财政支持“万村千乡市场工程”的力度逐年加大，从开始每年 2 亿元增加到 2010 年的 16 亿元，中央财政累计投入资金达 43 亿元。

6. 农村商务信息服务工程

2006 年，为积极开拓农村市场，改善农村消费环境，发掘农村消费潜力，使公共服务更多地覆盖农村和农民，商务部决定开展新农村商务信息服务体系建设。信息服务工程包括三项主要内容：一是在商务部网站上建立

“新农村商网”，以信息发布、咨询互动和交易对接三大功能为主要手段，发布农村、农民需要的政策信息和市场信息；同时也设立“省市新农村商网”网页，收集和发布当地农村商务信息。二是创办《新农村商报》，以免费邮发赠阅的方式发送到全国 62 万个行政村，努力向农民提供更多实用的商务信息。三是探索利用多种形式建立农村商务信息服务体系，包括设立乡镇兼职商务信息助理，培训农副产品经纪人，建设涉农网站专门数据库，帮助大学生村官开展信息服务以及建设村级信息推广服务站等。

（三）刺激农村消费的政策

1. 家电下乡

为扩大农村消费，提高农民生活质量，从 2007 年 12 月起，商务部和财政部在山东、河南、四川和青岛三省一市进行了“家电下乡”试点，对农村居民购买彩色电视机、冰箱（含冰柜）、手机三类产品给予销售价格 13%的财政资金直接补贴。从 2008 年 12 月 1 日起，“家电下乡”试点地区扩大到 14 个省、自治区、直辖市和计划单列市，家电产品种类也增加了洗衣机。从 2009 年 2 月 1 日起，“家电下乡”在全国范围内实施，摩托车、电脑、热水器、空调等产品被列入补贴范围。

2. 汽车摩托车下乡

实施汽车摩托车下乡的宗旨是，提高农民购买能力，加快农村消费升级，改善农民生产生活条件，促进汽车摩托车产品技术更新换代，实现汽车摩托车产业结构优化升级，实现内外需协调发展。补贴行为主要包括：农民将三轮汽车或低速货车报废并换购轻型载货车；农民购买 1.3 升及以下排量微型客车；农民购买摩托车。补贴比例及金额为：①对将三轮汽车或低速货车报废并换购轻型载货车的，按换购轻型载货车销售价格 10% 给予补贴，换购轻型载货车单价 5 万元以上的，实行定额补贴，每辆补贴 5000 元。同时，对报废三轮汽车或低速货车实行定额补贴。报废三轮汽车每辆给予补贴 2000 元，报废低速货车每辆给予补贴 3000 元。②对购买微型客车，按销售价格 10% 给予补贴，购买微型客车单价 5 万元以上的，实行定额补贴，每辆补贴 5000 元。③对购买摩托车，按销售价格 13% 给予补贴，购买摩托车单价 5000 元以上的，实行定额补贴，每辆补贴 650 元。

（四）增强农民消费能力的政策

为提高农民的消费能力，国家有关部门想方设法增加农民的农业收入和非农就业收入，同时积极推进农村居民最低生活保障、新型农村合作医疗、新型农村社会养老保险等社会保障政策。

二 农村产品市场发育情况

通过实施各项政策和工程，农村产品市场发育程度不断提高，实现了农产品有效供给，农产品成交额大幅增加；农村商品流通体系逐步完善；农民消费能力增强，消费结构升级，农村市场规模扩大；农业生产资料使用量增加，价格过度上涨趋势得以控制。

（一）实现了农产品有效供给，农产品成交额大幅增加

通过实施多种调控措施，农产品有效供给增加。2011 年和 2005 年相比，种植业产品中，粮食、棉花、油料产量分别增加 8718.66 万吨、87.48 万吨、229.62 万吨，增加幅度分别为 18.01%、15.31%、7.46%。养殖业产品中，猪肉、牛肉、羊肉、牛奶、禽蛋的产量分别增加 497.80 万吨、79.39 万吨、45.04 万吨、904.47 万吨、373.30 万吨，增加幅度分别为 10.93%、13.98%、12.30%、32.85%、15.31%。

农产品成交额大幅增加。2011 年和 2005 年相比，亿元以上各类农产品市场的营业面积和成交额都大幅度增加。其中，粮油市场分别增加 26.41% 和 108.98%；肉禽蛋市场分别增加 43.74% 和 71.31%。

（二）农村商品流通体系逐步完善

“双百市场工程”在完善我国农产品流通体系建设方面发挥了重要作用，提升了流通基础设施水平，改善了农产品流通环境。商务部数据显示，2008 年，“双百市场工程”承办市场交易额达 4700 多亿元，占亿元以上市场交易额的 1/3，带动就业 150 万人。2009 年 1～8 月，“双百市场工程”承办市场交易额达 3470 亿元，同比增长 16.1%。出现了

“农超对接”等新型流通模式。据家乐福相关负责人透露的数据显示，2010年底，上海和北京的家乐福直采农民的产品，占超市生鲜采购比例先后突破50%。2011年第一季度，北京市8家“农超对接”大型超市共销售果蔬农产品达到了2.8万吨，销售额为3.8亿元，同比增幅都在10%以上。

农村消费品流通中出现了供销系统、邮政系统、商贸企业、个体户等多种主体，出现了连锁经营、便利店等多种新型流通模式。商务部数据显示，截至2010年2月，“万村千乡市场工程”累计建设改造了42万个农家店，覆盖了全国75%以上的乡镇和50%以上的行政村，农家店实现销售额2375亿元。农家店积极发展一网多用，代理销售邮政、电信和药品的销售额分别达到了6.6亿元、10.1亿元和6.4亿元，综合服务功能得以提升。

（三）农民消费能力增强，消费结构升级，农村市场规模扩大

农民消费能力增强。尽管乡村人口数不断减少，但到2011年仍然有6.5亿以上，占总人口的48.73%，庞大的乡村人口说明农村市场潜力非常巨大。农村居民人均纯收入不断增加，2011年达到6977.0元。随着收入水平的提高，农村居民人均生活消费支出不断增加。2011年和2005年相比，食品、衣着、居住、家庭设备及服务、交通和通信、文教娱乐用品及服务、医疗保健和其他商品及服务的人均名义支出分别增加945.18元、192.77元、591.29元、197.44元、302.05元、100.88元、268.66元、67.47元，增加幅度分别为81.33%、129.76%、159.74%、177.18%、123.29%、34.14%、159.83%、123.77%。

随着农村居民收入水平的提高和家电下乡、汽车摩托车下乡等优惠政策的实施，农村消费结构升级，农村耐用消费品拥有量不断增加。2011年和2005年相比，农村居民家庭平均每百户拥有洗衣机、电冰箱、空调机、摩托车、彩色电视机、家用计算机分别增加22.4台、41.4台、16.2台、20.2辆、31.4台、15.9台。

农村市场规模不断扩大。2005年以来，县及县以下消费品零售额逐年增加，每年的增长幅度都超过10%；2009年达到40210亿元，比上年增长

15.7%，比2005年增长82.09%。县及县以下消费品零售额增长幅度最大的是2008年，上涨幅度达到20.7%①。

（四）农业生产资料使用量增加，价格过度上涨趋势得以控制

近几年，农业生产条件不断改善，农业生产资料的使用量不断增加。2011年和2005年相比，大中型拖拉机、小型拖拉机、大中型拖拉机配套农具、小型拖拉机配套农具、农用排灌柴油机分别增加301.05万台、284.37万台、472.75万部、597.04万部和158.48万台；化肥的使用量，2011年比2005年增加938.04万吨。农业生产资料价格过度上涨趋势得以控制。2005年、2006年、2008年农业生产资料价格上涨过快，上涨幅度超过了农产品生产价格。特别是2008年，农业生产资料总价格上涨幅度高达20.3%，其中畜产品价格上涨幅度高达31.5%，化肥价格上涨幅度高达31.7%。农业生产资料价格大幅度上涨增加了农业生产成本，使农民获利减少。近几年，国家加强了对农业生产资料市场的监管，农业生产资料价格趋于平稳，2009年农业生产资料价格下降幅度略超农产品生产价格，2011年农业生产资料价格上涨幅度都低于农产品生产价格。

三　农村产品市场发育存在的问题

（一）农业增产潜力有限，生产方式落后

农业生产目前面临着两个主要问题。一是农业增产潜力有限。农业生产离不开水、耕地等自然资源，但中国人口多，资源少，再加上水资源浪费、城市建设抢占耕地的现象非常普遍，中国的粮食、棉花、油料、糖料、蔬菜、水果等农产品的生产能力受到严重限制，增产潜力有限，越来越难以满足需求。二是农业生产方式落后。为提高农产品产量，滥用化肥和农药现象非常普遍，不仅影响了农产品的质量，化肥、农药的残留物渗

① 2010年《中国统计年鉴》根据第二次经济普查数据对社会消费品零售总额进行了修改，但未公布修订后的县及县以下社会消费品零售总额。本报告使用的县及县以下社会消费品零售总额来自《中国统计年鉴》（2009）和《2009年国民经济和社会发展统计公报》。

透到地下，污染周边地区的水源，对农村居民的饮水安全也产生了严重影响。

（二）农产品价格波动大，调控难度大

农产品价格波动大，2005 年 1 月至 2011 年 5 月，全国农产品批发价格环比变化幅度超过 4% 的有 17 个月，其中，2005 年 2 月、2006 年 1 月、2008 年 2 月、2009 年 10 月的变化幅度超过 7%，分别为 7.2%、7.1%、8.2%、7.0%；“菜篮子”产品批发价格环比变化幅度超过 4% 的有 25 个月，其中，2005 年 2 月、2006 年 1 月、2006 年 10 月、2008 年 2 月、2009 年 10 月、2011 年 1 月的变化幅度超过 7%，分别为 8.6%、8.5%、7.4%、9.3%、8.4%、7.3%。农产品价格波动主要受宏观经济、农户生产决策、市场炒作行为、生产周期等多种因素影响。

（三）新型商品流通模式发展面临不少问题，农产品流通成本高、损失大

农产品新型流通模式在缩短流通环节、降低流通成本、控制产品质量方面发挥了积极作用，但还存在不少问题。比如说，农超对接还面临很多问题：超市需要的蔬菜品种比较多，合作社要把菜配齐比较困难；超市直接到产地进货，风险大，成本多，和专业的供货商无法相比；超市缺资金少人才，要建立自己的生产基地和物流中心比较困难；合作社资金有限，超市结账周期长，合作社资金压力比较大；超市要收进场费和设定销售额标准，很多合作社和企业无法做到；企业分散生产，难于满足超市对规模化的要求，产品缺乏标准；超市打折促销，让企业承担成本，超市活动频繁，企业难于承受；“农超对接”需要农业合作组织与超市来谈论价格等细节问题，但据商务部市场体系建设司提供的数据，中国仅有 8.2% 的农民加入了农业合作组织，这个数字在美国是 80%，在日本则是 90%；大部分农户开不出超市所需要的发票，超市不能够在卖完产品以后做相应的抵扣。所有问题，归结到一点就是，无法实现市场主体多方共赢，即在农民获利、城市消费者获得实惠的同时，投资方也能有利可图。“万村千乡市场工程”的农家店、配送中心建设也面临不少问题。比如说，建设资金严重缺乏；农村基础设施建设

相对滞后；信息化建设急需加快；经营品种种类单一，使农家店缺少发展支撑力等。

农产品流通成本高、损失大。农产品流通成本高，重要原因之一是流通环节过多，农产品流通过程中运输费、摊位费、进场费、人工费等提高了农产品销售价格。另外，由于缺乏冷藏和冷鲜物流设施，中国农产品流通以常温物流或者自然物流为主，在流通过程中损失很大。

（四）农村市场有待进一步扩大

目前，农村市场扩大主要受到两方面因素的影响。一是农民的消费能力有限。虽然近几年农民的收入水平不断提高，但是物价普涨，削弱了农民的实际购买能力。另外，由于存在上学贵、看病难、养老困难等问题，农民的消费意愿也受到了影响。控制社会价格总水平的过快上涨和完善最低生活保障、新型农村合作医疗、新型农村社会养老保险等政策关系到社会内需的扩大，关系到整个社会的发展。二是商品不适应农村消费特点。农村居民消费追求的是经济实用性，但目前很多商品存在过度设计、过度包装现象，往往华而不实，不能很好地适应农民消费特点。

（五）农村假冒伪劣商品泛滥

虽然中国农村出现了连锁经营、便利店等新型流通模式，但集贸市场、夫妻店、杂货店等仍然是主要的交易场所。由于监管和打击力度不大，农村假冒伪劣商品泛滥。鞋、帽、服装等产品制作粗糙，但挂着名牌厂家的牌子；农副加工食品没有生产厂家、生产日期、重量、保质期等必要的标识；洗发水、护发素、洗面奶等产品虽然标有名牌产品字样，但产品包装粗糙，也没有关于产品的相关信息。虽然假冒商品价格便宜，但质量低劣，严重损害了农村消费者的合法权益，特别是假冒伪劣的农副加工食品时刻威胁着农村居民的生命安全。

（六）农村商品售后服务体系建设落后

由于缺乏正确的认识，企业常常认为农村对产品售后服务的需求不大，或者认为在农村设立售后服务网点会给企业增加成本。由于企业在农村建立售后服务体系的动力不足，很少有企业把售后服务点设在农村，甚至设在县城、乡镇的都很少，产品出现问题后农民没有地方维修或要到县城以上的地方维修的现象非常普遍。农村居民同是产品的消费者，但和城市居民得到的快速便捷的售后服务有巨大差距。比如说，中国质量协会、全国用户委员会2009年的一项调查表明，家电下乡产品售后服务方面存在问题较大，得分为68.37分，主要问题是售后服务人员到达的速度慢，故障解决率低。其中洗衣机的故障解决率为55.6%，冰箱的故障解决率为58.3%，电视机的故障解决率为50%。

四　政策建议

（一）稳定和完善现有农产品生产支持政策

稳定的政策有助于提高农民对政府的信任，国家应该保持现有政策的连续性和稳定性。粮食政策在执行过程中暴露出很多问题，要不断根据情况修改和完善。比如，种粮补贴政策应该更具有针对性，倾向于对粮食生产贡献更大的农民；落实最低收购价格政策收购粮食时，要本着方便农民的原则，多设收购网点，努力提高服务水平，让农民真正享受到政策的好处；实施临时收储政策时要考虑粮食加工企业的承受能力。另外，还要加强对粮食政策执行情况的监督，提高政策的有效性。最后，在现有的农业税减免、农业补贴、最低收购价格、临时收储等政策基础上，未来的政策设计国家要重点考虑扩大农业经营规模和提高农业生产科技水平的政策，提高农户的农业生产经营收入进而调动农户的生产积极性。根据课题组的调查，为增加农业生产经营收入，26.17%的农户希望增加耕作面积，16.18%的农户希望增加经济作物比重，19.76%的农户希望扩大养殖业规模，22.45%的农户希望增加农业科技投入，8.72%的农户希望增加生产性固定资产投资，6.72%的农户希望从其他方面创造条件①。

① 该数据来自国家社科基金重大项目“社会主义新农村建设政策体系研究”课题组的调查。

（二）严格保护水、耕地等资源，转变农业生产方式

水是生命资源，全社会应该行动起来，开展节水活动。日常生活中，要重复利用水资源；生产中，要积极发展节水农业。耕地资源的保护更多还是要依赖地方政府，把对耕地资源的保护情况作为政绩考核和提拔的重要参考指标，减少地方政府为发展经济而占用耕地的冲动。同时，要加大对违法占用耕地行为的惩处力度。

为提高农产品质量，降低农业生产对环境的不利影响，要鼓励和支持生态农业和有机农业的发展，减少农药、化肥的使用。

（三）完善农产品价格调控措施

农产品价格波动过大，严重影响宏观经济的稳定运行，对城市居民和农民也产生了不利影响。稳定农产品价格，一要及时发布真实的市场需求信息，引导农民及时调整生产结构；二要加大对农产品炒作行为的惩处力度，降低农产品的金融属性；三要合理使用农产品临时收储政策，调节农产品市场供求；四要充分利用国际市场，对国内市场供求进行调节；五要引导相关骨干企业参与对农产品市场的调控；六有关部门应该协助做好农产品产销衔接工作。

（四）进一步完善农村商品流通体系

在农产品流通方面，一要支持农产品直销店、农超对接、农校对接、农企对接等新型流通模式的发展，缩短农产品流通环节，并引导农村合作组织参与农超对接、农校对接、农企对接，保护农民的正当利益。二要借“农产品现代流通综合试点”等工程继续加强农产品冷藏、冷链物流设施建设，减少农产品产后损失。三要加大对农产品批发市场、农贸市场的公共投资，降低或取消这些市场的入场费、摊位费、管理费等相关费用。

在农村消费品流通方面，要积极引导供销系统、邮政系统、商贸企业、个体经营户等发展连锁经营、便利店等新型流通模式，增加经营品种，实现一网多用，为农民购物提供便利；同时，加强产品配送中心建设为连锁经营店和便利店统一供货，保证产品质量，为农民提供安全的产品。

（五）积极扩大农村市场

扩大农村市场，一方面要提高农民的消费水平。农民的消费水平受到农民收入、物价、农村社会保障政策完善程度等因素的影响。为帮助农民增加收入，要保持农产品价格的合理水平，为农民创造更多非农就业的机会，保护农民在非农就业中的合法权益；要完善农村居民最低生活保障、农村新型合作医疗、农村新型养老保险等政策，关键是要扩大政策覆盖的范围和提高保障水平。另一方面，要积极开发适合农村需求特点的产品。农村的消费环境、消费能力和城市有较大差别，为了更好地满足农村居民的需求，不能简单地复制提供给城市居民的商品，甚至把城市淘汰的产品推向农村市场。为更好地占有农村市场，企业应加强对农民需求特点的研究，积极开发适合农民需求特点的产品。比如说，家电下乡产品，农民常常追求的是经济实用和简单方便，希望产品价格便宜，操作简单，能满足基本需求就行，不需要额外的功能和豪华的包装，家电企业应结合农村市场的特点，开发相应的家电产品。

（六）加强对农村市场的监管

农村市场假冒伪劣商品泛滥，关键原因是缺乏有效监管、惩罚力度不够以及农民维权意识的缺乏。为净化农村市场，为农民提供质量可靠的农药、种子、食品及其他消费品，国家应加强对农村市场的监管。首先应设立相应的监管机构，加大监管力度，对发现的造假贩假行为加大惩罚力度，提高造假贩假的成本；其次，应建立商品信息发布平台，及时公布发现的假冒伪劣商品信息，提醒农民；再次，还要加强对农民的宣传教育，帮助农民树立维权意识，自觉抵制假冒伪劣商品，并积极举报造假贩假行为；最后，还要加强农村经营户的诚信体系建设，引导农村经营户依法经营、诚信经营。

（七）加强农村商品售后服务体系建设

由于农村电压不稳、水压较低，家电使用环境欠佳，再加上农民知识水平有限，存在操作不当的现象，家电的故障率比较高，对售后服务的需求比较大。另外，企业为农民提供完善优质的服务，有利于提高产品的信誉，在农村获得更高的市场份额。不管从农民的需求出发还是从企业的利益出发，企业都应该加强产品在农村的售后服务体系建设。可以考虑从以下几个方面加强售后服务：一是开通 24 小时服务专线，为广大农民提供买前、买中和买后服务；二是加强与相关产品地、县经销商的沟通，调动经销商的积极性，切实为农民提供优质便捷的服务。三是建立售后服务网点，根据市场情况，配备合适的售后服务团队。

第五章　农户农产品销售渠道选择及影响因素分析

本章首先对农户农产品销售渠道选择状况进行了统计描述分析，并利用多元选择模型对农户销售渠道选择行为的影响因素进行了分析，研究结果表明，商贩（中介）上门收购、集贸市场自行销售是农户销售农产品的主要渠道，所占比重分别为71.1%、17.6%；和商贩（中介）上门收购相比，年龄大的农户选择集贸市场自行销售的概率更小，受教育程度高的农户和以销售除粮食外的农产品为主的农户选择集贸市场自行销售的概率更大。

一　引言

尽管国家相关部门采取了一系列促进农产品流通的政策，但仍然存在农产品卖难的问题。根据课题组的调查，15.48%的农户认为存在农产品卖难的问题（n = 930①）。感到农产品卖难的，14.52%是因为没有途径，20.97%是因为没有需求，39.52%是因为价格太低，13.71%是因为运输难（或成本高），11.28%是因为其他（n = 124）。了解农户的农产品销售渠道选择状况及其影响因素对构建和完善满足农民需求的销售渠道，促进农产品

① n表示分析该问题时使用的样本数。下同。

顺畅流通，增加农民收入具有非常重要的现实意义。不少学者对农产品销售渠道选择相关问题进行了分析。关于农产品销售渠道选择状况，齐文娥、唐雯珊（2009）和乌云花等（2009）的研究都表明，商贩上门收购是当前农户销售农产品的主要渠道。农产品销售渠道选择行为受到销售价格和付款的确定性（比如周曙东、戴迎春，2005；齐文娥、唐雯珊，2009）、生产经营规模（比如郭锦墉等，2007；祝宏辉、王秀清，2007）、交易成本（比如屈小博、霍学喜，2007）、户主特征（包括年龄和文化程度）和家庭劳动力数（比如祝宏辉、王秀清，2007）、交通条件和生产经验（比如乌云花等，2009）等因素的影响。

从现有相关文献来看，目前的研究大部分集中在对某种特定产品（比如生猪、番茄、荔枝、苹果）销售渠道的分析上，很少同时关注不同类型农产品的销售渠道。同时，目前的大部分研究采用二项 Logistic 模型，采用多元 Logistic 模型进行的研究很少。本报告将借鉴现有研究成果，在对农户农产品销售渠道选择状况进行统计描述分析的基础上，利用多元选择模型对农户销售渠道选择行为的影响因素进行分析。

二 研究方法和数据说明

（一）研究方法

本报告在对农户农产品销售渠道选择状况进行分析时采用简单统计描述方法，由于农户农产品销售渠道有两种以上选择，本报告在对农户农产品销售渠道选择的影响因素进行分析时采用多元 Logistic 模型。农户选择第 j 种销售渠道的概率可以用式（1）表示：

$$p_{ij} = \frac{e^{\beta_j X_j}}{\sum_{k=1}^{J} e^{\beta_k X_j}} \qquad i = 1,2,\cdots n;\ j = 1,2,\cdots J \tag{1}$$

其中，i 代表每个农户，j 表示销售渠道类型，在本报告中包括商贩（中介）上门收购、集贸市场自行销售、企业收购、合作组织统一销售及其他，n 表示样本总量，J 表示划分的销售渠道的类型数，X_i 代表影响农户农产品销售渠道的各个控制变量。

借鉴现有研究，并结合数据的可获得性，本报告的控制变量包括农户户主特征、农户家庭特征及市场环境等。具体来说，农户户主特征包括户主的年龄、受教育程度。一般情况下，户主的年龄越大越愿意采取简单便捷的销售方式，即更愿意选择商贩（中介）上门收购；受教育程度越高，个人能力更强、掌握的信息更多，为了获得更高的价格，更愿意选择除商贩（中介）上门收购外的销售渠道。农户家庭特征包括农产品种类、销售规模、家庭农业劳动力。一般情况下，由于粮食比较容易储藏，可以等商贩（中介）上门收购时再出售，而蔬菜、水果等产品不耐储藏，收获后直接销售的可能性更大；销售规模大的农户，为了获得更好的价格，更有可能采取除商贩（中介）上门收购外的其他销售渠道；家庭劳动力越少，付出额外劳动的可能性越小，更有可能选择商贩（中介）上门收购；市场环境包括地貌、和乡镇的距离。一般情况下，平原地区交通条件相对较好，商贩（中介）上门收购比较方便。和乡镇距离越近，选择商贩（中介）上门收购越不划算。各变量的具体说明如表 1 所示。

表 1　模型变量说明

变量	变量含义
y	销售渠道类型，$y=1$ 表示商贩（中介）上门收购，$y=2$ 表示集贸市场自行销售，$y=3$ 表示企业收购，$y=4$ 表示合作组织统一销售，$y=5$ 表示其他销售渠道
X_1	户主的年龄
X_2	户主的受教育程度，小学为 6 年，初中为 9 年，高中（中专）12 年，大专 14 年，大专以上 16 年
d_1	$d_1=1$ 表示粮食，$d_1=0$ 表示其他农产品
X_3	销售规模
X_4	家庭农业劳动力
X_5	和乡镇的距离
d_2	$d_2=1$ 表示平原，$d_2=0$ 表示其他地貌

在本报告中，对模型进行估计时将 $y=1$ 作为参照项，这样可以得到 4 个 Logit 的如下模型：

$$\ln\left[\frac{p(y=j/X')}{p(y=1/X')}\right]=\beta_j{}'X' \qquad j=2,3,4,5 \tag{2}$$

其中，$p(y=1/X')$ 为参照对比项的概率，$p(y=j/X')$ 表示除对比项外，农户选择其他 j 种销售渠道的概率。由于 Logit 即对数发生比 $\ln(p_i/p_j)$ 没有直观的含义，在对模型估计结果进行分析之前，要先对 Logit 进行转换。具体做法是将回归模型等式两侧取自然对数，于是左边便成为发生比 p_i/p_j，这样，X_i 对 Logit 的作用转换为 e^{β_j}，即对发生比的作用。当 $\beta_j>0$ 时，$e^{\beta_j}>1$，这说明 X_i 每增加一个单位值时发生比会相应增加；$\beta_j<0$ 时，$e^{\beta_j}<1$，这说明 X_i 每增加一个单位值时发生比会相应减少；$\beta_j=0$ 时，$e^{\beta_j}=1$，这说明 X_i 每增加一个单位值时发生比不会变化。

（二）数据说明

1. 数据来源

本研究所用的数据来自 2008 年国家社科基金重大项目“社会主义新农村建设政策体系研究”课题组对宁夏、河南和广东的入户调查，共 1134 个样本。本报告建立多元选择模型时包括 318 个有效样本，其他部分分析采用的样本在相应位置进行了标注。和本研究相关的调查内容主要包括人口与就业信息、农业生产经营与固定资产投资情况等。本报告通过 SPSS 11.5 来对模型进行估计。

2. 变量统计分析

从统计数据来看，户主的平均年龄是 47.97 岁，平均受教育年限是 7.92 年，大部分具有初中以上文化水平。71.4% 的农户以销售粮食为主，28.6% 的农户以销售其他农产品为主。农户的平均销售额是 3907.85 元。家

表 2　变量统计分析

变　量	平均值	所占比重（%）	变　量	平均值	所占比重（%）
户主的年龄(岁)	47.97	—	家庭农业劳动力(人)	2.38	—
户主的受教育程度(年)	7.92	—	和乡镇的距离(公里)	4.13	—
销售的农产品种类:粮食	—	71.4	地貌:平原	—	78.6
其他农产品	—	28.6	其他地貌	—	21.4
销售规模(元)	3907.85	—			

庭农业劳动力平均为2.38人。和乡镇的距离平均为4.13公里。78.6%的农户位于平原地区，21.4%的农户位于其他地区。

三　农户农产品销售渠道选择状况

从调查数据来看，农户销售农产品的渠道主要有商贩（中介）上门收购、集贸市场自行销售、企业收购、合作组织统一销售及其他。其中，商贩（中介）上门收购、集贸市场自行销售是农户销售农产品的主要渠道，所占比重分别为71.1%、17.6%。近年来，国家加大了对合作组织的支持力度，合作组织得到快速发展，但和其他销售渠道相比，合作组织销售所占的比重还相当小，只有1.6%。

表3　农户农产品销售渠道选择状况

项　目	合作组织统一销售	商贩(中介)上门收购	企业收购	集贸市场自行销售	其他	合计
频数	5	226	14	56	17	318
所占比重(%)	1.6	71.1	4.4	17.6	5.3	100

从运行情况看，这几种销售方式各有利弊。商贩（中介）上门收购的主要好处是农户销售农产品很方便，也不需要支付额外的交通成本。存在的主要问题是商贩（中介）常常利用农户不了解市场信息的弱点，压低农产品价格使农民利益受损；另外，由于商贩（中介）经济实力比较弱，储存和运输条件比较差，影响了农产品质量。集贸市场自行销售的主要好处是农户能更直接地面对市场，一方面减少了中间商的压榨，另一方面了解了市场信息能更好地指导生产。存在的主要问题是选择集贸市场自行销售的农户需要支付额外的劳动和交通成本，且由于单个农民力量比较小，市场风险很大。企业收购的主要好处是企业提供给农户的价格常常要比商贩（中介）要高，而且由于通常采取订单方式，价格和需求比较稳定。存在的主要问题是农户通常也需要支付交通成本，且企业也会出现毁约或压级压价现象，农民有一定的风险。合作组织销售的主要好处是合作组织是农民自己的组织，能提高农民的话语权，能更好地保护农民的利益，且能更好地解决“小农

户”和“大市场”之间的矛盾。合作组织还存在不少问题，比如说，运行机制不完善，缺乏专业人才，很多合作组织常常形同虚设。

四　农户农产品销售渠道选择的影响因素分析

（一）模型估计结果

由于 $y=3$（企业收购）、$y=4$（合作组织统一销售）、$y=5$（其他销售渠道）时估计系数都不显著，本报告只分析 $y=2$ 时的估计结果。从表 4 可以看出，户主年龄的系数为 -0.029，且在 10% 水平下显著，这表明和选择商贩（中介）上门收购相比，户主年龄大的农户选择集贸市场自行销售的概率要小。户主受教育程度的系数为 0.113，且在 5% 水平下显著，这表明和选择商贩（中介）上门收购相比，户主受教育程度高的农户选择集贸市场自行销售的概率要大。农产品种类虚拟变量 $d_1=00$ 的系数为 1.134，且在 1% 水平下显著，这表明和选择商贩（中介）上门收购相比，以销售除粮食外其他农产品为主的农户选择集贸市场自行销售的概率要大。其他变量没有通过显著性检验，这说明这些变量对农户选择商贩（中介）上门收购还是选择集贸市场自行销售的影响不显著。

表 4　多元 Logit 模型估计结果

解释变量	系数估计值	Wald	e^{β_j}
集贸市场自行销售（$y=2$）			
Intercept	-0.778	0.598	
X_1	-0.029（*）	3.347	0.972
X_2	0.113（**）	4.213	1.119
$d_1=00$	1.134（***）	8.973	3.109
X_3	0.000	0.777	1.000
X_4	-0.060	0.184	0.941
X_5	-0.071	1.677	0.931
$d_2=00$	0.182	0.180	1.200

（二）估计结果解释

模型估计结果和现实情况比较符合。由于集贸市场一般离村庄有一定距离，如果要把农产品拿到集贸市场销售，农户需要付出额外劳动或交通成本，和选择商贩（中介）上门收购相比，年龄大的农户更不愿意选择到集贸市场自行销售农产品。由于商贩（中介）上门收购时常常压低产品价格，损害农户利益，且受教育程度高的农户更了解市场信息，所以受教育程度越高的农户越愿意到集贸市场自行销售农产品。从现实情况看，由于除粮食外的产品不容易储藏和运输，商贩（中介）上门收购常常以粮食为主，所以以销售粮食外农产品为主的农户更可能选择到集贸市场自行销售农产品。

五　总结和政策建议

本报告首先对农户农产品销售渠道选择状况进行了统计描述分析，并利用多元选择模型对农户销售渠道选择行为的影响因素进行了分析，研究结果表明，商贩（中介）上门收购、集贸市场自行销售是农户销售农产品的主要渠道，所占比重分别为71.1%、17.6%；和商贩（中介）上门收购相比，年龄大的农户选择集贸市场自行销售的概率更小，受教育程度高的农户选择集贸市场自行销售的概率更大，以销售粮食外农产品为主的农户选择集贸市场自行销售的概率更大。

基于以上分析，本报告提出以下建议。一是由于商贩（中介）上门收购是当前农户销售农产品的主要渠道，特别是目前留在农村务农的人年龄比较大，他们更愿意选择商贩（中介）上门收购，这种状况在短时间内难以改变，而商贩（中介）上门收购常常发生损害农民利益的事件，国家应该加大对商贩（中介）的管理、培训和监督，保护农民利益，更好地发挥商贩（中介）对促进农产品流通的作用；另外，应借着“农村商务信息服务工程”，加快农村信息服务体系建设，为农民提供及时有效的市场信息。二是集贸市场自行销售也是农户销售农产品的主要渠道，国家应结合“农产品现代流通综合试点”，加大对农产品集贸市场建设的投资，改善集贸市场的交易环境，同时减少或取消收取的相关费用。另外，还应该加强农村道路建设，改善村庄到集贸市场的交通条件，降低农户的交通成本。三是虽然目前农户通过合作组织销售农产品的比重还比较小，但合作组织是农民自己的组织，能更好地保护农民的利益。根据课题组的调查，大部分参加了专业合作组织或专业技术协会的农户表示对自己有帮助。参加专业合作组织的农户，48.48%认为帮助很大，36.36%认为帮助一般，15.16%认为没有帮助（n=33）；参加专业技术协会的，72.73%的农户认为帮助很大，21.21%认为一般，6.06%认为没有帮助（n=33）。目前，国家积极推进“农超对接”，应引导更多的合作组织参与“农超对接”，并保护它们在与超市的合作中应得的利益。

第六章　农业基本经营制度的政策研究

农业中要素配置是生产力的问题，但农业生产要素的重组、流动必然要求生产关系的变革、农业经营制度和经营模式的发展与创新。本章着重研究分析社会主义新农村建设政策体系中有关农业基本经营制度的政策举措。

一　发展现代农业、走中国特色农业现代化道路是构建城乡经济社会一体化新格局的一个重要方面

推进现代农业建设，符合世界农业发展的一般规律。但世界各国所走过的农业现代化道路与各自国家的历史背景、具体国情和社会形态密切相关。发展现代农业必然涉及要走什么样的农业现代化道路和采取什么样的发展模式的问题。不同的农业现代化道路和不同的农业发展模式必然在农业上有不同的制度安排和组织架构。发展现代农业、走中国特色的农业现代化道路是社会主义新农村建设的首要任务，是以科学发展观统领农村工作的必然要求。

（一）不同的社会形态导致不同的农业现代化道路和农业发展模式

1. 西方资本主义国家的农业现代化进程

马克思曾经说过：“超过劳动者个人需要的农业劳动生产率，是一切社

会的基础，并且首先是资本主义生产的基础”①。西方国家农业现代化的进程就是农业资本主义化的历程。英国大地主阶级通过“圈地运动”，大规模剥夺独立小农的土地，建立了大地主土地所有制基础上的资本主义大租佃农场，形成了英国的资本主义农业。19 世纪以后的德国，由封建地主经济逐渐过渡到资产阶级地主经济，形成了保留封建残余的农业中资本主义发展的“普鲁士式道路”。而同时期的美国，在没有封建束缚的条件下，农村普遍建立了农民个体经济的土地所有制，然后通过小农经济的两极分化产生出资本主义农业发展的“美国式道路”。

西方各国发展现代农业的道路虽然不同，但都是先通过对小农的剥夺，在农业中形成和奠定了资本主义的生产关系。资本主义生产方式“在农业中，它是以农业劳动者的土地被剥夺，以及农业劳动者从属于一个为利润而经营农业的资本家为前提”②。资本主义生产方式的巨大功绩是：“一方面使农业合理化，从而第一次使农业有可能按社会化的方式经营，另一方面，把土地所有权弄成荒谬的东西。”③

2. 中国农业现代化发展进程

中国通过改革开放后的家庭承包经营，使广大农民群众较为平均地享有了农村集体耕地的承包经营权，这就为在中国农村实现规模经济、发展现代农业提供了一个相对公平的起点。改革开放以后，稳定与完善农业基本经营制度是发展现代农业、建设社会主义新农村的制度保障，而稳定与完善农业基本经营制度的核心是保障农民的物质利益和民主权利。早在 1979 年，《中共中央关于加快农业发展若干问题的决定》就指出：对农民要“在经济上充分关心他们的物质利益，在政治上切实保障他们的民主权利。离开一定的物质利益和政治权利，任何阶级的任何积极性是不可能自然产生的”。江泽民同志 1998 年在安徽考察工作时引用了这段话，并强调“这是我们花了很大代价才认识的真理”④。十七届三中全会《中共中央关于推进农村改革发

① 马克思：《资本论》第 3 卷，中共中央马恩列斯著作编译局译，人民出版社，1975，第 885 页。

② 马克思：《资本论》第 3 卷，中共中央马恩列斯著作编译局译，人民出版社，1975，第 694 页。

③ 马克思：《资本论》第 3 卷，中共中央马恩列斯著作编译局译，人民出版社，1975，第 697 页。

④ 中共中央政策研究室农村组　中国农村杂志社编《江总书记视察农村》，中国农业出版社，1998，第 321 页。

展若干重大问题的决定》（以下简称《决定》）也指出，“实践充分证明，只有坚持把解决好农业、农村、农民问题作为全党工作重中之重，坚持农业基础地位，坚持社会主义市场经济改革方向，坚持走中国特色农业现代化道路，坚持保障农民物质利益和民主权利，才能不断解放和发展农村社会生产力，推动农村经济社会全面发展”。

发展现代农业，意味着新生产要素的引入以及要素的重新配置，这也势必导致生产关系的变革。走中国特色的农业现代化道路，即要在农业中不断巩固和完善社会主义的生产关系，以下几个问题需要特别加以重视：要尊重和保护农民的土地承包经营权，改革和完善农村土地制度；农户与龙头企业之间应建立公平合理的利益联结机制；将提高农民进入市场的组织化程度作为完善农业中社会主义生产关系的一个重要组成部分。

（二）中国发展现代农业的主体究竟是谁?

根据1996年第一次农业普查报告，全国农村住户合计21382.8万户，87377.2万人；其中纯农业户12671.9万户，占农村住户的59.26%；农业兼业户3901.2万户，占18.24%；非农兼业户2735.8万户，占12.8%；非农业户2073.9万户，占9.70%。即在1996年，纯农户和农业兼业户占到全国农户总数的近80%。14年后的今天，农户的构成发生了什么样的变化呢？一些学者指出，当前中国农村呈现农业兼业化、农村空洞化、农民老龄化的“三化”趋势，农村的现状是“干农业的不是人才”。但同时，2003~2009年，我国农业却实现连续7年增收，蔬菜水果、肉禽蛋奶、水产品等农产品供给充足。粮食总产量由2003年的43067万吨增加到2009年的53082万吨；粮食作物播种面积也呈现稳步增加趋势，由2003年的149115万亩增加到2009年的163455万亩；粮食单位面积产量也稳步上升，由2003年的289公斤增加到2008年的330公斤，2009年略有下降，也达到325公斤/亩；按人口平均的粮食产量也由2003年的333.3公斤增加到2008年的398.0公斤，2009年为397.7公斤①。

---

① 参见张晓山著《深化改革 促进城乡统筹发展》，刊于《中国经济前景分析——2010年春季报告》，社会科学文献出版社，2010。

如果说中国农村的农业兼业化、农村空洞化、农民老龄化成为一种普遍的趋势，那农业的连年增产和农副产品的充足供应又是如何实现的？笔者认为可能有以下几个原因：农业的物质技术装备得到加强，机械化水平得到较大提高，农业的有机构成发生较大变化，用资本替代了劳动；农业社会化服务体系得到较快发展与完善，在产前、产中和产后各个环节为农业劳动者提供了全方位的服务；专业农户的涌现在保障农产品有效供给上发挥了重要作用。

一个有待进一步验证的判断是，当今中国农户的构成发生了较大变化，由1996年第一次农业普查的纯农户和兼业户占农户总数的近80%转变为大量小规模兼业农户与少数专业农户并存；中国的农业是市场化、专业化、商品化的农业与口粮农业并存。从变动趋势看，纯农户不断减少，兼业户大量增加，专业户正在兴起。中国农村出现的各类专业种植户、养殖户、营销户是在农产品生产市场化、商品化、专业化程度不断提高的进程中涌现出来的，他们从事完全以市场需求为导向的专业化生产，是具有企业家精神的现代农民，应该说是中国农业先进生产力的代表。在中国发展现代农业，就要在农村中培养农业企业家，促使一部分有能力会经营的农民能在农业中创业、发展，使他们成为发展现代农业的主体、主力军。

（三）关于中国农业发展模式和经营方式的几种不同的思路和做法

中国发展现代农业，各种生产要素必然组合到不同的农业发展模式和经营方式之中。

1. 一种发展模式强调家庭经营基础上农户的联合与合作

这种发展模式强调，发展现代农业，要尊重和保护农民的土地承包经营权，鼓励土地向专业农户集中、发展规模经营和集约经营，使他们成为发展现代农业的主体、主力军。在此基础上鼓励他们之间的联合与合作。江泽民同志1998年安徽讲话中指出，“从实践上看，家庭经营再加上社会化服务，能够容纳不同水平的农业生产力，既适应传统农业，也适应现代农业，具有广泛的适应性和旺盛的生命力，不存在生产力水平提高以后就要改变家庭承包经营的问题”[①]。

---

① 中共中央政策研究室农村组　中国农村杂志社编《江总书记视察农村》，中国农业出版社，1998，第323页。

他的这段讲话是对这种思路与模式的最好诠释。十七届三中全会《决定》提出要实现“两个转变”：家庭经营要向采用先进科技和生产手段的方向转变，增加技术、资本等生产要素投入，着力提高集约化水平；统一经营要向发展农户联合与合作，形成多元化、多层次、多形式经营服务体系的方向转变，发展集体经济、增强集体组织服务功能，培育农民新型合作组织，发展各种农业社会化服务组织，鼓励龙头企业与农民建立紧密型利益联结机制，着力提高组织化程度。“两个转变”的提出是对小平同志讲的“两个飞跃”思想的进一步发展，是在稳定和完善农业基本经营制度方面的理论与政策创新，是对农业发展模式和经营方式的一种导向性论断。

2. 另一种发展模式强调企业作为发展现代农业的主体

这种发展模式认为，现代农业的主体形式应当是企业。在一些地方，大公司进入农业领域，取得大片农地的使用权，直接雇工从事规模化的农业生产。与工商企业进入农业领域、大规模租赁农户承包地相联系的是从事农业的主体由家庭经营转为雇用工人，有些地方提出鼓励和支持农民向农业产业工人转变，大力培育和发展农业产业化经营主体，促进农民向农业产业工人转变。

这种发展模式的一个关键问题是公司或者工商资本能否进入农业领域。针对工商企业进入农业领域出现的问题，2001 年中共中央 18 号文件《中共中央关于做好农村承包地使用权流转工作的通知》[①]，运用了较有弹性的政策语言，提出中央的政策十分明确，不提倡工商企业长时间、大面积租赁和经营农户承包地。同时还用有关部门负责同志答记者问的形式，进一步明确“不能用少数服从多数的办法强迫农户放弃承包权或改变承包合同”[②]，实际上是以中央精神的形式对《土地管理法》的有关条款进行纠偏。而 1 个月之后，《人民日报》又报道和赞扬了福建省惠安县“走马埭农业示范区”大公司参与土地经营，“带来了革命性的变化”[③]。这从一个侧面说明对于工商企业进入农业领域的利弊在政策层面还没有定论。

2008 年的中央 1 号文件强调，坚决防止和纠正强迫农民流转、通过流

---

① 注：2002 年 11 月，《人民日报》全文刊登了该文件。

② 《人民日报》2002 年 1 月 10 日，第二版。

③ 《人民日报》2002 年 2 月 11 日，第二版。

转改变土地农业用途等问题，依法制止乡、村组织通过“反租倒包”等形式侵犯农户土地承包经营权等行为。十七届三中全会《决定》在涉及土地承包经营权流转时，提出“三个不得”，即不得改变土地集体所有性质、不得改变土地用途、不得损害农民土地承包权益。《决定》还审慎地提出，“有条件的地方可以发展专业大户、家庭农场、农民专业合作社等规模经营主体”，没有涉及公司进入农业领域承包农民土地的问题。2013 年中央 1 号文件提出：“鼓励和引导城市工商资本到农村发展适合企业化经营的种养业。”同时也强调：“探索建立严格的工商企业租赁农户承包耕地（林地、草原）准入和监管制度。”这是中央政策在此问题上的新发展。

3. 中国混合型、多样化的发展现代农业新模式

在现实的中国农业现代化进程中，我们在各地看到的往往是社会主义初级阶段的一种混合型、多样化的新模式，走的是一条兼容性较强的道路。与之相关的政策也较有包容性和弹性，不把话说死说绝，而是留出较大的政策空间，允许各种模式来试验，由实践来检验，这与改革开放以来采取的“摸着石头过河”、渐进式的改革道路的思路和做法是相一致的。当前农业现代化的主要形态一是对家庭经营的扩展和延伸，通过各种形式的土地承包经营权流转，专业种植、养殖和营销大户开展规模经营，在此基础上联合与合作，发展与健全社会化服务体系；二是工商外来资本或大企业进入农业，连片开发，反租倒包；三是当地的公司或合伙企业，或本地的外出创业的企业家回到地方上承包租赁土地，开展产业化经营。从目前的农业和农村政策取向来看，这样的混合型、多样化的农业现代化发展模式和经营形态在中国农村将长期存在，资本、劳动、土地等要素将不断相互碰撞和重新组合；中国农村土地制度的变革必然受到中国工业化、城镇化进程和农业现代化发展道路、发展模式两方面因素的制约。这种要素的碰撞和重新组合又和农村上层建筑的权力结构交织在一起，也必然影响到农村基层治理结构的变革方向。

在农业现代化道路与模式的选择上，焦点问题之一是如何看待工商资本甚至外国资本进入农业领域。在发展多种形式的适度规模经营时，农民转包、出租、转让、合作的对象是谁？“农地农用”是否只意味着“农地农民用”？包括工商资本甚至外国资本在内的各类非农业主能否有资格转包和租赁农户承包地？在这些问题上，不同的观点和实践中的不同做法的争论可能将长期进行下去。华裔经济学家黄宗智曾提出："近年来中国政府一直在积极扶持资本主义型的龙头企业，把它们认作纵向一体化的第一选择。今天，中国农业正面临一个十字路口，其将来的纵向一体化将以什么样的组织模式为主尚是个未知数。"①

中国当前具有的混合型、多样化的农业现代化发展模式是由中国农业的发展实践所决定的。在由传统农业向现代农业转化的过程中，中国农业经营方式的政策选择是农业产业化经营。实践是以公司（企业）为主导，以"公司加农户"为主要形式起步的。因而，当前一些地区的做法并没有开公司化农业的先河，早在20世纪90年代，福建和广东都有类似的做法。当时有的地方提出以责任田地界为标志的承包制实际上成为发展农业产业化的"制度瓶颈"，开始大力推行"土地连片出租，企业集中经营"的土地流转形式。

公司（企业）导向的垂直一体化经营，能迅速将资本、技术、信息、管理、销售渠道与劳动力、土地相结合，在走农业现代化道路时，实现跨越式发展。

但在这个进程中，公司为主导的经营组织形式就挤压了农民自己经济组织发展的空间，延缓了农民组织化的进程。我们认可在农业产业化经营中的农业龙头企业，甚至农业领域的跨国公司在联结农民与市场方面所起到的积极作用，但也必须正视"公司+农户"这种契约联结方式在现实经济生活中存在的问题。在公司与农户之间的交易中公司处于强势地位，分散的个体小农户往往处于弱势地位，谈判地位严重不对等，双方的利益格局在很多情况下是失衡的，双方是一种不平等的互利关系，在劳动与资本二者的关系上，仍是资本支配劳动。

我们要强调的是，从全国来讲，以农户为基本经营单位的农业基本经营制度仍然有旺盛的生命力，发展现代农业，要在稳定和完善家庭承包经营的基础上进行。在鼓励土地向专业农户集中、发展规模经营的同时，要防止一

① 黄宗智：《中国的新时代小农场及其纵向一体化——龙头企业还是合作组织?》，国学网，2009年11月21日。

些工商企业（尤其是外来大企业）进入农业领域以发展现代农业为名，套取优惠贷款、圈占农民的土地、损害和侵犯农民经济利益的事件发生。

联产承包责任制后，分散的小农家庭经营模式如何实现规模经济？小规模农户如何走上农业现代化道路？中国各地从20世纪80年代后就开始进行各种探索，这种探索的特点和导向是强调农户之间的联合与合作。这种探索坚持农户的自愿加入原则，不改变家庭联产承包责任制性质，不改变农户原有的土地承包关系，不变更土地权属，不转变土地用途。在实践中，农户把自主经营的土地流转出来，以农村土地承包经营权入股组建农民专业合作社。

在土地流转工作的推进下，一批以土地流转为发展基础的种植业农民专业合作社，立足当地产业优势，借着政府搭建的平台，迅速发展壮大，促进了农民持续增收，带动了农业结构调整和现代农业的发展。这种探索实际上是农户自己通过组建合作社，让合作社自身成为具有一定规模的从事农业生产的农业企业，从而使农户成为企业的主人（所有者）。这种模式既实现了农业的规模经营，促进了现代农业的发展；又避免了工商资本进入农业领域、大规模租赁农户承包地可能产生的负面影响。这是中国特色农业现代化道路的一种具有导向性和示范性的模式。

二　农村土地制度的变革将在构建城乡经济社会发展一体化新格局的大战略中处于一种关键性的位置

中国农村土地制度的变革是在加速中国的工业化、城镇化进程和要走中国特色的农业现代化道路二者相交织的大背景下进行的。城乡统筹、工业反哺农业、实现城乡经济社会一体化新格局的资金从哪里来？突破农业经营规模小、劳动生产率低下的瓶颈，搞农业规模经营、实现农业现代化从哪里入手？决策者首先就要瞄着农民的土地，必然要在促进土地规模化、资本化，通过城镇化增加土地收益上做文章。根据国土资源部公布的数据，2009年我国土地出让总面积20.9万公顷，同比增加38.3%；土地出让总价款为15910.2亿元，同比增长63.4%。财政部部长谢旭人2010年1月10日介绍，2009年全国财政收入预计达到68477亿元，按这一水平，“土地财政”

的贡献率在23%左右。另据报道，2009年，地方政府性基金收入为15827亿元，其中包括国有土地使用权出让金收入12732亿元，新增建设用地土地有偿使用费收入648亿元。土地资本化后，正确处理其增值收益的分配，对促进城乡经济一体化发展具有重要意义。然而土地制度变革过程中出现的一些动向值得我们关注。

（一）各地新村建设、土地整治的兴奋点往往落在建设用地指标上

人多地少是中国的基本国情，城镇化、工业化确实使一部分农地转为非农建设用地。但随着工业化和城镇化进程的加速，农村外出务工人员的增多，计划生育工作的深入，农村地区的村庄人口总数、行政村个数和自然村数量正在逐步减少，村庄平均人口规模不断增加。再通过乡村行政管理体制改革和社会主义新农村建设相关政策的引导，一些自然村出现了合并集中，中心村和小城镇逐渐成为农村人口集聚的中心。如西部某市提出，当地农村居民人均建设用地为城镇居民的2.5倍。如1000万农民进城后将其建设用地复垦，即可盘活1600平方公里用地指标。如果复垦“补”出来的建设用地指标，通过市场招标方式来落实，就可提升土地效益，其增值收益就能反哺农村。海南省规定农村宅基地每户不超过175平方米，海南某市如按此标准进行新村建设，即可节约农村建设用地约54600亩，这部分增量土地是该市土地储备的3倍多。当前全国各个地区的新村建设、大规模的旧村改造以及土地整治工作都在如火如荼地进行。通过撤乡并镇、土地整治和新村建设（一些地方叫“缩村让地”、“迁村腾地”，或是叫“拆院并院”），农村也将增加一部分土地。从各地乡镇和村庄未来发展趋势看，这部分土地增量将越来越大。关于乡村合并、土地整治后增加的土地的使用问题，地方政府盯着的是《中华人民共和国土地管理法实施条例》中的一句话：“土地整理新增耕地面积的百分之六十可以用作折抵建设占用耕地的补偿指标”。但关于乡村合并、土地整治后增加的土地的使用问题，《基本农田保护条例》和十七届三中全会《决定》等文件已有明确的政策规定：①确保基本农田。即使是土地整治后的占补平衡、土地置换，也不适用于基本农田。②耕地实行先补后占，不得跨省区市进行占补平衡。③农村宅基地和村庄整理所节约的土地，首先要复垦为耕地，调剂为建设用地的必须符合土地利用规划、纳入年

度建设用地计划，并优先满足集体建设用地。如严格按照这些政策规定，这部分增量土地除了吸引本地和外来资本从事农业规模经营外，农地转为非农用地需要经过严格的程序，事先纳入计划，其大幅度增值的可能性将大大降低。但地方政府通过一系列运作，仍能推进土地资本化的增值进程，这方面无论是政策还是具体操作上都有很大的运作空间。一些地方政府在城乡统筹方面，在土地资本化上下功夫，重点不是放在城乡基本公共服务的均等化上，而是建设用地的指标，或是自己搞开发，或是卖指标。

（二）推进工业化、城镇化进程、开发农业多种功能与保护基本农田之间的矛盾

建设现代农业，必须注重开发农业的多种功能，向农业的广度和深度进军，促进农业结构不断优化升级。2005 年的中央一号文件提出："积极开发农业的生态保护、观光休闲、文化传承等多种功能。"开发农业的多种功能不仅是经济社会发展的需要，保护生态环境的需要；也是调整农业产业结构、扩展农民就业和增收渠道的重要举措。

当前，各地都在提倡如何适应城乡居民多层次的消费需求，促进农业向第二、第三产业延伸，拓展农业增收功能。农业向第二产业延伸，就要发展工业园区；农业向第三产业延伸，要大力发展观光农业、生态农业、农家乐、现代新村、民俗农庄等乡村休闲旅游，形成第一产业与第三产业的融合，这必然要改变耕地的用途。在土地整治、新村建设中，中央的政策是要确保基本农田，18 亿亩耕地的红线不可逾越。即使是土地整治后的占补平衡、土地置换，也不适用于基本农田。根据《基本农田保护条例》，"铁路、公路等交通沿线，城市和村庄、集镇建设用地及周边的耕地，应当优先划入基本农田保护区"；这就使许多基本农田往往位于城市郊区的平原地带，具有地理优势和区位优势。一方面工业、城市发展对建设用地的需求迅速增长，开发农业的多种功能及发展休闲旅游农业对建设用地的需求也迅速增长，另一方面是最具有区位优势和商业开发价值的基本农田又成为雷区，谁也不能碰；二者之间形成了尖锐矛盾，形成一个"死结"。一些地方违法违规将农用地转为建设用地，并有蔓延上升之势，即是这一矛盾的体现。一些利益相关者从事公司化的农业规模经营，其实也是要在基本农田的利用形式

上做文章，与现行的土地管理法规发生矛盾。这个“死结”是发展县域经济面临的困境，这个领域也是中央与地方政府之间博弈的焦点。

（三）宅基地问题

社会主义新农村建设和土地整治必然涉及宅基地问题。2004 年 9 月，江西赣州市委、市政府做出《关于加强社会主义新农村建设工作的决定》，就提出在赣州市社会主义新农村的建设中，到 2005 年 11 月，“空心房”改造面积要达到 410 万平方米，腾出老宅基地 5980 亩，复垦耕地 5.36 万亩。现行农村宅基地制度是一种抹杀了价格信号的大锅饭，由于宅基地的价值没有得到体现，也就没有制度来有效制约多占地的冲动，这是造成一户多宅、一宅多地，以致乱占耕地、浪费土地的一个重要原因。农村土地利用方面最大的潜力在宅基地，发挥这方面的潜力是解决工业化、城镇化进程与保障粮食安全、保护耕地二者之间矛盾的一个关键性问题。通过新村建设、土地整治，地方政府试图规范和重新规划农民的宅基地，但宅基地的产权问题并没有解决。我们认为，对于集体建设用地，尤其宅基地，应该管住用途，放开产权。只有保障农户对宅基地的用益物权，通过规划和用途管制，才能真正管住乱占多占宅基地问题。应采取具体政策措施逐步推行农村宅基地使用权的有偿使用和流转制度，宅基地利用上的潜力才有可能挖掘出来。本书的第七章将对宅基地使用制度的平等和效率问题进行探讨。

（四）两层利益关系

在土地问题上，实际上存在两层利益关系。

一层是中央与地方政府之间的利益关系。中央要考虑如何保障全国人民的粮食安全，如何为子孙后代保护耕地这一稀缺资源。地方则首先要保障当地的发展和经济增长。而当前在许多地区，传统的管理模式和干部考核机制、晋升机制仍占据主导地位，地方官员追求政绩，以 GDP 增长、财税收入增加和招商引资为中心任务，对上负责而不是对下负责的体制还没有退出历史舞台。这就出现一个矛盾的现象，地方政府要促进经济增长，才能解决就业、财税收入等问题，才有经济实力来发展当地的社会事业，为居民提供公共服务，也才能有政绩。于是，地方官员最快捷、短期内能马上见效的办法和理性的选择是以地生财，招商引资，发展工业园区等。实践证明，地方官员在土地问题上违规操作、“打擦边球”等，不一定就“撞上枪口”；而经济上不去，“乌纱帽”肯定保不住。其结果是，我们提倡科学发展观，但是现行的行政管理体制、干部考核晋升机制则让地方片面理解“发展是第一要务”，实际上是践行不科学的发展观，这就是中央与地方政府之间的利益关系在农村土地问题上难以协调的症结之一。有的地方在上项目时提出：“基本农田不占用，农民利益不侵犯，污染项目不引进”，但真正做到这几点很难。有的县每个乡镇都搞开发区。有的地方提出，“项目是生命，项目是关键，项目是灵魂，项目是一切！”为此，有的地方同志深有感触地说：“干部考核机制问题很多，大搞开发区是资源的最大浪费，如果能把环境与民生的考核指标多一点，对地方的破坏会好一点。”

另一层是地方政府与农民之间的利益关系。在乡村合并、土地整治时，地方政府官员往往关心的是 GDP 及财税收入的增长，实际上关心的是通过政绩所能实现的个人利益。而农民关心的是自己世代生活的家园以及自己赖以为生的生产和生活资源能否得到维护，自己的福祉能否得到增长。如何处理好地方政府与农民之间的利益关系？第一，让农民迁离世代居住的家园和改变长期形成的生活方式，必须顺应经济社会发展规律和尊重农民的意愿，要警惕出现剥夺农民土地的倾向，不能剥夺农民作为用益物权人对承包地和宅基地依法享有的财产权利，违背农民的意愿搞大拆大建。第二，要重视土地整治后增加的土地，其利用是否合理、增值收益的分配是否公平这一焦点问题。

在土地问题上的各种针锋相对的观点，实际上都是这两层关系的反映。如有的学者认为：“成都的改革实践表明，充分利用级差土地收益规律，不仅可以更合理地配置城乡的空间资源，而且可以为城乡统筹提供坚实的资金基础。”他也承认：“目前成都城市化土地收益的返农比例还不是很高，但毕竟聊胜于无，而且成都在不断提高返农收益的份额。”[①] 而有的学者则认为：“由于改变用途而使土地的价值得到提升，我觉得完全跟级差地租理论无关。在同一种用途下对土地追加投入才能产生级差地租。但是，有人把农地变成城市建设用地说成可以产生级差地租，我认为这在理论上是鼓励突破

① 周其仁：《还权赋能——成都土地制度改革的启示》，《经济观察报》2009 年 6 月 29 日。

用途管制、擅自把农田变成建设用地。”[①]

如果说，一部分农地转为非农用地这一进程不可逆转，重点应放在使利益相关的农民分享农地改变用途后的增值收益上。农地转为非农用地的这部分资本化的土地资源如分配和使用得当，完全可以支付消除城乡二元结构、促进城乡经济社会协调发展、实现农业现代化所需的运作成本，从而使农民能真正享有其土地增值收益中应有的份额，合法、合理地分享城市化的“红利”。现在很多地方也提到在土地整理、村庄整治的过程中要保障农民利益，但主要都是落脚在对农民的补偿上的。而复垦出来的土地，则用于置换城市建设用地的指标，政府由此获得土地出让收益。这部分收益除去对农民的安置、拆迁户的补偿、土地整治的费用之外，还有一大块净收益。这部分净收益，农民有没有可能分享？农民不只应该得到补偿，还应该得到剩余索取权——也就是在整个土地的增值过程中产生的净收益（剩余），农民应该获得属于他们的份额。农民得到土地开发净收益的剩余索取权，就能获得一种长久的可持续的发展能力。

三　“统分结合、双层经营”从概念到现实

建立在家庭承包经营基础上的“统分结合、双层经营”体制是中国农村的基本经营制度。“统分结合、双层经营”，统的层面是落在村一级，中央早在20世纪80年代制定的农村政策就提出，要乡村社区组织在统一经营方面承担生产服务、管理协调、资产积累、资源开发等功能[②]，但对于全国为数甚多的空壳村（光屁股村）来说，除了发包土地外，村集体基本没有能力提供其他服务，这种制度安排在很大程度上是概念、政策而不是现实。

以市场为导向、从事商品化、专业化生产的农户，除了自身经济活动需要技术和资本外，从“统”的层面来看，他们对“统”有了新的要求，除了原来政策提出的“几统一”的服务外，他们更需要在市场营销、金融、

① 陈锡文：《新形势下农村基本经营制度和农村土地管理制度》，《金融危机下的中国农村发展》，农业出版社，2009，第12页。

② 参见中共中央政治局1987年1月22日通过的《把农村改革引向深入》。

技术、信息、质量标准和产品品牌等方面能有人或机构为他们提供服务。多元化、多层次、多形式的经营服务体系则应运而生，使得“双层经营体制”由概念、政策变为现实。

（一）龙头企业与农户之间的关系正在向建立紧密型利益联结机制的方向转变

1.“扶持龙头企业，就是扶持农民”这个命题的成立是有一定条件的，并不是绝对的

以农村发展、农业增效、农民增收的标准来衡量，并不是扶持所有的龙头企业，都是扶持农民。只有当一些农业龙头企业能逐步增强其社会责任感，与农民之间建立较为平等的伙伴关系，通过公司的企业行为，在获取经济效益的同时，保护和增进农民的利益，并帮助当地社区的发展，形成双赢的局面，这样的企业行为才是值得倡导和鼓励的，只有扶持这样的龙头企业，才真正算是扶持农民。必须要警惕和防止一些工商企业进入农业领域，以发展现代农业为名，套取优惠贷款、圈占农民的土地、损害和侵犯农民经济利益的事件发生。

2.“扶持农民，最终是扶持龙头企业自身”这一理念正逐渐为一些企业所接受

随着消费者和厂家对农产品的质量与安全越来越重视，农产品生产的整个流程都需要符合质量标准，最后到达消费环节的产品应具有可追溯性，使消费者放心。这样从企业的经济理性出发，原有的“公司+农户”的模式就由你生产、我收购的简单的产销合同转为“履历农业”，即对整个生产流程实行档案化管理，除了原有的价格引导外，还对生产工艺提供技术服务，对农民提供技术培训，保证质量安全，促进农产品的标准化进程。通过服务和扶持农民，做到收购的农产品是放心和安全的，最终对企业也有利。

（二）农民专业合作社正在逐渐成熟，在现代农业建设中发挥越来越大的作用

1. 龙头企业需要合作社这类组织

如何保证农产品的质量安全？农产品收购加工企业无法对大量分散的小

农户进行技术指导、质量监督和追溯其产品来源，它们必须要找到中介来承担这些职能，这个中介可以是合作社，或是协会，或者是村社区组织。但随着《农民专业合作社法》的颁布实施，合作社成为市场经济中的合法的交易对象，合作社的中介作用逐渐凸显。公司与农户之间、公司与合作社之间的不平等的互利关系正在发生微妙的变化，出现了天平逐渐向农户和合作社倾斜的迹象。如湖北兴农粮食产业发展有限公司 2008 年在荆门市 14 个粮食主产乡镇牵头成立了 14 个优质稻产业协会，每个协会又以村为单位，选择一些群众基础好、连片种植程度高的村建立优质稻生产合作社，一共成立了 16 个农民优质稻专业合作社。在订单生产过程中，先由公司和各乡镇协会签订订单合同，乡镇协会再与合作社或农户签订协议。公司就这样通过建立“公司 + 协会 + 合作社 + 农户”的产业网络来保证其优质稻的来源。

2. 政府部门需要合作社这类组织

行政管理体制改革的一项重要任务是转变政府职能。政府应充分发挥市场在资源配置中所起的决定性作用，从全能型政府转为有限功能的政府，从管理型政府转为服务型政府，在一些领域中，政府要有意识地退出，但问题是谁来接手呢？温家宝同志曾指出，基层政府“在履行好政府职能的同时，要把不应该由政府承担的经济和社会事务交给市场、中介组织和村民自治组织”①。

湖北京山县钱场镇 1988 年开始发展蛋鸡养殖产业，20 世纪 90 年代后半期逐渐成规模，21 世纪初上档次，2004 年正式挂牌成立京山县钱场养鸡协会，会员达 1180 户，同年在协会内成立党支部。2007 年 12 月依法登记成立京山县钱场养鸡专业合作社，入股社员为 526 户，同时在合作社内部成立党总支部。现该镇农户有存栏蛋鸡近 400 万只，为湖北省第一蛋鸡镇。2008 年 10 月 28 日，出现了一些地区供港鸡蛋三聚氰胺含量超标事件，当地农户生产的鲜蛋价格暴跌，全县蛋鸡产业和养殖户的经营到了危急关头。该合作社在县政府的支持下，宣布以高出市场价 0.70 元/斤的保护价收购社员的鸡蛋，11 月 1 日及时以短信平台将此信息群发到该镇 870 部养鸡户的

---

① 温家宝：《不失时机推进农村综合改革　为社会主义新农村建设提供体制保障》，《求是》杂志 2006 年第 18 期。

手机上，起到了托市的作用，2天时间就恢复了预定价，打了一场漂亮的保卫战。在这个案例中，如由政府直接出面，交易成本高，效果往往不好。而政府退到后台，由在群众中享有较高威信的合作社领导人出面，利用合作社的网络系统，就能办成政府办不到的事情，稳定和促进了当地经济社会的发展。当前，在一些地区，基层领导已经逐步形成“发展农民专业合作社就是发展农业，扶持农民专业合作社就是扶持农业”的共识，这是一个令人鼓舞的趋向。

3. 农民更需要合作社这类组织

农民要进入市场，不能仅仅依靠龙头企业，必须自己组织起来，对外增强自身在市场上的谈判地位，这样才能与龙头企业形成较为平等的合作伙伴关系。如湖北荆门市的一些优质稻协会组织企业与协会举行优质稻收购价格“谈判会”和签约会，使农民有了农产品价格的话语权。合作社对内向社员提供各种服务，降低社员的生产成本和交易成本。前述的京山县钱场养鸡专业合作社在经营服务上着力推行统一经营管理、技术培训、订购鸡苗、疫病防治、产品销售和分户喂养的“五统一分”的经营模式，增强了合作社的实力，增加了社员的收入。这种新型的“统分结合、双层经营”体制正是对“两个转变”论断的具体诠释。

发展现代农业、走中国特色农业现代化道路是构建城乡经济社会一体化新格局的一个重要方面。现代农业发展模式和经营形态的选择将影响到农村土地制度的变革方向和乡村治理机制的基本走向。在这种农业现代化道路、模式和经营方式的选择中，在经济上保障农民的物质利益和在政治上尊重农民的民主权利始终是问题的核心。

第七章　农村宅基地使用制度的平等与效率

——基于多项农村调查的分析*

本章基于多项农村调查，对中国农村宅基地使用制度的平等和效率问题进行了探讨。研究发现，中国农村宅基地管理总体上满足了宅基地占用的平等要求，但土地利用效率比较低，对中国经济发展的消极作用比较大。适当进行村庄占地整治、修订相关法规，将有利于提高土地利用效率，并给中国经济发展创造更好的条件。

一　研究目的与调查说明

一项好的经济政策需要满足三个要件，一是能促进经济效率的提高，二是能维护社会平等，三是有利于社会稳定。在一般调查中获得的印象，按这三项要求，我们的农村宅基地政策都存在问题。为了搞清楚现行农村宅基地政策究竟在多大程度上与这三项政策设计目标发生矛盾，我们在2008年开始做了专项调查，获得了一批数据。同时我们也对国外的相关政策做了一些

---

* 参与本章所涉调查及前期讨论的有党国英、杨一介、罗万纯、李国祥、朱钢、谭秋成、翁鸣等。本章执笔党国英、罗万纯。

检索分析工作。我们还利用其他资料分析了农村宅基地政策产生的更广泛的影响。本章是在这些工作的基础上形成的。

平等、效率和稳定这三个概念是支撑本章的基础概念，需要有一个交代。本章所指平等，如同英文的 equal，而不是 justice，也就是说，这里的平等不是指“公正”或“公平”。人们对公正的解释总有历史的烙印，要给它一个确切定义很难。但平等的含义比较确定，不容易有歧义。例如，我们可以把人口数量相近的乡村家庭占有等面积的宅基地看做平等。大略来说，关于家庭间宅基地分配的基尼系数可以用来反映农村宅基地占有的平等状况。但如果我们考虑更多的因素，这种平等是不是公正？对此可能有不同的答案。

我们宁愿把公正看做平等和效率的统一。如果占有宅基地面积在农户间是平等的，但土地浪费很严重，农民的公共利益受到损害，我们不认为这是公正的。更深入地说，受到效率约束的平等才是公正的。效率在理论经济学或一般的经济项目评价中都有比较确定的意义。在理论经济学中，资源配置的总收益最大化可以用来定义效率，在项目评价中，诸如内部收益率可以用来说明效率状况。

本章拟用下面一些数量关系来衡量农村宅基地政策的效率状况。①农村宅基地占有水平与农民对宅基地实际需要之间的差异；②农村宅基地的闲置状况和农村住房的闲置状况；③农村宅基地分配的平等状况；④以上三方面状况在价值量上的表现。此外，我们还要分析宅基地政策对国民经济宏观运行的影响。

农村宅基地政策对农村社会稳定的影响从一般观察来看是存在的，我们在调查方案的设计中也试图证明这种影响的存在。但我们难以克服调查工作在回答这个问题上的局限性。本章在这方面的讨论不得不使用一些逻辑演绎的办法。

笔者关于中国农村宅基地状况的调查时间为 2008～2009 年，覆盖 11 个省（自治区），即湖北、山西、河北、云南、吉林、山东、黑龙江、湖南、广东、河南、宁夏等。调查共获得 38 个行政村数据，1650 个农户数据。38 个行政村样本情况如下：山西 5 个村，湖北 5 个村，河北 2 个村，云南 3 个村，吉林 3 个村，山东 8 个村，黑龙江 3 个村，湖南 9 个村。

在对被调查农户的自然地理和区位特征、人口及受教育情况、农户收入和就业情况、土地和宅基地拥有情况、农户对宅基地相关问题的评价进行分析时，主要采用湖北、山西、河北、云南、吉林、山东、黑龙江、湖南的494户农户数据。具体情况如下：湖北183户、山西23户、河北46户、云南40户、吉林50户、山东26户、黑龙江50户、湖南76户。

在对宅院情况进行分析时用1650户农户数据，即在前面494户农户的基础上加上广东372户农户、河南391户农户和宁夏393户农户。

此次调查的行政村的分布，山区所占比重最大，为57.9%；其次是平原地区，所占比重为34.2%；丘陵地区所占比重为7.9%。

农村宅基地情况调查所采用的数据，大部分不是国家统计部门的常规统计数据。各地村干部对村庄宅基地情况熟悉程度不同，对数据的可靠性有一定影响。但因为农户数据由经过一定培训的调查人员采得，相对比较可靠。另外，笔者直接对平原地区的一个村庄（河北省馆陶县冀浅村）和山区的几个村庄（山西省的村庄）做了调查，所得数据更为可靠，因此被用来作典型对比分析。

此外，课题组还对山东省德州市和江苏镇江国家级开发区的“迁村并居”工作做了调查，有关数据被用来作比较分析。

二　宅基地利用效益分析

（一）大范围调查的一般情形

被调查村土地面积为5256.98亩；耕地面积为2334.01亩；村域（包括村庄外）闲置土地面积为197.37亩，占土地面积的3.75%，占耕地面积的8.46%。

居民点占地面积为224.67亩，宅基地占地面积为141.48亩，平均每户住房面积为110.49平方米，单户最高面积为194.44平方米，单户最低面积为58.50平方米。

各地宅基地标准不同，宅基地面积户均在250平方米左右，而调查户宅基地面积平均为386.59平方米。44.7%村有规划，52.6%的村没有规划；有规划的，33.3%由村委会制定，11.1%的由镇政府制定，55.6%由县建委制定。

在获得空置住房有效数据中，半年至一年内无人居住的住所数为350，一年以上无人居住的住所为467，空宅占地总面积183.08亩。空宅占地面积占有效样本村宅基地总面积比重为5.01%。空宅数占有效总样本宅数为10.8%。

从空宅原因来看，外出做工的比重为41.09%，外出定居的比重为45.10%，主人离世的比重为0.16%，其他原因的比重为13.65%。

超标准占地的总户数1374户，所占比重为84.27%，超标准占地的总面积为319.21亩；一家有两宗以上宅基地的户数为445户，占总户数的26.97%。

超标准占地的原因中，56.71%为历史原因，23.83%为盖房扩建，19.46%为其他原因。发生宅基地纠纷后，86.21%由村干部调节，其余由乡镇机构调解。

从住所质量来看，楼房所占比重为24.50%，砖混平房所占比重为46.02%，土坯房和其他类型住所所占比重为29.48%。

钢筋混凝土造价平均为560元/平方米，砖混造价平均为449.7元/平方米，土坯造价平均为139.2元/平方米。

（二）对河北冀浅村宅基地利用的典型调查

为了深入了解农村宅基地使用情况，我们对河北冀浅村做了重点调查。冀浅村位于河北省东南部，是一个典型的华北平原上的农村。这个村庄的土地利用情况具有典型意义。

冀浅村有居民881人，263户人家。耕地面积1342亩，村庄占地面积240亩。

我们对30户人家做了重点调查。30户调查户中，拥有1处住房的有15户，占比50.0%；拥有2处住房的有12户，占比40.0%；拥有3处住房的有3户，占比10.0%。农户住房拥有情况具体如表1所示。

价值最高房屋结构。在对价值最高房屋的结构进行调查的过程中，房屋结构为钢筋混凝土的有6户，占抽样总数的20.0%；房屋结构为砖（石）木的有20户，占抽样总数的66.7%；房屋结构为砖混结构的有4户，占抽样总数的13.3%。

我们还绘制了冀浅村村庄结构示意图和居民住户分布图（见图1、图2、图3、图4）。

表 1　冀浅村 30 户农户住房情况抽样分布

单位：户，%

类型	拥有住房数量		拥有生活住房数量		拥有生产房屋数量	
	户数	所占比例	户数	所占比例	户数	所占比例
没有房屋	0	0	0	0	27	90.0
1 处房屋	15	50.0	17	56.7	3	10.0
2 处房屋	12	40.0	11	36.7	0	0
3 处房屋	3	10.0	2	6.7	0	0

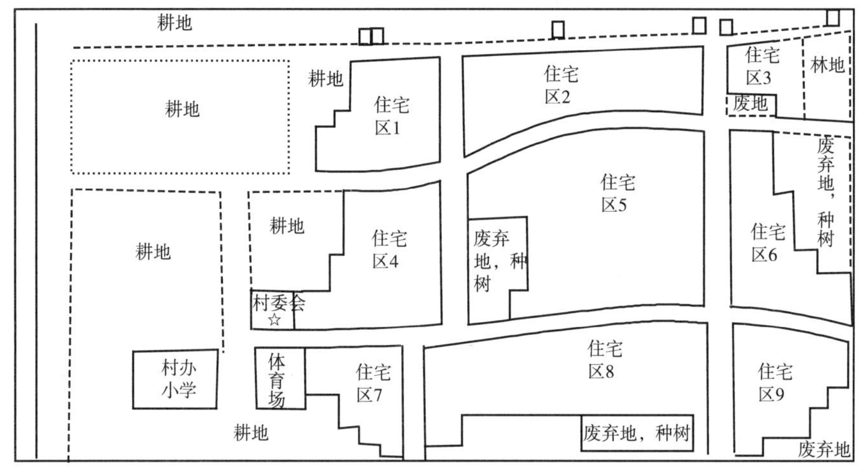

图 1　冀浅村村庄结构

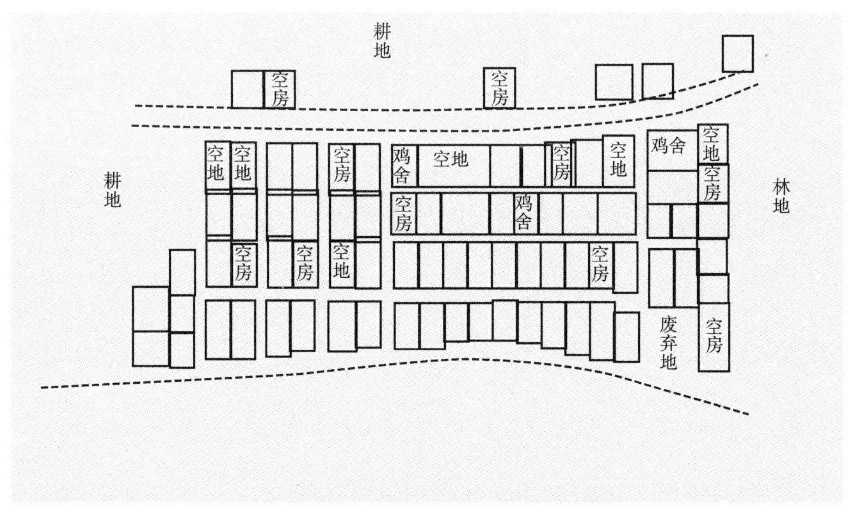

图 2　冀浅村住宅区 1、2、3 区分布

注：未标注的空格为居住户，方格大小大体符合实际比例。

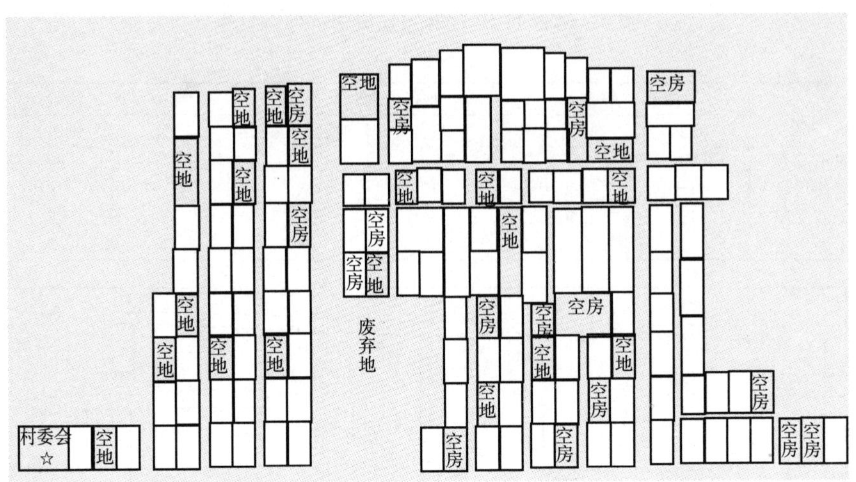

图 3　冀浅村住宅区 4、5、6 区分布

注：未标注的空格为有人住的宅第。

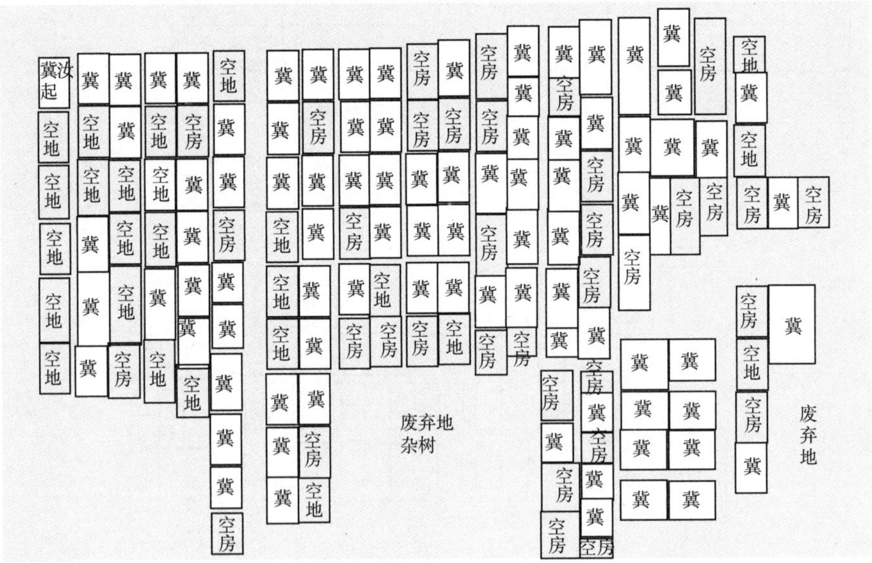

图 4　冀浅村居民区 7、8、9 区分布

注：白色格子为居住户。

表 2　河北冀浅村村庄土地利用总体情况

村庄总面积	空房占地占村庄用地面积的比例	村内小幅空地占村庄用地面积的比例	村内及周边大幅废弃地面积占村庄用地面积比例	村内道路面积占村庄用地面积比例	空房占总户数的比例
240 亩	15%	8.3%	12%	3.75%	23%

总体来看，这个村庄的土地有 39% 的土地没有得到有效利用。从抽样调查数据看，这个村的劳动力有 107 人在外乡务工，其中举家外出有 4 户，一共有 111 人为非常住人口。村里约 400 幅宅基地，平均一幅宅基地平均居住 1.9 人。由此推算，如果考虑到有的农户的房屋利用率低的情形，这个村土地有效利用的程度还要低一些，按一幅宅基地应居住 4 人计算，这个村可节约宅基地 52%。

（三）对山东德州、江苏镇江开发区农村居住情形的调查

近几年，全国很多地方做了村庄整理工作，对此项工作所涉及的利益分配暂且不说，从村庄整理所产生的土地利用效率提高看，很有积极意义。我们对山东德州市和江苏镇江开发区的村庄整理做了调查，由此可从中观尺度上反映中国农村宅基地利用效率的情形。

1. 山东德州市“迁村并居”实现村庄占地节约

德州市原有行政村 8319 个，自然村 7868 个，村庄平均人口规模为 527 人，最小的村庄仅 29 人。据走访几个村所获得的数据，德州市农村的住房空置率约为 20%，此外每个村庄都有一定比例的废弃地、公共设施用地和道路占地。德州市农村住房从 2008 年 6 月开始，德州市部署了“迁村并居”工作，截至 2010 年初，新建立 30 个社区，迁移 14766 户农村居民，由此新增耕地 16755 亩。这意味着，通过村庄整治，每动迁 1 户农民，就可新增耕地 1.13 亩。按目前德州市的工作规划，全市可增加耕地 989603 亩，使全市耕地面积增长 9%。

新社区和旧村庄比较，土地节约的主要途径：一是新社区完全没有了废弃地；二是公共设施更加集中，节约了土地；三是经过规划，道路占地也得到了节约；四是空宅占地得到了节约。在新的社区，尚未脱离农业生产的农户平均占有的宅基地在 200 平方米以内；已经基本脱离农业生产的农户大多

愿意住多层楼房，带来土地更大程度的节约。

2. 江苏镇江新区村庄整治实现土地节约

镇江新区是由国务院确定的国家级经济技术开发区。过去，这个区开发度比较低，尚有约 50% 的农业人口，18 个行政村。江苏省于 2009 年 6 月开始在全省推动“万顷良田”工程，其中一项重要任务是在部分农村拆除旧村庄，将农民集中安置。

镇江新区的“万顷良田”工程已经实施 1 年有余。工程结束后，将把 18 个行政村完全抹掉，7826 户农村居民一并安置在一个集中居住区。通过拆除居民点和乡镇企业设施，在扣除新居民区占地后，可增加农用地 8277 亩，使现有农用地增加 13%。也意味着每动迁 1 户农民，可增加耕地 1.05 亩。此外，镇江新区通过农用地及为利用土地的开发整理，可增加 3957 亩农地，使耕地面积增加 7%。我们了解到，65% 的新增农地面积换来了新区的新增建设用地指标。

在镇江调查中，笔者还了解到一个颇具典型意义的情况。这里把所有农户都集中到一个新的居民区安置，人们不免要问：农民适合集中居住吗？经过深入了解，笔者发现，当地户籍居民基本上脱离了农业，数万亩耕地主要由外来无当地户籍的农民耕种。他们自己表示，农业生产决定了他们不适合集中居住在以楼房为主的大型社区。事实上，他们在村庄拆除以后，大部分居住在地头搭建的窝棚之中。这些外来无当地户籍的农户，大约占当地农户数的 1/5。无疑，如果不是拆除全部 18 个行政村，留一些房屋给他们居住，村庄占地仍可得到节约。

（四）价值及相关分析

现在从价值角度看有关宅基地的效率问题。我们试估算农村村庄闲置土地和闲置住房的价值总额，结果如表 3 所示。

国家统计局没有关于农村住房空置情况的数据披露。我们根据自己的调查数据和国家统计局第二次农业普查数据作综合分析，[①] 得到以下结果。

---

① 计算中参考国家统计局第二次农业普查数据来自《第二次全国农业普查主要数据公报》，新华社 2008 年 2 月 21 日消息。

表 3 全国农村闲置住房和村庄闲置土地的价值估算

单位：亿元，亿亩

	空置房屋总价值	闲置土地总面积	闲置土地总价值	价值总计
以大范围村庄调查数据为基础计算(条件 1)	11627	2.2	19555	31182
以河北省典型调查数据为基础计算(条件 2)	26914	1.1	9777	27891

注：①上表计算中，空置房屋分为 3 类，钢筋混凝土、砖混和其他。比例按全国数据来自第二次农业普查资料确定。价值按我们的调查数据确定，为 2008 年价格。②土地价值按年地租率 200 元/亩和银行一年期定期储蓄利率计算。

依据国家统计局数据，中国 2008 年农村新建住宅 8.34 亿平方米。从近年趋势上看，农村人口住房每年人均增长 1 平方米，新增或翻新住房主要是砖混结构或钢筋混凝土结构。按 2010 年农村住房建设成本，中国农村新增住房面积的投入每年达到 700 亿元。此外，即使农民住房面积不增加，翻修房屋也要投资。在以往的调查中，我们听到民间对翻修房屋有“五年一小修，十年一大修”的说法。但我们的调查表明，农民翻修房屋的平均时间是 25.2 年，这个时间与农村青年平均结婚年龄大体一致，有合理性。翻修房屋通常是土坯房改建为砖木房，砖木房改建为砖混房或钢筋混凝土房。翻修房屋时，部分建筑材料可以重复使用。从访谈得知，翻修房屋投资是新房投资的 40% ~70% 。另按第二次全国农业普查数据和《中国统计年鉴》的数据推算，全国目前农村住房面积存量大约为 320 亿平方米，每年翻修约 13 亿平方米，翻修每平方米单价按 400 元计算，则农民翻修房屋的总投资约 5200 亿元。

三 农村宅基地使用中的平等问题

中国农村宅基地管理体制内含了城乡建设用地使用不平等。城市居民的房屋可以自由流转，农村居民房屋在流转上却受到限制。《土地管理法》规定，农村村民只能有一处宅基地。城市居民在城市购买房屋的数量不受限制，事实上等于城市市民可以有多处“宅基地”的使用权，尽管这种使用权多是共享的。法律不允许城镇居民到农村购买房屋，形成对农民宅基地使用权的市场歧视，降低了农村宅基地使用权的市场价值。

我们的调查数据表明，农村内部宅基地分配的不平等状况并不严重，尽管接受调查的对象在一定程度上对宅基地分配有意见。

调查结果显示，33.3%的人认为有钱人最容易获得宅基地，13.1%的人认为村干部最容易获得宅基地，11.7%的人认为领导干部亲属最容易获得宅基地，41.9%的人认为在获得宅基地方面，大家都一样（见表4）。

表4　你认为什么样的人最容易获得宅基地?

单位：人，%

	人数	百分比		人数	百分比
有钱人	162	33.3	大家都一样	204	41.9
村干部	64	13.1	合　计	487	100.0
领导干部亲属	57	11.7			

资料来源：根据农户调研结果整理。

尽管接受调查的对象认为有钱人、村干部及其亲属有更多的机会多占宅基地，但他们对农村宅基地的实际占有情况则有不同看法。数据表明，23.6%的人认为宅基地占用状况合理，56.1%的人认为宅基地占用状况比较合理，18.9%的人认为宅基地占用状况不太合理，只有1.4%认为宅基地占用状况很不合理。

表5　宅基地占用状况

单位：人，%

	人数	百分比		人数	百分比
合　　理	115	23.6	很不合理	7	1.4
比较合理	274	56.1	合　　计	488	100.0
不太合理	92	18.9			

资料来源：根据农户调研结果整理。

我们按不同口径计算了农村宅基地实际分配的基尼系数。按不同分类，依照农户住房建筑面积计算的基尼系数如表6所示。

表 6　按农户建筑面积计算的基尼系数

指　　标	基尼系数
按所有样本户第一处房屋建筑面积计算	0.338
按所有样本农户全部房屋建筑面积计算	0.344
按平原地区农户全部房屋建筑面积计算	0.321
按山区地区农户全部房屋建筑面积计算	0.357
按东部地区农户全部房屋建筑面积计算	0.323
按中部地区农户全部房屋建筑面积计算	0.329
按西部地区农户全部房屋建筑面积计算	0.34

按同样分类，我们计算的农户宅基地占有的基尼系数如表 7 所示。

表 7　按农户宅基地占有计算的基尼系数

指　　标	基尼系数
农户宅基地占有基尼系数	0.328
平原地区农户宅基地面积基尼系数	0.261
山区地区农户宅基地面积基尼系数	0.339
东部农户宅基地占有基尼系数	0.298
中部农户宅基地占有基尼系数	0.203
西部农户宅基地占有基尼系数	0.279
河北冀浅村宅基地占有的基尼系数	0.195

我们试图找到农户宅基地面积与家庭人口、农户收入、外出务工情况、村庄与市区和乡镇中心距离等变量之间的相关性，分析结果表明，这些相关性尽管不显著，但我们还是可以看到，农户宅基地面积和家庭收入、家庭人口以及到市政中心的距离呈正相关关系，与外出务工程度呈负相关关系（见表 8）。

表 8　拥有的宅基地面积和影响因素的相关性

		家庭人口	家庭收入	外出务工	距市区距离	距乡镇距离
宅基地面积	Pearson 相关系数	0.023	0.088	-0.020	0.117*	0.020
	P 值	0.618	0.069	0.736	0.011	0.678
	观察数	485	432	294	468	416

注：* 为 5% 水平下显著（双尾检验），** 为 1% 水平下显著（双尾检验）。

总体来看，农村宅基地管理制度的运行是正常的，至少不能说农户对宅基地的占用处于失控状态。农村社会中，农民之间对彼此的宅基地占用权有充分的尊重。这是维系农村宅基地占用大体平等的重要条件。农户对以下问题的回答证明了这个判断。

第一，农户对自己的宅基地有强烈的私权认同。从调查情况来看，77.5%的人认为宅基地属于家庭所有，18.2%的人认为宅基地不属于家庭所有，4.3%的人表示不清楚宅基地归谁所有。

表9　宅基地是否属于家庭所有?

单位：人，%

	人数	百分比		人数	百分比
是	382	77.5	不清楚	21	4.3
否	90	18.2	合　计	493	100.0

第二，农户获得宅基地的渠道基本上是合法的，表明农村宅基地管理总体上是有效力的。从宅基地来源看，审批和继承是主要渠道。调查结果显示，45.7%的农户靠审批获得宅基地，44.5%的农户靠继承获得宅基地，8.5%通过购买获得宅基地，1.3%的农户通过其他方式获得宅基地（见表10）。从目前情况看，继承是导致一户多宅的主要原因，但这种现象的存在具有一定的合理性。

表10　第一宗宅基地来源

单位：人，%

	人数	百分比		人数	百分比
审批	723	45.7	其他	20	1.3
继承	704	44.5	合计	1582	100.0
购买	135	8.5			

从第二宗宅基地来源来看，45.8%的宅基地来源是审批，32.4%的宅基地来源是继承，18.5%的宅基地来源是购买，3.3%的宅基地来源是其他（见表11）。

表 11　第二宗基地来源

单位：人，%

	人数	百分比		人数	百分比
审批	126	45.8	其他	9	3.3
继承	89	32.4	合计	275	100.0
购买	51	18.5			

第三，宅基地实际面积大于审批面积的情形尽管存在，但还不构成主要现象。这也表明农村宅基地管理是有效力的。33.9%的人认为村民实际占用宅基地面积普遍多于审批面积，46.5%不认为村民实际占用宅基地面积普遍多于审批面积，19.6%表示不清楚村民实际占用宅基地面积是否普遍多于审批面积。

表 12　村民实际占用宅基地面积是否普遍多于审批面积？

单位：人，%

	人数	百分比		人数	百分比
是	166	33.9	不清楚	96	19.6
否	228	46.5	合　计	490	100.0

21.0%的人认为有办法多占宅基地，55.9%的人认为没有办法多占宅基地，23.1%的人认为不清楚有没有办法多占宅基地。

表 13　村民有没有办法多占宅基地？

单位：人，%

	人数	百分比		人数	百分比
是	103	21.0	不清楚	113	23.1
否	274	55.9	合　计	490	100.0

第四，调查表明，农户对当前农村宅基地管理办法有较普遍的认同感。70.2%的受访农户认为政府审批是获得宅基地最好的方法。

表 14 获得宅基地哪一种方式好?

单位：人，%

	人数	百分比		人数	百分比
承包地上自由盖房	67	13.8	其他	14	2.9
政府审批	341	70.2	合　计	486	100.0
买卖	64	13.2			

对上述数据分析结果，我们提出如下几点解释。

第一，整体上看，农村宅基地分配的平等程度比我们想象的要高，也比农民自己想象的要高。例如，尽管33%的农民认为有钱人家容易获得宅基地，但实际上有钱人获得宅基地的机会与一般人家没有重要区别。我们对这种现象的解释是，农民把宅基地的源头看做公共资源，有强烈的平等分配愿望；宅基地的分配不容易隐蔽信息，明显的不公正分配将会遭受抵制。同时，宅基地一旦分配到手，农民又把它当做私有财产，有强烈的自我保护愿望。

第二，农村住房面积的基尼系数要显著大于宅基地分配的基尼系数，可能与有钱人家在现实条件下愿意盖大房子有关。从一些典型案例中也可观察到，农村有钱人家多在县城或更大的城市购置房产，在村庄多占宅基地的动机不强。

第三，总体看，中国农村宅基地管理制度的设计注重平等（主要是存在于内部的平等），忽视效率。从管理制度的运行看，平等的目标基本得到了保障。

四　村庄整治前景及其对经济发展的影响

农村宅基地利用状况引起的土地利用效率损失，早已引起中国各级政府的关注。地方政府希望通过村庄整治和农民集中居住的办法，复垦部分村庄用地，以换取城市建设用地的增加。2004 年，国务院出台了《关于深化改革严格土地管理的决定》，认可了地方政府的要求，并提出了规范性意见。至此，被称为“增减挂钩”的这样一个政策正式出台。但国土资源部仍然用指标控制来约束增减挂钩用地的总规模，并只在试点地区推行这项政策。

目前，试点范围还在扩大。

总体来看，增减挂钩政策提高了农村土地利用效率。据国土资源部提供的数据，[①] 一般农用地整理可新增耕地5%～8%，如果结合村庄整治工作，新增耕地为10%～15%。农田产出率可以提高10%～20%。1997～2009年12年间，全国依法批准的建设占用耕地是4000多万亩，通过土地整治和部分村庄占地复垦，共补充耕地4500多万亩，实现了耕地占补平衡。由国土资源部官员披露的数据推算，通过村庄用地整治（包括村民搬迁后复垦村庄占地等），相关区域可新增耕地5%～7%，这个数字比我们的案例调查略小，我们认为，国土资源部的数据是一种保守估计。但即使按这个保守估计，增减挂钩产生的经济效益也是巨大的。按官方统计推算，我国城市建成区平均每亩可产生GDP约50万元，而每亩土地的边际GDP产出近年来明显上升，2008年的边际产出约为225万元。[②] 假设未来20年中国经济按9%的速度增长，即使假设土地的GDP边际产出不发生变化，则今后20年经济建设对土地的需要累计不超过7300万亩土地。[③] 依表3的数据，村庄闲置土地1.1亿亩，若考虑到现有部分农村居民还要集中居住的情形，[④] 可节约土地达1.5亿亩，扣除掉城市建设用地，可新增耕地7700万亩。新增建设用地7300万亩土地最终全部用来发展城市经济，每年可提供新增GDP达164万亿元之多。当然，这是一种远景估计。无论如何，通过村庄整治，所谓城市建设用地短缺问题完全可以化解。

村庄整治引起的农村居民集中居住，还会带来投资需求。依据近年来我国城乡人口变动趋势计算，今后20年一共由农村转移到城市的人口为3.26亿。[⑤] 笔者尝试利用现有统计资料估算这些人口进城后对中国投资的拉动作用，感到比较勉强。但很清楚的一个事实是，这部分人口约为现有中国城镇

---

① 数据由国土资源部官员在2010年8月14日举行的媒体见面会上披露。本文作者应邀参加了会议。

② 依据《中国统计年鉴》（2009）推算。

③ 依据近年《中国统计年鉴》城市建成区面积变化趋势推算。

④ 假设现有农户的75%将在未来20年内集中居住，且居住密度为每平方公里2.5万人。从我们的典型调查看，这是一个保守估计。地方政府在操作中，移民的比例大，新建集中住宅区的密度也较大。

⑤ 这个估算的依据主要有两个，一是中国人口增长率由2008年的0.52%下降到2030年的0.19%；二是城市化率由2008年的46%提高到2030年的72%。

人口的一半，这部分人口进城至少意味着中国的城市总规模再增加 50%；这个人口量也正好是过去 23 年里中国城市人口增长总量，即使不考虑人均投资水平的增长和资本系数（总资本和总产出之比）的提高，也意味着今后 20 年中国将继续保持强大的经济增长动力。

按以上估计，土地要素的增加和部分中国农村人口进城或集中居住对经济推动作用仅仅是一种可能性，要将这种可能性变为现实性，自然会有很多约束因素。这里着重对两个约束因素进行如下讨论。

第一，城市吸收农村人口潜在能力究竟如何？让我们做一个以经济发展为时间基准的国际比较，以简化对这个问题的分析。中国国民经济增长对就业增长的弹性过去十多年是 0.098。这就是说，国民经济每增长一个百分点，就业只增长 0.098 个百分点。1919～1957 年美国就业增长率平均为 1.89%，扣除物价因素后，GDP 实际增长率为 3.94%，弹性值为 0.48。这就是说，美国经济快速增长期国民经济对就业的拉动能力几近中国的 5 倍！日本、德国和英国的这一数据也比我们高了许多（见表 15）。这一比较说明，中国城市就业形势本应更好一些。但笔者认为，中国的经济结构不尽合理（如第三产业比重低）以及中国城市劳动者工作时间过长，是影响中国城市经济就业增长的主要因素。调整经济结构、调整劳资关系，将大大提高中国城市经济的就业率。

表 15　就业——GDP 弹性系数国际比较

	美国	联邦德国	英国－1	英国－2	日本	中国
时间段	1919～1957 年	1950～1960 年	1911～1931 年	1948～1955 年	1929～1955 年	1990～2007 年
E-GDP 弹性系数	0.48	0.42	0.27	0.33	0.23	0.098

注：①除中国外，其他国家的数据分析中用国民收入指标计算，因分析增长率，不影响结论。②中国的数据未按照第二次经济普查结果调整，对结论影响微小。③有关数据均根据价格指数做了调整，但价格指数类别不同，这一点对结论影响微小。④时间段的设定主要是因为考虑数据的可比性。

资料来源：《英法美德日百年统计提要》，统计出版社，1958；《主要资本主义国家经济统计集》，世界知识出版社，1962。

第二，农村还能释放出多少人口？为回答这个问题，笔者依据《全国农产品成本收益资料汇编（2008）》的数据对农业劳动力需求做了推算。结果是，假定技术条件不变，现有农村劳动力如果实现充分就业，还可以释放48.3%的劳动力。考虑到两个因素，这个比例还可以提高。一是统计局对主要农产品所用的工作日比我们的调查数要高出40%；二是农业技术水平还可以提高。总之，农业释放劳动力的巨大潜力毋庸置疑。

从主观上看，我们的调查表明（见表16），农民有强烈的进入城市生活的愿望。在受访对象中，60.3%的人赞成让村民搬进楼房集中居住。如果没有户籍限制，并能在城里找到工作，71.5%的人愿意到城市定居。

表16　农户对宅基地管理的意见倾向

	是否赞成村里统一规划住房建设？	是否赞成让村民搬进楼房集中居住？	没有户籍限制，并能在城里找到工作，你是否愿意到城市定居？
是	81.6	60.3	71.5
否	12.4	32.4	22.8
不清楚	5.9	7.3	5.7
合　计	100.0	100.0	100.0

五　关于政策调整的简略讨论

本章以上的讨论表明，中国农村宅基地管理尽管大体保持了平等性，但经济效益的损失比较大。如何在基层保持平等性的情况下增进土地利用的效率，应该是农村土地管理的主要政策调整方向。我们简要地提出以下意见，作为本章的总结。

第一，从总体来看，中国通过人口转移和农村土地整理，可以极大地提高土地利用效率。国土资源部开展的城乡建设用地“增减挂钩”试点在方向上是正确的。如果加以规范，地方政府以巨大热情推动村庄合并，也不必惧怕。

第二，从笔者的案例调查看，地方政府推动的村庄合并和农民集中居住有两个方面的偏差需要通过新的政策加以规范。一是要不要把所有农户都集中到人口更多的小区住楼房？笔者认为一刀切的做法弊端甚大，很不可取。我们在一些地方发现，政府把当地户籍农民集中到了新建小区，并拆除了旧村庄，而真正务农的外来移民却不得不居住在地头的窝棚里。他们不是没有钱居住新建小区的楼房，而是农业生产不允许他们采取那样的生活方式。政府绝不能将专业农户迁移到新建集中居住小区。二是新建集中居住小区如何规划设计？从笔者观察看，一些新建集中居住小区，城不像城，村不像村，农民住不合适，脱离农业生产的居民最终也不喜欢，迟早会逃离这样的小区，造成投资浪费。笔者建议，新建集中居住小区应该按照城市标准建造。哪怕慢一点，但应好一点。

第三，在村庄整治、实行集中化居住过程中，一定要尊重农民意愿。根据我们的调查，尽管大部分农户愿意进城过城市生活，但专业农户是不会选择进城的。而一个农户会不会成为专业农户，需要一个过程。农户很难在短期内下决心做专业农户。只有尊重农民意愿，特别是不去强制那些游移不定的农户搬离村庄，才能为专业农户的成长创造空间。

第四，农村移民趋势和村庄衰落趋势在山区甚于丘陵地带，更甚于平原地带，形成了山区建设用地的更多浪费。中国现有山区农户 5000 多万户，其中约一半农户的居住地可开发高档山区住宅，以满足“逆城市化”进程中高档住宅开发的需要。[①] 现有法规不允许农村建设用地向社会开放，阻碍了山区土地开发，致使高档住宅（别墅等）建设在平原地区占了大量优良耕地，政策法规似有修订的必要。

---

① 按官方统计资料，笔者假设国定、省定贫困村以外的其他山区村庄可以成为中国“逆城市化”过程中可供开发的建设用地。

第八章　乡村治理的理论、现实与改革

经济基础和上层建筑密不可分，相互影响。农民的物质利益要靠民主权利来保障。民主权利随着物质利益的实现而越来越受到农民的重视。因此要深化乡村治理结构的改革，改善农村社会管理，进一步发育农村基层民主。本章着重探讨与新农村建设相关的乡村治理的理论、现实及改革进程。

一　理论概述

治理一个区域与治理一个国家有相似之处，治理的成功与否大体有四个判别标准，分别是效率水平、平等程度、稳定状况与可持续发展潜力。本章主要涉及前三个标准。

一般来说，效率、平等与稳定目标是可以统一的。在私人领域以产权明晰的竞争性市场作为资源配置的基本手段，建立高效生产体系；在公共领域以民主制度为核心的社会建设为基本路径，保障公民基本权利，确立社会平等关系；在政治秩序方面则需要采用综合治理措施维护良好的社会权威结构，以确保社会稳定。下面就这三方面的理论要点做一扼要陈述。

（一）以合理产权安排奠定效率基础

建立合理的产权制度是良好社会治理的重要基础。

科学合理的产权制度是公共领域与私人领域分治的基本条件。共同共有产权可以在公共领域发挥积极作用，而按份共有产权与私人所有产权适合在私人事务方面发挥作用。乡村治理的主要任务是要解决公共领域的资源配置问题，不可以把共同共有产权的利用范围扩大到农业生产等私人事务领域。

下面分述土地产权的四种类型，并讨论各自的适用领域。

1. 公权约束下的土地私人产权

世界上没有绝对的私人产权，尤其没有绝对的私人土地产权。普遍存在的是政府对土地实行用途管制情形下的私人产权。

一切私人经济活动对土地的占用，都适合土地的私人所有或形式共有、实质私有。本报告特别强调以下两种情形。

这种所有权类型适合的第一种经济活动是直接农业生产。直接农业生产活动具有强烈的私人属性，之所以如此，是因为农户按照市场规律生产可以满足个人利益，且至少不直接危害公共利益。如果没有土地用途管制，农地也可能被用来做建设用地；若大量农户这样做，可能会影响农产品供求平衡，从而影响到国家食品安全，形成农户私人利益与公共利益之间的冲突。但是，为克服这种冲突，只需将公权用于土地的用途管制即可，不必建立土地的国家所有权。除用途管制之外，还可以对土地的使用方式、交易方式以及继承赠与等事项做出适度干预，由此可以在很大程度上限制私人拥有土地所有权的弊端。

这种所有权类型适合的第二种经济活动是宅基地利用。私人适当的宅基地利用方式并不侵害公共利益，因此对宅基地不必实行一般形式的共同共有产权。实践中也可能出现侵害公共利益的宅基地利用方式，政府可以用规划和用途管制对不当方式进行限制，同样不必建立共同共有产权。

2. 私人合作所有（按份共有）

在国际上，农业领域针对土地建立按份共有的产权形式甚少，但在我国有某种特殊意义。因我国农户土地承包面积比较小，而一些设施农业的土地利用有较强的不可分性，农户不得不在土地利用方面进行合作。但这种情形会随着土地流转增多而逐渐变少。

大田作物生产，完全不需要建立土地的按份共有产权结构。不少地方在大田作物生产领域推动“股田制”，搞农地的按份共有产业组织，弊大于利。实证研究证明，大田作物生产领域保持承包制，并不妨碍土地整理和机械化生产方式。

农民专业合作社是一种重要的按份共有产权形式，但它适应于农产品流通、加工和生产服务领域，多数情况下不需要引入土地利用领域。

3. 社区公共所有（集体共同共有）

中国自古以来就有村组集体所有的财物，包括土地。因为这类财物不会量化到个人或家庭，这种产权类型属共同共有产权。农村旧时代的庙产、公共水塘等公用设施宜实行共同共有产权。现代中国农村的少部分设施也可实行共同共有。

我国现行农村集体经济制度也属于共同共有产权类型，但其并不适用于农业集体生产。土地承包权的长期化意味着农村经济领域的共同共有制度解体。

4. 国民共同所有（国家所有或国民共同共有）

凡私人及私人合作经济活动直接占用土地，以及社区公共事务所需土地以外的其他土地，都适合国家所有。与道路、江河、海洋等有关的土地，尽管可能成为私人经济活动的场所，但符合经济学关于公共品的定义，也可归国家所有。换句话说，我国大部分国土都可归国家所有。

以上四种土地所有权类型对应的土地数量，还是国家所有的土地（国民共同共有）在比例上占绝对优势，估计可占国土面积的98%。所以，尽管引入一定用途的土地的私人所有制度，国家所有的主导格局不会改变。

（二）以社会建设创造社会平等条件

权利平等是社会平等的核心。在直接生产领域也要讲平等，但这种平等主要是要素交易的竞争性条件的平等，由此产生的收入差异可能很大；要素禀赋差的经济主体的收入可能很低，并可能形成公共问题。对私人领域出现的平等问题要靠公共领域的权利配置来解决。这就构成了社会建设的任务。

社会建设的核心是民主政治。流行说法是把私人领域个人反对侵权行为叫做“民主政治”，这是似是而非的思维。这种“民主政治”自古就有。部分学者会接受这种“无概念知识”。民主政治是公共领域依靠竞争关系建立起来的少数服从多数的公共选择制度。

若没有民主制度，公共权力可能成为私人利益扩张的寻租对象，不仅不能为社会平等服务，还可能恶化私人领域形成的要素收入分配不平等。

但民主政治的建立不是一蹴而就的事情。民主政治的建立主要是一个需求问题，而不是素质问题；没有一定的社会条件，民主政治无以建立。

传统乡村社会很难嵌入民主政治。在传统村庄社会，村容村貌的维护主要靠宗法关系发挥作用；为数不多的公共支出则依靠乡绅捐助和宗教劝慰实现；村庄内部纠纷的处置以及其他公共事务的主持仰赖各类乡绅，他们就像“志愿者”。这种治理方式比民主政治治理的成本低。

传统乡村社会是“没有积累的社会”，相近的说法定义传统乡村社会为自给自足的社会。这种社会的生产方式基本没有变化，相应地，其公共生活也比较简单，通常按惯例习俗处理公共事务，所以很少有需要讨论的新的公共事务。大家都是习俗的接受者，所以，“一致同意”事实上成了公共事务决策的通行原则，只是这种“一致同意”并不真正和谐美妙，居民通常以牺牲自由来服从习俗。

“少数服从多数”这种民主政治原则应用在传统村庄显得奢侈。民主政治更需要在市场化社会运用。我们的调查表明，农民选举村干部的主要目的是想通过自己的选票影响物质利益分配，约束村干部侵吞集体财物。这只反映了现代社会关系开始冲击传统村庄社会，并不意味着乡村社会有了强烈的民主政治需求。

从世界历史大视野看，民主政治的规则发端于上层社会，它替代基层社会的传统规则需要漫长的时间。一个国家可以有一场民主革命，或可以有一部民主宪法，但其社会治理方式与民主政治完全是风马牛不相及，例如印度社会大抵如此。像欧美国家，基层社会的改造也经过了极为漫长的过程。

（三）以综合治理创造社会稳定条件

一个不稳定的社会，民众的社会政治行为有多种表现，但其一般形式可概括为不服从、不妥协、不守法，即在公共领域少数派不服从多数派，利益集团之间不容易妥协以及产生集团性的抗法。这种一般的定义只是抽象概括，并不包含“好”与“坏”的价值判断。

产生以上三种“社会不稳定”有更深刻的社会含义。

第一，公共领域的服从意识的前提是拥有“多数－少数”信息。如果没有这种信息产生的机制，“不服从”现象就容易发生。而产生这种机制的一般条件是政治集团之间的公开竞争、公开选举。

第二，公共领域的妥协机制，需要社会的高度组织化，并借助组织化降低妥协成本。

第三，公共领域的法治精神需要这样一种态度：“我可以输掉官司，但我一定要打官司，并遵守判决。”这种精神的前提是司法公正。

社会治理的底线目标是促进社会稳定，保障社会秩序；高线目标是创造社会活力，增进社会和谐。任何社会皆是如此，与意识形态无关。美国大思想家罗尔斯也把社会稳定看做社会公正的内涵之一。对社会稳定问题的研究表明，以下几方面的关系对于理解社会稳定十分重要。

①社会稳定与私人财产权的强度呈正相关。

②社会稳定与收入分配的平等程度呈正相关，而与人均收入水平无直接关系。

③社会稳定与社会的组织程度呈正相关。社会的组织程度越高，社会越稳定；反之，则社会越不稳定。对社会组织程度要正确理解。

④社会稳定与社会自治、权力下沉程度呈正相关。对于一个大国，正确处理中央和地方的关系，有利于国家稳定。

⑤社会稳定与民族认同程度呈正相关。1949 年之后，我国在民族认同建设方面有重大工作失误，给国家稳定埋下隐患。

⑥社会稳定与公共领域的竞争程度呈正相关，与垄断程度呈负相关。民主政治有利于提高公共领域的竞争程度。

以上判断表明，促成社会稳定必须采取多项措施。以上措施的推行会有不同程度的难度和风险，政治家当审时度势，慎重行事。

二　乡村治理的政策演变背景与当前形势判断

（一）乡村治理的政策演变背景

中国乡村治理的法规政策大体按照三条线索演变，一是行政管理体制由集中到分权转化；二是财产制度由社区共有主导向农户权利扩大转化；三是人口管理与公共服务由城乡二元分割向城乡一体化转化。

1. 行政管理体制：由集中控制到多重分权转变

1949 年全国革命政权建立之前，共产党武装力量在革命根据地普遍建立了农会。新中国成立以后，全国农会组织继续扩大，并成为具有基层政权职能的乡村行政机关。1950 年 7 月 5 日，中华人民共和国政务院公布的《农民协会组织通则》，以法律文件的形式提出了建立除中央以外的各级农民协会，规定了农民协会的性质是“农民自愿结合的群众组织”，要求建立从乡或相当于乡的行政村、县、专区一直到省的农民协会。农会实际上是一种政治组织，而非经济上的合作组织。[①]

从 1954 年开始，各地陆续撤销了农会组织；到 1956 年，全国范围内农会组织基本不再存在。

在农村基层组织中，曾短时期存在过贫下中农协会（简称“贫协”）。1963～1965 年，在分批开展的社会主义教育运动中，根据《中华人民共和国贫中农协会组织条例（草案)》，各地陆续在农村地区成立了贫协。“文化大革命”期间，一些地方成立了“贫下中农代表会”（简称“贫代会”），到 1976 年 10 月中国政局发生变化以后，陆续在全国范围停止了活动，也有少数地方存续到 1980 年前后。贫协和贫代会仍然是国家实现对农村控制的政治组织。

革命形势稳定以后，中央政府开始通过法制途径组织农村基层政权。1953 年 2 月，中央人民政府委员会第二十二次会议通过《中华人民共和国全国人民代表大会及各级人民代表大会选举法》，这部法律规定乡镇人民代表由选民直接选举。1954 年 9 月，第一届全国人民代表大会第一次会议通过了《中华人民共和国各级人民代表大会和地方各级人民委员会组织法》，这部法律规定了乡镇一级人民委员会组成人员选举和乡镇长选举的有关事项。

尽管中国地方政府最低设立到乡镇一级，但村庄的贫协、党组织和农业生产集体组织先后承担了一些政府管理职能。

---

① 范立、张举：《建国初期农民协会兴起与隐退原因探析》，《经济史》2007 年第 5 期。

1982 年五届全国人大第五次会议颁布了新《宪法》，明确了村委会是群众性自治组织的法律地位。1982 年中共中央在下发的第 36 号文件中，要求各地开展建立村委会的试点工作。1987 年 11 月 24 日，六届全国人大常委会第二十三次会议审议通过了《村委会组织法（试行）》，对村委会组织和村民自治做出了具体规定。1988 年 6 月 1 日该法正式试行。1998 年 11 月 4 日，九届人大常委会第五次会议正式颁布了修订后的村委会组织法，为全面推进村民自治提供了法律保障。

从直接表象上看，村民自治工作中有两个问题较为突出。一个是村党支部委员会和村民委员会的关系很难处理好，另一个是实行村民自治制度以后，赋予农民群众的各项民主权利未能真正落实，农民利益受侵犯的情形仍比较普遍。针对上述两个问题，中央有关部门做了努力，并促成了两个重要文件的颁布。

2002 年 7 月，中央办公厅和国务院办公厅发布《进一步做好村民委员会换届选举工作》的通知，提出了处理好“两委关系”的重要意见。文件指出：提倡把村党支部领导班子成员按照规定程序推选为村民委员会成员候选人，通过选举兼任村民委员会成员。提倡党员通过法定程序当选村民小组长、村民代表。提倡拟推荐的村党支部书记人选，先参加村委会的选举，获得群众承认以后，再推荐为党支部书记人选；如果选不上村委会主任，就不再推荐为党支部书记人选。提倡村民委员会中的党员成员通过党内选举，兼任村党支部委员成员。这个意见对一部分地区村民自治工作产生了积极影响，但因为意见没有转变为可操作的法律文本，大部分农村社区的两委关系还未能理顺。

2004 年 6 月，中共中央办公厅和国务院办公厅发布《关于健全和完善村务公开和民主管理的意见》，这个文件要求各地在抓好村民自治、民主选举工作的基础上，下大力气建立民主决策、民主管理和民主监督机制。

以上两个文件对 2010 年修订《村民委员会组织法》产生了影响。

2. 财产制度：由社区共有主导向农户权利扩大转化

1949 年新中国成立以后，中国政府开始大规模没收地主土地，将土地分给了无地和少地的农民，建立了一种分散的小农土地所有制。1950 年，中央人民政府委员会通过了《中华人民共和国土地改革法》，决定保护富农财产，但规定了某种例外。这个法律对一些极端做法做了纠正，但政府施用“暴力”的形象已经树立起来了。这种对“暴力”的依赖，在相当大的程度上影响了以后政府和农民的关系。

1953年底，革命政权开始在农村推动合作社运动，主要依靠行政命令建立了大量农业合作社，形成了土地的集体所有制。因为这种集体经济组织事实上不允许农民自由退出，等于建立了一种“社区共同共有”产权；这种产权对后来乡村治理产生了重大影响。1958年，政府又开始在农村大规模建立“人民公社”。

1978年后，农村开始推行集体土地农户承包制度，事实上建立了一种集体保留土地所有权、农户拥有土地使用权的制度。2002年的《土地承包法》将这种制度用法律固定了下来。2007年的《物权法》进一步明确了农户土地使用权的财产权意义。但从实践看，农户的土地财产权并没有得到真正确立。一些村庄没有推行土地承包制度，还有的村庄推行后又被取消。土地承包期限也往往没有按法律办，时间比法律规定要短。

《农民专业合作社法》在2006年经全国人大常委会表决通过。这部法律意味着农村开始建立农户可以自由进出的“按份共有”的新型产权组织，为将“集体经济”管理功能从“村民委员会”中剥离出来提供了制度和法律依据。

2008年中共中央十七届三中全会通过的《决定》取消了土地承包期限的规定，使土地承包关系长久不变。根据这个决定，相关法律必须修订，但至今没有完成修订任务。

3. 人口管理与公共服务：由城乡二元分割向城乡一体化转化

二元户籍制度是通过一系列法律或政令的调整逐步确立的。1954年，中国颁布实施第一部《宪法》，其中规定公民有“迁徙和居住的自由”。1955年6月，国务院发布《关于建立经常户口登记制度的指示》，规定全国城市、集镇、乡村都要建立户口登记制度，开始统一全国城乡的户口登记工作。1956年、1957年，国家连续颁发4个限制和控制农民盲目流入城市的文件。1958年1月，以《中华人民共和国户口登记条例》为标志，中国政府开始对人口自由流动实行严格限制和政府管制。第一次明确将城乡居民区分为“农业户口”和“非农业户口”两种不同户籍。

在1975年、1978年和1982年先后三次修订的《宪法》取消了“公民有居住和迁徙的自由”的规定。

1984 年 10 月，国务院颁发了《关于农民进入集镇落户问题的通知》允许农民自理口粮进集镇落户，对人口流动控制的政策开始松动。

1985 年 7 月，公安部颁布了《关于城镇人口管理的暂行规定》，“农转非”内部指标定在每年万分之二。

1997 年 6 月，国务院批转了公安部《小城镇户籍管理制度改革试点方案》和《关于完善农村户籍管理制度的意见》，规定从农村到小城镇务工或者兴办第二、第三产业的人员，小城镇的机关、团体、企业和事业单位聘用的管理人员、专业技术人员，在小城镇购买了商品房或者有合法自建房的居民，以及其共同居住的直系亲属，可以办理城镇常住户口。

1998 年 7 月，国务院批转了公安部《关于解决当前户口管理工作中几个突出问题的意见》，解决了新生婴儿随父落户、夫妻分居、老人投靠子女等户籍管理中的问题。

2001 年 3 月 30 日，国务院批转了公安部《关于推进小城镇户籍管理制度改革的意见》，对办理小城镇常住户口的人员，不再实行计划指标管理。

2008 年中共十七届三中全会决议提出城乡社会经济一体化的发展思路，并要求放宽农民在中小城市落户的限制。在此次会议前后，国家还在农民医保、低保和社会化养老等方面出台了一系列政策，开始缩小城乡社会保障方面的差异。

此外，2007 年通过的《城乡规划法》替代了 1989 年 12 月七届全国人大常委会通过的《城市规划法》和 1993 年 6 月国务院发布的《村庄和集镇规划建设管理条例》，确立了“加强城乡规划管理，协调城乡空间布局，改善人居环境，促进城乡经济社会全面协调可持续发展”的新的政府工作目标，意味着原来城乡规划的二元的法律体系被打破，城乡统一规划有了新的法制基础。但这部法律规定，规划变更时要上级有关机关批准，各级立法机构规划的制定和修订基本不起作用。这意味着城乡规划的法制化、民主化问题仍然没有解决，这给其他很多问题的解决造成了障碍。

（二）改革开放为改善乡村治理创造了有利条件

改革开放的大量举措为改善乡村治理奠定了重要基础。中国改革引进或扩大了商业原则作用范围，有助于以商业原则来培养农民的契约精神；农村土地承包制赋予农民生产自主权，为社会治理确立了一定的财产权基础；执政党和政府的开放度也有了显著进步，农民群众的言论空间得到大幅度扩张，既增强了舆论监督的力量，又使农民在公共领域的社会参与程度有所深化；社会治理的法制因素整体上有所增强，有利于稳定社会预期，对农民和政府之间建立社会信任提供了帮助；农民生活水平提高、社会财富增加，提高了农民抵御社会风险的能力，扩大了农民社会选择的空间，有利于农民避开信任缺失的公共领域；国家推行的社会经济一体化改革提升了城乡基本公共服务均等化水平，农民的社会保障水平有了显著提高，农村的基础设施水平有了较大改善。总体上看，改革的过程就是社会分权的过程，有利于改善我国农村社会治理。

（三）农村社会治理的六大难题

1. 城市化背景下，农村社会管理面临转型难题

在我国快速城市化背景下，大量村庄事实上已经变为城市规划区或城市建成区，越来越多的村庄人口急剧减少，出现了空心村问题。在这种背景下，农村稳定越来越转化为城市管理问题。曾经引起农村社会冲突的主要因素是农业税征收、计划生育政策实施以及集体财务不清等。目前，这些因素随着农业税废除、农村城市化和农村集体企业民营化而被消除或减弱。征地、拆迁、“城中村”改造等涉及土地的官民冲突，成为影响社会稳定的首要因素。但深入地去看，涉地冲突主要发生在城市扩张的边缘地区，这些地区的居民大多脱离了农业生产，已不是真正的农民。如何将社会治理的城乡二元结构转变为城乡统一的社会治理结构，是我们面临的改善社会治理的重大课题。

2. 产权改革滞后，集体经济面临转型难题

集体经济制度，特别是农村土地产权制度尚有缺陷，是影响我国农村社会稳定和谐的主要因素。我们的观察表明，经济越是发达，因集体经济制度所产生的问题越是突出。在推行“政经分开”改革的地区，“社员权利”和“公民权利”之间发生摩擦的现象十分普遍。至今，全国各地尚无解决这些问题的好办法。

3. 村庄传统权威结构变化的背景下，产生村庄自治缺失、公共生活失序难题

我国村庄治理在1949年之后由乡绅治理转变为军事管理；军事管理逐渐转变为政府直接管理，形成行政命令体制。改革开放以后，这种体制的能量逐步衰弱，但法治建设没有及时到位，使农村社会出现了自治缺失、村庄公共生活失序难题。突出问题表现为农村公共资源实际分配不公，环境恶化，农村建筑景观不够和谐美观。

4. 在强大的地方发展竞争格局下，产生了乡村人口布局的规划管理难题

地方政府为了加快GDP增长速度，建设用地需求显著增长。目前满足地方要求的重要政策是建设用地“增减挂钩”。基层政府利用这项政策对人口布局干预过度，人口布局不尽合理。“增减挂钩”政策本身有利于土地资源合理配置，方向是正确的，但不少地方的确存在操作失当问题。已有的专业农户和潜在的专业农户不适合集中居住，却大量被动员集中居住；脱离农业的农户集中居住后，其新的居民点规模不够大，基础设施建设效率低，不能成为这些居民的久留之地。这种状况既损失农业效率，又导致资源浪费。

5. 国家财政体制改革滞后，产生乡村公共财政服务难题

一些经济发达地区的村庄“公共财政”不统一，经费既有来自集体收入的部分，又有上级政府的一般性支出，且农民对集体经济收入用于公共开支的合理性有怀疑。由此显示政府权威不统一，影响了社会治理效率。进入规划圈的“村庄”人口分为两类，其中“公民”人数大多超过“原住民”人数，公共财政支出覆盖全体“公民”，引发原住民认为自己的利益受损的感受，产生利益摩擦。

6. 城市化背景下，产生“二元基层民主制度”难题

基层城乡社会存在“二元基层民主制度”，即农村适用“村民委员会组织法”，城市适用“居民委员会组织法”。一部分村庄并入城区以后，城区出现“基层民主政治”不统一，部分城区出现两类乃至多重基层组织。部分人口工作生活都在城市，而“被治理”在农村。一部分居民习惯于农村选举方式，改为市民身份后，不适应城市的选举方式。

三 乡村治理研究的主要发现

总结我们近年来的调研工作，主要有以下结论。

第一，调查的统计分析结果不支持关于任何发展程度的社区农民都普遍具有民主政治参与热情的观点。依我们对调查数据分析的结果，农户家庭收入与农户政治参与水平几乎无关系，而农户的平均收入水平却对农户的政治参与程度有显著影响。我们认为，这种情形正反映了人们通常忽视的政治经济关系。

政治参与热情与一个地区的市场化程度有密切关系，而地区的人均收入水平是衡量地区的市场化程度的重要指数。正因为如此，人均收入高的地区，居民的平均政治参与热情也比较高。但在一个地区内部，即使农户之间的收入差距很大，只要平均收入低，就意味着其市场化程度低，收入不同的农户之间的政治热情可能差异不大，以致在模型分析中看不出农户收入与政治热情之间的明显相关性。

第二，中国经济社会发展极不平衡，不同发展程度的乡村社会对民主政治有不同程度的需求。现实变迁总显示为渐变的谱系，并不是与理论家定义相一致的纯粹的结构。但理论还是有意义的：对渐变谱系的反映只是需要改变理论假设的条件，以使理论与现实保持一致。现实的中国乡村社会当然不是纯粹的传统社会，但也不是完全市场化的社会。我们大体可以这样认为，中国乡村社会正处于由传统乡村社会向市场化社会的过渡时期，相应地，中国乡村社会对民主政治的需求也处于增长过程中。落后的乡村更接近传统乡村社会，而发达地区农村则更接近市场化社会，它们对民主政治的需求依次递增。数据表明，我国农村地区的市场化程度在改革开放以来有显著提高，总体上西部、中部和东部的市场化程度呈依次提高态势。农村地区规模以上市场的数量，说明了不同地区的市场化程度差异。

更深入地来看，乡村社会越发达，越容易蜕变为城市社会；其农业变成了城市化分工体系的一个分支，专业农户也被卷入城市经济系统，变成了“城外市民”。所以，当我们说发达的乡村社会才有对民主政治的需求时，其实是指城市社会对民主政治的需求。换句话说，“发展乡村民主政治”这个表述，其实是一个虚假表述，应该表述为“发展城市民主政治”。一个区域，一旦它产生了对民主政治的需求，就意味着它已经是城市化的社会。也许我们仍然按习惯把一个地区称为乡村社会，其实它在本质上已经是一个城市型社会结构。

事实上，我们在长三角、珠三角地区看到，那里村庄已经高度非农化，尽管在我国行政建制上把它们看做乡村，并且使用“乡村治理”这样的政治术语来指称一类工作，但在工作内容上看，已经和农业关系不大。这里当然也存在“表述的滞后”对实际工作的消极影响，甚至可以说这种影响还很大。正因为如此，我们才会认为，有必要通过理论认识的深化，及时转变政治用语，以消除似是而非的政治用语的影响。

乡村社会对民主政治的需求之日，也就是乡村社会的解体之时，同时也是城市社会替代乡村社会之时。这当然是一个渐进过程，但不论这个过程有多长，转变的性质都不会有变化。如果我们不再把乡村理解为一个自然概念，这个结论就容易被接受。当农业经济高度发达、农民物质生活水平达到或超越城市水平时，农民的公共生活也不再和城市居民有本质差异。在这个阶段，以社会活动方式区别城市和乡村不再具有实际意义，乡村治理和城市治理应该具有统一性，农民变成了“城外市民”，农村居民点的社会管理应该是城市管理的延伸。这样一个结论，的确在理论上与政策批评上有一定颠覆性。

这个结论当然对政策批评有启示性意义。我们理应避免这种尴尬：当我们依照大众语言在持续念叨“乡村民主治理”时，却发现在某一天，传统农业主产区的专业农户居民点收缩到不能支撑村民委员会存在的地步，而发达地区整体转型的村庄则完全变成了城市的一部分！

第三，我们的调研还表明，我国社会治理实现由二元结构向城乡统一的治理结构转变的过渡时期，村庄社会管理主体“多元化”是必然趋势。

目前，村庄治理模式由于治理权力、治理主体和治理资源、治理手段的单一化，使其越来越不能满足日益“多元化”的利益需求，我们要发展“多元化”的治理模式，积极整合空间力量、民间力量、社会力量，建立真正代表农民利益、能够独立主张农民诉求的治理主体。需要解决的根本性问题就是确定和重塑治理主体之间的权力边界，鼓励和发展“多元化”的治理主体，法制上对这些治理主体予以支持和鼓励，整合、拓展“多元化”治理资源，以“多元化”治理手段为途径，尽管“多元化”治理模式还需要在实际生活中继续摸索，但我们相信，没有任何阻力能够阻止它在中国农村的大地上开花结果。

建立乡村多元化治理模式包括发挥“两委”作用，也要重视农民合作社组织、农村志愿者组织乃至乡村宗法关系网的作用。其中，重点还是要加强以村民自治制度为核心的乡村法治建设。尽管践行我国村民自治制度遇到不少制约因素，这一制度对于启迪民众的民主意识、法治意识仍有重大意义。即使我国实现了城乡统一的社会治理，城乡社会治理也要以民主政治为基础。

第四，建立合理的产权制度是良好社会治理的重要基础。科学合理的产权制度是公共领域与私人领域分治的基本条件。共同拥有产权可以在公共领域发挥积极作用，而按份共有产权与私人所有产权适合在私人事务方面发挥作用。乡村治理的主要任务是要解决公共领域的资源配置问题，不可以把共同拥有的产权的利用范围扩大到农业生产等私人事务领域。

当前我国乡村社会治理的一个突出问题是本来用于处理公共事务的村“两委”将公共权力延伸到了土地要素配置领域，使村干部的权力“含金量”过大，滋生了腐败条件，导致农村社会不稳定。这是目前乡村民主政治发展的最大障碍。产权改革的意义胜于民主政治改革，这是我们在调研工作中形成的基本认识之一。

四 政策调整建议

第一，决策者应正确对待当下《村民委员会组织法》实施中的各种难题。鉴于我国乡村地区在不同程度上仍具有传统性质，且由于习俗使然，在其中要嵌入民主政治治理方式，的确有一定困难。对于这种困难，我们不要简单地归罪于干部不努力、群众素质差，也不要过分追求政策的完善，搞叠床架屋似的机构设置。我们的观察表明，对于治理农村，产权改革的意义可能更加重要。要使村民委员会仅仅承担村庄的公共服务职能，把土地等集体资产的管理权完全剥离到农民或农民经济组织手中。在经济发达地区，村委会改制为居民委员会以后，公共服务可以交由政府的派出机构来承担。广东省南海、顺德的经验证明，这种做法很有积极意义。减少干部权力的“含金量”，有可能会吸引一些志愿者做基层干部，从而极大地改变乡村社会关系。

第二，决策者应树立乡村治理向城乡统一治理转变的观念。具体来说，要考虑将城市治理的覆盖范围扩大至全社会，不再使所谓“乡村治理”成为一个独立问题。由此出发，今后更应强调城乡基本公共服务一体化，而不是“均等化”。为适应这种转变，城市治理的方式也应该做出调整。

第三，应考虑修订《居民委员会组织法》，使其适用范围涵盖全体城乡居民。此法修订完成以后，可再行废止《村民委员会组织法》。在修订法律的同时，要根据人口布局的变化，逐步撤并包括村委会在内的基层社区。一些人口大量减少的村庄可撤销村委会建制，将其人口管理和公共服务直接归于乡镇政府。

第四，必须尽快落实中共十七届三中全会决议，大力推进农村土地制度改革。中央决议的核心，一是要农村土地承包关系长久不变；二是要统一城市和农村建设用地市场，这两项对实现我国农村良治有重大意义。2008 年中共中央做出这项决议后，其主要精神至今没有得到贯彻，相关土地法规的修订还在“讨论”过程中，这是非常令人遗憾的。

第五，建立“公约自治”制度，创新基层民主管理方式。“民主自治”的前提是“自治”，而自治必须有法律支撑的分权制度安排以及民众的契约精神。在分权制度安排难以突破的条件下，可以先行在农村社区内部引导居民签订自治公约，依据公约处理社区内部的日常事务，形成“公约自治”，可能有利于帮助解决乡村社区公共社会失序问题。

第六，加快农村剩余劳动力向城市转移的步伐，创新城乡公共服务一体化体制机制。大城市应在加强人口布局规划管理的前提下，简化户籍转移管理办法，建立“以房管人”为核心的落户制度，逐步取消农村人口向城市转移的不合理规定。应总结各地探索的城乡社会保障账户接续并轨改革经验，逐步建立统一的、覆盖城乡的社会保障制度。

第九章　农村政治参与的行为逻辑

1980 年，广西壮族自治区宜山县和罗城县两地区的农民自发地组成了一种准政权性质的群众自治组织，即村民委员会，至此，人民公社化以来的生产大队的行政管理体制开始解体，此时的村民委员会的功能只是协助政府维护社会的治安。之后，河北省、四川省等地区的农村也出现了类似的群众性组织，并且其功能越来越向经济、政治、文化等方面扩展（徐勇，2000）。1982 年，《中华人民共和国宪法》进一步确认了村民委员会的法律地位，为村民自治提供了法律依据。1988 年 6 月 1 日，《村民委员会组织法》开始试行，之后约有 60% 的行政村初步实行了村民自治。1998 年，《村民委员会组织法》修订稿正式颁布实施后，农村基层政治从民主原则到公民行为都经历了巨大的历史跨越，这是自农村实行家庭联产承包责任制后农村政治生活发生的最大变化。从 1988 年《村民委员会组织法》试行至今，中国绝大部分农村进行了 3 ~4 次村委会选举，选举的规范化和民主化程度有了一定的提高。在这一进程中，作为微观个体的农村居民，其参与选举投票的行为方式与逻辑究竟如何？村民自治的效果又如何？类似的问题都演化为严肃的科学命题，也成为本章重点研究的问题。

本研究对全国 3 个省、9 个县、26 个乡镇、59 个行政村中的 1170 户进行了入户走访，在此基础上具体分析了农民参与投票选举这一行为的影响因素，并对存在的行为逻辑进行了总结。本研究进一步在乡镇的层面，对投票参与率这一客观结果的具体原因进行了探讨。分析结果使得本研究对农村政治参与的行为逻辑有了一个较为清晰的认识，对相关的理论有了一个更为深层次的实证解读，并对现行政策提出了重要批评意见。笔者认为，当我们要求典型的乡村社会实现民主自治时，其实它并不需要民主政治；当我们发现它需要民主政治时，它已经是一个市场化的城市社会，因此说，“乡村民主治理”是一个很吊诡的表述。

一 文献回顾与研究思路

人类行为的经济分析（Becker，1976）强调效用最大化、市场均衡和偏好稳定的三位一体，借此来解释经济社会中的人类行为问题。针对某种具体社会活动中的人类行为，例如，政治活动中人们的行为逻辑，Verba et al.（1972）提出了在美国民主政治过程中投票者的行为决定问题，即社会经济地位（Socioeconomic Status，SES）模型。该模型主要分析人们的社会经济地位对其政治参与的影响。一般来说，社会经济地位的组成大致包括收入、教育、职业、家庭背景等因素。基于 SES 模型，后续的实证研究将更多的因素纳入模型。例如，Rosenstone and Hansen（1993）考虑了政治动员因素，认为各政党的政治动员活动导致人们的低投票率和低政治参与率；Lien（1994）也利用 SES 模型证明了美籍亚裔的投票与政治参与行为与其受教育程度、收入水平、出生地等社会经济状态无关，而美国籍墨西哥人的政治参与行为则显著受这些因素的影响。Leighley（1995）在 SES 模型的基础上，进一步考察了政治动员能力对政治参与的影响，提出了新的标准 SEM 模型，并从实证角度列举了诸如年龄、性别、收入等因素对个人政治参与的影响。

在 SES 模型的评价方面，Davis（1983）认为，由于存在不同的社会文化特征，这些因素的影响很难具有普遍性与一致性。在实证研究中，SES 模型对政治参与行为原因的解释差异很大；重要的是，从更为一般的角度看，其对于某些问题缺乏解释力。Goldstein and Ridout（2002）则利用年度数据通过建立选择模型证明：政治动员活动对投票率和政治参与率没有实质性的影响；其在结论中还指出，政治活动参与人数下降的原因至今不明。鉴于这些不足，Whiteley（1995）针对 SES 模型与经过 Leighley 改良的标准 SEM 模型（Standard Socioeconomic Model）存在的问题，从理性选择（决策）模型（Rational Choice Model，RCM）来分析人们政治参与的主要动机：政治行为活跃者的政治收益要大于其投入成本，而这也是导致党派内部存在某些活跃分子的一个基本原因。但该研究也承认，理性选择模型并不能解释党内活跃分子在存在政见分歧时的非理性行为。单纯就此模型而言，它在一定程度上解释了政治参与中的行为决定问题，对 SES 模型在一定程度上进行了补充。该模型解释了党派内部的政治参与行为，在很大程度上与 Olson（1972）提出的集体行为，例如，党派团体行为，有着本质区别。此外，Leighley（1995）也对 Whiteley 通过 RCM 分析政治参与的影响做出了评价。他指出，RCM 虽然可以有效地分析个人在政治参与过程中的得失，但并不能解释参与过程中的行动实施问题。就此而言，SES 与 RCM 是不同层面的实证模型。

就中国的村民自治而言，学者们对其研究的历史十分久远。Hsiao（1979）的研究指出，清代帝政制度下，中国乡村治理并非由社区民众自理；相反地，大部分乡村以及复杂的地方组织皆由政府设立（例如保甲、里甲制度）。他认为，清王朝总是在通过不断加强集权来强化对臣民的监控。由于国家的监控力量难以渗透到帝国的每个角落，它被迫依靠一套“准行政”制度——利用乡民辅佐官治。这些基层准行政人员，扮演着国家代理人的角色。因此，至少在理论上，整个乡村社会的方方面面都被置于政府的监控和指导之下，进而整个乡村控制制度不可避免地蜕化为例行公事，甚至演变为准行政腐败，使得帝国与乡民两方蒙受其害。[①] Befu（1965）对日本江户时代的研究也发现了类似结论，即在乡村治理中，政府治理起到了重要作用，并且这一情况并非日本独有，中国、锡兰（尼泊尔）、泰国、希腊都是如此。这一研究为“政府效率学说”奠定了基础，即相对于村民自治而言，政府往往更加高效。持类似观点的还有姚洋（2002）等。

随着时代的变迁，传统的政府效率学说被逐步淡化，其受到的反驳越来越多。例如，温铁军（2001）认为，无论集权还是民主，对小农的作用都

① 本部分内容摘自《控制与和解：萧公权研究乡村中国的关键词》，中国社会学网，http://www.sociology.cass.cn/shxw/，2009。

不大。Cai（2003）从中国农民非农土地权益角度入手，指出由于政府权力的不受限制以及农民群体的弱势，农民很难有效保护自身权益；因此，对于这种现象，会出现“事先”（例如钉子户）与“事后”（例如上网）两种不同的处理方式，往往“事先”的方式较为有效，但这一方式的实施可能会缺乏农村精英的组织。据此，他指出，村民选举应当是一种有效方式。Cai（2003）进一步指出，由于农村精英往往从属于政府体制，因此村民选举的意义和效果在一定程度上被弱化。所以，未来中国农村政治中的草根精英既要能够得到农民的认可，又需要得到政府的认可。

综观现有相关研究，国外对于村民自治以及选举投票的研究往往更多地关注微观个体的行为方式与行为逻辑，并形成了一整套系统的分析模型与研究框架；而国内关于村民自治以及农村基层民主的研究，则更倾向于比较村民自治与政府管制的效率。对比来看，两类研究存在差异的根源来自制度设计的不同。随着中国农村基层民主建设的不断推进，村民自治与政府管制效率比较的讨论得以搁置，微观主体的行为方式与行为逻辑成为一个重要的研究命题。

村委会选举是村民自治的一种重要方式，也是农户政治参与的一项重要内容。本研究以 SEM 模型为分析基础，首先分析在村委会选举中农村居民个体投票行为的决定因素。一般而言，行为分析涉及定性因变量模型，基于最大似然估计的 Logit、Probit 模型具有效率上的优势。不过，由于本研究的调查设计因素，自变量也存在若干定性变量，这样就使得对 Logit、Probit 等模型的结果进行解释将会较为困难。为了便于解释模型结果，本研究在参照 Logit 模型结果的基础上，使用加权最小二乘法（Weighted Least Squares，WLS）来消除定性因变量模型中固有的异方差问题，并利用 WLS 估计结果为解释 Logit 模型估计结果提供便利。

毫无疑问，SEM 模型对分析农村居民个体的选举投票行为提供了一个较为合理的分析框架。尽管集体行为可以是个体行为的简单加总，但集体行为的逻辑则不能简单地理解为是个体行为的逻辑的加总。因此，本研究在对农村居民个体参与村委会选举行为进行分析的基础上，将进一步分析乡镇层面的村委会选举投票率的影响因素，以便分析个体行为逻辑与集体行为逻辑的异同。

二 参与选举投票的影响因素：基于农村居民个体行为的分析

（一）调查情况与样本基本特征

本研究调研数据来自课题组 2007 年的农户调查，调查设计思路为，首先对全国各省（区、市）按人均 GDP 水平进行排序并分为 3 个层级，分别在每一层级上随机选取 1 个省，最终选得广东省、河南省和宁夏回族自治区；然后在各个省（区）中，按照同样的方法随机抽取 9 个城市，并在每个城市中随机抽取 1 个县；接着，将每个县的乡镇按照人均 GDP 水平进行排序并分为 3 个层级，每个层级上随机抽取 1 个乡镇；再将每个乡镇下的行政村按照人均 GDP 水平进行排序并分为 3 个层级，每个层级上随机抽取 1 个行政村；最后，在每个行政村中随机抽取 20 户农户进行调查。根据上述方法，本课题组成员对 3 个省、9 个县、26 个乡镇、59 个行政村中的 1170 户农户进行了入户走访。[①] 样本的地区分布情况如图 1 所示。

在全部 1170 个样本中，本研究选取了 775 个具有完整信息的样本。[②] 总体来看，样本的地区分布情况较为均匀，尽管子样本是从 1170 个样本中重新抽取的，但其在各地区均有分布，且所占比例相差不大。其中，来源于河南省的样本占 30%，来源于宁夏回族自治区的样本占 35%，来源于广东省的样本占 35%。具体而言，样本具有以下基本特征：第一，在全部的受访样本中，约有 77% 的主要候选人参与了村委会主任竞选，只有 23% 的主要候选人没有参与。第二，从家庭年收入水平来看，年收入最少的为 -14.1 万元，但总收入为负的只有 7 个样本，占 1%；年收入在 1000 元以下的有 89 户，占 11.5%；年收入超百万元的只有 3 个样本，占 0.4%，年收入最多的高达 181 万元；年收入在 10 万 ~100 万的有 14 户，

---

① 因为客观原因，实际调查的农户样本数量与理论设计存在一定误差。

② 值得注意的是，由于并不容易访问到常年外出打工的农户，因此，绝大多数样本农户为常年居住在本村的农户，反映的主要是未外出打工农户的信息。

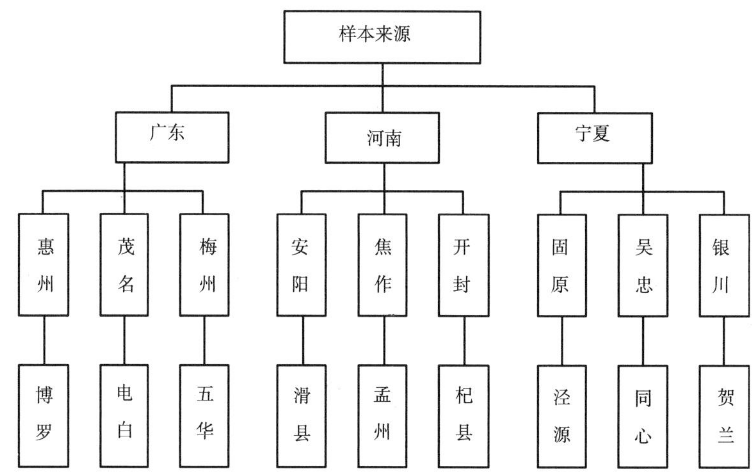

图1　样本的地区分布情况

占1.8%。全部样本2007年的户均收入水平为2万元，从整体来说，样本的家庭年收入水平相对较低。第三，从户主特征来看，①在性别方面，96%的户主为男性，占了绝大多数；②在年龄方面，户主年龄最小的为21岁，最大的为81岁，平均年龄为49岁；③从婚姻状况看，绝大多数户主（96%）为已婚；④从户主所属民族看，81%为汉族，19%为少数民族；⑤在健康状况方面，户主健康状况均值为1.14，整体上看，户主的健康状况相对较好；⑥从受教育程度看，户主受教育程度最低的为未受过学校教育，最高为大专以上，平均受教育年限为3.5年，即处在小学与初中之间；⑦从全年在村里的居住时间来看，户主在本村居住的时间最短为0，最长为全年都在村里居住，平均居住时间为338天/年；⑧从任职情况看，户主在本村的职务均值为1.75，这意味着绝大多数受访者为村民，并没有在村里担任职务；⑨在政治面貌方面，22%的户主为党员，78%的户主为群众。

（二）变量的描述分析

Becker（1978）认为，理性人的行为不仅受经济变量的影响，同时也受很多非经济变量的影响。据此，本研究针对中国农村居民是否参加村委会选举投票（*Y*）问题，选取了集体认知特征（*Exp*）、家庭经济特征（*Eco*）、户主个人特征（*Cha*）与地区特征（*Reg*）4 个方面的影响因素，即得出式(1)：

$$Y = \lambda(Exp, Eco, Cha, Reg) \quad (1)$$

式（1）中，反映集体认知特征的变量为主要候选人是否参与村委会主任竞选；反映家庭经济特征的变量为家庭年收入；反映户主个人特征的变量为户主的性别、年龄、婚姻状况、民族、健康状况、受教育程度、在本村居住的时间、在本村的任职情况以及政治面貌；反映地区特征的变量为虚拟变量，以广东省为参照，预期河南省和宁夏回族自治区农村居民参加村委会选举投票的热情要低于广东省。各个变量的含义和描述性统计分析结果见表 1。

表 1　变量的测量与描述性统计分析结果

变量名称	测量及赋值	均值	标准差	预期方向
被解释变量				
农村居民是否参与村委会选举投票?	不参与 = 0;参与 = 1	0.86	0.19	-
解释变量				
集体认知特征				
主要候选人是否参与村委会主任竞选	是 = 1,否 = 0	0.77	0.42	+
家庭经济特征				
家庭年收入	2007 年农户所有收入的加总(元)	20695.73	99710.73	+
户主的个人特征				
性别	男 = 0;女 = 1	0.04	0.19	?
年龄	户主的实际年龄(岁)	49.24	11.64	?
婚姻状况	单身 = 0;已婚 = 1	0.96	0.20	?
所属的民族	汉族 = 0;其他少数民族 = 1	0.19	0.40	?
健康状况	健康 = 1;患病有劳动能力 = 2;患病无劳动能力 = 3	1.14	0.42	?
受教育程度	没受过教育 = 1;未上学但会读写 = 2;小学 = 3;初中 = 4;高中 = 5;中专 = 6;职高 = 7;大专及以上 = 8	3.50	1.35	+
全年在本村居住的时间	实际在本村居住的时间(天/年)	338.17	75.35	+

续表

变量名称	测量及赋值	均值	标准差	预期方向
在本村的任职情况	村干部 = 1；村民代表 = 2；村民 = 3	2.75	0.64	-
政治面貌	中共党员 = 0；群众 = 1	0.78	0.42	-
地区特征				
农户所属的区域是广东省还是河南省？	广东省 = 0；河南省 = 1	0.30	0.46	-
农户所属的区域是广东省还是宁夏回族自治区？	广东省 = 0；宁夏回族自治区 = 1	0.35	0.48	-

注："+"表示正向影响，"-"表示负向影响，"?"表示影响方向不确定。

（三）对模型估计结果的简要描述

虽然二元选择模型的估计结果较为准确，但对其进行解释的难度很大；同时，尽管 WLS 模型估计结果存在效率损失，但对其进行解释较为容易。因此，本研究结合两种回归方法估计出的结果对农村居民是否参与村委会选举投票的影响因素进行分析与解释。从模型结果（见表 2）可以看出，第一，户主年龄对农村居民是否参与村委会选举投票有一定影响，户主年龄每增长 10 岁，其参与村委会选举投票的意愿就下降约 2%。这一结果与前文的预期一致，也较容易理解。样本户主的平均年龄为 49 岁，年龄偏大，随着年龄的增长，户主参与村委会选举投票的意愿会相应地下降。第二，户主的健康状况对农村居民是否参与村委会选举投票的影响十分显著。在一般意义上来说，农村居民的健康状况每恶化一个级别，其参与村委会选举投票的意愿就会提高 6.7%。这样看来，在现有的农村社会保障体制下，健康状况更差的农户往往会对政治参与更加敏感。第三，户主在本村居住的时间对其是否参与村委会选举投票的影响十分显著，当户主一年内在本村居住的时间每增加 100 天，其参与村委会选举投票的意愿会下降约 7%。这一结果与前文的预期有所不同。第四，农村居民参与村委会选举投票的地区特征十分显著，河南省的农村居民参与村委会选举投票的意愿比广东省的农村居民低 12.9%；而宁夏回族自治区农村居民参与村委会选举投票的意愿比广东省的农村居民低 13%。这充分反映了社会经济发展状况对农村居民政治参与意愿的影响很大。第五，主要候选人是否参与村委会主任竞选、家庭年收入以及户主的性别、年龄、婚姻状况、受教育程度、在本村的任职情况和政治面貌等变量对农村居民参与村委会选举投票的影响并不显著。

表 2　农村居民参与村委会选举投票的影响因素的模型估计结果

	Logit 模型	WLS 模型
集体认知特征		
主要候选人是否参与村委会主任竞选	0.063	0.014
家庭经济特征		
家庭年收入	-7.160E-7	2.920E-7
户主的个人特征		
性别	1.206	0.067
年龄	-0.232	-0.002**
婚姻状况	0.042	-0.047
所属的民族	-0.910	0.020
健康状况	0.782**	0.067***
受教育程度	0.027	-0.011
全年在本村居住的时间	-0.004***	-7.000 E-4***
在本村的任职情况	1.249	0.027
政治面貌	-0.212	0.002
地区特征		
农户所属的省份是广东省还是河南省？	-1.664***	-0.129***
农户所属的区域是广东省还是宁夏回族自治区？	-1.526**	-0.130***
截距项	-4.181	0.280***
似然比值	43.99	—
调整后的可决系数	0.173	—
可决系数	—	0.081
F 值	—	5.15

注：*** 和 ** 分别表示变量在 1% 和 5% 的统计水平上显著。

三　投票率的影响因素分析：基于乡镇层面的数据

从农户角度出发建立的实证模型主要考察的是农村居民参与村委会选举投票的个体原因与行为逻辑。为了从更高的视角、更宏观地看待选举投票问题，有必要进一步在乡镇层面分析影响村委会选举投票率（指某一乡镇参与村委会选取投票的农户与该乡镇样本农户的比率，以下简称投票率）的因素。

（一）被调查乡镇的基本特征

课题组成员对26个被调查乡镇的基本情况进行了调查。由于客观原因，本研究只取得了其中25个乡镇的投票率数据、17个乡镇的人均收入数据、16个乡镇的人口和财政收入数据。从调查情况看，被调查乡镇具有以下特征：第一，从被调查乡镇2007年的参与村委会选举投票的情况来看，全部被调查乡镇的平均投票率为86%，投票率最低的一个乡镇为64%，最高的乡镇为100%；第二，从被调查乡镇2007年的人均年收入水平来看，全部被调查乡镇的人均收入平均水平为3394元，人均收入最低的乡镇为1593元，人均收入最高的乡镇为5782元；第三，从人口规模来看，全部被调查乡镇的平均人口规模为5.46万人，人口规模最小的乡镇有1.1万人，人口规模最大的乡镇有15万人；第四，从财政收入水平来看，全部被调查乡镇2007年财政收入的平均水平为1808万元，财政收入最少的乡镇为215万元，财政收入最多的乡镇为1.2亿元；第五，人均财政收入的平均水平为402元，人均财政收入的最小值为81元，最大值为1674元。

（二）变量的选择

遵循分析农村居民参与村委会选举投票的影响因素的思路，影响乡镇层面投票率的因素包括：第一，乡镇的经济发展状况，本文用乡镇的人均收入水平来反映。从一般意义上来说，随着乡镇经济的发展（表现为乡镇的人均收入水平提高），投票率会相应提高。第二，人口规模。人口规模越大，往往组织成本会越高，越有可能对投票率产生负面影响。第三，乡镇财政收入状况，本文用乡镇财政收入水平和乡镇人均财政收入水平两个变量来反映。这两个变量的影响与乡镇的经济发展状况对投票率的影响类似，随着财政收入水平和人均财政收入水平的提高，投票率会相应提高。以这4个变量为自变量，利用最小二乘法建立回归模型Ⅰ。由于样本量过小（n = 16），为了降低自由度，并在人口规模与乡镇财政收入水平这两个变量不显著的情况下提供一个对照，本文引入仅包括人均收入和和人均财政收入两个自变量的回归模型Ⅱ。

（三）模型估计结果

从模型估计结果可以看出（见表3），人均收入水平对一个乡镇的投票率有着显著的促进作用，当人均收入水平每增长10%时，投票率将提高1.77%。而与预期不同，乡镇人口数、乡镇财政收入和人均财政收入对乡镇层面投票率的影响并不显著。

表3　乡镇层面的投票率影响因素的模型估计结果

	最小二乘回归模型Ⅰ	最小二乘回归模型Ⅱ
人均收入的对数值	0.177**	0.149*
人口的对数值	-0.048	—
财政收入的对数值	0.009	—
人均财政收入的对数值	—	0.028
截距项	-0.584	-0.524
拟合优度	0.283	0.081

注：** 表示变量在5%的统计水平上显著。

四　模型结果的解释及延伸讨论

本文的模型估计结果虽然看似与一般性调查中的经验观察不尽一致，但有其深刻含义。因此，对本研究模型估计结果的进一步解释将有助于深化关于乡村政治治理的认识。

（一）几个主要相关关系的解释

1. 为什么家庭年收入与人均收入水平对农村居民政治参与的影响有显著不同

根据模型估计结果（见表2和表3），农户家庭年收入与农村居民的政治参与行为并无关系，而乡镇的人均收入水平却对农户的政治参与程度有显著影响。笔者认为，这种情形正反映了人们通常忽视的政治经济关系。

政治参与热情[①]与一个地区的市场化程度有密切关系（党国英，1999），而一个地区的人均收入水平是反映当地市场化程度的一个重要指标。正因为如此，人均收入水平高的地区，居民的平均政治参与热情也比较高。在此次调查中，与河南省、宁夏回族自治区相比，广东省是经济发达地区，市场化程度比较高，因而农村居民的政治参与热情更高。不过，在一个地区内部，即使农户之间的收入差距很大，只要这一地区的人均收入水平低，则意味着其市场化程度低；并且，政治参与热情在一个社区内部可以相互影响，因此，在社区内部收入水平不同的农户之间的政治参与热情差异不大。这是在模型估计结果（见表3）中看不出家庭年收入与政治参与热情之间具有明显相关性的原因。

2. 为什么农村居民的受教育程度与其政治参与热情之间的相关性弱

模型估计结果证明了本文笔者之一曾提出的一个理论分析观点，即民主政治的兴起取决于社会对民主政治的需求，而不取决于居民的所谓受教育程度（党国英，1999）。

模型中的“受教育程度”是指其受教育年限。严格说来，受教育年限与文化素质不是一回事，后者包括了居民在生存环境中由耳濡目染所接受的文化熏陶以及对公共权威的认同能力。维护传统乡绅自治的主要因素是乡绅的道德可信度，与一般居民的受教育年限并无直接关系。在市场竞争环境下，竞争的多变性使人们有更多的可能性在相对陌生的环境中活动，传统习俗的约束作用不能满足人们处理公共事务的要求，而维护习俗的乡绅的道德可信度在竞争环境中被认同的成本很高。因此，只有法制环境才能被人们所接受。法制环境的特点是专业化，有人专门处理法律事务。所以，对于参与村委会选举投票而言，农村居民的受教育年限并不重要。民主政治活动的技术性要求并不高，选民即使不识字也可以参加投票。

民主政治能否被推进，关键在于社会精英阶层的态度。如果社会精英阶层不认为民主政治可以增进自己的利益，它就不会获得发展。一般来说，社

① 与上文中“参与村委会选举投票的意愿”的意思一致。对模型中的因变量“是否参与村委会选举投票”而言，取值越趋向于1，农村居民的政治参与热情越高；而取值越趋向于0，农村居民的政治参与热情越低。

会精英阶层更认同竞争，认同法制。

3. 为什么户主的健康状况与其政治参与热情呈明显正相关

在目前中国农村，家庭中存在健康状况欠佳的成员，其生活水平往往较低，农村最低生活保障政策的受益者主要是这个群体。笔者在此项调查中发现，农村最低生活保障工作在农村的随意性较大，农村居民对这项工作的意见比较大。村干部的作风对农村低保户的生活有直接影响。因此，这个群体对参与村委会选举投票的热情更高。

4. 为什么户主在本村居住的时间与其政治参与热情呈明显负相关

模型的这一结果很有理论解构价值。户主在本村居住时间长的，多为农业劳动者。而农业劳动者又多为老人和妇女，他们的年龄和性别与其政治参与热情之间的相关度低，而他们的职业却与其政治参与热情之间具有显著的负相关性！其主要原因是，农业生产的联系相对简单，国家政策的透明度高，村干部的行政自由裁量权对农业生产者的利益影响较小，以致他们的政治意识较弱，当年在本村居住的时间长，政治参与的热情也往往越低。

5. 如何认识农村居民政治参与热情的区域差别

广东省、河南省与宁夏回族自治区农村居民的政治参与热情的差异十分明显，身处内陆地区的河南省和宁夏回族自治区的农村居民参与村委会选举投票的热情明显低于广东省的村民。在前文的讨论中，笔者把这种差异和人均收入水平进而和市场化程度联系在一起。但更深入地看，这是一个与城市化有关的问题。在广东省农村地区的调查发现，当地的农业增加值占 GDP 的比重很低，以农业为主的劳动力占总劳动力数量的比重也很低。在广东省，有很大比例的农户实际上已经不是真正意义上的农户。尤其是在惠州，若以在城市就业的劳动力所占比重作为反映城市化率的指标，则其城市化率达到了 80% 以上。所以，经济较发达地区农村居民的政治参与，实际上是城市居民的政治行为问题。这一点将在后文作进一步讨论。

（二）延伸讨论

1. 传统乡村社会能否嵌入民主政治

本项研究的结果并没有支持关于任何发展程度的社区都普遍具有民主政治参与热情的观点。笔者认为，这一结果可能暗含对“传统乡村社会很难嵌入民主政治”这一理论观点的支持（党国英，1999）。

在传统乡村社会，村容村貌的维护主要靠宗族关系发挥作用，为数不多的公共支出则依靠乡绅捐助和宗教劝慰实现，村庄内部纠纷的处置以及其他公共事务的主持仰赖各类类似于“志愿者”的乡绅。这种治理方式比民主政治治理方式的成本更低。有学者认为，传统乡村社会的定义是“没有积累的社会”；相近的说法定义传统乡村社会为自给自足的社会。在这种社会，其生产方式基本上不发生变化。相应地，其公共生活也比较简单，通常按惯例习俗处理公共事务，所以很少有需要讨论的新的公共事务。大家都是习俗的接受者，所以，“一致同意”事实上成了公共事务决策的通行原则，只是这种“一致同意”并不能真正体现和谐，因为农村居民通常以牺牲自由来服从习俗。

“少数服从多数”这一民主政治原则应用在传统乡村显得比较奢侈。民主政治更需要在市场化社会运用。调查表明，农民选举村干部的主要目的是想通过自己的选票影响物质利益分配，约束村干部侵吞集体财物。不过，这只反映了现代社会关系开始冲击传统乡村社会，并不意味着乡村社会有了强烈的民主政治需求。从世界历史大视野看，民主政治的规则发端于上层社会，它替代基层社会的传统规则需要漫长的时间。一个国家可以有一场民主革命，或可以有一部民主宪法，但其社会治理方式与民主政治完全可以风马牛不相及，例如印度社会大抵如此。像美国这样的国家，基层社会的改造也经过了极为漫长的过程，也许在奥巴马当总统后，才算有了一个标志性的成就。

2. 中国乡村的现实及其对民主政治的需求

当然，现实变迁总显示为渐变的谱系，并不是与理论家的定义相一致的纯粹的结构。但理论还是有意义的：对渐变谱系的反映只是需要改变理论假设的条件，以使理论与现实保持一致。现实的中国乡村社会当然不是纯粹的传统社会，但也不是完全市场化的社会。大体可以这样认为，中国乡村社会正处于由传统乡村社会向市场化社会的过渡时期，相应地，中国乡村社会对民主政治的需求也处于增长过程之中。落后的乡村更接近于传统乡村社会，而发达地区的乡村则更接近于市场化社会，它们对民主政治的需求依次递增。统计数据表明，中国农村地区的市场化程度在改革开放以来有显著提高，西部、中部和东部的市场化程度总体上呈依次提高态势（见表4）。

更深入地来看，乡村社会越发达，其越容易蜕变为城市社会：其农业变成城市化分工体系的一个分支，专业农户也卷入城市经济系统，变成“城外市民”。所以，当我们说发达的乡村社会才有对民主政治的需求时，其实是指城市社会对民主政治的需求。换句话说，“发展乡村民主政治”这个表述其实是一个虚假表述，应该表述为“发展城市民主政治”。一个区域，一旦它产生了对民主政治的需求，就意味着它已经是城市化的社会。也许仍然按习惯把一个地区称为乡村社会，但它在本质上其实已经是一个城市化的社会结构。

表4　农村地区的市场发展情况

单位：%

	全国	东部	中部	西部	东北
有综合市场的乡镇	68.4	78.8	73.7	59.0	69.5
其中:有年交易额超过1000万元综合市场的乡镇	23.9	36.9	25.9	15.7	20.2
有专业市场的乡镇	28.2	36.0	38.5	18.2	24.2
其中:有年交易额超过1000万元专业市场的乡镇	10.5	19.0	12.4	4.7	9.6
有农产品专业市场的乡镇	23.0	27.8	33.9	14.7	16.5
其中:有年交易额超过1000万元的农产品专业市场的乡镇	7.6	13.4	9.4	3.3	6.4

资料来源：国家统计局，《第二次全国农业普查主要数据公报》，2007年2月21日。

五　结论及其对政策调整的意义

本研究得到的主要结论是，中国农村地区对民主政治的需求与农村经济的市场化程度高度相关。而本文的延伸讨论则说明，乡村社会对民主政治的需求之日，也就是乡村社会的解体之时，同时也是城市社会替代乡村社会之时。这当然是一个渐进过程，但不论这个过程有多长，转变的性质将不会有变化。

本文的结论，的确在理论与政策批评上有一定颠覆性。当要求典型的乡村社会实现民主自治时，其实它并不需要民主政治；当发现它需要民主政治时，它已经是一个市场化的城市社会。可以认为，“乡村民主治理”是一个很吊诡的表述。

这个结论当然对政策批评有启示性意义，理应避免这种尴尬：当依照大众语言在持续念叨“乡村民主治理”时，却发现在某一天，传统农业主产区的专业农户居民点收缩到不能撑得起村民委员会存在的地步，而发达地区整体转型的村庄则完全变成了城市的一部分。

本文研究结论对相关政策调整的启示是：第一，决策者应正确对待当下《村民委员会组织法》实施中的各种难题。鉴于中国乡村地区在不同程度上仍具有传统性质，且由于习俗使然，要在其中嵌入民主治理方式，的确有一定困难。对于这种困难，不能简单地将其归咎于干部不努力、群众素质差，也不要过分追求政策的完善，搞叠床架屋似的机构设置。对现实的观察表明，相对于乡村治理，农村产权改革可能更加重要。要使村民委员会仅承担村庄的公共服务职能，把土地等集体资产的管理权完全剥离到农民或农民经济组织手中。在经济发达地区，村委会改制为居民委员会以后，公共服务可以交由政府的派出机构承担。广东省南海市和顺德市的经验证明，这种做法很有积极意义。减少干部权力的含金量，有可能吸引一些志愿者来担当基层干部，这将会极大地改变乡村社会关系。第二，决策者应树立由乡村治理向城市治理转变的观念。具体来说，要考虑将城市治理的覆盖范围扩大至全社会，不再使所谓“乡村治理”成为一个独立问题。由此出发，今后应更加强调城乡基本公共服务一体化，而不是“均等化”。为适应这种转变，城市治理的方式也应该做出调整。第三，应考虑修订《城市居民委员会组织法》，使其涵盖农村居民。此法修订完成以后，可再行废止《村民委员会组织法》。

第十章　人口流动、城镇化与新农村建设

本章包括正文与附录两个部分。在正文部分，我们首先使用宏观数据对中国城镇化与人口流动的历程、现状与特点进行梳理，然后重点使用在河南、广东、宁夏三省区1000余户问卷调查所得的微观数据，对农村人口流动状况、农村劳动力剩余情况、农村现有劳动力的结构等做分析与判断，最后就新农村建设与协调推进城镇化之间的关系做进一步讨论。在附录里，使用农户问卷调查数据对劳动力流动决策与影响因素做计量分析，一方面为"农村现有劳动力存在剩余，但流动性不足"这一判断提供统计支撑；另一方面检验区域特征因素（包括部门差距、地区差距、农业生产经济、技术条件变化等）对农村劳动力转移与流动的影响。

一　中国城镇化与人口流动的历程、现状与特点

（一）城镇化总体状况及其走势

1. 近年来城镇化水平快速提高

城镇化是城乡人口分布的变化过程。统计数据表明，新中国成立初期中国的城镇人口比重开始快速增长，但之后出现了多年波动与下降，这主要是

受当时人口政策的影响。在城乡人口结构与产业结构严重失衡的情况下，改革开放以来中国的城镇人口比重持续增长，虽然在 1988 ~ 1995 年年均增长幅度有所下降，但自 1996 年以来一直高速增长，2011 年中国城镇人口比重已达到 51.3%，2004 ~ 2011 年 7 年间年均增长 1.36 个百分点。①

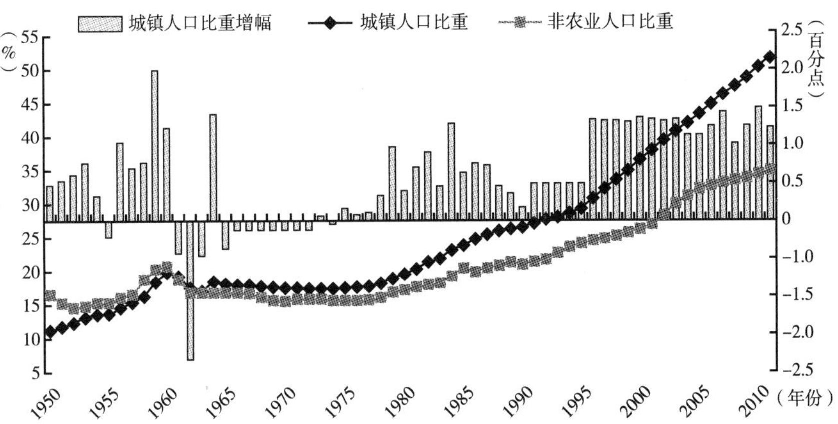

图 1　1949 ~ 2009 年中国城镇人口与非农业人口比重变化情况

资料来源：历年《中国统计年鉴》。

2. 城镇人口与非农业人口的脱节日益严重

统计意义上的城镇化，也就是常住人口的城镇化，在劳动力流动到城市时就可能会实现。传统意义上的城镇化则是一种身份转变过程，在户籍从农村转到城市的同时，获得相关的福利与公共服务。中国的城镇化水平统计中包括的在城镇中常住的农业人口，因为户籍制度改革的滞后，他们虽然在就业、生活上已脱离农村，但未能与属于城镇户口的居民享有同等的公共服务与福利。图 1 表明，自 1961 年以来城镇人口比重就一直高于非农业人口比重，并不断扩大，2011 年两者间的差距达到 16.6 个百分点。1990 ~ 2011 年，城镇人口数量与非农业人口数量之间的差距从 6628 万增长到 2.20 亿。

① 新中国成立以来，中国城镇人口范围在统计上经历过多次变动。除了地区范围，最重要的变化就是城市中居住的农业人口是否被统计为城镇人口。例如，1964 年第二次人口普查中的城镇人口只包括市和镇的非农业人口，不包括农业人口，普查结果因而低估了城镇化水平。后来的人口普查中城镇人口基本都包括了市辖区和镇的农业人口，2000 年第五次人口普查中则将居住六个月以上的流动人口计入城镇人口的统计范围。

3. 城镇化水平低，已进入城镇化加速发展阶段

按户籍人口计算的城镇化率显然低估了中国的城镇化水平。但即使按照常住人口计算，与欧美发达国家相比，与中国经济的产业结构相比，城镇化率均不算高。1990 年发达国家城镇化率平均为 73%，2010 年则进一步上升到 78%（见表 1），分别比中国同期高了 46.6 个和 28.1 个百分点。虽然差距有所缩小，但依然很大。而且，就中国实际情况来看，虽然按常住人口计算城镇化率更加接近城镇化的实质，但还存在高估的可能。① 因此，整体来看，中国的城镇化水平仍很低，与发达国家之间存在很大的差距，处于城镇化的加速发展阶段。②

表 1　1990 年与 2007 年主要发达国家的城镇化水平

单位：%

年份	法国	德国	日本	意大利	俄罗斯	英国	美国	发达国家	欧洲地区
1990	74	73	63	67	73	89	75	73	71
2007	77	74	66	68	73	90	81	77	73
2010	78	74	67	68	73	90	82	78	74

资料来源：世界银行，“World Development Indicators 2012”。

（二）城乡人口流动的典型特征③

1. 身份转变滞后于就业转变

在长期实行城乡分割的制度背景下，渐进式改革使得农民在城镇化过

① 因为，一方面两栖式迁移普遍存在；另一方面，作为城市常住人口的农民工缺乏在城市中永久生存下去的保障，他们中很多人在达到一定年龄后将不得不回到农村。

② 诺瑟姆（Ray M. Northam，1975）把一个国家和地区的城镇人口占总人口的比重的变化过程概括为一条被拉平的“S 形”曲线，并将城镇化过程分为三个阶段：城镇化水平较低、发展速度较慢的初期阶段、人口向城镇迅速集聚的中期加速阶段和进入高度城镇化以后城镇人口比重的增长又趋缓慢甚至停滞的后期阶段。当城镇化水平超过 30% 时，城镇化进入快速发展的第二阶段，在城镇人口比重超过 70% 后城镇化速度趋于停滞。也有学者认为城镇化进程分为五个阶段：20% 以前为起步阶段，20% ~50% 为加速阶段，50% ~60% 为基本实现阶段，60% ~80% 为高度发达阶段，80% ~100% 为自我完善阶段（陈甬军等，2009）。显然，不论按什么标准，中国当前都处于城镇化的加速发展阶段。

③ 对农村人口流动典型特征的分析除了特殊说明外，均来自本课题农户抽样调查数据。

程中需要先后经历就业与身份的转变，即纯农业—兼业—完全非农业—户籍身份转变。但从实际转变轨迹看，则呈现就业转变与身份转变错位的现象，或者是滞后，或者只完成部分转变（就业转变后终止，转变因制度制约而不彻底）。大量流动人口的存在说明了这种身份转变的滞后。这个现象在宏观上则表现为前述的城镇人口比重与非农业人口比重脱节的结果。

2. 劳动力流动而不是人口（家庭）流动

在当前的体制下，城乡人口流动的主体仍然是劳动力而不是家庭，短期流动人口中又以20~30岁人口为主（见图2）。由此产生了留守老人、留守儿童等社会问题，也导致了农村人口素质的退化。流出的人口往往不能在城市定居下来，在达到一定年龄后因体力和技能不能满足城市需求而退回农村。

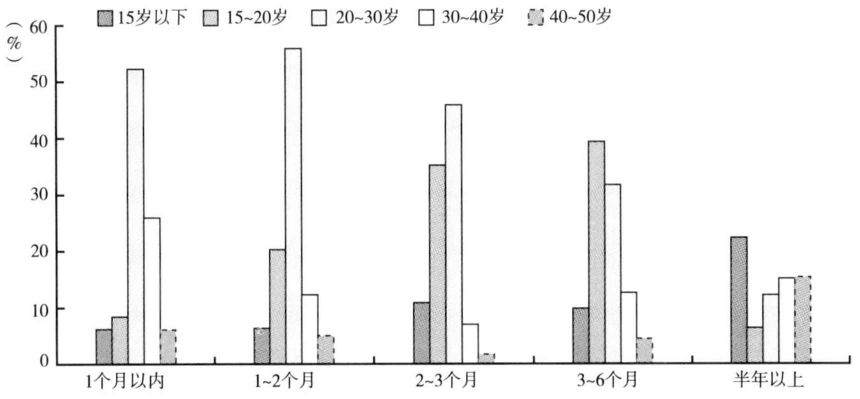

图2　流动状况与年龄结构

3. 流出人口的回流现象普遍

流动到城市的人口缺乏稳定性，并不能永久定居。首先，流到城市的农民没有被城市的社会福利体系所覆盖，享受不到和城市居民同等的社会保障和公共服务，支付不起在城市的定居成本，实现不了全家人口的迁移和定居。因而对农民工来说不管一年在外多长时间，家仍在农村，逢年过节总要想方设法回到老家，形成两栖式迁移。其次，农民工在达到一定年龄后，在体力与技能不能满足需要的时候，往往不得不回到农村，在周边务工或重新从事农业。这是与农民工生命周期相一致的流动周期。最后，经济波动与政策变化时，农民工往往最敏感，一有风吹草动他们就不得不“回流”。农民工边缘化、钟摆形的流动特征，表明当前的城镇化依旧是固化着城乡二元结构的城镇化（张晓山，2010）。根据中国社会科学院农村发展研究所2009年的一项农村劳动力流动调查，在10个省的1000个调查农户中，曾经或正在外务工的有729人，其中截至调查时已经返乡并且（暂时）不打算外出的有74人，比重超过10%；另外还有相当一部分人在多年的外出务工历史中，务工经历曾经因为种种原因中断过。[①]

4. 兼业非常普遍

在全部适龄劳动力中，完全从事农业的劳动力占41%，完全从事非农业的占23.1%，而兼业的占25%（见表2）。这表明就业转变有着层次性，农业兼业化仍比较普遍，并且地区间存在一定差异。

表2　农村劳动力农业、非农业和兼业的就业构成

单位：人，%

地区	不在业		兼业		完全非农		完全农业	
	人数	比重	人数	比重	人数	比重	人数	比重
广东	163	14.9	208	19.0	382	34.9	340	31.1
河南	106	11.1	262	27.4	212	22.2	375	39.3
宁夏	66	6.4	299	29.1	116	11.3	545	53.1
全部	335	10.9	769	25.0	710	23.1	1260	41.0

注：样本为适龄劳动人口（15～59岁）；农业或非农就业时间未填写，通常因为不从事相关劳动，在此按0处理。

在兼业者中，劳动总天数中干农活的天数所占比重在20%以内的占到35%，而干农活所占天数比重在80%以上的仅占了10.9%。相反，从事非农业活动天数占在业天数的比重在80%以上的人口占36%，而比重在20%以下的仅占8.%（见图3）。也就是说，即使不考虑有效工作日问题，单从劳动天数上看，兼业者主要从事非农业。

① 党国英主持的科技部科技支撑项目“村镇劳动力流动跟踪监测与跨区域调控信息技术开发”。

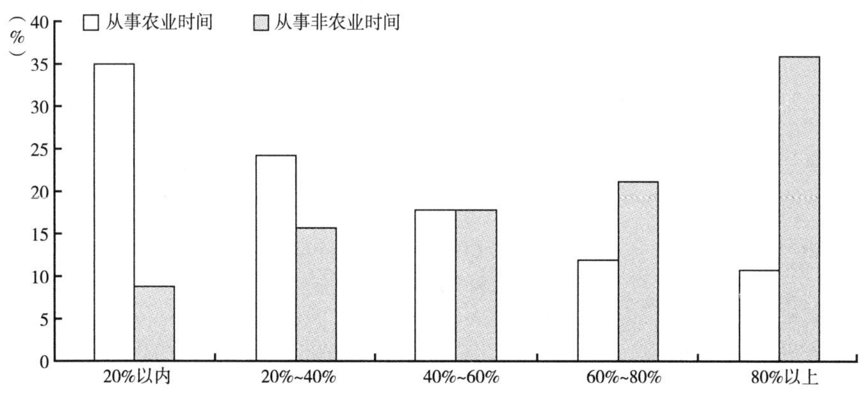

图 3 兼业人口劳动时间分配状况

二 成本收益失衡的城镇化

（一）农民城镇化的过程与决策机制

中国的城镇化过程是传统人口迁移的延伸，包括劳动力从迁出地转移出去和迁移者在迁入地定居下来两个阶段，在此可将第一阶段称为流动阶段，第二阶段称为迁移阶段。与计划经济时代不同，农民在城镇化过程中不再是完全被动的，而是有一定程度的选择权利，而究竟做出怎样的选择则主要取决于对城镇化前后成本收益的权衡。

在城镇化的第一阶段，即以就业为目的的劳动力流出阶段，这种权衡可以在哈里斯－托达罗模型（1970）的框架下分析，可简单归结为对预期收入（或永久收入）的比较。

假设，$V(O)$ 是流出者流出期间的预期城－乡净收入流的现值；$Y_{u(t)}$、$Y_{r(t)}$ 是在城市和农村就业的平均绝对收入；n 是流出者计划的流出时期；i 是贴现率，反映了流出者的时间偏好；$C(O)$ 表示流动的成本；$p(t)$ 表示流出者在 t 时期在平均工资水平获得一个城市就业的概率。那么，

$$V(O) = \int_{t=0}^{n} [p(t)Y_{u(t)} - Y_{r(t)}]e^{-it}dt - C(O)$$

是否流出取决于 $V(O)$，$V(O)$ 大于零表示流出将增加潜在流出者的净收益，反之，$V(O)$ 小于零则表示流出将引起流出者净收益的下降。遵循一定的概率假设，流出者在城市待的时间越长，获得就业的概率就越高，给定城市和农村就业的收入水平，流出的预期净收益就越高。

但是，第二阶段的权衡就不再这么简单，收入虽然仍是核心因素，但更重要的是涉及住房、社会保障与公共服务等各种需求，农民在这个阶段所要付出的成本也要远高于第一阶段。

图 4 概括了城镇化两个阶段成本收益的构成情况。从流动到迁移，利益权衡所要考虑的因素增加了很多。其中，实现城镇化可供选择的模式、政府公共服务的供给方式都对这种权衡有着显著的影响。

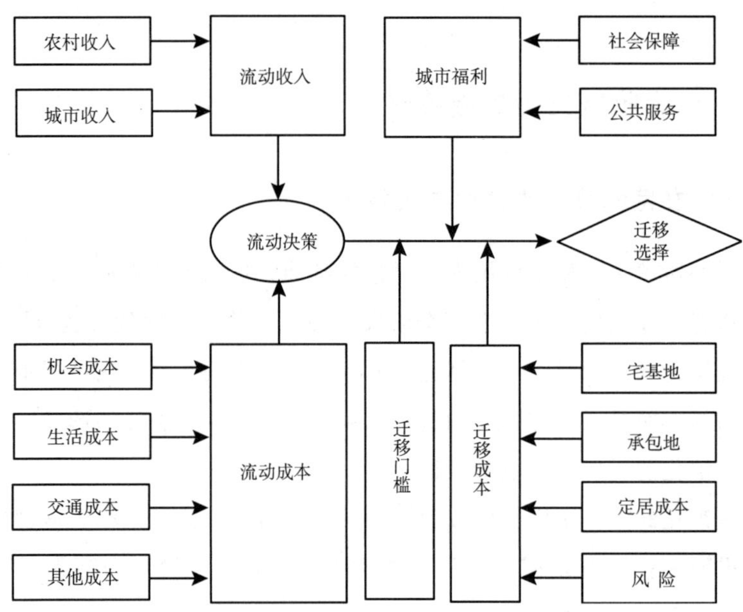

图 4　流动与迁移决策的影响因素

目前，正是在这种权衡下，出现了“大城市进不去，县乡与小城市不愿进”的城镇化现状。实际上在乡镇一级，甚至在县一级，城镇户籍已经对农民放开，前提可能是放弃农村的宅基地、承包地和一些其他权益，如国家补贴等。在此情况下，农民城镇化的意愿并不高。在很多地方，户籍迁回农村的意愿甚至远高于迁入城市，难度也远大于后者，通常需要迁入村村民（代表）大会通过，再经过户籍管理部门的审批才能迁回到农村。

（二）流动收入与兼业化的经济理性

流动阶段的成本收益主要取决于农业与非农业的收入差异，当非农就业的预期收入大于农业就业就会发生流动。根据研究，在美国，农业相对工资增加1%，具有9年教育水平的男性非城市人口从事农业生产的概率提高3.37%，相对工资提高10%，概率提高近25%（Perloff，1991）。但是，对于刘易斯二元结构中的剩余劳动力来说，这种平衡并不存在，因为非农就业机会很少，时间分配更多反映的是非农就业机会的多少，也就是说，最优化的约束条件不是时间总量，而是非农就业机会的供给。不过，随着农村劳动力的大量外流和农业劳动力老龄化日益显现，中国的农业劳动力过剩现象正在逐渐消除，农业、非农业劳动的时间分配开始面临时间约束，劳动者将从劳动时间边际价值较小的精耕细作向粗放经营转变，机械化程度越来越高，最终完全脱离农业，将土地闲置或流转出去也开始增多。从当前来看，农业兼业化、副业化更加普遍，而这与经济、制度环境相一致、符合农民经济利益的选择。

表3　农业、非农业打工日均工资比较

地区	农业打工日均工资(元)				非农业打工日均工资(元)			
	中位数	均值	变异系数	样本数	中位数	均值	变异系数	样本数
广东	30	33.9	0.713	27	32.7	44.8	1.373	190
河南	20	21.4	0.185	13	30.4	37.0	0.714	382
宁夏	40	39.6	0.349	36	33.3	38.4	0.991	218
全部	33.3	34.5	0.532	76	32.4	41.2	1.192	790

注：统计范围是在省内以打工的形式从事农业或非农业活动的全部人口（包括适龄劳动人口与劳动年龄以外的人口）。

从表3对农业务工和非农务工的日均工资比较来看，两者非常接近，甚至农业打工的日均工资的中位数还高于非农业打工者。在调查的三个省区中，两方面工资的差异不尽相同：在广东基本相当，在河南非农业工资高于农业工资，在宁夏非农业工资低于农业工资。这里比较的农业打工工资实际是外出从事非农业活动将农业生产活动外包的经济成本，当两者实现平衡，外出务工与自己从事农业生产所能实现的边际价值也就相等了。但是，如果将农业的全部收益计算进去，农业生产的效率工资，即单位劳动时间的总收入，要大大高于非农就业。在此种情况下，农民显然不会轻易将土地抛荒，再加上外出务工所得还可能低于将农活外包的成本，因而坚持家庭经营将是农民经济利益最大化的合理选择，这为农业兼业化提供了解释。同时，这也意味着城镇化（进城落户）并不能给农民带来更多的经济收入，甚至会导致收入的净减少。①

兼业人口与完全从事非农业人口相比较，前者非农就业的地点更加本地化（见表4）。但在本村以外从事非农业，而又继续从事农业生产的人口的比重也很高。两组人群，在村外乡内、乡外县内从事非农业的人所占比重都基本相当，但完全从事非农业的人口中在县外省内就业的人口比重明显高于兼业人口，而在本村从事非农业的比重明显要低。

表4　就业模式与非农就业地的分布

单位：人，%

非农从业地	完全非农		兼业		农业时间>30天		农业时间>30天、非农时间>180天	
	人数	比重	人数	比重	人数	比重	人数	比重
在本村	36	17.2	337	26.4	293	27.0	164	24.4
村外乡内	22	10.5	138	10.8	115	10.6	61	9.1
乡外县内	33	15.8	197	15.4	169	15.6	101	15.0
县外省内	104	49.8	419	32.8	354	32.7	231	34.4
港澳台	—	—	1	0.1	1	0.1	1	0.1
国外	—	—	1	0.1	1	0.1	1	0.1
不固定	—	—	4	0.3	4	0.4	3	0.4
省外	14	6.7	180	14.1	147	13.6	110	16.4
总人数	209	—	1277	—	1084	—	672	—

注：统计范围是从事非农业活动的全部人口（包括适龄劳动人口与劳动年龄以外的人口）；因为可能在不同的地方从事了非农就业，所以比重加总会大于100%。

① 值得指出的是，这里的分析表明，就调查地区而言，现实中存在着农业打工收入高于非农打工收入的可能性，但并不意味着这是普遍的趋势。否则很难解释非农打工者人数大大高于在农业中打工人数的宏观特征。

（三）永久迁移的成本收益

在不同就业收益基本实现平衡的情况下，农民城镇化（进城落户）的成本收益主要取决于成本，后者又取决于实现城镇化的途径和方式。长期以来，农民进城落户首先要放弃原有的宅基地和承包地，当前比较流行的一种做法是“宅基地换住房、承包地换社会保障”。农民在住房、养老、医疗等方面有着基本保障需求。在传统城乡分割与社会保障制度不健全的情况下，土地客观上部分地发挥着这种保障功能。农业兼业化往往也是农民保持土地保障功能的权宜做法。正是这样的背景下，“宅基地换住房、承包地换社会保障”的城镇化模式似乎具有其合理性。但是，社会保障应为每个公民平等享有，是一个负责任的政府向公民提供公共服务的承诺（陈锡文，2010），而让农民拿自己的财产去换取社会保障与公共服务，实际是对农民获取平等保障权利的侵犯，也掩盖了农民城镇化过程中的高昂成本。因此，看似合理的城镇化政策，具有现实的不合理性，其背后是农民城镇化过程中在经济上严重不对称的成本收益。

对大多数农民工来说，人力资本积累并不显著，在过去相当长一段时期内，一般非技术型农民工的工资增长非常有限，因而“终生收入”的预期也不能为农民工提供城镇化的经济动力。相反，年老后可能面临体力衰退和能力落后的问题，所以城镇化的长期风险很大。概括来看，农民城镇化可谓短期收益小，长期收益也不大，甚至更小。即使城镇化可能会带来收益的增加，但只要动力不够大，出于防范风险的目的，很多农民也会放弃这种选择。

三　消失的劳动力剩余

进一步促进劳动力流动仍是城镇化推进的重要方面，这一过程首先取决于剩余劳动力的规模。农业打工工资与非农业打工工资的趋近表明绝对剩余劳动力整体上已消失，但仍存在一定的相对剩余，主要是比重依然较高的纯农业就业人口与一部分兼业和非农从业人口，表现为就业不充分。同时，这部分劳动力因为年龄大、受教育水平低、缺乏技能而不具有很高的流动性。

（一）劳动力剩余的总体状况

首先，劳动力剩余可以从就业结构来看。从表2可以看出，纯农业从业人口占适龄劳动人口的41%，广东只有31.1%，在宁夏则有53.1%，纯农业从业人口在农村劳动力中仍占较高比重，这与较低的农业专业化水平和生产率相联系，表明农业剩余劳动力的存在。另外，在整个适龄劳动人口中，还有10.9%的不在业人口，即非经济活动人口。这部分人也可能是剩余劳动力，甚至是绝对剩余劳动力。

其次，劳动人口全年赋闲时间也可以很好地反映当地就业机会的有限性或者劳动剩余情况，各省的统计结果与其经济发展水平也基本一致。广东适龄劳动人口全年平均赋闲80天，但中位数只有30天。河南与宁夏两地的均值比较接近，分别是112天和116天，但中位数相差较大，分别是65天和95天。变异系数（内部差异）大小与平均赋闲时间成反比，广东的内部差异最大，两极分化明显；宁夏变异系数最小，表明就业机会缺乏普遍性（见表5）。

表5　不同地区适龄劳动人口全年赋闲时间分布

地区	样本（份）	平均赋闲时间（天）		离散程度（CV）	按赋闲程度构成（%）			
		均值	中位数		3个月内	3~6个月	6~9个月	9个月以上
广东	969	80	30	1.347	71.5	10.8	6.9	10.7
河南	732	112	65	0.956	56.0	16.9	10.5	16.5
宁夏	884	116	95	0.755	38.6	36.1	18.4	6.9

注：样本为非在校适龄劳动人口。

按就业类型分，赋闲比较突出的是纯农业就业人口。从表6来看，纯农业从业人口的年均赋闲时间最长，均值137天，中位数120天。完全非农业从业人口的年均赋闲时间最短，均值52天，中位数只有30天。但是，年均赋闲时间越短，变异系数越大，说明组内差异随着整体水平的提高也在逐渐增大。

表 6　不同就业类型适龄劳动人口的全年赋闲时间分布

类型	样本（份）	平均赋闲时间（天）		离散程度	按赋闲程度构成（%）			
		均值	中位数	（CV）	3 个月内	3～6 个月	6～9 个月	9 个月以上
完全非农	637	52	30	1.212	81.5	12.1	4.2	2.2
兼　业	769	69	60	0.943	65.5	27.2	6.2	1.0
完全农业	1026	137	120	0.768	36.4	24.9	21.5	17.3

兼业人口的劳动时间分配可以认为主要是利益权衡的结果，就业机会的制约相对较小，而纯农业从业人口则同时受利益权衡和非农就业机会双重制约，两类人群全年赋闲时间的不同一定程度上表明了这种差异。从适龄劳动力中纯农业从业人口的全年农业就业时间分布来看（见表 7），农业劳动时间在 3 个月以内的占了不到 20%，在半年以上的占了近 60%。在此，可将纯农业从业人口中就业时间不足三个月的理解为绝对剩余，剩下部分（特别是就业时间 3～6 个月的占 25%）看做是相对剩余，因为后者需要靠技术进步和生产方式转变来释放。显然纯农业劳动力中如有绝对剩余，也不是非常突出。在进一步消除绝对剩余的情况下，促进劳动力流动的重点只能是如何释放这部分相对剩余劳动力。

表 7　纯农业和农业兼业人口全年农业就业时间分布

单位：人，%

时间		1 个月以内	1～2 个月	2～3 个月	3～6 个月	半年以上
兼业	人数	104	146	126	179	214
	比重	13.5	19.0	16.38	23.3	27.8
纯农业	人数	42	70	127	281	740
	比重	3.3	5.6	10.08	22.3	58.7

注：样本为非在校适龄劳动人口。

（二）农业剩余劳动力的人口结构

1. 农业从业人口老龄化

表 8 反映了全部农业从业人口的年龄构成。可以看出老龄化问题已经非常突出，特别是纯农业从业人口。纯农业从业人口的平均年龄 45.6 岁，其中 60 岁及以上人口占了 17%，这些人并不是通常统计意义上的劳动力。50～60

岁占了27.6%，那么纯农业就业人口中50岁以上人口占了近一半，而30岁以下人口所占比重不足20%，40岁以下的合计也仅占1/3。农业兼业人口的平均年龄为38.6岁，比纯农业从业人口低了近7岁。其中30岁以下人口的比重占近25%，40岁以下人口占了近55%，60岁以上人口所占比重仅6.2%，50岁以上人口占了不到20%，中青年人口的比重比纯农业从业人口高得很多，而老年人口的比重则明显要低，这也说明老龄人口的流动能力明显低得多。

表8 全部农业从业人口年龄分布

项　目	全部农业从业人口		纯农业从业人口		农业兼业人口	
	人数(人)	比重(%)	人数(人)	比重(%)	人数(人)	比重(%)
15～20岁	94	4.0	52	3.4	42	5.1
20～30岁	366	15.4	203	13.1	163	19.8
30～40岁	509	21.5	263	17.0	246	29.9
40～50岁	555	23.4	339	21.9	216	26.3
50～60岁	532	22.4	428	27.6	104	12.7
60岁及以上	315	13.3	264	17.0	51	6.2
总人数(人)	2371		1549		822	
年龄均值(岁)	43.1		45.5		38.6	
年龄中位数(岁)	43		46		38	

注：样本为从事农业活动的人口（不一定是适龄劳动人口，如老人），但不包括在校学生。

从表9适龄劳动人口的年龄分布情况看，农业就业特别是纯农业从业人口的老龄化问题依然突出。

表9 适龄劳动人口按就业状态分年龄构成

项　目	不在业		纯农业		农业兼业		完全非农	
	人数（人）	比重（%）	人数（人）	比重（%）	人数（人）	比重（%）	人数（人）	比重（%）
15～20岁	41	12.2	52	4.1	42	5.5	64	9.0
20～30岁	153	45.7	201	16.0	163	21.2	374	52.7
30～40岁	58	17.3	257	20.4	246	32.0	182	25.6
40～50岁	30	9.0	333	26.4	214	27.8	61	8.6
50～60岁	53	15.8	417	33.1	104	13.5	29	4.1
年龄均值(岁)	32		41		37		29	
年龄中位数(岁)	27		43		38		27	
变异系数	0.402		0.289		0.286		0.314	

注：因为数据筛选的原因，与表8的结果不一定完全一致。

图5更直观地比较了就业人口的年龄分布特征。纯农业从业人口的老龄化非常明显，人口比重不但没有随着年龄的上升而下降，甚至还有所上升。

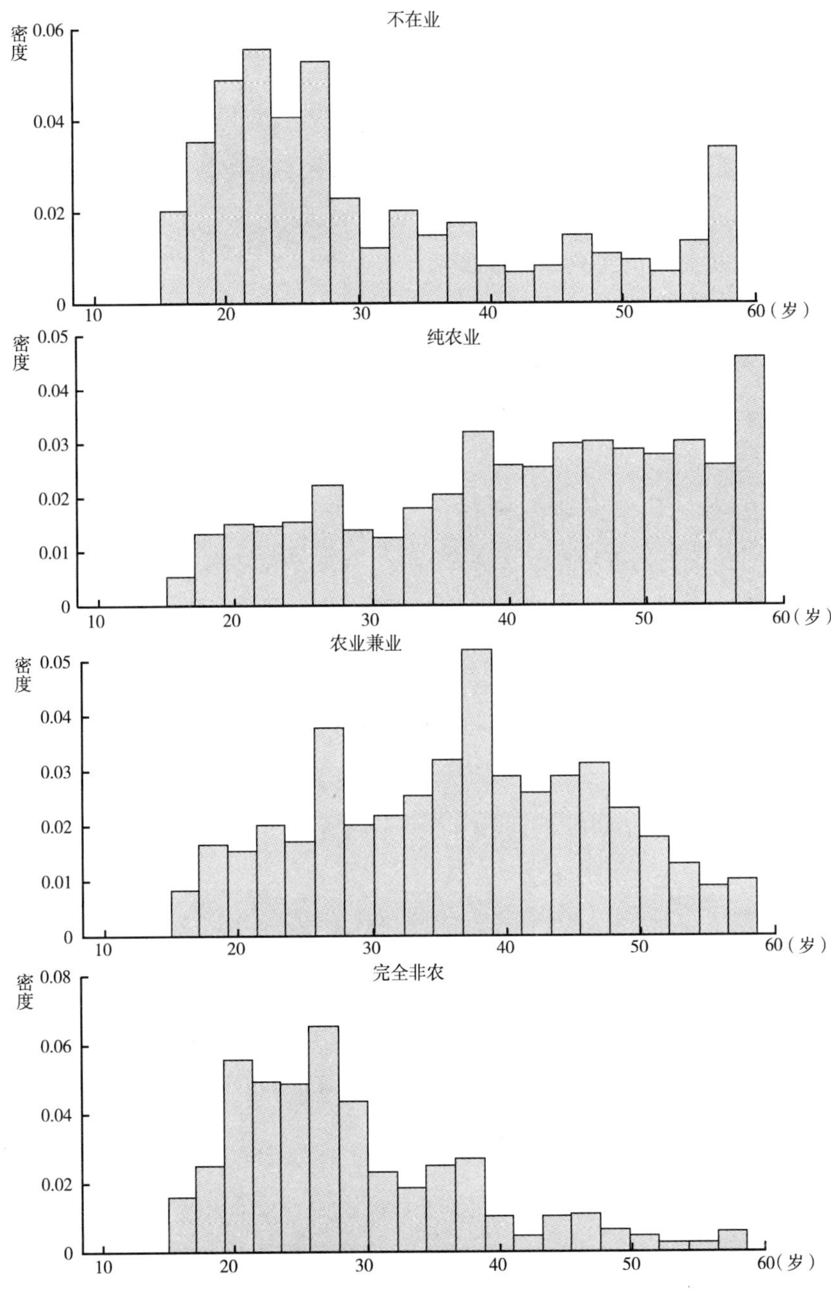

图5　适龄劳动人口按就业分年龄分布

农业兼业人口的高峰出现在40岁前，过了50岁后，人数快速下降。完全非农业从业人口以20～30岁年轻人为主，40岁以上人口所占比重很低。一方面，老龄人口中外出的比重本身就低；另一方面，外出人口中相当一部分在达到一定年龄后会返回农村不再务工。

老龄化的纯农业和农业兼业从业人口即使从土地上释放出来，也不具备很高的流动能力，更不用说实现永久性的城镇化。因此，从年龄角度看，农业从业人口即使存在剩余，其转移能力也非常低。

2. 农业从业人口受教育程度低

按就业类型分，在全部适龄劳动力中，纯农业从业人口受教育水平明显偏低。其中，文盲半文盲人口在纯农业从业人口中的比重高达15.4%，而在兼业和非农业从业人口中分别只占5.2%和3.2%。小学文化人口在纯农业从业人口中占31.3%，而在另两类就业人口中分别占23.5%和15.1%。初中及以上人口在非农业从业人口中占81.8%，在兼业人口中也占到71.4%，而在纯农业从业人口中仅占53.3%（见图6）。

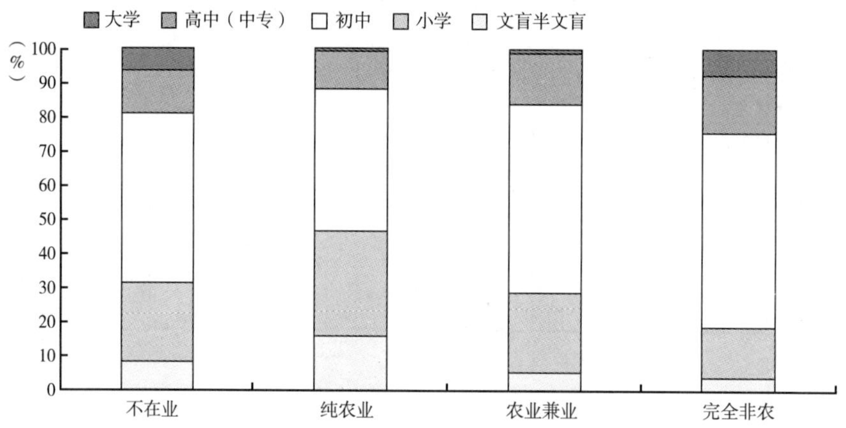

图6　按就业类型分适龄劳动力的受教育水平构成

3. 赋闲程度与人口结构

从前文的分析中可以看到，从业人口的赋闲程度有较大差异，在劳动力以相对剩余为主、绝对剩余很少的情况下，待转移劳动力的主体是赋闲程度较高的人群。但是，全年赋闲时间较长的劳动力，即剩余劳动力的主体也存在素质结构更低的问题。

整体来看，赋闲程度较高的人群平均年龄更高、受教育水平更低。全年赋闲半年以上的适龄劳动力平均年龄在40岁左右，而赋闲半年以内的适龄劳动力平均年龄只有35岁左右（见表10）。从受教育水平来看，赋闲半年以上劳动力中文盲半文盲及小学文化人口所占比重都要高于赋闲半年以内的劳动力，而初中及以上各教育水平所占比重都要更低，说明赋闲程度高的劳动力的受教育水平也偏低（见图7）。

表10　赋闲劳动力的人数与年龄构成

赋闲程度	人数（人）	年龄（岁）		变异系数
		均值	中位数	
赋闲半年以上	593	39.3	40	0.331
赋闲半年以内	1691	35.8	35	0.326
无赋闲	301	37.9	37	0.299

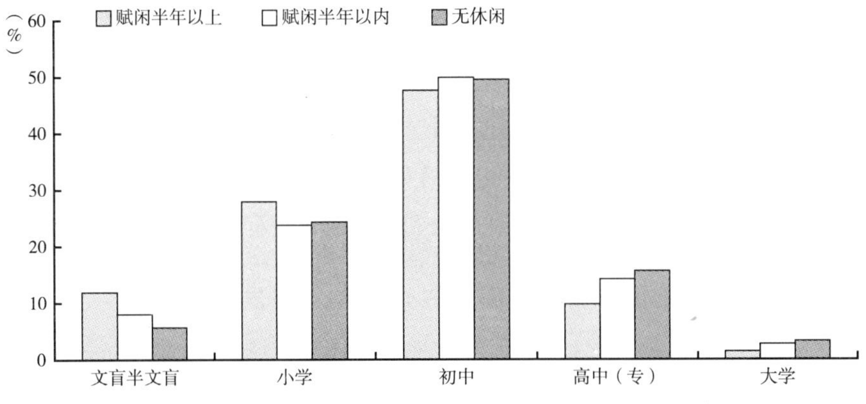

图7　按就业类型分适龄劳动力的受教育水平构成

四　与城镇化协调推进新农村建设的作用

城镇化进程的“S形”变化特点是与人口转变、产业结构转变相伴发生的。福拉斯蒂埃将人类文明分为三个时期：以第一产业或农业为基础的文明、以第二产业或工业为基础的文明和以第三产业或服务业为基础的文明，而城镇化的加速阶段被看做是第一和第三文明时期的过渡。从三次产业吸纳就业的比重变化看，第三产业的就业比重也呈现出“S形”变化过程。在人口转变方面，人口增长过程随着出生率、死亡率的阶段性变化，总人口增长曲线也呈现与城镇化趋势相契合的“S形”曲线变化特征。城镇化过程还会受其他因素，如经济、社会、制度因素的影响，而以户籍制度为代表。当前制约中国城镇化进程的制度性障碍依然存在。就业、住房与食品的市场化，使户籍制度不再是城乡分割的硬约束，但是依托于户籍的公共服务供给仍在发挥着重要的阻碍作用。在当前的财政制度与公共服务供给模式下，地方政府往往缺乏动力向外来流动人口提供均等化的公共服务。

上述的微宏观分析则进一步从农村角度揭示了中国城镇化面临的新形势和制约因素。概括来说就是三个方面：第一，按照现在“宅基地换住房、承包地换社保”的模式实现城镇化，农民的成本收益严重不对称，农民缺乏实现城镇化的动力；第二，随着刘易斯转折点的到来，传统农业生产方式下，农村剩余劳动力难以进一步释放，城乡人口迁移与劳动力流动有下降的可能；第三，农村人口素质退化与老龄化，在缺乏社会保障与未来预期的情况下，农村现有人口的流动性进一步大大降低。

加快城镇化所要克服的一些关键问题并不在农村，但在当前形势下，农村政策仍然会对城镇化进程产生重要影响。着眼于农村的现实，新农村建设绝不是对进一步推进城镇化的否定或简单补充，而是与之相辅相成，共同构成国家总体发展战略。只有这样，才有利于城镇化进程的进一步推进。

（一）与城镇化协调推进新农村建设是农村发展的需要

城镇化在相当长时间内不能解决全部农村人口的城市化与发展问题，农村人口的规模与比重将长期保持在较高的水平，因而需要与城镇化过程相协调地推进新农村建设。国务院发展研究中心课题组预测指出，2020 年，城镇化率将达到56%左右，城镇总人口达到 8 亿人左右；2030 年，城镇总人口和城镇化率分别达到 9.3 亿人和 63.6%（韩俊，2010），届时农村仍有 5.3 亿人口。按照陈锡文（2010）的推算，2030 年，中国按 15 亿人口、70%的城镇化率计算，农村仍有 4.5 亿人，超过新中国成立时的农村人口规模。也就是说，无论按照哪种方案计算，即使未来 20 年城镇化达到很高水平，农村人口规模依然会很庞大。前文对调查数据的分析也表明，随着青壮年劳动力的大量外流，目前留在农村的多是年龄大、受教育水平低、流动能力弱的老人、儿童与妇女，这部分人的流动与迁移越来越困难，农村人口外流的速度有可能趋于减缓。与此相对应，在宏观上，城镇化虽然仍将维持较高的速度，但是也可能已进入从加速向减速转变的拐点（魏后凯，2010）。在此背景下，统筹城乡发展、加强农村建设、完善农村基础设施、改善近5亿农村人口的生活环境并为其提供健全的农村公共服务，都将是一个不容忽视的问题。另外，当前以各类弱势群体为主体的农村人口对公共服务，尤其是对教育、医疗、养老等社会保障的需求更加突出，因此加快城乡公共服务均等化进程、提高农村人口享有的社会保障水平不仅是必要的，而且具有紧迫性，对于实现社会公平、维护社会稳定都至关重要。

（二）新农村建设有利于城镇化推进与城镇体系完善

1. 新农村建设有利于城镇化的进一步推进

第一，新农村建设将转变农民城镇化决策过程。因为城乡差异的存在，流动与迁移之间有着显著的福利差异，但通过迁移实现城镇化又存在很高的门槛，且成本收益严重不对称。正是在这样的情况下，人口流动与迁移出现了以下一些特征：首先，很大一部分人群停留在流动状况，没有真正实现城镇化，全国6.2亿城镇（常住）人口中估计有1.5亿~1.7亿仍然是农民身份（陈锡文，2010）；其次，流动人口结构失衡，即以青壮年劳动力为主，而不是家庭流动；最后，流动很不稳定，劳动力流动的长短周期并存。如果能够在村庄建设的基础上，不断增加农民享有的公共服务与社会保障，让各种福利逐渐和户口脱钩，那么城市与城镇化将归于居住属性这一根本含义，流动即迁移，传统的不公平的城镇化政策将自然消亡。届时，农民城镇化的决策过程也将随之改变，不论流动还是迁移，核心都只是经济收入，不论短期和长远预期如何，农民城镇化的积极性会得到充分释放，流动人口的结构失衡也将得到有效改善。

第二，随着刘易斯拐点的到来，可转移人口规模与城市吸纳能力共同成为制约城镇化的主导因素，增强农业发展基础、转变农业生产方式以进一步释放农村劳动力，成为推动城镇化发展的必然要求。农业产业化与规模经营有利于释放劳动力是不争的事实。根据研究，劳动与农场经营规模的弹性远小于 1，意味着劳动 - 土地比会随着农场规模的上升而快速下降。虽然中国地域辽阔，地区之间自然条件、规模经营潜力有很大差异，但农户经营规模在全国绝大部分地区都还是小于规模经营潜力的。问题的关键在于，不同地区，在自然条件、经济基础等方面存在很大差异的情况下，各自应该走什么样的产业化、规模经营道路，如何促进土地（向务农劳动力）稳定流转，如何合理引导产业资本进入农业，以及在此过程中如何合理保护农民的利益。可以肯定的是，这些方面的探索都是新农村建设的应有之义。

第三，新农村建设有利于农村建设用地的集约利用，节约出来的建设地，一部分通过复垦可以缓解耕地的不足，另一部分会通过各种途径转化为城镇化建设的新增土地或用地指标。农村人口的大量外流使得农村空心化问题日益突出，造成村庄建设地大量浪费，也制约了基础设施、公共服务等的有效供给。因此，在当前及未来相当长的一段时期，村庄整理与合并等都是不可避免的，即使不是在所有地区。在此过程中，能节约出来的土地非常可观。在海南某市，2004 年农村居民点用地 5292 公顷，合 7.94 万亩，通过新农村建设可节约农村建设用地约 3639 公顷，合 5.46 万亩（张晓山，2010）。

2. 新农村建设有利于促进城镇体系的进一步完善

中国这么快的城镇化速度是和中国经济增长方式相联系的（陈锡文，2010），从世界发展进程来看，城镇化水平快速提高也是工业革命以来才开始的。城镇体系的形成与发展同样受经济增长方式的影响，而增长方式中也包含了城乡关系的设定，如资本与劳动的分配关系、农产品与制成品的价格关系、公共资源的城乡分配关系等。在行政资源、公共资源、金融资本等过度向城市，特别是大中城市集中，各种分配关系更加有利于要素向城市密集分布的情况下，必然导致城镇体系的发展失衡。中共中央 2000 年就明确提出要走大中小城市、小城镇协调发展的中国特色的城镇化道路，但是一直以来，因为小城镇在基础设施与公共服务等方面发展不充分，放开小城镇户籍对城镇化的推进、对农民分享城镇化的成果都没能带来多大实质性影响。一些基本数据反映了小城镇建设与发展的不足。2007 年中国建制镇总人口 7.77 亿人，占全国总人口的 58.8%；其中镇区人口 1.93 亿人，占全国城镇人口的 32.5%；财政支出 4142.94 亿元，仅占国家财政支出的 8.3%；完成固定资产投资 34537.86 亿元，也仅占全社会固定资产投资的 25.2%（魏后凯、刘楷，2010）。新农村建设实际就是对城乡发展关系的一种调整，在各种分配关系得到合理调整，甚至适度向农村倾斜的情况下，必然有利于加快农业、农村发展，也有利于县域经济与小城镇的发展，后者在城镇化过程中吸纳农民，特别是那些流动性较低的农民的能力才有望得到充分发挥。

五 总结

本文首先分析了农村人口城镇化过程中的成本收益失衡状况以及劳动力剩余状况，进而提出新形势下新农村建设与面临诸多制约因素的城镇化是相辅相成的，新农村建设有利于城镇化的推进和城镇体系的进一步完善。

值得进一步指出的是，在利益分配格局没有得到根本扭转的情况下，农民无法充分分享城镇化的成果，城镇化也未能带动新农村建设，甚至存在借新农村建设之名，行占建设用地指标之实，这种情况虽非普遍却也是客观存在的。城镇化过程中利益分配格局形成，以及未来利益格局调整的交汇点是农村的土地（张晓山，2010）。土地同时是农民的生产资料、生活保障与财产，在土地上的权益是农民最重要的权益，但目前并没有得到充分重视与保障。2009 年，国有土地使用权出让金支出总额为 12255 亿元，其中征地和拆迁补偿支出占了 38.9%、土地开发支出占 10.2%、城市建设支出占 27.3%、农村基础设施建设支出和补助被征地农民支出分别仅占 3.5% 和 1.6%（张晓山，2010）。正是这种利益分配的失衡，使得中国的经济增长既积累了财富也积累了矛盾（陈锡文，2010）。因此，新农村建设过程中进一步推动村庄建设的关键是提升和保护农民在利益格局中的地位：一要严格土地管理，按照相关法律与规划合理使用整理后节约出来的土地；二要加快建立城乡统一的建设用地市场，促进乡村集体经营性建设用地进入市场；三要进一步推动农村基层民主政治建设，改革和完善乡村治理结构，重点完善民主决策、民主管理和民主监督制度，探索建立有效的民主制衡机制，在确保广大群众对基层事务的知情权、参与权和监督权的基础上，实现对经济权利的保障（张晓山，2008）。土地利益分配格局的转变，不仅可以抑制不合理的城市扩张趋势，也可以为真正的新农村建设提供资金供给。

第十章附录　农村劳动力流动的影响因素——基于调查数据的计量分析

城镇化过程就是人口与劳动力的城乡流动过程，在此过程中，面临成本收益的权衡，也受个人特征与偏好等的影响。正文从年龄结构、教育水平构成等方面出发，判断农村现有人口流动性与流动能力低。然而，这些因素对人口流动的实际影响仍有待实证分析的检验。另外，在城乡劳动力供求都发生结构性变化的情况下，农业与非农业就业的比较利益、外出与在本地务工的比较利益、土地制度与农业生产条件等对就业、对流动的影响都需要进一步分析。本部分使用调查数据中适龄劳动人口，即年龄在 15 ~ 59 岁之间、不在校、具有劳动能力的人，及其所属家庭、所属地区的相关信息做统计与计量分析。

一　样本说明与劳动力流动界定

按以上标准筛选，调查地区的 1167 户 5544 人中共有适龄劳动人口 3074 人，占总人口的 55.4%，户均 2.63 个劳动力。根据人口信息中当年农业从业时间与非农业从业时间情况，可以将适龄劳动人口就业状况分为四类：不在业、兼业（同时从事农业、非农业）、完全非农（仅从事非农业）和完全农业（仅从事农业）。其中，不在业人口 335 人，占 10.9%；兼业人口 769 人，占 25.0%；完全从事非农业的人口 710 人，占 23.1%；完全从事农业的人口 1260 人，占 41.0%。分地区来看，完全从事非农业的人口的比重在广东最高，在宁夏最低，而兼业与完全从事农业的人口的比重则相反，在宁夏最高，在广东最低。直观上看，这与经济发展水平相关，受当地非农就业机会多少的影响（见表 1）。

表 1　适龄劳动人口的就业模式、构成与地区差异

单位：人，%

就业模式		不在业	兼业	完全非农	完全农业	总人数
广东	人数	163	208	382	340	1093
	比重	14.91	19.03	34.95	31.11	
河南	人数	106	262	212	375	955
	比重	11.1	27.43	22.2	39.27	
宁夏	人数	66	299	116	545	1026
	比重	6.43	29.14	11.31	53.12	
总计	人数	335	769	710	1260	3074
	比重	10.9	25.02	23.1	40.99	

注：样本为适龄劳动人口（15～59 岁）；农业或非农就业时间未填写，通常因为不从事相关劳动，在此按 0 处理。

从非农就业地点来看，在本村工作的比重广东最高，占 26.3%，其次是河南，也达到了 24.4%，而宁夏则只有 17.6%。如果将在村外乡内工作的人包括进来，广东、河南两地在本地实现非农就业的劳动力所占比重分别为 36.6% 和 37.6%，[①] 宁夏只有 24.7%。河南调查地区流到外省从事非农业的劳动力比重最高，达到 27.3%，而广东只有 2.2%，宁夏为 14.8%。广东在县外省内从事非农业的劳动力所占比重高达 48.7%，其次是宁夏，也达到 38.2%，而河南只有 20.9%。总体来看，广东、河南两地本地务工人口比重较高，在流出人口中，广东主要流到省内的其他地区，而河南则有相当一部分流到省外。宁夏在本地务工的比重明显较低，但流出人口又主要流

① 因为部分劳动力在一年中可能同时在本村和村外乡内从事了非农业，所以这里的比重略小于两项比重的加总。

向县外省内的其他地区，流到省外的比重并不高。这些差异反映了经济发展水平与非农就业机会的多少，也反映了三地区人口流动模式的不同。

表 2　非农就业的分布与流向

单位：人，%

分布与流向	广东		河南		宁夏		总体	
	人数	比重	人数	比重	人数	比重	人数	比重
在本村	159	26.3	111	24.4	69	17.6	339	23.3
村外乡内	67	11.1	62	13.6	29	7.4	158	10.9
乡外县内	76	12.6	69	15.2	87	22.1	232	16.0
县外省内	294	48.7	95	20.9	150	38.2	539	37.1
省外	13	2.2	124	27.3	58	14.8	195	13.4
港澳台	0	0.0	0	0.0	1	0.3	1	0.1
国外	1	0.2	0	0.0	0	0.0	1	0.1
不固定	0	0.0	4	0.9	0	0.0	4	0.3
总人数	604		455		393		1452	

注：统计范围是从事非农业活动的全部人口（包括适龄劳动人口与劳动年龄以外的人口）；因为部分劳动力可能在不同的地方从事了非农业，所以比重加总会大于100%。

综合考虑就业、居住与外出时间三个方面的因素，本文选择复合标准对劳动力流出做出界定：在本乡镇以外①从事非农业且从业时间达到或超过3个月、未在本乡镇内从事非农业、全年在本地居住时间不足9个月的劳动力。根据这个标准，在1380个有效样本中，647人流出，占46.9%②。

表 3　流动占非农从业人口比例

单位：人，%

地区	不流动		流　动		总人数
	人数	比重	人数	比重	
广东	281	49.5	287	50.5	568
河南	253	58.7	178	41.3	431
宁夏	199	52.2	182	47.8	381
总计	733	53.1	647	46.9	1380

① 当年在本乡镇以内和以外都从事了非农就业的劳动力，因为无法再识别其外出就业时间长短，将统一界定为非流出人口。经检查，如果将“仅在本乡镇以外”这个条件改为“在本乡镇以外”，实际只影响一个人的分类。

② 有一部分人没有填写非农就业时间，但是在非农就业地点中又有相关信息，在流动、非流动的界定中统一为无效值。

分省来看，三个调查地区非农业从业人口流动性相差并不大，只有河南偏低一点，流动人口占非农业从业人口的41.3%，在广东占50.5%，宁夏为47.8%。

二　计量模型设定

遵循劳动力流动的通常假设，即流动的净收益大于零，则流出；净收益小于或等于零，则不流出。假设流出净收益总体方程为：

$$y^{*} = \beta_0 + x\beta + e \tag{1}$$

其中，x 是影响流出净收益的各个因素。实际观察到的只有劳动力是否流出（Migrate），根据以上假设，得出：

$$P(Migrate = 1 \mid x) = P(y^{*} > 0 \mid x) = P[e > -(\beta_0 + x\beta) \mid x] \tag{2}$$

如果假定 e 的累积分布函数为 logistic 或标准正态分布，那么就可以用 Logit 或 Probit 模型估计劳动力流动的决定因素。

三　变量说明与数据描述

众多因素都直接或间接地影响劳动力流动决策中的利益权衡，以下使用个人特征、家庭特征与区域特征三个层面的指标，重点检验：①人口特征与流动性的关系；②农业与非农业、外出务工与本地务工收入的对比关系以及农业耕作条件对流动的影响。

（一）个人特征

个人特征方面的因素，如年龄、健康、教育年限、婚姻状况等，在几乎所有有关劳动力流动影响因素的实证研究中，都被引入加以检验，但结论并非完全一致。

年龄对劳动力流动的影响主要体现在三个方面：一是随着年龄的增长平均受教育程度会下降，外出务工获得就业的机会、就业的工资都更低；二是劳动者的体力随着年龄的增长而下降，原来外出从事体力劳动、缺乏技能的人将失去工作能力而不得不回到农村；三是对收入、发展的预期随着年龄的增长而变化，也导致流动性下降。在本调查数据中，从事非农业的适龄劳动人口的平均年龄为33岁，其中流动人口的平均年龄为28岁，而非流动人口的平均年龄高达37岁。

按通常的理论预期，教育对劳动力流动应该有促进作用。赵耀辉（1997）指出，文化程度可以通过三个途径增加流出人口找到工作的概率：城市雇主对学历的要求；高教育水平在获得就业信息方面的优势；教育程度在能力甄别方面的作用。本调查数据中有劳动力受教育水平的信息，在此按文盲0年，小学6年，初中9年，高中、中专、高职12年，大专及以上15年等口径统一折算为教育年限。非农业从业人口的平均受教育年限为8.9年，其中流动人口与非流动人口分别为9年和8.8年，流动人口略高一点。

婚姻状况也被认为对劳动力流动有重要影响，但是婚姻对男性和女性的流动决策可能影响有不同。从广泛的农村调查结果来看，年轻人虽然都倾向于外出打工，但在结婚后，女性因为生育等原因倾向于留在农村，而男性则倾向于外出务工挣钱养家。现有实证研究基本上都没有区分这种差异。在此通过与性别做交叉虚拟变量，区分男性与女性的婚姻状态。在非农业从业人口中，已婚人口占流动人口的55.9%，占非流动人口的85.4%。流动人口中男性占67%，非流动人口中男性占67.2%。在非流动人口中，男性已婚人口占男性人口的85.8%，女性已婚人口占女性人口的83.8%。在流动人口中，男性已婚人口占男性人口的60.1%，而女性已婚人口占女性人口47.6%（见表4）。

其他需要控制的个人特征因素还有：是否户主、健康状况、是否同时从事农业与非农业、非农就业的就业类型等。数据中的样本是劳动力，已经排除了没有劳动能力的适龄人口，因此这里的健康状态只分为两种：健康为1，患病但有劳动能力为0。显然，我们预期健康的人流动性会更高一些。在非农业从业人口中，患病但有劳动能力的人在非流动人口和流动人口中分别占了4.9%和3.4%。按是否同时从事农业非农业分，流动的非农业从业者中有32%是兼业，非流动的非农业从业者中有68.1%是兼业。按就业方式看，非农就业的方式主要分为打工、自营、家庭帮工、雇主、公职五种形式，其中将自营、家庭帮工、雇主三种归为家庭就业，因为三种形式与流动性之

表 4　流动人口与非流动人口特征

特　　征	非流动	流　动
个人特征		
年龄(岁)	37.0	28.3
男性(%)	67.2	67.0
已婚(%)	85.4	55.9
已婚男性占男性人口(%)	85.8	60.1
已婚女性占女性人口(%)	83.8	47.6
教育年限(年)	8.8	9.0
健康*(%)	95.1	96.6
户主(%)	44.1	16.7
打工(%)	53.1	84.1
家庭就业(%)	36.5	13.7
公职(%)	10.4	2.2
当年非农就业收入(元)	11165	13160
同时从事农业与非农业(%)	68.1	32.0
家庭特征		
户人均承包地(亩)	1.9	2.2
有 65 岁及以上老人(%)	16.0	21.5
有学龄前儿童(%)	33.8	33.9
其他家庭成员流出(%)	38.9	68.0
区域特征		
亩均收益(元,镇平均)	713.3	684.7
规模经营潜力(亩/劳动力,镇平均)	11.3	10.2
非农就业收入比(外出/在本地,镇平均)	1.70	1.80
流出率(%,镇平均)	12.8	13.4
山区(%,村)	26.3	29.2

注：根据对劳动力的界定，这里是患病有劳动能力的适龄人口。

间会表现出相似关系。在从事非农业的流动人口中，打工的劳动力占 84%，而在非流动的人口中占 53.1%。在非流动人口中，家庭就业占较高的比重。

（二）家庭特征

家庭特征方面本文所关心的第一个变量是“户人均占有的耕地面积”，耕地占有量决定了农业经营的劳动需求，在技术相同的情况下，户人均占有耕地越多，劳动需求越大，流出的可能性就越低。第二个变量是“是否有其他家庭成员流出”，其他家庭成员的流出使得劳动力有机会获得更多外部信息，在流出的最初阶段也更有可能得到就业、生活等方面的支持，这些都会促使流动的发生。需要控制的其他因素还包括：家里是否有65岁及以上的老人、是否有学龄前儿童。家庭中有老人与孩子使得家里的劳动力，特别是女性不得不留在家中，减少外出。

（三）区域特征

外出与在本地务工的收入差距是决定非农从业人口是否流出的首要因素，收入差距越大，流出的净收益越高，流动发生的概率也就越大。简化式1忽略其他因素的影响，并对流出净收益的具体形式做如下设定：$y^* = (w_u/w_r)/c$，其中 w_u/w_r 表示外出与在本地务工的工资比、c 表示迁移成本，只有在 $(w_u/w_r)/c$ 大于1的情况下①，流动才会发生。再假定 c 在 $[1, e^{\delta}]$ 区间服从密度函数为 $f(x)=1/\delta x$ 的随机分布，那么，$(w_u/w_r)/c$ 大于1，即 w_u/w_r 大于 c 的概率 $Prob(c < w_u/w_r) = (1/\delta)\ln(w_u/w_r)$。显然，流动的概率随着工资比的上升而增加，而且流动概率与收入比的弹性也在一定程度上反映了劳动力流动的成本，但是现有研究却很少将此指标直接考虑进来。在此，分乡镇计算外出务工人员平均收入与在本地务工人员平均收入的比，这个比值与流动人口的界定标准相对应，衡量了外出与在本地从业的收入差距。从结果来看，流出人口所在地区的收入差距比的均值为1.8，而非流出人口所在地的收入差距比的均值为1.7，收入差距最大的地区能达到3.9。

决定农业、非农业收入对比关系的因素也会影响农村劳动力在农业与非农业之间的就业选择，及在本地与在外地之间的就业选择，在此引入农业规模经营潜力与农业亩均收入两个指标来分别反映农业生产的技术条件与经济条件。规模经营潜力指在当地自然条件与耕作条件下，单个劳力能够经营的最大面积，这里主要指粮食作物的经营能力。这个指标反映了地区农业生产

---

① 在此不考虑城乡间价格水平差异与就业率差异，那么实际工资差异即反映了效用函数水平的差异。

的技术条件。规模经营潜力对劳动力流动的影响存在两种可能：一方面，如果耕地可以流转，规模经营潜力大意味着农业的劳动总需求会随着土地的集中和规模化经营而减少，从而促进农业劳动力的释放与流转；另一方面，规模经营潜力大表明有较好的耕作条件，如地形更平坦、机械化水平更高等，在耕地流转机制不健全的情况下，农业耕作条件好意味着获得既定农业收益的劳动投入更少、机会成本更低，由此增强农民兼业化的动力，而降低其流动性，因为兼业农民更倾向于在本地从事非农业。虽然每户都有一个全劳力最大耕作面积的数据，但考虑一个村庄内，甚至在更大的范围内按劳力计算的规模经营潜力，或者说农业生产的技术条件，不应该有户间差距，因此这里用按乡镇计算的均值来衡量当地的规模经营潜力。结果表明，流出劳动力所在地区的劳均最大耕作面积的均值为 10.2 亩，而非流出劳动力所在地的均值为 11.3 亩，比非流出人口所在地的平均值高出 10%。

亩均农业收入，即亩均农业产出的价值，反映了地区农业生产的经济条件。不同农产品单位面积产出的价值、劳动需求有很大差异，在此仅使用水稻、小麦与玉米三种主要粮食作物的数据，因为它们在农业生产中具有主体地位，所以能更好地代表农业生产的经济条件。与规模经营潜力指标一样，这里也按乡镇对户亩均产出价值指标计算均值，以达到消除户间差异、反映地区的基本经济条件的目的。因为流出决策是经济利益权衡的结果，农业收益越高，从事非农业及流出的机会成本越大，概率也相应越低，因此该指标对流出的影响预期为负。在本样本中，流出劳动力所在地区的亩均农业收入的均值为 684.7 元，而非流出劳动力所在地的均值为 713.3 元，比前者高出 4.2%。

区域的人口流动性对劳动力流动有重要的影响，在一个人口流动性很高的地区，一个特定的劳动力流出的可能性会更大。本文引入镇劳动人口流出率来衡量地方的整体流动性，对区域差异进行控制。调查数据中，流出劳动力所在地区的流出率的均值为 13.4%，而非流出劳动力所在地的均值为 12.8%，比前者低 0.6 个百分点。本文引入的其他区域特征控制变量还包括劳动力所在地是否是山区、居住村庄与乡镇和与县城的距离等。

四 计量分析结果

表 5 给出了估计结果，整体上与预期一致，但也不乏一些有意思的发现。首先，个人特征对流动决策的影响表明农村现有劳动力即使过剩，因为年龄等原因流动性也很低。估计结果显示农村劳动力年龄每增长 1 岁，流动

表 5 Logit 回归估计结果

解释变量	系数	边际效应	解释变量	系数	边际效应
年龄	-0.061*** (-4.72)	-0.015*** (-4.71)	有老人	0.416* (1.86)	0.102* (1.84)
男性	0.141 (0.41)	0.034 (0.41)	其他家庭成员流出	1.016*** (5.64)	0.241*** (5.87)
女已婚	-0.274 (-0.77)	-0.067 (-0.76)	户人均耕地	-0.066 (-1.54)	-0.016 (-1.54)
男已婚	0.781* (1.84)	0.187* (1.88)	规模经营潜力	-0.027 (-1.29)	-0.007 (-1.30)
教育年限	0.020 (0.58)	0.005 (0.58)	Ln(亩均收益)	-0.696*** (-2.98)	-0.168*** (-2.97)
健康	-0.118 (-0.25)	-0.029 (-0.25)	收入差距	0.275** (2.20)	0.066** (2.20)
户主	-0.376 (-1.41)	-0.090 (-1.44)	镇流出率	0.017 (1.04)	0.004 (1.04)
从事家庭就业	-0.888*** (-4.27)	-0.202*** (-4.68)	山区	-0.138 (-0.55)	-0.033 (-0.55)
公职	-2.793*** (-4.46)	-0.407*** (-11.28)	与乡镇距离	-0.039 (-1.51)	-0.009 (-1.52)
完全非农业	1.440*** (7.36)	0.339*** (7.97)	与县城距离	-0.000 (-0.08)	-0.000 (-0.08)
有学龄前儿童	-0.099 (-0.50)	-0.024 (-0.50)			
Pseudo R2	0.3115		Wald chi2	201.03	
Log likelihood	-443.69		样本数	935	

注：*、**、*** 表示估计的系数不等于零的显著性水平分别为 10%、5% 和 1%；乡镇虚拟变量的估计结果没有列出。

的概率下降1.5%，这个影响高度显著。显然，以40岁以上人口为主的农村“存量”人口，其流动性之低是可以预期的。性别与婚姻的交互项对流动性的影响更加明显。在未婚阶段，男性流动性略高，但是差异不显著。男性婚后流动的概率要比婚前高出18.7个百分点，这个差异在10%水平上显著。女性婚后流动概率比婚前低出6.7个百分点，但统计上不显著。不过这个结果已足以说明婚姻对男女流动性的影响不同，这与对现实的观察是一致的。以已婚女性为主的农村“存量”人口流动性因此进一步下降。从事家庭就业或公职的劳动力，流动性都要显著低于其他人口，流动概率分别低20.2个和40.7个百分点。

兼业，即同时从事农业与非农业的劳动力的流动性要显著低于完全从事非农业的人口，流出概率低了33.9%。这些劳动力因为流动性低才兼业，还是因为兼业而选择不流动，这是需要进一步的检验。但是从两者之间的关系中可以得到一个推断：现在的土地承包政策，或者说以分散户为生产经营单位的农业生产方式与城市化政策、现有的城镇化模式之间具有矛盾。

估计结果表明，教育对流动性的影响在经济意义上和统计意义上都不显著。[①] 这与通常的预期不一致，原因在于，这里的样本主要是滞留在农村、不能实现永久性迁移的人口。这些人主要在非正规部门就业，或从事不需要技能的体力劳动，对他们来说，流动的关键因素往往不是教育，而是社会资本、网络关系与区域文化。从农村实际调研的感受来看，低教育水平的劳动力流出从事低技术水平的体力劳动非常普遍，而一些没有迁出、受过较高水平教育的劳动力，因为在本地有着较好的就业机会反而不外出。只有对永久性迁移来说，因为门槛很高，往往是具有较高教育水平、技能或能力，并在正规部门就业的人才能实现，此时教育在能力甄别等方面的作用才会凸显出来。事实上，也并非所有的研究都支持教育促进流动这一预期。赵耀辉（1999）在有关劳动力流动决策的另一实证研究中发现，教育对流出没有显著影响，但会显著提高农村劳动力在本地从事非农业的概率。仍使用本调查数据，以是否从事非农业作为被解释变量，保留流动决策模型中大部分解释

---

① 受调查方案的影响，客观上存在样本选择偏差问题。如果教育影响的不是是否流出，而是是否能够在城市定居下来，那么这里存在的是样本截取问题。

变量，去除“是否兼业”、非农业就业形式等属于被解释变量子集的变量，再做 Logit 回归，结果发现教育的系数显著大于零（这里不再给出详细估计结果）。因此，教育对农村劳动力来说，作用主要体现在促进永久性迁移及非农就业参与上，对短期性迁移、流动的影响不显著。

在家庭特征方面，家里有学龄前儿童会影响劳动力的流动性，但是这种影响并不显著。家里有老人不但不会降低劳动力的流动性，还会显著促进流动。这些与留守儿童、留守老人普遍存在的现象是一致的。户人均占有耕地的增长会降低劳动力的流动性，但这种影响并不显著，这可能有两方面原因：一是在农业生产日益专业化的情况下，耕地增加带来的边际劳动需求较小，对家庭内劳动时间分配的影响有限；二是少量土地的增加不能改变农业、非农业收入的对比关系，放弃外出务工这一选择会降低总收益。与预期一致，其他家庭成员流出会显著提高劳动力流动性，流出几率会因此提高 24.1 个百分点。

区域特征方面，几个方面因素的影响都与预期一致，并富有启示性。首先，部门间、地区间的收入差距对流动决策有着显著影响。农业经营亩均收益的上升会显著地降低农村劳动力的流动性，亩均收益上升 1%，劳动力流动概率降低 0.168%，说明农业部门与非农业部门之间的收益对比关系对农村劳动力流动有着重要的影响。

单劳力规模经营潜力对流动决策的影响小于零，虽然不显著，但这一结果仍在一定程度上支持了前文讨论的第二种可能，并间接表明，土地流动机制不完善是制约劳动力流动的一个因素，并导致兼业化。在土地制度方面的问题没有得到根本扭转的情况下，农业生产条件的改善与单劳力规模经营潜力的提高只会导致兼业化，这与农村日益普遍的“农业副业化、农业兼业化”现象是一致的。

外出与在本地务工的收入差距对流动决策在统计上具有显著影响，外出务工的收入比在本地务工的收入高一倍，流动的概率会上升 6.6%，这种影响在经济上可以说是不显著的。根据前文的分析，流动决策对收入差距如此不敏感，表明流动的经济、社会与心理成本可能是很高的。但是，对现实的观察与这个结果看上去并不一致，外出与在本地务工的收入差距并不大，甚至趋于收敛，而流动却是普遍存在的。这是因为影响决策的是预期收入，决定预期收入的另一个重要方面是就业机会，显然外出务工获得就业的机会远高于在本地务工，因而外出务工与在本地务工的预期收入会存在很大差距。

居住地与乡镇政府所在地的距离对流动性具有负的影响，这与直观预期似乎不一致，但这个结果的出现一方面与本文对流动的界定存在关联，同时也表明莱文斯坦（Ravenstein，1885 & 1889）总结的人口梯度迁移法则仍然有效。如前文所述，本文的流动标准是在本乡镇以外从事非农就业，因此这个估计结果意味着离乡镇远的劳动力更倾向于在本乡镇内从事非农就业，通常也就是在乡镇政府所在地就业，而离乡镇近的人则更倾向于在乡镇以外从事非农就业。梯度迁移法则指出，在“迁移流”中，农村居民通常倾向于向邻近的城镇迁移，城镇居民倾向于向更大的城市迁移，并最终向快速成长的城市迁移。在这样一种劳动力流动与迁移模式下，在本地（乡镇范围内）创造非农就业机会，对于农业劳动力转移就非常重要。一方面，可以降低流动的门槛，使得原本流动性已经很低的现有农村劳动力有可能转移；另一方面，可以提高其对流出后就业机会的预期，增强转移的动力。

第十一章　在高度城镇化基础上实现城乡一体化

中共十八大将推动城乡社会经济发展一体化作为未来我国中长期发展的重大战略任务。在政策研究领域，人们对实现城乡社会经济一体化目标本身并无异议，但对如何实现这一目标的意见却多有不同。最有代表性的是两种相反的意见，一种意见认为应控制农村人口转移，在发展农村经济的基础上实现城乡一体化；另一种意见则认为应大力推动城镇化，在高度城镇化的基础上实现城乡社会经济一体化。本章的观点是支持后一种意见，并在文中开展具体分析。

一　什么是城乡社会经济一体化

讨论城乡社会经济一体化的前提应该大致区别什么是城，什么是乡，而这种区分常常被忽视，在我国现实中这种区别既模糊，又不合理。这种区别在知识界没有严格的被普遍接受的标准，在世界各国更没有统一的城乡划分标准。美国各州对城市没有统一的定义，而联邦政府还是从人口集中度来区别城市与乡村，将一定的人口聚落区的核心区 1 平方英里（约 2.6 平方公里）人口达到2500 人以上的区域看做城市，且仅仅作为统计学上的概念。从语言发生学的逻辑看，美国人从人口密度的角度定义城市是有道理的。

如果把美国的标准拿来区分中国的城市和乡村，那么中国大部分村庄够得上城市。从中国的“国情”出发，一个区域的常住人口以农业以及相关产业为主就可以定义为农村，其他人口聚居区则可定义为城市。通常前一类居民点的人口总量较小，人们居住较为分散。如果没有政府的不当干预，以农业及相关产业为主的人口居住会随农业的进步更加分散。

美国农村的农业人口大约占农村人口的1/7，其余居民或与农业产业链有关，或为“逆城市化”导致的非农业人口。中国农村目前常住人口主要为农业人口，与农业相关但不直接从事农场生产活动的人口已经开始分化，城市人口的“逆城市化”转移也已经发生。笔者估计，即使中国农业高度现代化以后，中国农村的农业人口也不会下降到农村总人口的1/7，可能的比例是1/3左右。

城乡一体化目标的提出，本意在于消除城乡二元结构，促进中国和谐发展。根据这个内涵，城乡一体化目标必须包括以下内容。

第一，建立城乡统一市场，特别是城乡统一的要素市场，从根本上消除城乡二元结构的体制根源。我国农产品市场发育较好，但涉及土地、劳动和资本的农村要素市场未能很好发育，相关制度建设也十分滞后。城市化质量低、农村土地纠纷、“小产权房”困局等皆与城乡要素市场不统一有关。

第二，城乡居民收入基本一致，农民收入甚至超过全国平均水平。农民收入低于城市居民，无从谈起城乡社会经济一体化。按中共十八大确立的目标，如果到2020年我国居民收入在2010年基础上翻一番，农民收入必须增长更快才能确保城乡收入差距缩小。

第三，城乡居民公共服务水平基本一致，特别是社会保障的城乡分离体制完全消除。社会保障水平会因全国居民收入不同而形成差异，但不能因为居民身份不同而存在差异。未来中国农业高度现代化以后，农村会有大量小型专业农户居民点，不能要求这些居民点的所有基础设施都达到城市水平，但较大的村庄与建制镇应确保水电路气达到城市供应水平。

第四，农业高度发达，农业GDP比重下降到5%以下，全国恩格尔系数平均降到20%以下，专业农户成为农村的主体居民。恩格尔系数越低，意味着国民吃饭成本越低。国民吃饭成本降低会引起经济行为变化，如储蓄率降低、职业选择的兴趣偏好增强等，有利于国民经济健康发展。

第五，城市化率达到70%以上。如果继续保持既有的趋势，我国的城市化率在2032年之前达到70%，城市人口在大部分年份每年增加1600万左右，农村人口每年减少1200万左右，减少的峰值约为1360万。如果实行更积极的城镇化政策，城镇化率每年平均提高1.2%，则城市人口每年增加约2000万人，农村人口每年减少1300万～1600万人；到2035年，我国城市化率会达到80%左右，农村人口会减少到9000万户，其中专业农户减少到3000万户。届时，我国专业农户的土地经营规模有可能支撑其收入水平达到或超过城市水平。

二 以高度城镇化实现城乡一体化的必要性

高度城镇化是经济发展的一般规律。人类的技术进步和财富增长依靠社会分工的不断扩展。社会分工扩展的条件是市场体系的发达。城市的建立是人们解决市场交易成本问题的基本方案，更遑论城市的建立还有其他好处。正因为如此，当今世界发达国家几无例外均有很高的城市化率。经济学界尽管对所谓最佳城市规模有不同意见，但对城市所具有的促进分工、扩展市场的巨大作用并无歧义。

高度城镇化是农村进步的必要条件。国家近些年为农村建设花了不少钱。单农村交通一项，国家交通部就有一个“五年千亿工程”，还有其他配套设施的投入。从更大的方面说，国家近二十个部委级单位有100多个“工程”、“计划”，用来支持农村发展，说起来力度的确很大，农村面貌也的确有了变化。小的变化也是靠近路边的农舍院墙抹上了涂料，大的变化则是部分农民住上了新房屋，有了自来水，村庄有了铺装道路。但是，即使如此，农民还是往城里跑；甚至农村道路修得越好，农民跑得越快。为什么这样？原因也很简单。我国农村五六十万个村庄，要把每一个村庄改造得像城市一样，至少要投入30万亿元左右，这个钱国家投不起，农民更投不起，而且即使投得下去，也极不经济。所以，让占总人口数多半的农民待在农村享受现代化的成果，是一句空话。只有靠农村大量人口转移，剩下少许村庄和少数专业农户，农民富裕水平达到城市平均水平之上，才能谈得上农民和城市居民一样享受现代化成果。这是世界经济发展的基本规律，中国也不可能例外。

高度城镇化是农业现代化和农民增收的必要条件。我们过去最喜欢讲的价值规律，也决定了中国多数农民必须进入城市。按笔者的计算，在目前已经有2亿左右的农村劳动力转移到城市的基础上，农村的隐形失业率仍然在40%左右。农民收入总量低，但日工资单价并不很低。2007年，我国农业劳动者的日报酬单价仅仅比城市平均工资低34%。只要农业生产的平均日工资单价不高过进城市务工的工资单价，农民就可能进城打工（忽略其他费用）。在竞争的作用下，各行业农民其实也就赚了个辛苦钱。凡是总收入高的农民都比较忙。要让农民收入增长，就必须让农民忙起来。一些地方通过农业产业化提高了农民收入，能不能靠农业产业化的办法使农村提高吸收剩余劳动力的能力？这个说法不能成立。农业产业化就是市场化、专业化，反映了农业生产的进步，在实践中需要大力推广。但根据笔者的调查研究，农业产业化不是多吸收劳动力，而是更快地释放农村劳动力。因为农业产业化会让农民节约更多的劳动时间，同时也使农产品的成本和相对价格降低，迫使农民扩大经营规模，从而产生更多的剩余劳动力。如果这些剩余劳动力不转移到城市，农民收入还可能降低。

三　中国实现高度城镇化的可能性

有不少人对城市吸纳人口的潜力表示怀疑，以为中国城市就业机会不足。能源短缺、土地短缺、住房供应不足，都不允许城市化速度太快。笔者以为这种疑虑的依据并不充分。

人们最关心就业。按保守的假设，到2032年，我国城市就业增长率从2.7%会下降到1.6%，平均年递增率为1.7%。这个时期我国的GDP增长率扣除物价因素，每年按9%计算，那么，国民经济增长对就业增长的弹性平均为0.19（过去十多年是0.1）。这就是说，国民经济每增长一个百分点，就业只增长0.19个百分点。让我们看看美国的情况。美国1919~1957年就业增长率平均为1.89%，扣除物价因素后，GDP实际增长率为3.94%，弹性值为0.48。这就是说，美国经济高速增长期国民经济对就业的拉动能力是未来中国的2.53倍！日本、德国和英国的这一数据也比我们高了许多。①

我们很难用中国比美国科技进步更快来解释这个巨大的差异。拿这个数据证明我们的科技进步贡献大，是一种循环论证。笔者倾向于按中国人的劳动时间过长来解释这个差异。笔者及同事们开展的农户调查（10个省的约1000个农户）表明，80%的农民工在城市的工作时间每周在50小时以上，超出标准工作时间20%以上。粗略计算，如果城市职工普遍这样超时工作，意味着全国减少6000万以上的就业机会。如果我们按照美国国民经济对就业的拉动能力计算，我国的城市化的速度还可以更高，城市化率每年可提升到2.5%以上！这难道还能说我们的城市缺乏就业机会么？

再看土地。说中国城市缺乏土地，因此不能快速城市化，缺乏依据。我们知道，一平方公里一万人的人口密度，是花园式城市的标准。按国家统计局的数据，我国城市的人口密度在平均2000人/平方公里左右，常说没有土地的东部城市的人口密度比西部还低。城市建成区的人口密度也只是一平方公里一万人。测算表明，我国城市人口的密度和经济发展水平呈负相关，相关系数为-0.26。这些事实表明，我国城市利用现有土地还可容纳1倍以上的人口！此外，我国现在农村村落面积是耕地面积的13.3%，而日本的同一数据在1954年是6.8%。我国村落占地17万平方公里（包括村庄内企业占地），通过有计划的村庄整理，至少可节约1亿亩土地，城市扩张怎么也用不了这些土地。我们的问题不是没有土地，而是体制和规划方面的问题导致土地的巨大浪费。以20世纪80年代的数据做比较，我国GDP每增加1%，所占用的耕地是日本同一数据的10倍左右。我国的土地集约利用水平实在太差。

从土地总量看，我国拥有近150亿亩国土，其中约50亿亩土地适合人

---

① 中国的时间段1990~2007年，美国、德国、英国和日本的时间段1919~1961年不等。美国就业弹性系数最高为0.48，日本为0.23，中国为0.098。资料来源：《英法美德日百年统计提要》，统计出版社，1958；《主要资本主义国家经济统计集》，世界知识出版社，1962。除中国外，其他国家的数据分析中用国民收入指标计算，因分析增长率，不影响结论；中国的数据未按照第二次经济普查结果调整，对结论影响微小。有关数据均根据价格指数做了调整，但价格指数类别不同，这一点对结论影响微小。时间段的设定主要是因为考虑数据的可比性。

类生存，其余100亿亩可保有60亿亩森林用地。在50亿亩适合人类生存的土地中，现有城乡建设用地约4亿亩，即使按花园城市标准，也可容纳25亿人口。另外需要保护的耕地可确定为20亿亩，即使用15亿亩维护林地，5亿亩由河流、道路占用，还有6亿亩用来搞建设。实际上，根本不需要这么多土地搞建设。

关于城市的水和能源的供应，也要正确认识。按目前的情形，农民使用生活用水和生活能源，其绝对水平比城市低，但是，除非农民保持很低的生活水平，否则，一旦农民的生活水平要向城市看齐，其对能源的消耗和水的消耗要高于城市。能源的供应效率、水处理及其水的再利用效率，城市水平要高于村庄。我国城市污水处理率已经达到45%以上，而农村几乎没有污水处理系统。农村地区的工业用水也比城市浪费。既然我们要农民也和城市居民一样享有现代化的成果，那么，还是城市化更加有利于提高水资源和能源的使用效率。

四　城乡一体化发展需要更清晰的战略思路

肯定在高度城镇化的基础上实现城乡社会经济一体化的可能性，并不是说实现这一目标没有困难。城乡一体化是未来中国几十年内持续发展的主旋律；完成这一任务所面临的困难，也是未来国家全局发展的困难。

纵观世界发达国家的近现代发展，其城市化过程也是中产阶层的成长壮大过程。从近几年国家城市化政策走向看，中产阶层能否在我国发展壮大尚在两可之间。这很令人忧虑。

第一，新富裕阶层对我国政治稳定的信心不足。笔者认为，我国新富裕阶层日甚一日的移民倾向主要是因为担心未来政治不稳定。而这种担心来自官场腐败日益严重，且国家缺乏遏制腐败的有效手段，更没有在源头上解决惩防腐败的体制机制建设问题。低收入的农业转移人口进城，而城市的富裕阶层或者转移资产，或者干脆移民国外，结果是降低国内资本供应，减少就业机会，农业转移人口当然不容易在城市立足。这种城乡一体化不可持续。

第二，我国城市管理体制不合理，城市化质量堪忧。我国的国家治理架构的弊端不利于城镇化健康发展。其弊端主要是省域太大，县域缺乏活力，小城市（城镇）无城市之实；各级政府之间的公共职责没有相对清晰的划分；地方自治的理念几乎不存在。这些地方问题要逐步统筹解决，有的可以快点解决，有的可以慢一点解决。心理学的研究表明，人口密度对人的身心健康有重大影响。居住区人口密度越高，人们彼此之间越不友善，心理生理越容易发生故障。[①] 我国城市的平均人口密度并不高，应在 1 万人/平方公里以下，但我国城市的居住区人口密度很高，一般在 4 万人/平方公里左右，大城市居住区的人口密度更高。在发达国家，中产阶层的居住区大多居住在独栋房屋区域；除少数城市的少数区域外，单元楼房一般是穷人的住所。笔者不认为这种情形是所谓“中国特色的城市化道路”的必然选择。人们以为西方人居住分散迫使人们购买汽车，导致能源浪费，殊不知中国人照样购买汽车，且更愿意在“长假”中蜂拥而出。

第三，劳资关系不均衡制约就业市场扩大与工资水平提升。据笔者测算，我国与主要发达国家经济快速增长时期的就业弹性系数（就业增长率与经济增长率之比）相比，我国明显小于他国。这种情形发生的主要原因是我国劳资关系不平衡、劳动者的劳动时间长（相关资料这里不引证）。这种情形的直接后果是城市的就业吸纳能力下降，使劳动者在劳动市场的竞争关系中处于弱势。

第四，在地方政府不当干预下，农村人口布局的现实趋势远离自然趋势。按照自然趋势，我国农村人口在继续转移一个时期后，有可能稳定在 9000 万户左右，其空间布局形态为，约 3000 万专业农户分散居住，余者则为特色村形态。专业农户分散居住是农业生产方式的需要。目前全国大部分地区在“新农村”建设的热潮中倾向于使农民集中居住，将农村居民点合并为大型社区。笔者的调查表明，专业农户在自己的房屋被拆除后会在地头搭建临时建筑居住，而一部分脱离农业的家庭也不安心在农村新社区居住，还是最终要定居在各类城市。显然，政府的不当干预正在导致巨大浪费。

第五，开放条件下我国主要粮食品种的国内市场均衡面临巨大挑战。在

---

① Le vine R, etc., “Helping in US Cities”, *Journal of Personality and Social Psychology*, 1994, 67, 69－82. 转引自 S. E. Taylor L, A. P. Peplau D, O. Sears,《社会心理学》，谢晓非等翻译，北京大学出版社，2004。

市场化条件下，中国粮食的产出越来越与技术可能性无关，甚至也与土地的绝对量没有直接关系。决定因素是粮食生产的成本与粮食的价格。过去近10年里，我们赶上了国际市场粮价比较高的“好时机”，今后国际粮价下跌的概率增大，中国粮食进口的压力增加，肥力较差的土地将更多地被农民撂荒，这将对中国粮食的供求平衡形成巨大冲击。如果换一个国际环境，这种情形也许对中国发展没有大的影响，甚至利大于弊，但在目前国际环境下，这种情形将增加中国经济发展的不确定性，造成农村隐形失业扩大，城乡失衡加剧。

党的十八大确定了推动城乡发展一体化的方针，将解决好农业农村农民问题作为全党工作重中之重，城乡发展一体化是解决“三农”问题的根本途径，这一决策有利于解决上述问题。落实十八大精神需要有针对性的具体行动部署。笔者认为，今后一个时期推动城乡一体化的政策调整重点应包括以下八个方面。

（一）产权结构优化政策

要大力发展私营经济。凡是私人经济部门能做的事情，国家尽量不去做。私人经济部门能做什么，发达国家有经验，中国不必搞试点就可以学习。如同“社会主义市场经济”可以成立，“社会主义私有制”也可以成立。这个不突破，私营经济没有办法发展。可以逐步卖掉大部分国有企业，用所得资金收回高速公路，逐步实行高速公路免费通行。通过此项改革，增强私人企业家的信心，扩大就业，加快城市经济发展。

（二）国土规划政策

中央政府要制定一个行之有效的国土资源规划管理政策框架，强化分权管理，建立各级政府分权管理半径，彻底解决各级政府在土地规划管理责权利不清所引起的负的和博弈问题。

首先要加大耕地保护力度。可以考虑用“农业保护区制度”替代“基本农田保护制度”，最终出台“农业保护区法”。在此基础上，中央政府可以大幅度释放土地规划管理使用权给各级政府。

（三）人口布局政策

人口布局政策要真正体现“以人为本”的施政理念。城市人口布局规划要有创新突破，在基本不提高城市平均人口密度的基础上，扩大住宅区占城市建成区的比例，大幅度发展经济型独栋住宅，让老百姓住得舒适。农村人口布局要适应农业发展需要，制止村庄合并中的“一刀切”做法。要明确要求地方政府允许并鼓励专业农户分散居住。任何情况下都要尊重城乡居民的自由迁徙权。

（四）人口登记政策

人口登记最终要实行“单一准则”，即只要居民拥有或使用合法标准住房，并在一地常住，就可以登记为一地的合法常住居民。要借鉴国外经验，建立法定的“标准住房”概念。在政策推进过程中，可以先以拥有住房产权为标准作为户籍登记的条件，逐步过渡到以租用要求为标准。

人口登记政策改革的重点是大城市。不用担心放宽落户政策会增加大城市人口压力，因为即使不改革，但住房在那里，该进来的人已经进来了。也不用担心社会保障的财政负担，可以通过分类参保、分类享保的政策化解这一问题。可以逐步统一、简化社会保障标准。

（五）行政区划政策

要大幅度增加直辖市，把省级行政区增加至50个左右。省级行政区增加后，中央政府可以大幅度放权给对方，有效防止“一方独大”。县级行政区要大幅度减少，扩大县级的治理半径，为建立县辖市建制创造条件。

（六）政府科层设置政策

要大幅度简化政府科层体制。省级和县级行政区只设上级政府的派出机构，不设政府。[①] 除中央直辖市以外，中央政府以下只设省辖市政府和县辖

---

① 据笔者所知，这一政策主张最早由国家发改委宏观经济研究院国土与区域经济研究所肖金成先生在内部报告提出，未公开发表。这里的引用已经他本人同意。

市政府。发展数万个人口在万人以上的县辖市。原则上把现有建制镇和少量不以农业为主的大村改制为县辖市。农村地区的“特色村”和小型专业农户居民点直接归于县辖市管辖。

（七）城乡社区建设与管理政策

建立城乡统一的社会治理体制，不再区分乡村治理与城市治理。建立新的立法权概念，县辖市政府（人民代表大会）也可以有立法权。市域的社区所建立的“社规民约”与民法保障结合起来，可具有法律效力。推进农村社区的“政经分开”改革，将“壮大集体经济”引导到合作社发展上。公共财政要对农村社区实行全覆盖，农村集体企业除照章纳税以外，不再负担社区公共开支。大力改进城市的物业管理体制，扩大业主委员会权利，促进物业服务专业化，克服物业公司的“二政府”弊端。要探索“居住法”或“住房法”立法的可能性。

（八）政治保障政策

从强化政府信息公开与自身监督制衡开始政治体制改革，逐步扩大改革领域，确保政治改革的稳定性。党内民主改革从基层开始，而社会民主改革从高层开始，以确保执政党对改革的操控性。实行科长以上的公务员财产公开制，增强民众对惩防腐败的信心。全面扩大人民代表大会权力，促进社会公共事务的法制化管理。

第十二章　调整公共资源分配关系提高资金使用效率

进入21世纪之后，我国政府在农村工作中采取“多予、少取、放活”的重大措施，有意识地调整国民收入分配格局。2005年召开的党的十六届五中全会提出了建设社会主义新农村的重大历史任务。继续调整公共资源分配关系是社会主义新农村建设政策体系中的重要内容。经过几年的调整，我国扭曲的公共资源分配关系是否得到了扭转、公共资源分配关系的调整是通过何种方式实现的、这种方式对资金的使用效率有什么影响、今后公共资源分配关系调整的方向和着力点是什么。这些问题都是社会主义新农村建设中重要的理论和现实问题。本章以农户问卷调查、深度访谈及对村庄层面的调查为基础，并结合宏观层面的资料，试图回答上述问题。

本章分四个部分。第一部分是对我国新农村建设中公共资源分配关系变化及特征的描述。第二部分通过对农民享受公共产品和服务状况的分析，了解公共资源分配关系调整的程度。第三部分分析公共资源使用效率，主要探讨以专项资金为主的公共资源分配关系调整方式、公共服务机构的公共性缺失及农资流通领域的政策等因素对资金使用效率的影响。第四部分是对进一步调整国民收入分配格局和提高资源使用效率的意见和建议。

一　公共资源分配关系的变化及特征

（一）中央财政支农资金数量的变化

进入21世纪后，我国政府开始减免并最后取消了农业税。与此同时，公共财政在“三农”领域的投入逐渐增多。特别是，中央提出新农村建设后，各级政府有意识地调整扭曲的国民收入分配格局，政府支农资金数量的增长较快。

分税制财政体制确立了中央财政收入稳定增长的机制。1993～2008年中央本级收入占全国财政收入的比重从22%提高到53.3%。与这种收入格局相适应，在新农村建设中，中央财政对“三农”的支持力度不断提高。

财政支持“三农”是指对农村、农业、农民支出的财政总和，并不是单独的预算科目。2003～2009年，中央财政用于“三农”的支出分别为2144亿元、2626亿元、2975亿元、3397亿元、4318亿元、5955亿元和7253亿元，年均增长17.8%。各年中央财政用于“三农”支出占中央财政支出的比重分别为13.7%、14.3%、14.7%、14.5%、14.6%、16.4%和16.5%（见表1）。

表1　2003～2009年中央财政用于“三农”支出情况

单位：亿元，%

科目＼年份	2003	2004	2005	2006	2007	2008	2009
中央财政支出	15682	18302	20260	24393	29580	36320	43901
比上年增长	11.0	16.7	10.7	15.9	25.9	22.8	24.1
“三农”支出	2144	2626	2975	3397	4318	5955	7253
比上年增长	12.5	22.5	13.3	14.2	27.1	37.9	21.8
“三农”支出占总支出比重	13.7	14.3	14.7	14.5	14.6	16.4	16.5

2009年，中央财政用于“三农”的支出结构是[①]：支持农业生产支出2679.2亿元，对农民的四项补贴（粮食直补、农资综合补贴、良种补贴、

① 财政部：《关于2009年中央和地方预算执行情况与2010年中央和地方预算草案的报告》，http：//www.mof.gov.cn/zhengwuxinxi/caizhengxinwen/201003/t20100316_276816.html。

农机具购置补贴）支出 1274.5 亿元，促进农村教育、卫生等社会事业发展支出 2723.2 亿元，农产品储备费用和利息等支出 576.2 亿元。地方对中央税收返还和一般性转移支付的安排，也有很大部分用于民生和“三农”支出。

（二）公共财政覆盖农村的制度和政策

在近几年中，我国国民收入分配格局调整的重要实现形式是建立诸多有利于三农的制度。这种方式可以在一定程度上避免国民收入分配关系调整中的随机性和不稳定性。

1. 对农民实行“四项补贴”制度

为了促进农业生产，增加农民收入，我国政府近几年相继实施了一系列的补贴政策。主要包括：①对种粮农民直接补贴。这项政策从 2004 年开始实施，2007 年的补贴标准为 12 元/亩。②农业生产资料综合补贴。为了弥补化肥、农膜、柴油等农资价格上涨对农民种粮的影响，提高农民种粮的积极性，从 2006 年起，国家对种粮农民实施农资综合直补政策。③农机具购置补贴。国家对农民个人、农场职工、农机专业户和直接从事农业生产的农机服务组织购置和更新大型农机具给予一定的补贴。补贴机具为：小麦、水稻、玉米、大豆四大粮食作物所需的拖拉机、收获机、耕整机等。补贴标准是，中央和省财政资金补贴标准“按不超过机具价格的 30% 左右进行补贴”，“单机补贴最高不超过 5 万元”。市县财政投入资金的补贴标准，由各地自行确定。④良种补贴。2007 年中央财政安排的粮食直补等各项农业补贴总额已达到 526 亿元。2008 年的补贴规模达到了 1028 亿元。减免、取消农业税及补贴政策对于调动农民发展农业生产的积极性发挥了一定作用。

2. 实行农村义务教育经费保障新机制

2005 年 12 月，国务院下发了《关于深化农村义务教育经费保障机制改革的通知》，决定逐步将农村义务教育全面纳入公共财政保障范围，建立中央和地方分项目、按比例分担农村义务教育经费保障的新机制。2006 年新修订的《义务教育法》规定，实施义务教育，不收学费、杂费。国家建立义务教育经费保障机制，保证义务教育制度实施。为保证法律顺利实施，中国政府决定深化义务教育经费保障机制改革，强化政府对义务教育的投入责任，建立保障义务教育发展的长效机制。

新机制的主要内容包括：①免除全部农村义务教育阶段的学杂费，对贫困家庭学生免费提供教科书并补助寄宿生生活费。免学费方资金由中央和地方按比例分摊，西部地区为8∶2，中部地区为6∶4；东部地区按照财力状况分省确定。免费提供教科书资金，中西部地区由中央全额承担，东部地区由地方自行承担。补助寄宿生生活费资金由地方承担。②提供农村义务教育阶段中小学公用经费保障标准。落实各省制定的本省农村中小学预算内生均公用经费拨款标准，所需资金由中央和地方按照免学杂费资金的分担比例共同承担。在此基础上，由中央适时制定全国农村义务教育阶段中小学公用经费基准定额，所需资金仍由中央和地方按上述比例共同承担。③建立农村义务教育阶段中小学校舍维修长效机制。中西部地区，每年校舍维修改造所需资金，由中央和地方按照5∶5的比例共同承担。东部地区，主要由地方自行承担。④巩固和完善农村中小学教师工资保障机制。

2009年，农村义务教育经费保障机制改革支出666.1亿元，全国近1.5亿名农村义务教育阶段学生全部享受免除学杂费和免费教科书政策，中西部地区约1120万名农村义务教育阶段的家庭经济困难寄宿生获得生活费补助。

3. 建立新型农村合作医疗制度

我国从2003年开始在304个县（区、市）探索建立新农合制度的试点。“十一五”期间，新农合制度建设取得突破性进展。2006年，试点县（市）的个数已经达到了1451个，占全国总县（市）个数的50.7%，参合农民4.1亿人，占全国农民数量的47.2%。“十一五”期间，新农合的参合率、人均筹资和补偿受益人次均呈稳步上升的趋势（见表2、图1）。

表2　2005～2009年全国新型农村合作医疗情况

年份	参合率(%)	人均筹资(元)	补偿受益人次(亿人次)
2005	75.66	42.1	1.22
2006	80.66	52.1	2.72
2007	86.20	58.9	4.53
2008	91.53	96.3	5.85
2009	94.19	113.4	7.59

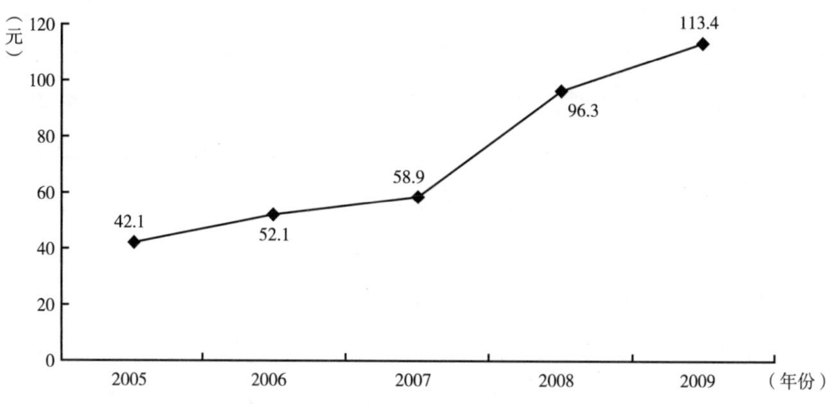

图 1　新型农村合作医疗人均筹资变动趋势

资料来源：《中国卫生统计年鉴》（2010 年）。

4. 建立农村低保制度

十六届六中全会通过的《中共中央关于构建社会主义和谐社会若干重大问题的决定》提出“要逐步建立农村最低生活保障制度”，去掉了之前“在有条件地区”的限定词。2006 年中央农村工作会议上首次明确提出，将积极探索建立覆盖城乡居民的社会保障体系，在全国范围建立农村最低生活保障制度。鼓励已建立制度的地区完善制度，支持未建立制度的地区建立制度。

2007 年是我国全面建立农村最低生活保障制度的标志年，农村低保工作开始由地方探索发展到在全国范围的整体推进。当年的《政府工作报告》要求在全国建立农村最低生活保障制度，将符合条件的农村贫困人口纳入保障范围，重点保障病残、年老体弱、丧失劳动能力等生活常年困难的农村居民。建立农村最低生活保障制度以地方人民政府为主，实行属地管理，中央财政对财政困难地区给予适当补助。中央、国务院下发了《关于在全国建立农村最低生活保障制度的通知》，在农村低保制度的建设上，规定了农村低保建设的目标任务、保障标准、对象范围、操作程序、资金筹集的方式和渠道；同时也对开展这项工作提出了一系列的原则要求和组织领导的保障。十七大报告进一步要求，“完善城乡居民最低生活保障制度，逐步提高保障水平”。2007 年农村工作会议提出，加大农村最低生活保障补助力度，将符合条件的农村贫困家庭全部纳入低保范围，做到应保尽保。

“十一五”时期，农村低保的保障标准逐步提高，保障对象逐渐增多，正在逐步靠近“应保尽保”（见图2）。截至2009年底，全国农村最低社会保障人数4759万人，农村平均低保标准年人均1210元；农村低保月人均财政实际补助64元。2009年，全国农村低保资金支出491亿元，比2008年增加263亿元，增长114%，其中中央财政补助地方216亿元。

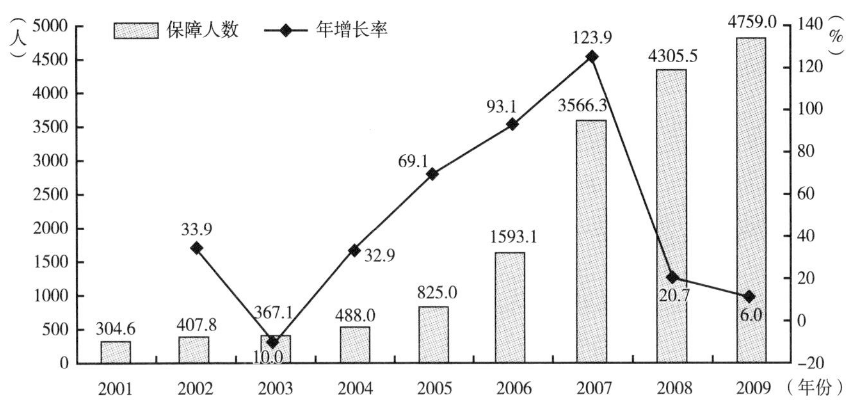

图2　农村最低生活保障情况

资料来源：《中国民政统计年鉴》（2003～2009年）。

5. 开展新型农村社会养老保险试点

如何使农民“养老不犯愁”一直是政府和社会各界关注的重点。“十一五”期间，各地在农民养老保障领域开展了形式多样的探索。2009年9月，国务院办公厅发布《关于开展新型农村社会养老保险试点的指导意见》，提出从2009年起开展新农保试点，当年的覆盖面要达到10%的县，在2020年之前基本实现对农村适龄居民的全覆盖。新农保推进的速度快于预期。到2012年底，我国所有的县（市）都将建立新型农村社会养老保险制度。国家新农保试点的展开，标志着中国农村社会保障体系已经基本健全。

新农保的参保范围是年满16周岁、未参加城镇职工基本养老保险的农村居民。其资金来源由个人缴费、集体补助和政府补贴构成，其中，政府对符合领取条件的参保人全额支付新农保基础养老金，中央财政对中西部地区按照中央确定的基础养老金标准给予全额补助，对东部地区给予50%的补助。养老金待遇由基础养老金和个人账户养老金组成，中央确定的基础养老金标准为每人每月 55 元，地方政府可以根据实际情况提高基础养老金标准；个人账户养老金的月计发标准为个人账户的全部储存额除以 139。2009 年和 2010 年，中央财政对新农保试点基础养老金的专项补助资金总额为 100 亿元。

二　公共资源分配关系调整的规模

调整公共资源分配关系的重要目的是实现公共服务均等化。近年来，尽管我国农村社会事业发展较快，但是农民享受的公共服务水平仍然较低，城乡之间和区域之间公共服务均等化并没有实质性缩小，公共资源分配关系调整任重道远。

（一）公共产品和服务供给的城乡差距

农村居民所享受的社会保障水平与城镇居民有很大的差异。2005 年，我国企业离退休职工年末人数 3842.4 万人，离休退休费 3280.3 亿元，人均 8803 元。而当年共有 302 万农民领取农村社会养老保险金，人均领取 696 元。前者是后者的 12.6 倍。

城镇居民最低生活保障的保障水平是农村居民的 2 倍以上。例如，2007 年，全国各城市低保的平均标准为每人每月 182.4 元，而农村的标准只有每人 70 元。城市低保对象平均每人每月实际得到补差 102 元，而农村低保对象所得只有每人 37 元。前者是后者的 2.76 倍（见表 3）。即使把城镇生活成本比农村高的因素考虑在内，这个差距仍显过大。

表 3　我国城乡低保的平均标准与平均支出水平

单位：元/人/月

年份	2003	2004	2005	2006	2007
城市低保平均标准	149.0	152.0	156	169.6	182.4
城市低保平均补差	58.0	65.0	72.3	83.6	102.0
农村低保平均标准	—	—	76.0	70.9	70.0
农村低保平均补差	—	30.0	38.0	34.5	37.0

资料来源：《中国民政统计年鉴》（2003～2006 年）、民政部《2007 年民政事业统计发展公报》。

我国城镇职工医疗保险人均筹资水平在东中西部三大区域之间并不是特别明显。2007 年，东部地区人均筹资标准为 1371 元，比西部地区的 1364 元只高 7 元，比中部地区的 915 元高 456 元。但农村的医疗保障水平与城市相比的差距就非常大。中国东部地区人均筹资是农村的 16.6 倍，中部为 17.4 倍，西部为 23.7 倍（见表 4）。在各省（市、区）中，最低的上海市城镇是农村的 4.32 倍，最高的青海省城镇是农村的 39.46 倍。

近年来，我国新型农村合作医疗进展快，农民得到了切实的实惠，但其保障水平与城镇医疗保险相差悬殊。城镇医疗保险对住院、门诊、大病、小病都报销，而新型农村合作医疗只以大病统筹为主。城镇职工基本医疗保险参保职工可以报销 70% 以上的医疗费，而参加新农合农民住院报销还不足 40%，60% 以上的医疗费仍需自付。

表 4　2007 年分地区城镇职工医疗保险和新型农村合作医疗情况

单位：元

地　　区	东部	中部	西部
新型农村合作医疗人均筹资	117.8	52.6	58.2
城镇职工医疗保险人均筹资	1371	915	1364
绝对差距	1253.5	862.3	1306.4
相对差距(倍)	16.6	17.4	23.7

资料来源：《中国卫生统计年鉴》（2010 年）。

城乡居民医疗保障差距的加大具有政策性原因。卫生部在《医药卫生体制五项重点改革 2009 年工作安排》中就全面提高基本医疗保障水平的工作目标时指出，落实政府对新农合和城镇居民医保人均每年 80 元补助。城镇职工医保、城镇居民医保和新农合的统筹基金最高支付限额，原则上分别提高到当地职工年平均工资、居民可支配收入和农民人均纯收入的 6 倍左右，已建立大额医疗费用补助的地区可于 2010 年达到该标准。但是，农民收入还不到城市职工年平均工资的 1/3。所能得到的最高补偿额也只是城镇职工和城镇居民的 1/3。这种根据平均工资和收入决定医疗补偿的办法，隐含着认可城乡收入差距的合理性，并维持和继续扩大城乡居民医疗保障差异的政策立足点。这种做法只会加大城乡居民之间在医疗服务等社会事业方面的差距。

从人均卫生费用这一指标看，1998～2008 年，农村人均卫生总费用从 195 元增长到 623 元，年均增长 12.3%，但农村人均卫生总费用仍明显低于城市和全国人均卫生总费用水平。2008 年全国农村人均卫生总费用是 1095 元，城市人均卫生总费用是 1662 元，而农村人均卫生总费用只是 623 元，农村人均卫生总费用只相当于全国人均卫生总费用 57% 的水平，更只有城市人均卫生总费用 37% 的水平。

在农村义务教育实施新机制后，中西部地区农村中小学公用经费虽比改革前有所提高，但很多地方仍反映，目前的保障水平，只能维持学校基本运转，不能满足实际需要，规模较小的学校困难更大。许多农村学校的教学设备远没有达到国家标准。

（二）公共产品和服务供给的区域差距

农村公共产品和服务在区域内部，比如说一个地区内各个县之间以及相邻的两个地区之间，存在着趋同现象。但省与省之间、三大区域之间农民享受的公共产品和服务的差距没有缩小，甚至仍然在继续扩大。

在中国采取经济发展至上的时期，无论经济发达地区还是经济欠发达地区，农民都没有享受到多少由政府买单的公共产品和服务；经济发达地区和经济欠发达地区农民在享受公共产品和服务方面的差距，远小于二者在经济发展水平上的差距。这是因为中国在以 GDP 为中心的发展主义的支配下，经济发达和财政能力强的发达地区，在农村公共服务的供给上缺乏内在的激励，采取了类似“竞次”（Race to the Bottom）的策略，对于中央有关教育、卫生和社会保障的政策和制度，仅仅执行最低标准。但是，随着发展观念的转变，财政能力强的发达地区有能力提供更高水平的公共服务，而财政能力弱的欠发达地区却没有这个条件。而且，从激励性因素看，沿海发达地区为了获取工业化和城市化所需的土地，会采取诸如重庆市等所实行的“土地换社保”、“土地换公共服务”的措施，加快农村公共服务事业的发展。另外，目前的社会保险保障体制提供了较高水平的政府补贴，但也要求参保者缴费。沿海发达地区农民因为收入和积蓄较高，也具备相应的缴费能力。这些因素导致公共产品和服务的供给在地区之间的不平衡。

从新农合的人均筹资这一指标看，在2007～2009年的3年中，各省之间人均筹资的绝对差距和标准差都逐年扩大，这意味着省与省之间的差距在逐步扩大。分地区看，中部地区各省之间的差距最小，西部稍大，东部地区最为明显（见表5和表6）。

表5　新型农村合作医疗人均筹资标准

单位：元

年份	最低值	最高值	绝对差距	标准差
2007	45.60	428.09	382.49	74.5828
2008	77.63	537.00	459.37	90.4397
2009	101.42	563.82	462.40	99.9406

资料来源：根据有关年份的《中国卫生统计年鉴》计算。

表6　各区域之间农村合作医疗人均筹资差距

单位：元

年份	东部		中部		西部	
	绝对差距	标准差	绝对差距	标准差	绝对差距	标准差
2007	381.22	116.5256	5.98	1.90832	67.2	18.51461
2008	449.33	141.1631	15.51	6.18852	78.3	20.17364
2009	460.66	154.0666	4.77	1.57629	61.2	17.07261

资料来源：根据有关年份的《中国卫生统计年鉴》计算。

省域内部不同区县之间农民享受的公共服务有较大的差距，其中东部发达地区的差异性更加显著。以江苏省为例，尽管江苏省制定了“地区分类、补助分档”的农村社会保障事业发展筹资机制，但因为省内各县市之间财政能力的悬殊以及省级财政对各县（市）的转移支付不健全，农村社会保障事业发展的水平有很大的差异。苏南地区的苏州市，2004年新农合的筹资标准就达到了每年200元的标准，其中财政补贴130元、村集体20元、个人缴纳50元。苏北有些县，到2010年也没有达到苏州市这一标准。2010年，苏州市所辖的常熟市农村合作医疗的筹资标准高达每人每年400元。其中市财政补助150元，镇、村补贴150元，个人缴费100元。对低保家庭、其他优抚对象、农村五保户、特困职工家庭中的少年儿童，免交个人缴费，由镇财政负担。筹资标准与新农合的保障水平有直接的关系。由于缴费标准的不同，苏南地区农民享受的医疗保障水平远远高于苏北地区。2010 年，常熟市新农合的封顶线达到了 10 万元。常熟市还制定了对低保边缘特殊困难人群的补助，这一制度的瞄准对象是患有重大疾病的个人，疾病的类型是重症肿瘤恶性患者、重症白血病患者、重症尿毒症患者、器官移植抗排异治疗者、再生障碍性贫血、血友病、系统性红斑狼疮、重症残疾人，只要其每年用药达到 3.5 万元，收入在低保线的 2 倍的范围以内（450 × 2 = 900 元），就可以享受低保待遇，2009 年前的标准为每月 350 元，现在按照每月 450 元的低保标准，实行补差。可以预计，如果没有省级政府的财政转移支付，江苏省域内部县市之间农民享受社会保障的水平差距将会越来越大。

农村义务教育阶段的学生虽然获得了“两免一补”的政策，但学校教学条件、寄宿条件、教师水平等还与城市学校有着巨大差距；农村医疗服务水平和能力还远远不能满足需要；新型农村合作医疗和最低生活保障的筹资水平还较低，一些地方的最低生活保障标准还低于全国农村低收入标准线，农村居民的总体保障水平还很低。同时，由于区域经济发展水平上的较大差距，区域之间公共服务水平也存在较大差距。

（三）农村公共产品和服务的供给和配置更多地集中于县乡两级

县、乡、村是构成农村公共服务供给的完整体系。在我国农村居民居住相对分散的情况下，村级组织作为末端，在公共服务供给和分配中的地位尤其重要。无论从空间还是时间上看，农民都需要从村级组织那里获得直接的公共服务。农村税费改革以前，村级组织在提供农村义务教育、小型水利设施建设等方面发挥了重要作用。但在农村税费改革后，村级组织的公共服务供给功能大大弱化，致使农村公共服务的供给和配置体系不完整，农民的许多需求无法得到满足。近年来，尽管从中央到地方各级政府都加大了对农村公共服务的投入和支持，但财政资金更多地集中在县乡两级，公共服务设施建设主要集中在县城和乡镇政府所在地，特别是近几年的国债项目。总体上说，相对于县乡两级，对村级公共服务设施建设的投入严重不足，一是覆盖面不够；二是建设投入力度小，不能满足农民就近得到一定数量和较高质量公共服务的要求。

（四）微观调查的结论彰显公共资源分配关系调整的任务艰巨

农户问卷调查和深度访谈显示，尽管我国扭曲的公共资源分配关系有了一定程度的调整，但农民仍未能享受较为充分的公共服务和社会保障。而且，在农田水利设施这一基础性的农业生产条件及关乎农民基本生存的饮用水方面，也存在着较为严峻的问题。

在被调查的行政村，农田水利设施普遍老化、失修。从现有水利设施的情况看，在37份有效问卷中，有9个村没有中小型水利设施，占24.3%；有2个村尽管有水利设施，但其严重老化，不能发挥作用；有17个村的水利设施不能发挥应有的功能，占45.9%；只有9个村的水利设施完好，一直发挥作用，占24.3%。从中可见，新农保建设的任务任重道远。从区域的情况看，宁夏被调查的行政村中，高达60%的行政村没有任何农田水利设施。广东省农作物以水稻为主，对水利设施的要求条件较高，但在被调查的11个行政村中，竟然有1个村完全没有水利设施，有6个村的水利设施损坏老化，不能正常发挥作用。

河南省滑县是产粮大县，种粮所用灌溉水大多来源于地下水。但是，水利事业发展滞后，严重影响了农业的发展。一是水资源不足。由于地下水在迅速下降，滑县形成大面积地下水漏区，最大水埋深达35米，造成水资源严重不足。据测算，滑县可利用水资源总量仅有2.4亿立方米，缺口达2.41亿立方米。二是水利设施老化。2007年滑县全县3.6万眼机井报废4%达1400多眼，全县2600座桥梁中的半数承载能力不够或损坏，200座水闸存在漏水等毛病，有的已无法提起，30多条干渠全部都有通水不畅的问题，其中1/4完全不通水。三是节水灌溉发展缓慢。滑县从1988年就开始实施了农业灌溉用水改造，但是，因受资金限制进展缓慢，到2008年，全县只有约65万亩耕地的灌溉工程进行了地埋管道初步节水改造，还有95万亩耕地亟待改造。

新农村建设提出后，农村道路的状况有了改善。在47份有效的村问卷中，村干部认为“联村路”有了改善的行政村为34个，占72.3%；认为没有改善的有13个行政村，占27.7%。在村庄的饮用水方面，在45份有效的村问卷中，认为饮用水的水源“有变化”的有18个行政村，占40%；认为“没有变化”的有27个行政村，占60%。与问卷调查相吻合，实地调查中很多农民表达了他们对饮水问题的担忧。河南省滑县由于多年来地表水被严重污染，滑县人民群众患慢性病、肿瘤病者比周边县明显增多。据该县有关部门的同志介绍，近几年滑县通过苦水改造使15万多人受益，据不完全调查还有50余万人亟待帮助解决。

（五）省域内部的转移支付尚未建立

在确定广东省的调研县（市）时，考虑到珠三角地区经济发达而没有代表性，因而选择了广东省经济发展中等或稍微欠发达的五华县、电白县和博罗县作为调研点。调查发现，广东省被调查农户享受公共产品和服务的水平较低，公共财政资源没有充分发挥其向农民提供公共产品和服务的作用。

河南和宁夏回族自治区依靠中央财政的项目投入，农村学校的教学条件在较短的时间内得到了改善，教学质量也相应有所提高并得到了农民的认可。但广东省属于东部发达地区，在农村社会事业发展方面得到中央财政的支持较少。而广东省各地的经济发展水平有很大的差异，因为省域内部转移支付的滞后和片面的发展观，这样从农民评价的这一指标上看，广东省农村教育医疗等社会公共产品和服务水平的改善程度反而落后于中西部地区的河南省和宁夏回族自治区。

从对新农村建设这项事业的知晓情况看，河南省和宁夏回族治区被调查农户的知晓率更高，分别为91.8%和86.3%。而广东省被调查农户的知晓率相对较低，在368户中，只有223户知道政府正在推进新农村建设，仅占60.6%。在广东省被调查的361户农户中，完全不知道新农村建设内容的有283户，占78.4%；而河南省被调查的372户中，这一指标为51.0%；宁夏回族自治区被调查的364户中，这一指标为48.4%。

饮水是涉及基本生存保障的公共产品。但是，特别值得注意的是，广东省被调查农户中，有21.2%的农户认为存在着饮水困难。宁夏被调查农户中，有34.4%存在着饮水困难。

在对学校教学条件的认识上，广东省被调查农户中，认为教学条件“提高了”的农户只占58.9%，远低于河南省的90.4%和宁夏的87.2%。

在对教学质量的评价方面的情况同样如此，广东省被调查农户认为教学质量与过去相比“提高了”的比例只有46.2%，而河南省的这一指标为79.1%，宁夏为73.7%。

广东省农作物以水稻为主，对水利设施的要求条件较高，但在被调查的11个行政村中，竟然有1个村完全没有水利设施，有6个村的水利设施损坏老化，不能正常发挥作用。

从参加新农合这一指标看，2007年，广东省样本户中的参合率为73.7%，河南省的这一指标高达99.3%，宁夏为86%。

三　公共资源分配关系调整中的资金使用效率

公共资源分配关系调整不仅涉及资源数量的调整，也包含如何提高有限资金的使用效率。但是，受综合性因素的影响，我国“三农”领域中公共资金的使用效率不高。

（一）以专项资金为主的公共资源调整方式与资金使用效率

有限的公共财政资源应优先配置于最需要的地方、最需要的领域和最需要的人群。但是，我国在社会主义新农村建设中对公共资源分配关系的调整，是以专项资金投入为主的方式来实现的。这种调整方式既要求掌握专项资金分配的部门对各个地区的资金需求有较完整的信息，并有充分的意愿来进行公平的分配；也要求政府的公共财政资金能够较为合理地在各个部门之间进行配置。但这些条件并不具备，从而出现公共资源未能实现更加合理的配置，降低了资源的使用效率。

1. 公共财政资源的地区配置

微观数据分析显示，在公共资源分配关系调整中，被政府确定为新农村建设的村以及村经济实力较强的村可以得到更多的项目和支持资金，而且这两类村庄往往又是交叉的。在新农村建设中，各地普遍设立了试点村。在试点村中，又有省级试点、市级试点、县（市）级试点和乡镇级试点的区分。越是层级高的试点村，得到的项目和资金支持就越多，地方政府有意识地将更多的项目和资金配置在这些村。

经济实力较强的村庄能够得到更多项目资金的原因是，多数农村发展项目对配套资金有要求，这些经济实力较强的村庄因为能够提供配套资金，所以就相应能够获得项目支持。尤其是，上级部门为了防止基层没有能力提供配套资金而实行“先建后补”政策，前期的建设资金全部要依靠自筹，只有在项目建成并通过验收之后，才能通过申请得到补助。显然，这种做法将必然造成新农村建设项目和资金被更多地配置于经济实力较强的村。

2. 公共财政资源在不同领域的配置

各类农村公共产品和服务之间相互关联，需要建立各个部门相互协调、相互配套的政策体系。但是，中央有几十个部门掌握专项资金的分配。每个部门所能分配的公共资源数量并不是按照科学计算而确定的。这就会导致公共资源不能合理地在各个领域进行配置，从而影响资金的使用效率。

从新农村建设的项目类型来看，各样本村具有较高的同质性，项目建设主要集中于硬件设施（包括修建道路、水利和文化广场等），这种“重硬件、轻软件”的建设模式在一定程度上偏离了农民生产生活中的迫切需要。在河南省滑县所调查的 6 个样本村中，村庄道路建设的投资比重最大，占总投资的 1/3 强，其次是水利、电力和沼气项目。“要想富，先修路”固然有其道理，但在资金有限的情况下，村庄道路的修建目的以及要修建到什么程度是值得商榷的。很多村庄在修建好村主路以后，又投入大量资金修建辅助街和大小胡同。而与此同时，村中还有大量村民因缺乏资金而无法扩大经济生产，因指标限制而享受不到低保补贴的贫困农户等待救济。

即使在同一领域，公共资源的配置也存在着不合理的现象。以农村卫生服务为例，“十一五”期间，新农合取得了重大突破，但与新农合相关的其他领域的改革和发展滞后，新农合的功能削弱了。一是农村公共卫生没有得到充分重视。这一方面增加了农民患病的风险，可能形成新农合基金支出的压力。另一方面在农村公共卫生领域缺乏充足公共支持的情况下，新农合制度的覆盖范围往往被迫涵盖某些被忽略的公共卫生项目甚至医疗救助项目，本来已经很紧张的新农合基金将更加紧张，影响了新农合制度保大病、缓解农民因病致贫返贫的目标。二是乡、村两级医疗服务能力弱，影响新农合制度的功能发挥。新农合是解决农民医疗服务可获得性的制度安排。但医疗服务机构是新农合制度的载体，新农合制度功能的发挥有赖于医疗机构提供服务的状况，目前，我国乡村两级，尤其是村级医疗服务能力比较薄弱，不能满足农民基本医疗需求，影响了新农合制度功能的发挥。三是缺乏对医院的有效监管，导致医疗费用和医疗价格不断上升，农民从新农合中的受益就相应减弱了。

3. 公共资源配置与农村实际和农民需求的优先序不一致

农民对公共产品和服务的需求具有异质性，不同类型、不同区域的农民对政府财政资金的需求量、方向和结构有明显的不同。而且，农民的需求优先序处于不断变动之中。但是，我国多数支农专项资金的设置采取以项目资金为主、各部门分散管理、中央和省级部门高度集权的投入体制，上面定项目，下面提申请。由于信息不对称等因素的影响，许多资金项目并不符合基层实际的优先序需要，从而降低了资源的配置效率。

从农民的反映看，新农村建设中的大多数项目与农村和农民的需求相适应。在747户有效问卷中，有429户表示该村所实施的项目是他们村里最需要的项目；有161户表示村里所实施的项目中，有的是村里所急需的，有的不是。但是，需要特别注意的是，有157户（占被调查农户的21.0%）表示村里所实施的项目并不是村里所最需要的项目（见表7）。

表7　项目与农民需求的适应性

单位：户，%

适应性	广东		河南		宁夏		总计	
	农户	比例	农户	比例	农户	比例	农户	比例
适应	129	44.5	174	74.0	126	56.8	429	57.4
不适应	62	21.4	60	25.5	35	15.8	157	21.0
部分适应	99	34.1	1	0.4	61	27.5	161	21.6
合　计	290	100	235	100	222	100	747	100

对于在新农村建设中所实施的项目，在被调查的农户中，60.3%的农户同意实施这些项目。但是，有34.0%的农户表示他们未参与项目的讨论。在调查中发现，一些地方在新农村建设名义下所实施的项目，实际上是“形象工程”。以种树绿化来说，在创建卫生城市和新农村建设的进程中，绿化是一个重要指标，而且这对改善村容也有很大帮助。但是对于一些位置

偏僻而且经济落后的村庄而言，绿化并不是村庄建设的当务之急，可也不得不按照上级的统一要求统一种植。没有资金的村子只好去买一些便宜树苗，这些树苗的成活率非常低，到最后钱也出了，树也没活，原本打算用这些钱给村里办的事情也没法落实。

文化、体育建设是新农村建设的重要组成部分，被调查的很多村都修建了文化大院、图书室、篮球场等文化、体育设施。但这些设施大多位于村部，距离住户较远，农民在利用这些设施时很不方便。同时，文化体育建设的具体内容与农民的需求也有差异。有的农民说：村里的篮球场就是一个摆设，打篮球与农民的习性非常不相符；图书室的很多书籍都很深奥、冷僻，农民基本上不会看，所以图书室经常锁着门。

在新农村建设中，有的项目符合农民的需求，但一些人为的不切实际的规定影响了资金的使用效率。某村的一个某养殖专业户说：很愿意得到一些技术培训。但乡镇举办的培训班要求必须是年龄在 45 岁以下方可参加，每个月两天，持续培训两年。而村里的年轻人大多都外出务工，在家里从事农活，尤其是从事养殖方面的都是年龄大的人。因此，以年轻人为瞄准对象的免费培训实际是对公共资源的浪费，造成的结果实为想学技术的由于年龄问题而受到阻碍，而学了技术的又几乎没用。

4. 农民较低的参与度影响了资金使用效率

在社会主义新农村建设中，多数村都不同程度地得到了国家政策支持的好处，一些事情受到政府的财政支持。但较多农民认为资金是“村干部有能力才搞到的”。所以，他们对资金的使用方向、方式和效率问题并不关心。从某种程度上说，正是以专项资金为主的资金分配方式，阻碍了农民参与资金管理和使用的积极性。微观数据显示，尽管多数被调查农户知道政府正在推进新农村建设，但其中知道新农村建设具体内容的农民为数不多。在被调查的 1097 户农户中，只有 162 户表示他们知道新农村建设的口号，占 14.8%；683 户表示他们不知道新农村建设的口号，占 62.3%；另有 22.9% 的农户（252 户）表示他们知道部分新农村建设的口号。近 60% 的被调查者不知道农村低保户是如何确定的；只有 439 户知道农村低保户是如何确定的，仅占 40.2%。在三个被调查省区之间，对低保户如何确定这一结构指标上具有高度的一致性。其中，广东省为 38.5%，河南省为 39.3%，宁夏回族自治区为 42.9%。

5. 专项资金的特点影响资金的使用效率

2006 年，中国在全国范围内取消了农业税，并对农村实行多予的支持政策。在这一背景下，村级的收入主要包括两块。一是来自上级政府的固定的转移支付，这部分的收入只能维持村级组织的基本运转。二是来自上级政府的诸多部门和渠道的专项资金。

但是，专项资金的特点影响资金的使用效率。一是不确定性。专项资金不是按照各个村的实际需求有计划、有针对性地进行分配的，而是村干部通过找关系、游说等途径而争取到的。在这个过程中，村干部预先不知道是否能够争取到项目或专项资金，以及可能得到多少。这种不确定性就导致村里不能根据自身的实际情况进行预算，不能统筹安排村里的公共事业的发展。二是时滞性。一些农业需要，很难事先预料，随机性强。因此也就不可能在年初的时候就向上级有关的部门申请。但当急需资金的时候，从申请专项资金到得到批准需要时间。这种时滞性，导致村里需要资金的时候，不能及时得到资金，从而影响农业生产和农村的发展。三是专用性。专项资金通常对使用的方向和用途都有严格的规定。但各个村的情况千差万别，专项资金的专用性就必然导致分配到村的资金或项目不能发挥应有的作用。四是有配套的要求。很多项目资金都要求配套资金。有的项目实施“先建后补”、“以奖代补”的支持方式。这种做法的初衷是避免一些地方套取项目资金。但也导致村干部为了得到奖励或补助，采用借款、群众集资等手段，先把项目做起来，项目与农民的实际需要不相吻合。

（二）公共服务机构改革的滞后与公共财政资源的使用效率

公共财政在“三农”领域投入的很大一部分是投向农村各类公共服务机构的。从财政支农支出看，农林水利和气象等部门的事业费支出占全国财政用于农业支出总额的比例一直很高。1996～2006 年的平均水平为 59.2%，最高的 2004 年和 2005 年分别达 66.4% 和 65.7%，最低的 1998 年为 45.8%。财政对农村教育、卫生等社会事业的发展也是通过增加对相应机构的支持来实现的。

但是，实地问卷调查和深度访谈的结果显示，农民并没有在这些公共服务领域得到的服务有明显的或相应的提高，公共财政资金的投入效果低下。

问卷调查显示，农民对新农合制度不满意的一个重要原因是，定点医疗机构的医疗和服务费用高。宏观数据也印证了农民这种看法的合理性。按照当年价格计算，2009 年医院门诊病人次均医药费为 159.5 元，住院病人人均费用 5951.9 元，分别比 2008 年上涨了 8.9% 和 8.6%。尽管在“十一五”时期，农民住院的补偿比例和封顶线逐步提高；在不少县（市），农民门诊也能得到一定的报销。但是，如果定点医疗机构医疗和费用过高的现状不能得到遏制，政府补贴的很大部分将流入医疗机构，农民并没有充分享受政府补贴的好处。

我们认为，我国农村公共服务机构的赢利性趋向，可以部分解释这种不吻合。

1. 农村公共服务机构的盘子过大

农村公共服务组织本来的定位是提供公共服务。但是，在以往的改革中，没有解决好政府与市场的分工问题。该市场化的没有市场化，大量非公益性机构充斥在公共服务组织之中。在公共服务组织体系中，既存在着大量的行政管理机构和行政执法机构，也有很多以经营为目的、没有社会公益性或公益性不强的组织、机构。这些机构挤占了稀缺的公共资源，侵蚀了政府的财力，在一定程度上导致社会急需的公共产品和服务供给不足或无力供给。

2. 农村公共服务机构有强烈的趋利性

从总体上看，我国基层政府在农村公共服务机构的改革上所采取的思路是把其推向市场，以减轻财政负担。政府按照事先确定的数额给事业单位拨款，事业单位如有节余可以留用，出现赤字则必须自己设法弥补。这样，在创收压力和创收冲动双重力量的推动下，农村公共服务机构具有很强的创收积极性。

针对公共服务机构的这种强烈的创收动机，政府缺乏相适应的约束机制。第一，财政支持与农村公共服务部门的绩效脱钩。我国县乡农村服务机构包括全额拨款和差额拨款两种类型。但是，不管哪种类型，政府财政对农村公共机构的投入属于一成不变的、固定的补贴。服务机构获取补助的多少与其成本没有联系，与其是否提供了服务以及服务的绩效也没有联系。第二，政府部门与服务机构之间管办不分。政府部门既是政策制定者（由它负责监督和评估服务提供者的业绩表现），同时又是服务提供者（它是相应事业单位的上级主管部门）。在这种管办不分的状态下，服务提供者职能俘获政策制定者职能的风险很高，也很现实。服务提供者（如学校、医院和农技服务站）更多关心它们的“上级主管部门”是否满意，而不在乎家长、病人和农民是否满意，是很自然的事情。第三，对于一些有理由收取一定服务费的项目，在实践中收费常常被简单当做弥补成本和增加收入的工具，而不是作为一个提高公共服务质量与效率，优化资源配置的市场机制来运用。

同时，市场对公共服务机构的约束力也薄弱。这主要是因为存在三个方面的制度性缺陷：消费者没有足够的权力；监管体制不健全；市场竞争不完全且常常被扭曲（世界银行，2005）。

由于上述情况，农村的许多公共服务机构的行为选择就可能是：在得到国家补助的同时，少提供或不提供这些补助所本应提供的活动，只专注于能够带来额外利润的活动。例如，把本来应该实行的免费服务变成有偿服务，提高原来的服务收费价格；放弃本职工作，而把主要精力用于能够提高收入的各种开发、经营活动之中；违反国家政策，采取各种变相措施收取费用（马晓河、崔红志，2006）。

有证据表明，虽然最近几年政府向事业单位投入了大量资金，但除了几项国家强令减少的服务项目（如义务教育），增加的投入似乎并未相应降低各种收费标准。许多迹象表明，政府的资源投入增量越来越多地用于增加人员和提高工资（世界银行，2005）。

3. 行政干预进一步使公共服务机构偏离其本职工作

政府与服务提供者之间的关系可以被视为契约关系，前者应向后者提供资源，并要求后者完成一定数量和质量的公共服务。但是，我国农村公共服务机构的经费来源、领导人员的任免权掌握在主管部门和有关党政机关手中。这样，在地方政府围绕经济建设这一中心任务的背景下，公共服务组织也就会在一定程度上背离其提供公共服务的职能。

（三）公共服务体制缺乏考虑农村弱势群体的特殊情况

现有的制度安排没有体现向农村中的弱势群体倾斜。政策和制度安排体现了公平性，但这些政策和制度的执行结果呈现出不公平性，公共财政资源更多地流向农村的富裕人群。例如，在新农合中，多数地方只有住院才能得到一定比例的补偿，门诊花费不能报销或者只能报销很少的比例。这样，贫困的农户因为没有钱住院，所以实际上被剥夺了享受新农合制度所提供的福利保障。又如，在新农保制度安排中，家庭贫困的家庭因为经济困难的原因而不能参保，所以不能享受基础养老金；对选择更高标准缴费档次的给予更高比例的补贴，也背离了与公共财政资金的公平性。在农村义务教育方面，从农村学龄儿童减少和提高学校质量的要求出发，合并一批力量薄弱学校是应该的。但是对于由此而导致的学生上学不变和额外增加的交通等支出，公共政策缺乏针对性考虑这一情况。

（四）生产资料的涨价影响补贴政策的效果

“十一五”期间，除粮食直补、良种补贴、农机具购置补贴外，农民还能享受农资综合直补。与此同时，稻谷、小麦最低收购价逐步提高。2009年，粮食直补、农资综合补贴、良种补贴、农机具购置补贴等四项达1230.8亿元，增长19.4%。

多数接受调查的农户都高度赞扬农业补贴政策。有的农民说：国家不仅不收税，还给补贴，这是以前做梦也想象不到的。但是，在流通领域中生产资料价格的上涨影响补贴政策的实施效果。以河南省孟州市为例，2008年农资综合补贴为每亩79.5元，这一标准也就是刚够买一袋化肥，而一亩地一年至少需要两袋化肥。按照国家的补贴标准，种粮的比较效益仍然很低。孟州市按照好的地况来讲，2007年每亩地玉米小麦可以各收500公斤，平均价格都是在1.5元/公斤，如果全部销售的话，一亩地有1500元毛收入。但是化肥要花掉两百多元（两袋），种子要花掉六七十元，买农药和治虫要花掉两百多元，机耕70元/亩（每年一次）、机播20元/亩（每年两次）、机收70元/亩（每年一次）、机井灌溉四百元左右/亩/年。老百姓说：“人哄地皮，地哄肚皮”，每个种植环节的投入都不能含糊，所以就算化肥和农药大踏步涨价，该买也还得买。因此算下来一亩地净利润也就不到四百块钱。孟州市的多数农村人均口粮田是一亩左右，一家几个人几亩地辛苦一年收入达不到两千块钱（如果要算产量折价，的确会多些，但卖粮便宜买粮贵，所以各家的口粮都必须留足，一年下来传统农户的人均可支配收入仍然非常少)，如果再把劳动力的物化成本大约每天三四十元考虑进去，每亩地上每个劳动力全年的实际务农时间满打满算要三四十天，种田岂不成了严重亏本的事儿，种粮与外出务工的比较收益就有了很明显的差距。因此很多农户会把土地转包或者撂荒，自己外出打工；也有的打下粮食全都不卖，除了自家的口粮，其余都屯起来等到卖粮淡季再看情况销售；或者干脆来年少种粮食，改种其他经济作物。

四 继续调整国民收入分配关系和提高资金使用效率的意见建议

(一) 提高体现均衡性的一般性转移支付的比例，增强地方财政的独立性

1. 继续增加一般性转移支付的比例

增加一般性转移支付的风险在于县乡政府和官员可能不顾公共财政的原则，完全根据自己的意志和意愿来安排和使用资金。在县乡财政普遍困难的情况下，这是一种可以预测到的不良结果。这就要求进行相关层面的改革。一是改革由主要党政领导说了算的情况，加强农民和地方人大参与预算的制定、对预算的监督；二是完善自上而下的监督机制和约束机制。

2. 公开项目的实施计划，改进项目监督办法

各部委应将自己支农项目的主要实施内容全面向社会公开，公开内容包括资金数量、责任人、目标要求、完成期限和验收记录等。每个项目都应有监督机构，如成立监督委员会或小组，其成员应有农民代表。项目的验收也应有受益农民参与。

3. 通过以县为平台整合支农转移支付资金的使用，解决由于分散、多头管理所带来的资金使用效率低下问题

“十一五”时期，虽然开展了财政支农资金整合的试点，但主要针对农业资金进行整合，今后还应开展其他支农转移支付资金整合的试点工作。以县为平台的支农资金整合的理由是，现有的各个渠道的政府支农投资，最终都投入到县一级，并最终绝大多数都要落实到县里组织实施。所以，县一级

最具有整合的条件。同时，中央部门改革的难度较大，以县为平台进行支农资金的整合，符合渐进式改革的一贯思路，相对容易实施。在整合支农资金时，还需要特别重视那些涉及部门多、资金额度相对较小的项目资金的整合，例如文化、体育、村政建设等。

（二）完善省以下财税体制

从全国来看，以社会公平为目标，加大上级政府对落后地区的转移支付势在必行。中央政府应该加强对中西部欠发达地区的转移支付。在东部地区，省级财政应加强对省内经济困难地区的财政转移支付。中央政府在把农村社会事业发展的筹资责任移交给省内解决的同时，应监督东部地区省份省级财政对该省域经济困难地区的财政转移支付情况。

（三）建立自下而上的需求表达机制以及农民能够参与财政资金配置决策的机制

这是一个与增加一般性转移支付相关联的应对性措施。这是因为，增加一般性转移支付并不能保证资金使用的方向和优先序与农民的需求完全吻合。在公共资源分配基本由地方主要领导决定的情况下，县乡领导还有可能依据其自身的目标分配资金的用途，而不考虑或少考虑农民的目标。为了提高资金的使用效率，客观上要求建立自下而上的需求表达机制和程序，转移支付应与农民的实际或最迫切需求相吻合。

应提高村级财务的独立性，提高农民的参与性。在增加地方政府一般性转移支付的基础上，探索公共财政资金公平分给村社区集体，由村社区集体决定资金的使用方向。这方面成功的经验是印度克拉拉邦，该邦把邦财政预算中的计划基金（占总额的50%）中的40%交到乡一级，让乡来决定如何支配。这个比例大体占整个乡财政预算的20%。因为有了能够预见的、稳定的收入来源，乡级政府就可以参与项目的选择和实施计划。

我国要实现农村治理模式的转变和激发农民参与发展内在动力，就应把资源分配到最底层的乡镇政府和村级组织，使得他们可以根据能够预期得到的公共资源来决定发展规划。这种方式有利于提高资源的利用效率，以比较小的投入产生比较大的效果和效益。

（四）加大对村级公共服务基础设施建设的投入，强化村级组织公共服务功能，完善农村公共服务体系

村级作为农村公共服务体系中的一个环节，其重要性毋庸置疑，而通过加大对村级公共服务基础设施建设的投入可以强化村级组织在公共产品和服务供给以及配置上的功能，完善农村公共服务体系，使广大农村居民可以就近享受一定数量和质量的公共服务，使农村公共服务的触角真正延伸至村一级，真正实现公共财政的阳光普照农村的目标。

第一，增加对村级公共服务建设的投入，中央财政设立村级公共服务建设专项资金。

第二，整合资金，集中建设。目前各个部门都有不同的项目资金，资金分散投入、项目分散建设，导致财政资金的低效率，特别是在村一级。为了解决这个问题，可以将各个部门不同的项目资金整合集中使用，在人口相对集中的地区（不一定是村委会所在地）建设村级服务中心，将村卫生室、文化室（农家书屋）、体育健身场所、计生室等集中在一起，这样既可以节约一部分土地，也可以使村级公共服务设施使用更具有可持续性。

第三，村级公共服务基础设施建设项目可以将农民的投工投劳作为配套，以减少地方政府项目配套困难或虚假配套，但必须严防假借项目增加农民不合理负担。“一事一议”更适合于那些农民收入较高、集体经济收入较多的地方，它不能作为筹资的手段，更多地体现的是公共事业建设的民主决策程序和方式。

（五）深化农村公共服务机构改革，建立多元化的农村公共服务供给机制

不能一味地追求政府直接生产和供给公共服务的方式，要建立多元化的新型农村公共服务供给机制。应在政策上建立有利于农村民营公共服务的体制和机制。当公共服务的数量和质量可以明确规定时，可以采取政府购买服务的办法，向提供者支付基于产出的服务费，这有利于提高服务效率。例如，一些预防、防疫等农村公共卫生项目、农业科技推广、农民教育和培训等公共服务，都可以尝试采取这种办法。

对于政府举办的公共服务机构，一方面要加强政府投入，消除其“赢利性”的客观基础。另一方面，应逐步消除县、乡行政管理机构的干预，增强其从事公共服务职能的独立性。

（六）继续建立和完善促进公共资源分配关系调整的制度

制度带有根本性、全局性和稳定性。同时，制度本身具有自我强化的功能。在目前的政治体制下，尽管基层政府官员的任期普遍较短，其行为选择可能与上级政府要求及农民利益都有某种程度的不相容乃至冲突。但是，只要建立了相应的制度，逐步完善这些制度从而提高农民的福利水平，就将成为历任政府官员不能绕开的问题。

第十二章附录　调整公共资源分配关系和提高资金使用效率的微观数据分析

社会主义新农村建设的过程，也是公共资源分配关系不断调整、优化的过程。近年来，在科学发展观的指导下，党中央在农村工作中采取了“多予、少取、放活”的重大措施。宏观数据显示，我国公共财政覆盖农村的进程逐步加快，扭曲的国民收入分配格局得到一定程度调整。但应看到，一些政策在执行中存在着走样甚至扭曲的可能，而且中央的政策面向全国，不同地区情况不同，政策发挥作用的大小及着力点都会有差异。因此，有必要从底层视角了解新农村建设过程中公共资源调整和资金使用效率的状况。

一　农村发展项目的数量和投资额度

调查发现，以公共财政投入为主体的农村发展项目和投资额度增多，但村级之间的差异显著。

（一）公共财政投入为主体的发展项目呈现逐年增加的态势

近年来，各级政府财政资金在农村公共领域的投入大幅度增加，公共财政的阳光正在逐渐照耀农村。

在被调查的54个行政村中，有39个村较为完整地回答了有关农村发展项目的情况（见表1）。在2002～2008年上半年的时间段内，这39个行政村共实施了115个发展项目，平均每个村近3项。项目的投资总额为19245万元，平均每个项目167.35万元。

政府投资项目是这些农村发展项目的主体。在115个项目中，政府投资项目为76个，投资总额9293万元，平均每个项目122.28万元；村内组织项目36个，投资总额9761万元，平均每个项目271.14万元。①

表1 政府投资项目分年度统计

单位：个，万元

年份	政府投资项目数量	政府投资总额	平均每个政府项目投资
2002	2	5080.0	2540.0
2003	4	199.7	49.9
2004	6	488.8	81.5
2005	24	8946.2	372.8
2006	34	769.8	22.6
2007	39	3630.2	93.1
2008	5	114.0	22.8

从时间序列看，政府投资项目呈现增多的趋向。在被调查的行政村，2002年、2003年和2004年分别有2个、4个和6个政府投资的项目。但2005年政府投资的项目增加到24个，2006年进一步增加到34个，2007年又增加到39个。但是，平均每个项目的投资数额并没有显著的变化。从某种程度上说，政府投资的农村项目普遍呈现“小型化”的态势。这一状况很可能与农村发展项目大都是条条上分块下达有关。

分区域看，广东省被调查的行政村中政府投资的项目的数量最多，河南省次之，宁夏明显较低。但是，宁夏被调查行政村的25个项目的总投资达到了13220.6万元，平均每个项目的资金为528.8万元。河南省被调查行政村中单个项目的投资数额只有24.9万元（见表2）。

---

① 另有3个项目没有进行政府投资和农民投资的区分，其投资总额为191万元。

表 2　不同省（区）被调查村的政府投资

单位：个，万元

省　份	政府投资项目数量	政府投资总额	平均每个政府项目投资
广　东	47	4954.5	105.4
河　南	43	1069.9	24.9
宁　夏	25	13220.6	528.8

（二）村际之间得到公共资源的数量有很大差异

调查显示，在社会主义新农村建设中，公共资源的空间配置有很大的差异。从以改善农村生产和生活条件的农村发展项目看，2007 年，广东省石湾镇的各类项目共得到了公共财政投入 1354 万元，而最少的柏塘镇为 6.1 万元，前者是后者的近 222 倍。河南省得到财政投入最高的葛岗乡为 107.25 万元，最少的竹林乡为 1.85 万元，前者是后者的 58 倍。宁夏财政投入最高的六盘山乡为 102 万元，最少的丁唐镇为 6.5 万元，前者约为后者的 16 倍。

不同村庄获取公共财政资金的数量有很大的差异。在 2005～2007 年的三年中，广东省公共财政投入最多的铁场村投资额为 1870 万元；河南省得到公共财政投入最多的东空桑村为 237.25 万元；宁夏得到公共财政投入最多的和尚铺村为 180 万元。而在这三个省（区）的被调研村庄中，都有一些村庄没有得到公共财政支持的农村发展项目资金。在被调研的村庄中，有的村每年都有较多的农村发展项目资金。如广东省金龙村，2005 年政府投入 50 万元修建学校；2006 年投入 40 万元建校，投入 15 万元修建水利；2007 年继续投入 110 万元修建学校，投入 30 万元修建水利，投入 120 万元修建道路。政府三年来对该村的投入共有 723 万元。

哪些村能够得到更多的项目资金？或者说，得到更多项目资金的村庄有什么共性？我们的调查发现，被政府确定为新农村建设的村以及村经济实力较强的村可以得到更多的项目和支持资金，而且这两类村庄往往又是交叉的。

在新农村建设中，各地普遍设立了试点村。在试点村中，又有省级试点、市级试点、县（市）级试点和乡镇级试点的区分。越是层级高的试点村，得到的项目和资金支持会越多，地方政府有意识地将更多的项目和资金配置在这些村。例如，在河南省滑县所调查的两个乡镇共6个行政村中，温庄村和程新庄村既属于贫困村也是新农村建设试点村，后子厢村为新农村建设试点村，这三个村的新农村建设项目和资金投入明显高于其他样本村，村庄面貌得到较为明显的改善。在2005~2007年的3年中，温庄村在村庄建设方面的公共财政资金投入约为102万元，程新庄村投资额度在125万元左右，后厢子村公共财政投资为140万元左右。而且，新农村建设试点村不仅在获取国家的各种村庄建设项目和财政资金方面具有优先权，而且也被免除了资金配套的要求。以沼气项目为例，按照规定，贫困村的沼气建设项目由扶贫办提供一定比例的资金补贴，修建一栋沼气国家补贴900元，农户仍需提供1000元左右的配套款。2006~2007年，程新庄村共建设155个沼气池，项目所需资金除扶贫办的补贴款外，其余建设费用由包村单位之一的县农业局投资，不需要农户提供配套款。西起寨村为市、县、镇三级新农村建设试点村，该村的项目建设资金主要由两部分构成，政府财政扶贫资金和村集体配套资金。

经济实力较强的村庄能够得到更多项目资金的原因是，多数农村发展项目对配套资金有要求，这些经济实力较强的村庄因为能够提供配套资金，所以就相应能够获得项目支持。尤其是，上级部门为了防止基层没有能力提供配套资金而实行“先建后补”的政策，前期的建设资金全部要依靠自筹，只有在项目建成并通过验收之后，才能通过申请得到补助。显然，这种做法将必然造成新农村建设项目和资金被更多地配置于经济实力较强的村。

二 农民对公共资源分配关系调整效果的评价

（一）农民对农村义务教育条件和质量的认识

在对学校教学条件的认识上，三省区被调查农户认为与过去相比教学条件“提高了”的占78.4%；认为“和原来一样”的占13.4%；认为“说不清”和“下降了”的分别占6.2%和2.0%（见表3）。这表明，农民对农村学校教学条件的改善有较高的认同。

表 3　样本户对农村学校教学条件的认识

单位：户，%

项　目	广东		河南		宁夏		总计	
	农户	比例	农户	比例	农户	比例	农户	比例
提高了	122	58.9	169	90.4	177	87.2	468	78.4
下降了	11	5.3	1	0.5	—	—	12	2.0
和原来一样	47	22.7	13	7.0	20	9.9	80	13.4
说不清	27	13.0	4	2.1	6	3.0	37	6.2
合　计	207	100	187	100	203	100	597	100

但非常值得注意的一个情况是，广东省被调查农户中，认为教学条件“提高了”的农户只占 58.9%，远低于河南省的 90.4% 和宁夏的 87.2%。这种情况的原因是什么？在对教学质量的评价方面的情况同样如此，广东省被调查农户认为教学质量与过去相比“提高了”的比例只有 46.2%，而河南省的这一指标为 79.1%，宁夏为 73.7%（见表 4）。河南和宁夏依靠中央财政的项目投入，使得在较短的时间内农村学校的教学条件得到了改善，教学质量也相应有所提高，从而得到了农民的认可。但广东省属于东部发达地区，中央财政在农村社会事业发展方面得到中央财政的支持较少。而广东省各地的经济发展水平有很大的差异，因为省域内部转移支付的滞后和片面的发展观，这样从农民评价的这一指标上看，广东省农村教育医疗等社会公共产品和服务的水平的改善程度反而落后于中西部地区的河南省和宁夏回族自治区。

表 4　样本户对农村学校教学质量的认识

单位：户，%

项　目	广东		河南		宁夏		总计	
	农户	比例	农户	比例	农户	比例	农户	比例
提高了	97	46.2	148	79.1	151	73.7	396	65.8
下降了	22	10.5	7	3.7	11	5.4	40	6.6
和原来一样	58	27.6	21	11.2	32	15.6	111	18.4
说不清	33	15.7	11	5.9	11	5.4	55	9.1
合　计	210	100	187	100	205	100	602	100

（二）农村道路和饮水等基础设施的变化

新农村建设提出后，农村道路的状况有了改善。在47份有效的村问卷中，村干部认为“联村路”有了改善的行政村为34个，占72.3%；认为没有改善的有13个行政村，占27.7%（见表5）。在村庄的饮用水方面，在45份有效的村问卷中，认为饮用水的水源“有变化”的有18个行政村，占40%；认为“没有变化”的有27个行政村，占60%。

表5 农村道路的变化

单位：个，%

项目	广东		河南		宁夏		总计	
	行政村数	比例	行政村数	比例	行政村数	比例	行政村数	比例
有	11	91.7	13	81.2	10	52.6	34	72.3
没有	1	8.3	3	18.8	9	47.4	13	27.7
合计	12	100	16	100	19	100	47	100

（三）农户参加新农合的情况

建立新型农村合作医疗制度并使其覆盖到所有的农村人口，是近年来我国农村卫生政策的主线。在调查中发现，与最初试点阶段农民对新农合制度的观望、犹豫甚至由村干部垫资的情况相比，在2008年调查时农民已经能够比较主动地参合。从参加新农合这一指标看，2007年，广东省样本户中的参合率为73.7%，宁夏为86%，河南省的这一指标高达99.3%（见表6）。

表6 新型合作医疗参加情况分地区统计

单位：个，%

项目	广东		河南		宁夏		总计	
	人口	比例	人口	比例	人口	比例	人口	比例
参加了	927	73.7	680	99.3	473	86	2080	83.4
没参加	331	26.3	5	0.7	77	14	413	16.6
总计	1258	100	685	100	550	100	2493	100

被调查对象中共有406人次回答了其住院费用，均值住院费用为3165.5元。其中广东省、河南省和宁夏区样本的均值费用分别为2578.8元、3632.3元和4633.1元。由于新农合的实行，农民住院可以得到一定的补偿。在问卷调查中，共有264户回答了每次住院的补偿数额，均值补偿额为764.2元，其中广东省、河南省和宁夏调查样本的均值补偿额分别为675.0元、892.4元和816.0元。为了分析的方便，我们忽略问卷中住院费用和补偿费用这两个指标上样本量的差异，可以大概看出，农民住院治疗的均值补偿比为24.1%，广东、河南和宁夏调查样本分别为26.2%、24.6%和17.6%。

表7　农民住院的花费和补偿情况

单位：人次，元

费　用	广东		河南		宁夏		总计	
	人数	均值	人数	均值	人数	均值	人数	均值
住院花费	254	2578.8	74	3632.3	78	4633.1	406	3165.5
补偿费用	136	675.0	72	892.4	56	816.0	264	764.2

三　农民在公共资源分配关系调整中的参与度

从总体上看，农民在公共资源分配关系调整中的参与度较低。

（一）农民对新农村建设的知晓情况

多数被调查农户知道政府正在推进新农村建设，在1112户被调查户中，有886户表示他们知道政府正在推进社会主义新农村建设，占79.7%。分省（区）的情况看，河南省和宁夏回族自治区被调查农户的知晓率更高，分别为91.8%和86.3%。而广东省被调查农户的知晓率相对较低，在368户中，只有223户知道政府正在推进社会主义新农村建设，仅占60.6%（见表8）。

表 8 是否知道新农村建设这件事

单位：户，%

项目	广东		河南		宁夏		总计	
	农户数	比例	农户数	比例	农户数	比例	农户数	比例
是	223	60.6	348	91.8	315	86.3	886	79.7
否	145	39.4	31	8.2	50	13.7	226	20.3
合计	368	100	379	100	365	100	1112	100

表 9 显示，虽然多数被调查者知道政府正在推进新农村建设，但多数农民并不清楚新农村建设的具体内容。在 1097 户农户中，只有 162 户表示他们知道新农村建设的口号，占 14.8%；683 户表示他们不知道新农村建设的口号，占 62.3%；另有 252 户，占 22.9% 的农户表示他们知道部分新农村建设的口号。

表 9 农民对新农村建设内容的知晓情况

单位：户，%

项 目	广东		河南		宁夏		总计	
	农户数	比例	农户数	比例	农户数	比例	农户数	比例
知道	11	3.1	40	10.8	11	3.1	162	14.8
不知道	317	87.8	190	51.0	317	87.8	683	62.3
部分知道	33	9.1	142	38.2	33	9.1	252	22.9
合 计	361	100	372	100	361	100	1097	100

（二）农民对新农村建设中发展项目的知晓情况

前文已经述及，在社会主义新农村建设中，多数被调查的村都实施了一些以公共财政投入为主体的农村发展项目。但是，很多农民并未参与项目的确定和实施。在 3 省（区）的 898 户被调查农户中，有 371 户（占 41.3%）不知道项目如何确定的（见表 10）。3 个省（区）被调查者在这一问题中的回答有相似性，广东省不知道的比例为 43.8%，河南省为 43.6%，宁夏回族自治区为 36.3%。对于在新农村建设中所实施的项目，在被调查的农户中，60.3% 的农户同意实施这些项目。但是，有 34.0% 的农户表示他们未参与项目的讨论（见表 11）。

表 10　农民对项目确定的知晓情况

单位：户，%

项　目	广东		河南		宁夏		总计	
	农户数	比例	农户数	比例	农户数	比例	农户数	比例
知道	107	33.2	162	56.4	131	45.3	400	44.5
不知道	141	43.8	125	43.6	105	36.3	371	41.3
部分知道	74	23.0	—	—	53	18.3	127	14.1
合　计	322	100	287	100	289	100	898	100

表 11　农民对项目建设的意见

单位：户，%

项　目	广东		河南		宁夏		总计	
	农户数	比例	农户数	比例	农户数	比例	农户数	比例
同意	442	50.6	615	57.3	666	73.2	1723	60.3
不同意	46	5.3	38	3.5	12	1.3	96	3.4
未参与讨论	352	40.3	410	38.2	210	23.1	972	34.0
其他	33	3.8	10	0.9	22	2.4	65	2.3
合　计	873	100	1073	100	910	100	2856	100

（三）农民在农村低保对象确定中的参与情况

表 12 显示，近 60% 的被调查者不知道农村低保户是如何确定的，只有 439 户知道农村低保户是如何确定的，仅占 40.2%。在三个被调查省（区）之间，对低保户如何确定的这一指标上具有高度的一致性。其中，广东省为 38.5%，河南省为 39.3%，宁夏回族自治区为 42.9%。

表 12　是否知道低保户如何确定

单位：户，%

项　目	广东		河南		宁夏		总计	
	农户数	比例	农户数	比例	农户数	比例	农户数	比例
知　道	139	38.50	143	39.3	157	42.9	439	40.2
不知道	222	61.50	221	60.7	209	57.1	652	59.8
总　计	361	100	364	100	366	100	1091	100

在回答“知道低保户如何确定”的那些农户中，认为完全由村干部决定的占45.7%。但三个省（区）之间的差异较大，广东省高达67.1%，河南省为46.5%，宁夏回族自治区只有26.7%。这一指标在一定程度上反映了基层民主的状况。在河南某县调查时，参与调查的一个基层干部在总结中写道：“低保人群的确定过程，在落实到基层以后，往往会有变化，经常是某些村干部将决定权凌驾于民主评议之上，小范围地确定谁可以享受救济和低保，对低保的申请、审核、审批、公示、资金发放等程序没有规范执行，有些地方甚至没有公示告知。虽然多数受到救济的家庭都是‘公认’的，但难免会有一些也应当享受救助的家庭由于各种原因被排除在外，这些人就需要越过村里和乡镇托关系找门路向再上一级政府递交低保申请，而这样做又不合程序难得审批，造成了一些农户对低保制度和政策的不满。”

表13　谁确定的低保户

单位：户，%

项　目	广东		河南		宁夏		总计	
	农户数	比例	农户数	比例	农户数	比例	农户数	比例
村干部决定	92	67.1	67	46.5	43	26.7	202	45.7
村民讨论决定	6	4.4	13	9.0	20	12.4	39	8.8
村干部和村民共同讨论决定	39	28.5	64	44.5	98	60.9	201	45.5
总　计	137	100	144	100	161	100	442	100

（四）农民对一事一议资金用途的了解程度

一事一议是农村税费改革后农村重要的公益事业建设筹资方式。但被调查对象对一事一议资金用途的了解也很有限。高达68.9%的被调查农户不知道一事一议资金用在了什么地方。在3个省（区）中，这一指标相差不大，广东省为64.9%，河南省为66%，宁夏回族自治区为74.2%（见表14）。

表 14　是否清楚一事一议资金用到哪里

单位：户，%

项　目	广东		河南		宁夏		总计	
	农户数	比例	农户数	比例	农户数	比例	农户数	比例
清　楚	80	35.1	34	34	58	25.8	172	31.1
不清楚	148	64.9	66	66	167	74.2	381	68.9
合　计	228	100	100	100	225	100	553	100

四　项目内容与农民需求的优先序

从农民的反映看，在新农村建设中的大多数项目与农村和农民的需求相适应。但项目的内容与农民需求的优先序存在着一定程度的差异。

在 747 户有效问卷中，有 429 户表示该村所实施的项目正是他们村里最需要的项目；有 161 户表示村里所实施的项目中，有的是村里所急需的，有的不是。但是，需要特别注意的是，有 157 户，占被调查农户 21.0% 的农户表示村里所实施的项目并不是村里最需要的项目（见表 15）。对于在新农村建设中所实施的项目，在被调查的农户中，60.3% 的农户同意实施这些项目。但是，有 34.0% 的农户表示他们未参与项目的讨论。

表 15　项目与农民需求的适应性

单位：户，%

项　目	广东		河南		宁夏		总计	
	农户数	比例	农户数	比例	农户数	比例	农户数	比例
适应	129	44.5	174	74.0	126	56.8	429	57.4
不适应	62	21.4	60	25.5	35	15.8	157	21.0
部分适应	99	34.1	1	0.4	61	27.5	161	21.6
合　计	290	100	235	100	222	100	747	100

五　公共资源分配关系调整的程度

尽管我国公共资源分配调整取得了较大的进展并得到了农民的认可，但公共资源分配关系调整任重道远。

（一）农田水利设施的状况

生产发展是新农村建设的基础，而水利设施是发展现代农业、促进农业发展的基础性条件。但在被调查的行政村，农田水利设施普遍老化、失修。从现有水利设施的情况看，在37份有效问卷中，有9个村没有中小型水利设施，占24.3%；有2个村尽管有水利设施，但其严重老化，不能发挥作用；有17个村的水利设施不能发挥应有的功能，占45.9%。只有9个村的水利设施完好，一直发挥作用，占24.3%（见表16）。从中可以看出，新农村建设的任务任重道远。从区域的情况看，宁夏回族自治区被调查的行政村中，高达60%的行政村没有任何农田水利设施。广东省农作物以水稻为主，对水利设施的要求条件较高，但在被调查的11个行政村中，竟然有1个村完全没有水利设施，有6个村的水利设施损坏老化，不能正常发挥作用。

表16　被调查村水利设施状况

单位：个，%

项　目	广东		河南		宁夏		总计	
	行政村	比例	行政村	比例	行政村	比例	行政村	比例
有，一直发挥作用	4	36.4	4	25	1	10	9	24.3
有，但损坏老化，作用降低	6	54.5	8	50	3	30	17	45.9
有，但严重损坏老化，不能发挥作用	0	0	2	12.5	0	0	2	5.4
无	1	9.1	2	12.5	6	60	9	24.3
合　计	11	100	16	100	10	100	37	100

河南省滑县是产粮大县，种粮所用灌溉水大多来源于地下水。但是，水利事业发展滞后，严重影响了农业的发展。一是水资源不足。由于地下水在迅速下降，使滑县形成大面积地下水漏区，最大水埋深达35米，造成水资源严重不足。据测算，滑县可利用水资源总量仅有2.4亿立方米，缺口达2.41亿立方米。二是水利设施老化。2007年河南省滑县全县3.6万眼机井每年报废4%，1400多眼，全县2600座桥梁中的半数承载能力不够或损坏，200座水闸存在漏水等毛病，有的已无法提起，30多条干渠全部都有通水不

畅的问题，其中1/4完全不通水。三是节水灌溉发展缓慢。滑县从1988年就开始实施农业灌溉用水改造，但是，因受资金限制进展缓慢，到2008年，全县只有约65万亩耕地的灌溉工程进行了地埋管道初步节水改造，还有95万亩耕地亟待改造。

（二）农民饮用水的变化

新农村建设提出后，农村道路的状况有了改善。在47份有效的村问卷中，认为“联村路”有了改善的行政村为34个，占72.3%；认为没有改善的有13个行政村，占27.7%。在村庄的饮用水方面，在45份有效的村问卷中，认为饮用水的水源“有变化”的有18个行政村，占40%；认为“没有变化”的有27个行政村，占60%（见表17）。

表17　被调查行政村生活用水的变化情况

单位：个，%

项　目	广东		河南		宁夏		总计	
	行政村	比例	行政村	比例	行政村	比例	行政村	比例
有变化	6	54.5	9	56.3	3	16.7	18	40
没有变化	5	45.5	7	43.8	15	83.3	27	60
合　计	11	100	16	100	18	100	45	100

与问卷调查相吻合的是，实地调查中很多农民表达了他们对饮水问题的担忧。河南省滑县由于多年来地表水被严重污染，滑县人民群众患慢性病、肿瘤病者比周边县明显增多。据该县有关部门的同志反映，近几年滑县通过苦水改造使15万多人受益，据不完全调查还有50余万人亟待帮助解决。

（三）广东省被调查农户在享受公共产品和服务时存在的问题更多

在确定广东省的调研县（市）时，考虑到珠三角地区经济发达而没有代表性，因而选择了广东省经济发展中等或稍微欠发达的五华县、电白县和博罗县作为调研点。调查发现，广东省被调查农户享受公共产品和服务的水平较低，公共财政资源没有充分发挥其向农民提供公共产品和服务的作用。

从对新农村建设这项事业的知晓情况看，河南省和宁夏被调查农户的知晓率更高，分别为91.8%和86.3%。而广东省被调查农户的知晓率相对较低，在368户中，只有223户知道政府正在推进新农村建设，仅占60.6%。而河南省被调查的372户中，这一指标为51.0%；宁夏回族自治区被调查的364户中，这一指标为48.4%。

饮水是涉及基本生存保障的公共产品。但是，特别值得注意的是，广东省被调查农户中，有21.2%的农户认为存在着饮水困难；宁夏回族自治区被调查农户中，有34.4%存在着饮水困难。

在对学校教学条件的认识上，广东省被调查农户中，认为教学条件“提高了”的农户只占58.9%，远低于河南省的90.4%和宁夏回族自治区的87.2%。在对教学质量的评价方面的情况同样如此，广东省被调查农户认为教学质量与过去相比“提高了”的比例只有46.2%，而河南省的这一指标为79.1%，宁夏回族自治区为73.7%。

广东省农作物以水稻为主，对水利设施的要求条件较高，但在被调查的11个行政村中，竟然有1个村完全没有水利设施，有6个村的水利设施损坏老化，不能正常发挥作用。

从参加新农合这一指标看，2007年，广东省样本户中的参合率为73.7%，河南省的这一指标高达99.3%，宁夏回族自治区为86%。

以上微观调查分析表明，在新农村建设过程中，我国忽视、歧视“三农”的国民收入分配格局得到了遏制，也取得了较为明显的效果。但是，从总体情况看，我国公共资源分配关系调整仍然任重道远：公共资源在“三农”领域的投入规模仍然偏低；在不同地区和不同领域之间的配置效率有待提高；资金的使用效率偏低；农民在资金投向选择中的参与度不足。基于这一现状，党和政府应继续深化国民收入分配关系的调整。在调整的着力点上，应一如既往地加大对“三农”的投入规模，也应充分重视在不同地区和不同领域的优化配置与使用效率。

附录一　日本工商资本下乡的相关政策及其启示

在日本，工商资本下乡一般有两种情形，一是不介入生产环节，只是在产前、产中和产后提供生产服务；二是直接参与农业生产，这里按照是否占用法定农地又分两种情况，不占用法定农地的资本密集型的设施农业和占用法定农地的土地利用型农业。对工商资本不介入生产环节或虽介入生产环节，但不占用法定农地从事农业经营活动，日本在政策上是鼓励的。但是，对工商资本参与农地流转，从事土地利用型农业是有限制的，这当中还经历了由禁止到有限放开的政策转变过程。本文将重点介绍日本对涉及农地权利关系变更的工商业资本下乡的政策演变和要点。通过分析，本文认为，日本对工商资本下乡占用农地直接从事农业生产过去是禁止的。21 世纪初政策逐步放宽，日本转而采取利用与限制并举的方针。这是在农业企业化改革下做出的政策选择，目的在于向农业内部引入新的要素，以解决农业经营活力不足、弃耕现象严重等问题。但是，工商资本下乡不得动摇农民在农业经营中的主体地位，不得随意改变土地用途，且是在法律框架内循序推进的。

一　工商资本下乡的政策演变

在不同的历史时期，围绕农业发展的实际和大的政策框架，日本对工商资本下乡的态度是不一样的。

（一）禁止期（第二次世界大战后初期至20世纪末）

长期以来，日本是把工商资本排除在农地权利主体范围之外的。《农地法》是日本调整农地权利关系的法律，对农地的含义和权利受让主体有明确的界定。根据规定，农地是指国家划定的保护性耕地或牧场，有资格参与农地权利流转的除了农户外，还包括农业生产法人。农业生产法人制度是1952年《农地法》修订下的产物。1952年制定的《农地法》确立的是自耕农体制。进入高速经济增长时期，为适应农业结构的改变，日本鼓励农民合作组织发展[①]。为此，《农地法》量体裁衣，提出了农业生产法人的概念，以便把农民合作组织纳入农地权利主体的范围中。根据规定，农业法人有两种：农业生产法人和一般法人，农业生产法人有资格参与法定农用地所有权或使用权的流转，而一般法人则没有这样的资格。《农地法》对农业生产法人的设置基准做了严格规定，以便规范农地流转和使用，比如，农业生产法人可以是合作社，也可以是企业法人，但企业性质的发起人或组织者必须是农户，且不得采用股份制形式，以防止工商资本通过参股方式介入农地权利关系中。

当时，日本对工商资本下乡占用农地采取排斥态度有这样几点考虑：①必要性不大。第二次世界大战后，在工业反哺农业上，日本建立了较为完善的体制，比如，农协在促进农业金融和农产品流通上发挥了作用，把工商资本引入农业上来，非但不必要，反而会与农协体制相冲突。②不利于农村稳定。在经济高速增长时期，日本对农产品市场采取保护政策，加之农产品市场需求旺盛，农民生产积极性高，工商资本与之争地，容易激化矛盾。③不利于耕地保护。在城市化的带动下，地价上涨，把工商资本引到农地上来，有可能使土地市场失控。

当然，日本也并非一律反对工商资本下乡，而是采取有保有压的方针，引导工商资本在产前、产中和产后环节以及不占用耕地的资本密集型农业上

---

① 这里的农民合作组织不同于农协之类的体制性组织，而是农民在生产经营某些环节上自发结成的互助合作组织。这些组织有两种形式，一种是公司法人，另一种是农事组合法人。前者实行企业的运营机制，可以是合伙制、有限责任制或股份制，后者实行合作社的运营机制。

发挥作用。在经济成长时期，非农产业发展空间大，工商资本对下乡经营农业兴趣不大。20 世纪 80 年代，随着经济增长放缓，日本出现了农业投资热，不少大企业也加入其中，但这部分资本主要投向了设施农业，大规模占用耕地从事土地利用型农业的情况并没有出现。

（二）有限开放期（20 世纪末以来）

日本对工商资本下乡放宽限制是在农业政策大转折的背景下发生的。战后的农业政策在促进农民增收、缩小城乡收入差距上发挥了历史性作用，但是，却不利于农业规模化经营，以致把农业推向了危机，农业竞争力弱，兼业化、老龄化严重，粮食自给率一度跌破 40%。为摆脱农业困境，日本在农业政策上全面转向，向更加重视效率的方向转变。20 世纪最后 10 年，日本酝酿出台一部新的农业基本法，以取代 1963 年的旧法。为指导新法的起草工作，1992 年先拿出了一份名为《粮食、农业和农村的新纲领》的文件，强调要加快农业规模化经营，培育多元化的农业经营主体，这个主体不仅包括专业农户，也包括农业企业，并提出了推动农业法人化改革的主张。1999 年出台的新法确认了上述主张。放松对工商资本下乡的限制正是在这一脉络下展开的。

工商资本下乡政策的变化是从《农地法》上破题的。近年来，《农地法》修订总的趋向是，打破 1952 年确立的自耕农体制，强调农地所有权和使用权的分离和提高农地使用效率。2000 年修订的《农地法》，把股份制的组织形式引入农业生产法人，这就为工商资本参股农业生产法人提供了政策空间。2003 年 4 月实施的《构造改革特别区域法》许可一般法人在某些特定的地域受让农地使用权，随后农地法也做了相应改动，把上述情况作为特例来处理。[①] 2005 年，《农业经营基础强化法》追加了一项农地特别租赁制度，对一般法人租赁农地做了进一步规范。由此，工商资本参与农用地流转和使用就有了两条渠道，一是参股农业生产法人，二是借助农地特别租赁制度，以一般法人身份直接取得农地使用权。

2009 年，日本对农地法又做了大的调整，把工商资本下乡的政策进一

① 20 世纪 90 年代，日本开始全面的社会经济改革。为积累经验，在某些地区搞试点，即所谓的构造改革特别区域。根据 2003 年修订的《构造改革特别区域法》，弃耕现象严重的市町村可申请先行推动一般法人租赁农地改革试点。

步放宽。比如，农地特别租赁制度试点工作在全国范围内推开，工商资本参股农业生产法人的股权比例上限由10%提高到50%，一般法人租赁农用地的最长期限由20年延长到50年等。

二　开放工商资本下乡对当前日本农业的意义

自政策松动后，涉足农地经营的工商资本逐年增多。到2002年7月末，日本新出现了27家股份制农业生产法人，2009年末则达到1200家。2011年4月末，租地经营的一般法人达到404家。

这些工商资本主要来自三个方面：一是建筑企业。由于土建工程的减少，建筑企业在政府的扶持下，向农业寻找出路，为农户提供生产服务或开垦弃耕地。二是食品加工企业。这类企业一般对食品原料的品质要求高，以往是通过订单农业的方式委托农户生产，在政策放宽后，乘势建起了直营农场，把产业链延伸到原料生产环节，以保证产品质量的稳定。三是流通企业。特别是一些大型超市，为了减少流通中间费用，稳定生鲜蔬菜和果品的供应，并不满足于与农业部门建立购销关系，而是通过参股的方式，直接向生产环节渗透。

表1　日本除农户以外的各类农业经营体数量历年变动情况

单位：个，家

年　份	农业合作社	有限责任制公司	股份制公司	合伙制公司
2000	1496	4366	0	27
2005	1782	5961	120	41
2008	2694	6896	832	97
2009	2855	6878	1200	131

资料来源：根据日本农林水产省公布的统计资料做成。

当前，日本农业向工商资本开放是有积极意义的。

（一）以工补农

随着经济结构的变动，人、财、物等资源向中心城市的流动加剧，农村产业“空洞化”。特别是在泡沫经济破裂后，随着农协体制的动摇和财政预算的紧缩，长期以来推动资源向农村回流的制度出现了障碍。工商资本流入可以填补这个空缺，带动农村经济发展。事实上，日本农业的问题集中在土地利用型农业上，而资本密集的设施农业还是很有竞争力的，不可否认工商资本在搞活农业上起到了积极作用。

（二）扶助农业经营体

农业经营体包括农户、农民互助合作社以及农民创办的各类农业企业。日本农业经营规模小，实力弱。随着农产品市场的逐步开放，农业受到了冲击，农户收入下降，专业农户流失，农业兼业化加剧。工商资本入股农业经营体可以开拓资金、技术和销售渠道，达到帮扶的目的。特别是在当前推进农业规模化经营的过程中，这种扶持尤为必要。日本的农协体制适合小规模兼业农户，农业大户的利益难以在其中得到保障。与工商资本联姻，可增强其经营独立性。近年来，农户、农民互助合作社改制为农业企业，并进而向股份制过渡的趋势明显。这表明，农业经营体有与工商资本联盟的迫切愿望。

（三）合理利用土地和劳动力

近年来，日本弃耕现象加剧，在山区和半山区更为突出，山区和半山区耕地面积约占日本耕地总面积的70%。在这些地区，农业自然条件差，专业农户少，农业老龄化严重。工商资本发挥自身优势，开发农户无力或不愿经营的农地，无疑可以促进农村土地的合理利用。

工商资本下乡可以改善农业劳动力结构。日本农业劳动力的现状是老年人多，青壮年少，老年农民陆续到了退出生产的年龄。农业法人化改革的一个出发点是，让从业制度规范的农业企业成为吸引青年人就业的平台。一些大企业对青年人是有吸引力的，工商资本下乡可以带动青年人在农村和农业领域就业。

（四）促进农业结构调整

目前，日本农业处于“危”与“机”并存的时刻。民主党上台后，加快了双边及多边自由贸易谈判步伐，这给农业带来了很大的压力。与此同时，民主党政权又提出了富有雄心的农业发展计划，承诺到2020年把粮食自给率由目前的40%提高到50%。要达到这个目标，农业结构必然要有大的调整。

除北海道以外，日本大部分地区农地零碎，单纯依赖扩大耕作面积难以取得与美欧相提并论的规模效益，只有通过提高农产品附加值才能取得比较优势。而要达到这一点，一是要靠降低生产成本，二是要靠提高农产品品质。日本的工业产品在国际市场上有很高的声誉和市场份额，如果吸收工商资本的积极因素，把农业的比较优势发挥出来，这对改善日本的国际竞争地位不无裨益。事实上，已经有这方面的成功经验，比如，日本饮料生产商伊藤园（株）参股宫崎县的农业生产法人アグリセンター都城和都城农业协同组合，开发绿茶原料基地，カゴメ（株）租地建起了直营农场，生产独具口味的“桃太郎”西红柿品种。

正是基于上述考虑，日本出台了一些政策，对工商资本下乡给予扶持，以发挥其积极作用，比如，把认定农业者制度覆盖到经营农业的一般法人。①

三 规范工商资本下乡的政策措施

日本对工商资本下乡是有一些担心的。为此，在放宽政策的同时，也出台了一些措施加以规范。

（一）农地流转由事前设置准入门槛，向事后严格监督土地使用的方向转变

2000年后，日本逐步放松对工商资本参与农地流转的限制，与此同时，加强对农地使用的监管。日本对工商资本受让农地权利主要有两重顾虑：一是怕工商资本借此进行土地投机活动，二是怕改变农地用途，特别是用于倾倒工业和建筑垃圾。为此，在耕地保护和使用上做出了严格规定。《农业振

① 1993年创立的认定农业者制度意在对农业种养大户进行重点扶持，2005年编制的农业发展五年计划明确农业财政、金融政策向认定农业者倾斜，为认定农业者提供收入补贴政策。

兴地域规划法》划定耕地保护范围，地方政府依法制定耕地保护规划，并加以落实。根据规定，一般法人只能与政府指定机构接洽农地租赁事宜，必须提交业务计划书，明确土地用途和开发计划，在经营过程中，定期向政府主管部门汇报土地使用情况，如擅自变更土地用途，政府有权收回土地使用权。2009 年修订的《农地法》加大了对农业企业不当行为的处罚力度，违规使用耕地最高处罚金额由此前的 300 万日元，提高到 1 亿日元。

（二）在发挥工商资本积极作用的同时，维护农民的利益

日本引入工商资本下乡，并非否定农民在农业经营上的主体地位，而是发挥双方面的积极作用，特别是注意维护好农民利益。这体现在以下几个方面。

1. 工商资本不得控股农业生产法人

2003 年修订的《农地法》规定，工商资本持股比例和表决权不得超过 1/4，2009 年虽然有所放宽，但仍然不得超过半数，由此来保证农民在农业生产法人中起主导作用。

2. 一般法人不得与农民争地

向工商资本开放农地流转市场受到来自农民和农业团体的强大阻力。2003 年，农地特别租赁制度的立法工作虽然完成，但是实施起来并不顺利，2005 年才在个别地区加以试点，且适用范围限定在政府认定的弃耕地上。2009 年，虽然试点范围扩大到全国，但一般法人仍然只能受让农民不愿或无力耕种的弃耕地。

3. 农民有制约工商资本的权力

根据规定，工商资本经营农地必须协调好与农业经营体的关系，接受基层农业组织的监督。日本农民组织发达，农业委员会、农协、土地改良区等承担着乡村管理的职能，这些组织有健全的民主制度，农民在其中有发言权，从而也就具备了抗衡资本的能力。

由于一般法人在土地流转上受到很大限制，工商资本多以参股农业生产法人的方式涉足土地利用型农业。股份制农业生产法人增长迅速，占农业企业总数的比例由 2005 年的 1.5% 提高到 2009 年的 10.8%。而 2010 年 6 月末，租地经营的一般法人虽然有 404 家，但仍低于 2005 年设定的 5 年内达

到500家的目标。这也表明，放宽对工商资本下乡的限制目的是扶持农民，而非将其置于资本的从属地位。

（三）把工商资本下乡置于法制的轨道上，使土地流转和使用有章可循

日本是一个法制健全的国家，法律、法规是政府施策的依据。工商资本下乡实践上的每一次突破都是在相关法律、法规修订的基础上进行的。这些法律主要包括三大块：一是农业基本法，这是日本农业领域的宪法，其每一次修订都意味着农业政策的重大转变，正是1999年颁布的新的农业基本法为后来放宽工商资本下乡政策铺平了道路；二是农地法和《农业经营基础强化促进法》，这是调整农地权利关系的法律，工商资本参与农地流转和使用就是在农业生产法人制度和农地特别租赁制度的法律框架下进行的；三是《农业地域振兴法》，这是国土规划方面的法律，是政府及相关机构制定农地开发规划和保障农地合理使用的根据，也是防止工商资本下乡从事土地投机和乱占耕地的有力武器。在上述法律的基础上，日本还制定了相应的实施细则。这些法律与法律之间以及法律与法规之间互相补充，相互呼应，前后衔接。不难看出，日本规范工商资本下乡法律的体系性、规范性和可操作性。

当然，工商资本下乡不可估计太高。日本农地零碎，人工成本高，农业企业赢利难度大。不少有识之士认为，农业靠家庭经营尚难以维持，指望企业扭转局面不太现实。2008年的调查表明，一般法人租地经营的亏损面在2/3以上，有一些开始退出。

四　启示

（一）对工商资本下乡不可操之过急

工商资本下乡有积极意义，但是也不能否认其消极面。我国农村人口基数大，劳动力转移不充分，还有大量农民工游离在城乡之间，并未真正融入城市。农村土地是农民生存的保障，工商资本大规模下乡难免会与农民争

地，损害农民利益。在我国，农民抗衡资本，保障自身利益的机制尚不完善，工商资本以极低的价格、长时间租用农民土地，会给农村长治久安带来隐患。

（二）对工商资本因势利导，发挥其积极作用

我国城乡差别大，城市生产要素富裕，而农村资源匮乏，且缺乏类似于日本农协的扶持农民的机制，工商资本下乡可以带来资金、技术和人才，促进农村经济发展。在当前，传统农业正在向现代农业转变，工商资本下乡可以加快农业转型。随着经济增长方式的转变，工商资本投资农业的热情高涨，这是经济发展的规律使然。对此，宜疏不宜堵，有必要因势利导，对工商资本下乡区别对待：鼓励其为农业生产提供产前、产中和产后服务，鼓励其投资资本密集型的设施农业，鼓励其在尊重农民自主权的基础上，与种养大户、农民专业合作社等以股份合作的方式共同开发农业，鼓励工商资本开发农民不愿或无力开发的土地。但不鼓励工商资本大规模、长时间占用耕地，警惕资本与权力相结合，大规模侵占农民土地。由此，能取工商资本之长，同时也维护了农民的主体地位。

（三）加强土地监管，防止乱占耕地

我国种植业风险大，总体收益不高，而资本的本性是逐利，有必要加强农村土地监管，防止工商资本擅自改变土地用途，乱占耕地。在城市化进程中，农业和非农用地级差地租拉大，这方面的监管只能加强，不能削弱。但是，农村土地流转和使用还缺乏法律和行政上的配套措施，工商资本乱占耕地现象时有发生。我国人口多，吃饭问题是大事，为保护耕地，有必要出台相应的政策，对工商资本合理使用农村土地予以有效管理。

参考文献

1. 生源寺 眞一：《農業再建—真価問われる日本の農政》岩波書店，2008。
2. 農外から農業に参入した法人に対するアンケート調査結果概要．全国農業会議

所，2008。

3. 食料・農業・農村白書．農林水産省，2010、2011。

4. 黄延信、张海阳、李伟毅、刘强：《农村土地流转状况调查与思考》，《农业经济问题》2011 年第 5 期。

5. 丁关良：《土地承包经营权流转制度法律问题研究》，《农业经济问题》2011 年第 3 期。

6. 赵俊臣：《土地流转：工商资本下乡需规范》，《红旗文稿》2011 年第 4 期。

7. 中国社会科学院农村发展研究所、国家统计局农村社会经济调查司：《中国农村经济形势分析与预测（2009～2010）》，社会科学文献出版社，2010。

附录二　日本奶业价格管理体系及稳定政策*

价格稳定是奶业健康发展的基础。自20世纪60年代初以来，日本逐步建立的准行政化的奶业管理体制在稳定乳品价格、保障奶农收益方面发挥了重要作用，这一体制对价格波动频繁且剧烈的中国奶业市场的完善具有重要的参考价值。2012年8月1~10日，国家奶牛产业技术体系产业经济研究室团队成员一行5人出访日本，对日本奶业的价格管理体系与价格稳定机制进行了系统考察。考察期间，考察团先后访问了农林水产省生产局畜产处乳品科、中央酪农会议、农畜产业振兴机构（独立行政法人）等组织机构，四叶乳业、雪印乳业株式会社等乳品企业总部和附属工厂以及两个奶牛养殖户。根据调查情况，本文将系统地介绍和分析日本奶业的价格管理体系与稳定机制，并探讨其对中国奶业市场建设的启示。

一　日本奶业价格管理体系的形成背景与发展过程

生鲜乳价格是乳品价格的基础，从1965年以来的长期变动趋势看（见

* 本次考察得到国家现代农业产业技术体系建设专项资金资助，考察团成员包括刘玉满、李静、刘长全、曹斌、都文，部分考察资料由萨日娜翻译；刘长全所完成的工作也是其参与的中国社会科学院农村发展研究所“中国农产品安全战略研究”创新工程项目的阶段成果。

图1），日本生鲜乳价格[①]的变动经历了四个阶段：①20世纪70年代初期以前的缓慢上升；②20世纪70年代初期至70年代中后期的快速上升；③20世纪80年代初期至21世纪初期的缓慢下降；④2007年以来再次出现的上升。但是，从逐年变化情况看，生鲜乳价格在经历了20世纪70年代初期和中期的快速增长后进入了下降阶段，但年度变化明显缩小，特别是2000年以后，波动幅度已经很小。在此期间，奶农的利润率[②]也经历了四个阶段：①利润率在20世纪60年代中后期快速上升，最高时超过20%；②利润率在20世纪70年代末期快速下降，并一度为负；③利润率在20世纪80年代中期至90年代初期经历了快速上升和下降的波动；④20世纪90年代中后期以来，利润率及其波动都维持在较低的水平。

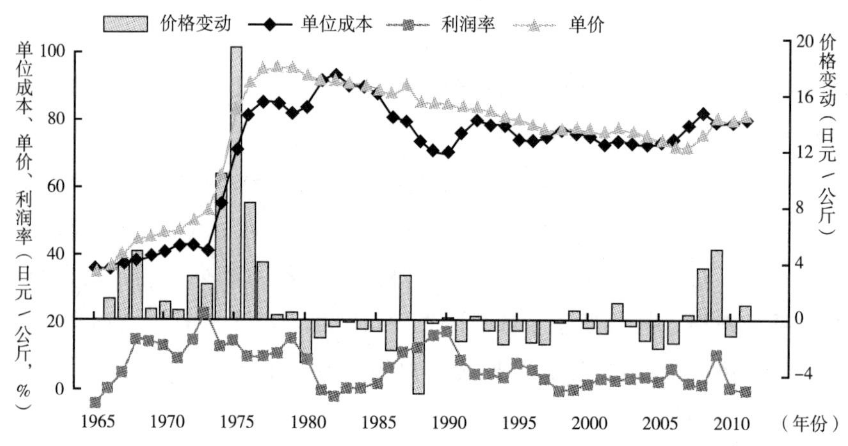

图1 日本历年生鲜乳品价格、成本与奶农利润率的变化

价格反映供求关系，并调节供求关系，是市场机制中最基本的杠杆因素。价格自由变动是市场机制有效发挥作用的基础，但是，短时间内价格过度波动也会扰乱市场秩序，影响产业的健康发展。合理的价格变动是产业有序发展的前提和表现。在市场形成价格的基础上，完善的价格形成机制并不排斥对大幅价格波动进行平抑的制度设计，即引入价格稳定机制。生鲜乳价

① 根据日本农林水产省《畜产物生产费统计》匡算。

② 此处利润率是将副产品产出包括进来匡算所得。

格与奶农利润率波动幅度的缩小都表明日本奶业价格管理体系的完善和有效运行。当前，日本政府对生鲜乳生产实行定额补贴制度，并在其市场价格降至基准价格以下时，按市场价格与基准价格差额的80%补贴奶农以稳定生产。这一管理体制的形成受到了日本宏观价格管理制度的影响。日本政府对商品价格实行分类管理，它包括直接管理、间接管理和一般性间接控制三类。在这个框架下，牛乳及乳制品与其他绝大部分农副产品都属于间接控制的范围，以限制其价格变动幅度。

构建这一体制的直接原因是20世纪60年代初期奶业发展对改善市场环境的迫切要求。为应对当时乳品市场因供求关系失衡出现的价格波动，1961年11月，日本政府制定了《畜产物价格稳定等相关的法律》（简称《畜安法》），对生鲜乳、指定乳制品及指定肉类（起初只有猪肉）设定价格变动范围。1961年12月，政府全额出资创立了畜产振兴事业团，即后来的农畜产业振兴机构（ALIC），负责指定乳制品和肉类的销售。另外，沿袭旧的《奶农振兴基金法》，政府出资支持奶农经营，促进生鲜乳生产能力的提高。但是，因为乳品加工企业主导生鲜乳价格的决定，20世纪60年代中期以前奶农的利润率都处于较低的水平（见图1），奶价纠纷问题日益凸显，尤其是在生鲜乳主要用于加工乳制品的北海道地区。如果提高生鲜乳销售价格和奶农的利润率，乳制品价格势必大幅提高，导致其需求下降，并且会因为乳制品价格高于国际市场而面临来自国际市场的冲击，奶农的利益反而会受到更大的损害。为此，1966年，日本政府又制定了《加工原料乳生产者补给金等暂定措施》，又称"《不足支付法》"，通过建立"一元收购、多元销售"的生鲜乳购销体系，提升了奶农在产业链中的分配地位；同时，通过政府补贴制度的引入，维持乳制品价格。《不足支付法》的主要规定包括：①乳制品加工需由都道府县知事批准，按农林水产省确立的年度计划生产；②确立主要加工原料乳地带，即绝大部分生鲜乳用于乳制品加工的地区；③确立生鲜乳基准收购价格，即以生产成本为基准确定向奶农支付的价格（即奶农出售生鲜乳的"保证价格"），以乳制品价格扣除乳品加工企业加工与经营成本后的差额为基准确定乳品加工企业支付价格，奶农出售价格与乳品加工企业支付价格之间的差额由政府对奶农进行补贴（即"不足支付"）；④在都道府县层次，建立由指定生鲜乳生产者团体（以下简称"指定团体”）统一收购生鲜乳并向不同企业销售的“一元收购、多元销售”购销体系，指定团体由都道府县知事指定，同时还负责政府补贴的发放；⑤为保护奶农和乳品加工企业，缓解来自国际市场的压力，日本政府还对乳制品贸易进行控制，由畜产振兴事业团独家掌握常用指定乳制品进口配额的经营权。

随着国际环境的变化，日本的奶业管理体制也不断得到调整。根据贸易自由化的要求，1988 年 12 月，日本对原《畜安法》进行修订，加强了产业调控体系中畜产品生产、流通信息的收集、整理和发布等方面的功能。为适应 WTO 规则，2000 年，日本进一步对《不足支付法》进行了修订，主要包括：①废除行政指导价格（即奶农出售生鲜乳的“保证价格”）和基准收购价格（企业支付价格），将按差价对奶农进行不足支付调整为固定补贴；②将指定团体从都道府县层面提升到区域层面，指定团体数量从原来的 47 个减少到 10 个。经过调整，生鲜乳销售管理体系得到了强化，在更大范围内实现了价格统一和收益分享，降低了区域间的恶性竞争，还减少了生鲜乳收集与运送成本，提高了奶业市场的供求平衡能力。经过调整，日本形成了目前的奶业价格管理体系（Suzuki and Kaiser，2005）。

二　生鲜乳价格形成机制与奶农扶持政策

生鲜乳价格决定了奶业竞争力与奶农收益。当前日本生鲜乳价格形成机制的基本特征是实行按用途区分的差别定价制度，差别定价的市场基础是“一元收购、多元销售”的购销体系，两项制度确保了日本奶业在竞争力与奶农收益之间的平衡。为稳定和促进奶农的生产经营，日本政府还进一步实施了多元化的奶业生产稳定政策。生鲜乳价格形成机制与奶农扶持政策共同构成了日本奶业稳定发展的微观基础。

（一）生鲜乳的差别定价

在日本，乳品加工企业支付的生鲜乳价格由指定团体与加工企业谈判确定，并因用途而异。具体来说，加工饮用液态奶所用的生鲜乳价格最高，其次是鲜奶油用奶，再次是加工黄油和脱脂奶粉用奶，生产奶酪所用的生鲜乳价格最低。2011 年，这几类用途的生鲜乳价格分别是每公斤 110 日元、75

日元、70日元和45日元，用于加工液态奶与奶酪的生鲜乳的价格比达到了2.44∶1。

这种差别定价的基础是相关产品的市场分割程度，或者说来自国际市场的竞争压力，而不是企业生产相关产品的赢利性。对加工企业来说，其他乳制品的利润率一般高于液态奶。因为高昂的运输成本和易腐败的特性，在国家层面，液态奶基本上不面临进口产品的竞争。在乳制品中，黄油和脱脂奶粉的进口属于国家控制的范围，面对的国外竞争有限；奶酪则是自由贸易产品，面临的来自国外产品的竞争压力最大。为液态奶以外其他乳制品加工所用的生鲜乳确立较低的收购价格，保证了加工企业在终端市场应对进口产品冲击的能力，特别是奶酪市场。为用于加工液态奶的生鲜乳制定较高的收购价格，则利用了市场的垄断性，最大限度地保证了奶农的利益。

需要指出的是，乳品加工企业所支付的差别价格是其与指定团体的结算价格，并不是奶农最终得到的实际价格，因为奶农出售生鲜乳时并不区分用途。指定团体会将按用途区分的生鲜乳的销售总收入与政府补贴汇总后，计算支付给奶农的平均（综合）价格。这种通过指定团体差别定价再统一结算的机制，在区域内实现了奶农的收益共享①。

（二）“一元收购、多元销售”的生鲜乳购销体系

“一元收购、多元销售”是实现奶农与加工企业之间从买方垄断关系向卖方垄断关系转变的基础，后者是差别定价的前提，引入指定团体则是构建“一元收购、多元销售”购销体系的关键。通过在生鲜乳购销环节引入指定团体作为中介，奶业产业链发生了根本性的变化，由过去奶农分散地向加工企业销售生鲜乳转变为由指定团体统一收购生鲜乳再向不同企业销售的市场结构。在此过程中，奶农通过指定团体的媒介作用获得了市场垄断地位。②

为保证这个购销体系得到落实，政府将指定团体作为发放各项稳定经营政策补贴的媒介，即只有通过该体系销售生鲜乳的奶农，才能够得到政府补

① 其作用与加拿大等国的奶业区域性收入共享“池”协议基本一致（参见刘长全等，2012）。

② 面对在与企业谈判中的不利地位，奶农希望建立代表奶农的民间机构去和企业谈判，由此形成了由农协（合作社）代理奶农与企业谈判的格局。起初各种社团较多，交易依然分散，这些组织后来共同组建了全国奶农农业协同组合联合会（全国奶农合作社联合社）。

贴。正因如此，虽然指定团体依然是非政府的奶农联合体，但这个体系的行政色彩非常鲜明。目前，日本绝大部分生鲜乳都通过指定团体销售给乳品加工企业。2011 年，日本生鲜乳总产量 753.4 万吨，其中，奶农自家消费 6.4 万吨，747 万吨作为商品奶销售，占到生鲜乳总产量的 99.15%。在商品化部分，724.9 万吨通过指定团体销售给乳品加工企业，占到生鲜乳总产量的 96.22%。在北海道与都府县，奶农自家消费的比例与全国基本一致，通过指定团体销售的商品化部分的比例也与全国基本相当，在北海道略高，为 97.15%，都府县平均为 95.22%（见表 1）。

表 1　2011 年日本生鲜乳销售途径及分布

单位：千吨，%

地　区	销售途径		数量	比重
全　国	自家消费		64	0.85
	商品化	指定团体销售	7249	96.22
		指定团体外销售	221	2.93
北海道	自家消费		33	0.85
	商品化	指定团体销售	3783	97.15
		指定团体外销售	78	2.00
都府县	自家消费		31	0.85
	商品化	指定团体销售	3466	95.22
		指定团体外销售	143	3.93

资料来源：北海道指定生乳生产者团体；ホクレン农业协同组合联合会。

（三）扶持和稳定奶农经营的政策

差别定价实现了对奶农的交叉补贴①。但是，面对过低的生鲜乳价格，奶农仍可能因利益受损而缺乏生产积极性。2011 年，日本生鲜乳的平均生产成本（按乳脂率 3.5% 折算）为 80.8 日元/公斤，也就是说，除了加工液

① 在不完全竞争市场，企业实现利润最大化的价格水平与其垄断势力成正比，垄断性越强，价格也越高。对于纵向一体化或同时在多个细分市场上经营的企业，在垄断性较强的环节或市场制定较高的价格以获得最大收益，在缺乏垄断性的环节或市场制定较低的价格（甚至低于边际成本）以抵御竞争，这就构成了交叉价格补贴。

态奶用生鲜乳外，其他用途的生鲜乳销售价格都低于生产成本。为解决这个问题，日本政府先后引入了一系列扶持奶农经营的安定政策，这些政策包括面向黄油、脱脂奶粉加工用生鲜乳的“加工用生鲜乳生产者补贴制度”，面向奶酪加工用生鲜乳的“奶酪加工用生鲜乳供给安定政策”，面向除液态奶、鲜奶油外其他乳制品加工用生鲜乳的“加工用生鲜乳等生产者经营安定政策”以及面向所有奶农的“奶农减轻环境负担补贴”。

1. 加工用生鲜乳生产者补贴制度

该项补贴的资金全部来自政府。如前所述，2001 年以前，政府根据奶农的平均生产成本制定生鲜乳的行政指导价格，即保证价格，再根据乳制品市场价格与企业加工成本确定生鲜乳的基准收购价格，即企业能够负担的收购价格，按两个价格之间的差额对奶农进行不足支付。2001 年，行政指导价格与基准收购价格均被废除，政府改为对奶农进行定额补贴。针对用于加工黄油与脱脂奶粉等的生鲜乳，农林水产省根据供求状况与奶农的生产成本，每年 3 月统一确定下一个奶业年度（当年 4 月至次年 3 月）的补贴标准和补贴数量限额。乳品加工企业按谈判确定的价格支付给指定团体后，指定团体按谈判价格与补贴标准之和支付给奶农。2011 年，用于生产黄油与脱脂奶粉的生鲜乳平均价格是 70 日元/公斤，再加上 11.95 日元/公斤的补贴，奶农销售的这部分加工用生鲜乳的均价就是 81.95 元/公斤，这个价格已经超过了当年的平均生产成本。

通过比较可以看出（见表 2 和表 3），补贴机制变化后，政府对奶农的实际补贴标准与原来的不足支付水平基本相当。

表 2　2000 年以前日本对加工用生鲜乳生产者补贴情况

单位：日元/百公斤，千吨

年份	保证价格	基准收购价格	补贴单价	数量限额
1975	8029	5757	2272	1380
1980	8887	6430	2457	1930
1985	9007	7017	1990	2300
1990	7775	6598	1177	2350
1995	7575	6426	1149	2300
2000	7213	6183	1030	2400

资料来源：日本农林水产省《最近の牛乳乳製品をめぐる情勢について》。

目前，该项补贴预算总额基本上在 220 亿日元上下变动。2004 ~ 2012 年，补贴标准从 10. 52 日元/公斤增加到 12. 2 日元/公斤，补贴数量限额则从 210 万吨减少到 183 万吨。2011 年，日本获得该项补贴的生鲜乳总产量为 165 万吨，低于当年 185 万吨的限额，因此，实际补贴额在 194. 8 亿日元左右。2007 ~ 2011 年 5 年间，也只有 2009 年实际加工处理的生鲜乳数量超过了限额数量（见表 3）。

表 3　加工原料乳生产者补贴单价与数量限制

年份	限额数量（千吨）	补贴标准（日元/公斤）	补贴总额（亿日元）	实际加工数量（千吨）
2001	2270	10. 30	233. 8	—
2002	2200	11. 00	242. 0	—
2003	2100	10. 74	225. 5	—
2004	2100	10. 52	220. 9	—
2005	2050	10. 40	213. 2	—
2006	2030	10. 40	211. 1	—
2007	1980	10. 55	208. 9	1974. 9
2008	1950	11. 55/11. 85	—	1875. 9
2009	1950	11. 85	231. 1	2037. 0
2010	1850	11. 85	219. 2	1796. 8
2011	1850	11. 95	221. 1	1651. 1
2012	1830	12. 20	223. 2	—

注：①补贴标准与限额数量数据来自日本农畜产业振兴机构《加工原料乳生産者補給交付金の限度数量と単価》，2008 年 4 ~ 6 月补贴单价为 11. 55 日元/公斤，2008 年 7 月至 2009 年 3 月为 11. 85 日元/公斤；②生鲜乳的实际加工数量根据日本农林水产省《牛乳乳製品の生産動向》计算，实际加工数量 = 乳制品总处理量 - 奶酪加工处理量 - 鲜奶油加工处理量 - 损失量。

2. 奶酪加工用生鲜乳供给安定政策

近年来，日本奶酪产量明显增长，且有进一步增长的预期。2007 ~ 2011 年间，用于奶酪加工的生鲜乳数量从 41. 07 万吨增加到 49. 62 万吨，占液态奶之外其他乳制品加工用生鲜乳的比重从 12. 0% 增长到 14. 6%。诚如前文所述，用于奶酪加工的生鲜乳价格在乳制品加工用生鲜乳中是最低的，用于奶酪加工的生鲜乳数量的增加拉低了奶农出售生鲜乳获得的均价，影响到奶业生产的稳定性。对此，日本政府推出了面向奶酪生产的专项补贴。该项补贴由政府全额出资，目前基金规模为 88 亿日元，同时面向奶酪加工企业和供应生鲜乳的奶农。对奶农实行的是定额补贴，其标准 2011 年为 14.6 日元/公斤，补贴的最高限定数量为 60 万吨生鲜乳，大于当年实际处理的 50 万吨。对加工企业，则是按奶酪加工成本给予 50% 的补贴，补贴的最大限额为 6 万吨。需要指出的是，按 2011 年的补贴水平和生鲜乳成交价格，奶农的收益是低于生鲜乳生产成本的，正是在这个意义上，差别定价具有鲜明的横向交叉补贴特征，即用奶农出售液态奶用生鲜乳的收益补贴奶酪用生鲜乳。

3. 加工用生鲜乳生产者经营安定政策

该项补贴是 2001 年奶业管理体制改革中引入的新保护机制，补贴品种为用于除液态奶、鲜奶油外的其他乳制品加工的生鲜乳，目的是在市场价格发生较大波动时，稳定奶农收入和市场供给。目前，该项基金规模为 80 亿日元，资金来源于两个部分：一部分是生产者根据其生鲜乳产量上缴积累的基金，占基金总额的 1/4（20 亿日元）。基金积累是分别按 0.4 日元/公斤和 1.2 日元/公斤从奶农的生鲜奶销售收入和前述政府定额补贴中扣除实现的。另一部分来自政府财政，占基金总额的 3/4（60 亿日元）。当市场价格下降且低于过去三年的平均价格时，将由基金按市场价格与平均价格差额的 80% 对加入基金的奶农进行补偿。

4. 奶农减轻环境负担补贴

随着环境问题日益得到重视，减少养殖环节对环境的不利影响也成为奶业发展的基本要求，但这必然带来平均生产成本的上升。为促进奶农采取适宜的、有利于环境的粪污染处理技术，日本政府于 1999 年 6 月启动了“减轻奶牛养殖环境负担的支持计划”。根据该计划，饲料用地面积与牧场奶牛数之比达到一定标准的奶农将得到政府补贴。其中，北海道要达到 4000 平方米/头以上，都府县要达到 1000 平方米/头以上。补贴标准按饲料作物面积计算，2011 年为 1.5 万日元/公顷。

三　奶业市场平衡与乳制品价格稳定机制

为确保奶业市场供求平衡与乳制品目标价格的实现和稳定，日本政府对生鲜乳生产实施了非正式且富有弹性的生产计划，通过贸易控制确保乳制品供求的动态平衡，还进一步对乳制品实施价格稳定政策。

（一）生鲜乳生产计划的形成与转变

生鲜乳生产计划（限量）政策形成于20世纪70年代后期，以应对当时因奶业快速增长而出现的“供过于求”的状况。1966年引入集体谈判、差别定价与加工用生鲜乳补贴制度后，不仅奶农利益得到很大提升，生鲜乳产量也经历了快速增长［见图2（A）］。1966年，日本生鲜乳总产量343.1万吨，1970年增加到479.0万吨，年均增长8.7%；乳品自给率从1966年的80%提高到1969年的91%［见图2（B）］。之后，生鲜乳总产量继续增长，1980年达到650.0万吨，接近1966年的2倍。1977年，日本首次出现乳品供过于求的情况。为稳定市场价格，日本政府开始制定生鲜乳产量上限。1979年，奶农自发建立了计划生产体系。1995年以前，生鲜乳生产计划的制定和分配都由日本中央奶农会议（Japan Dairy Council）与都道府县奶农会议负责。每年中央奶农会议根据需求预测确定年度生产限额，并分配给各都道府县奶农会议，后者再按各自独立的分配公式，将生产计划分配到基层奶农协会，最后由后者通过协商、说服的方式确定奶农的生产计划。如果奶农协会落实不好生产计划，当地可能超产，对于超出部分，中央奶农会议将会按40日元/公斤的标准向该协会收取罚款。

制订生产计划是为了实现市场供求平衡，减产只是临时性的。整体来看，日本生鲜乳产量的增长一直持续到20世纪90年代初期。1985～1990年，生鲜乳产量实现了年均2.0%的增长，1996年达到865.9万吨的历史峰值。虽然需求增长更快，乳品自给率自引入生产计划以来整体呈下降趋势，但是，相对于其他大宗农产品来说，乳品自给率的下降速度较慢，下降程度也较低［见图2（B）］。

随着国内生鲜乳生产开始持续萎缩，生鲜乳产量从“供过于求”向“供不应求”转变，生产计划实际上已不再发挥约束力。从20世纪80年代中期开始，日本乳品自给率出现明显下降的趋势，1987年降到80%以下，2000年降到70%以下。导致这一变化的主要原因不是生产计划，而是年轻劳动力缺乏从事农业的积极性制约了奶业投资与发展，以及奶农从事奶业生产的利润率回落。这一点从生鲜乳产量的变化上就可以看出。1996年，日本生鲜乳产量达到历史峰值后开始逐年回落，2011年降至753.4万吨，比

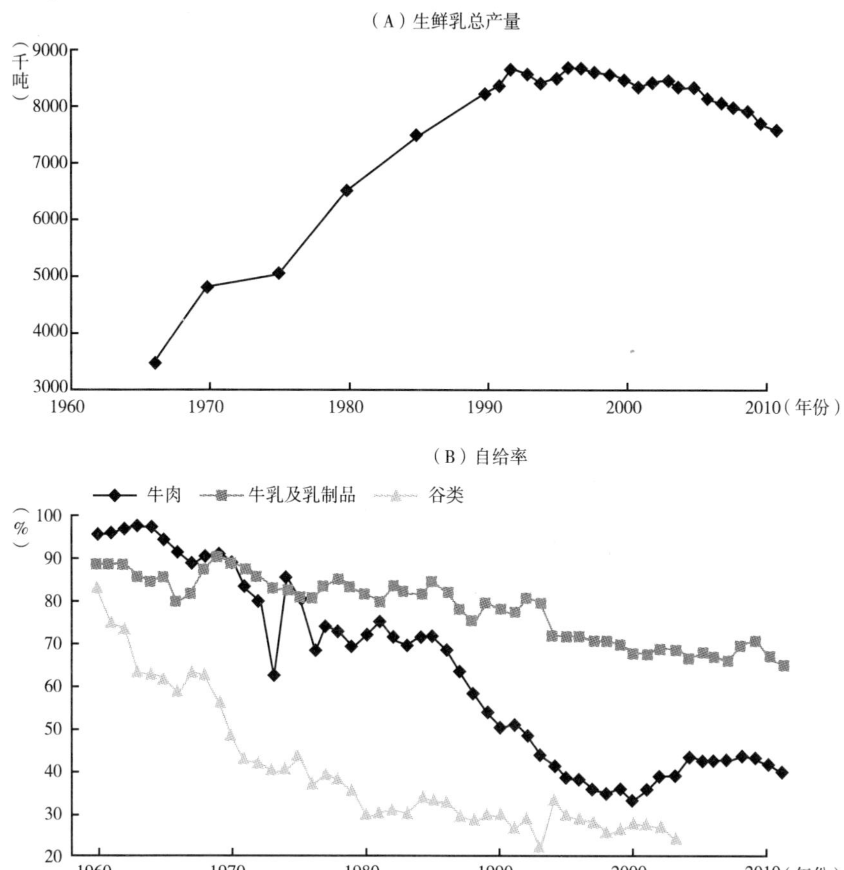

图 2 日本生鲜乳总产量及乳品自给率的变化趋势

资料来源：生鲜乳总产量数据来自日本农林水产省《牛乳乳製品の生産動向》；自给率数据来自日本总务省统计局《日本の長期統計系列》和日本农林水产省《食料自給率の推移》。

1996 年减少了 112 万多吨，降幅达 13.0%。为了促进奶农生产和生鲜乳供给增加，保证乳品自给率，生产计划管理在 1996 年做出了调整，开始允许生产计划在奶农之间调剂。对奶农来说，当前制约生鲜乳生产规模扩大的是其生产意愿，实质性的产能控制已不再发挥作用。从这点来说，生产计划的制定也是保护措施的一部分，其保护性体现为生产计划的约束力能够随着生鲜乳生产从“供过于求”向“供不应求”转变而适时调整。

（二）乳制品供求平衡动态调整机制与价格稳定政策

乳制品价格是指定团体与乳品加工企业就生鲜乳收购价格进行谈判的基础，指定团体总是依据乳制品市场价格利用其卖方垄断力量将乳品加工企业的利润率限制在竞争水平，即平均利润水平。日本政府不仅通过贸易调节市场短期供求平衡，更将贸易壁垒作为维持日本奶业市场长期供求平衡与乳制品目标价格的战略举措。日本大多数乳制品的贸易都受关税配额的限制。对关税配额之内的进口征收从价税，税率在0～35%；对关税配额以外的进口除了征收从价税外，还要征收从量税。根据分配与使用方面的规定，关税配额又进一步分为常用指定乳制品配额、常用其他乳制品配额、特定产品配额三类。其中，常用指定乳制品配额为137202吨，是日本政府承诺的进口量，全部分配给日本农畜产业振兴机构（ALIC）。配额数量按全脂牛奶等值（Milk Equivalent）计算，农畜产业振兴机构可以按一定的折算系数选择进口的乳制品品种[①]。这种自主权赋予了农畜产业振兴机构调控国内乳品市场的手段。在脱脂奶粉销量与价格下降的情况下，农畜产业振兴机构可以减少配额内脱脂奶粉的进口量，代之以等值的黄油进口。另外，在国内市场销售进口乳制品时，农畜产业振兴机构拥有定价权，进而确保了乳制品目标价格的实现。

在国内黄油、脱脂奶粉等价格出现较快或明显上涨，或有价格上涨的预期时，日本政府可以通过临时性（应急）进口及出售库存等手段调节价格。例如，2011年，农畜产业振兴机构向农林水产省申请了2000吨奶酪进口的追加额度。相反，如果黄油、脱脂奶粉等价格出现较快或明显下降，或有价格下降的预期时，政府则会对加工企业库存增加所引起的存储成本进行补贴。当贸易量增长或市场价格下降超过规定的触发点时，政府还可以进一步提高关税，从而对国内生产给予保护。这构成了日本乳制品价格稳定政策的重要内容。具体来说，日本政府以黄油、脱脂奶粉等乳制品过去三年的平均价格作为基准价格，当黄油价格下降幅度超过10%，或其他乳制品价格下

① 脱脂奶粉的折算系数为6.48，即1公斤脱脂奶粉等值于6.48公斤全脂牛奶。其他乳制品的折算系数分别为：食用乳清蛋白粉6.84、黄油12.34、（可）涂布乳制品（dairy spreads）12.34、黄油脂（butter oil）15.05。

降幅度超过8%时，日本政府就可以启动价格稳定机制，通过提高关税来限制进口。当黄油价格跌幅在10%～40%时，关税提高幅度为现行价格与90%基础价格之间差价的30%。如果某种乳制品进口数量与前三年平均进口数量相比超出25%，那么，日本政府也可以提高该产品的关税，增幅可以达到现行关税的1/3，并执行至该财政年度结束。

四　差别定价下日本乳品产区间的利益关系及当前面临的冲击

生鲜乳按不同的用途确定不同的价格，是日本奶业价格管理与价格形成中的关键因素，但是，由于区域间生鲜乳用途存在结构性差异，差别定价又导致了复杂的区域关系。差别定价的基础是与高昂的运输成本相关联的市场分割，生鲜乳运输技术进步和运输成本下降使当前日本乳品产区间生鲜乳用途的结构性差异及相应的利益关系面临冲击。

（一）生鲜乳产出分布与差别定价下的区域关系

由于易变质、运输成本高，牛奶不适合长途运输，生产地与消费地一般比较接近。隔海运输制约了北海道与其他都府县之间的乳品流通，使得北海道在日本乳业中一直是相对独立的。但是，自1965年开始的以牛奶冷链运输设施完善为代表的运输技术进步，逐步提高了日本不同区域之间远距离运输生鲜乳和跨区域转移乳制品的能力。北海道人口在日本总人口中所占比重一直维持在4%～5%，这就意味着乳品消费市场主要在都府县。但是，近半个世纪以来，北海道生鲜乳产量却持续增长，在全国总产量中所占比重也稳步提高，从1966年的20.7%增长到2011年的51.7%。与此同时，都府县生鲜乳产量在20世纪90年代初期达到高峰后，开始呈现出下降的趋势，1992～2011年间下降了近30%。

与北海道生鲜乳产量比重增加相伴随的是乳制品的大规模跨区域转移。但是，因为运输成本的差异，生鲜乳和液态奶大规模跨区域转移不符合乳品企业的比较利益，生鲜乳和饮用液态奶的流动多发生于都府县之间。2004年，日本跨区域生鲜乳转移量为239.54万吨，北海道转移到都府县的生鲜乳为48.14万吨，仅占生鲜乳跨区域转移总量的20.1%；都府县转移到北海道的生鲜乳更是只有0.31万吨，占生鲜乳跨区域转移总量的0.13%。饮用液态奶的转移也同样如此，北海道转出量和转入量在全国跨区域转移总量中所占比重分别只有10.22%和0.04%（见表4）。

表4 2004年生鲜乳与饮用液态奶的跨区域转移情况

单位：吨，%

分类	地区	转出		转入	
		数量	比重	数量	比重
生鲜乳品	北海道	481421	20.10	3142	0.13
	都府县	1914005	79.90	2392284	99.87
	合计	2395426	100.00	2395426	100.00
饮用液态奶	北海道	164506	10.22	391	0.04
	都府县	1444579	89.78	1015564	99.96
	合计	1609085	100.00	1015955	100.00

资料来源：日本中央酪农会议。原数据统计的是北海道、东北、关东、北陆、东海、近畿、中四国、九州八个区域之间生鲜乳与饮用液态奶的转移情况，在此对数据做了汇总。

综上，从北海道向都府县转移的乳制品只能以奶酪等干乳制品为主，这使得北海道与都府县在生鲜乳利用结构上存在明显差异：北海道生鲜乳中用于液态奶之外其他乳制品加工的比例远远高于都府县。1970年，北海道高达86.3%的生鲜乳用于乳制品加工，之后该比例虽有所下降，但2011年仍高达75.5%。1970年，都府县生鲜乳中用于乳制品加工的比例只有25.8%，近20年则基本在12%～13%变动。

由于生产液态奶的生鲜乳价格最高，所以，生鲜乳用于生产液态奶的比例越大，生鲜乳平均价格也就越高。北海道与都府县之间生鲜乳用途的结构性差异意味着都府县生鲜乳平均售价要高于北海道（见图3），而且该差距在20世纪70年代初期明显扩大。1971年之前，北海道每公斤生鲜乳销售价格与都府县之间的差距一直在6日元以内，1967年最低时只有3.6日元；1972年，北海道生鲜乳销售价格与都府县之间的差距迅速扩大到9.2日元/公斤，1975年超过了17日元/公斤，1980年又超过了20日元/公斤。之后，该差距虽然出现了波动和下降，但基本都在15日元/公斤以上。

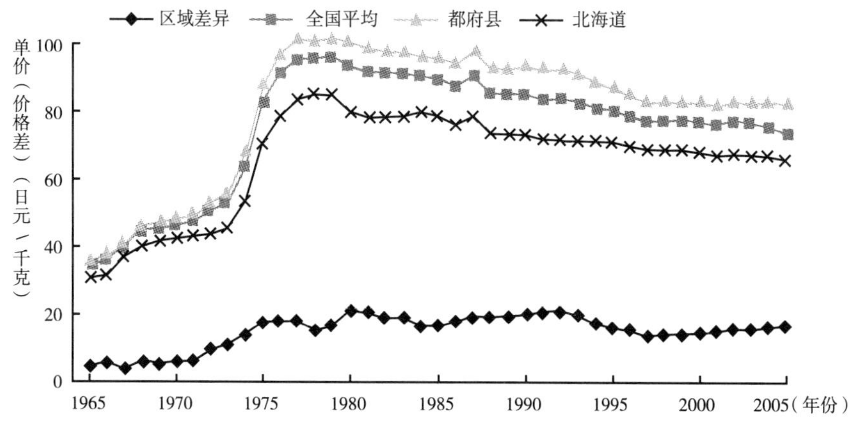

图 3　生鲜乳平均销售价格及区域价格差异

资料来源：日本农林水产省《长期累年统计表一览》中“畜产物生产费统计”。

（二）乳品产区间生鲜乳用途差异及相应利益关系面临的冲击

当前，日本乳品产区间生鲜乳生产与利用的差异不仅发挥了日本的区域比较优势，符合奶业发展的整体需求，更是乳品加工企业节约运输成本、实现利润最大化的结果。① 长期以来，在生鲜乳和液态奶跨区域转移成本高昂的情况下，液态奶市场几乎完全分割，北海道的奶农及奶农协会只能安于这种以液态奶之外其他乳制品为主的生产结构，而加工用生鲜乳生产者补贴的补贴对象实际上主要是北海道的奶农，以稳定生鲜乳供给，确保乳品自给率。② 但是，随着运输条件改善和运输成本下降，在生鲜乳和液态奶跨区域转移在经济、技术上都变得更加可能的情况下，北海道奶农就有了打破这一格局、获得更高生鲜乳销售价格的意愿和要求。

---

① 笔者与雪印、四叶等乳品企业的座谈表明，这些企业都倾向于在北海道加工乳制品，然后向都府县销售。

② 补贴与企业生产结构有关，那么，要保证补贴落实到位，有两个途径：一是监测企业的实际生产情况；二是根据谈判情况直接分配。前者的成本是很高的，所以，实际上指定团体与加工企业的谈判结果就成为政府分配补贴资金的依据，谈判本身成为行政决策的一部分，这是日本奶业管理体系行政色彩的又一重要表现。

由于在北海道以加工乳制品为主也是乳品加工企业利润最大化的选择，所以，北海道奶农要提高生鲜乳用于液态奶加工的比重，就只能选择将生鲜乳直接销售到都府县。为此，北海道奶农合作社联合社投资购买了 2 艘用于向本州输出生鲜乳的高速运输船。2011 年，北海道向都府县输出生鲜乳 37 万吨，其中 45% 是通过奶农合作社联合社自己的船运输的。另外，北海道还输出了 30 万吨加工好的液态奶（主要是高温灭菌奶）。

生鲜乳和液态奶的输出提高了北海道奶农的收益，但仍在较大程度上受到高昂运输成本的制约。生鲜乳仅从北海道钏路港运到本州日立港单程就需要 20 个小时，综合运输成本高达 20 日元/公斤。只有当跨区域销售带来的额外收益能够超过所增加的运输成本时，北海道指定团体才会有动力把生鲜乳卖到都府县，反之则没有。这意味着直接销售到都府县的生鲜乳，其用途必然要限于液态奶生产。因为消费市场是稳定的，并不会因为北海道生鲜乳跨区域销售而出现变化，所以，从北海道输入的用于液态奶加工的生鲜乳会挤出一部分都府县的生鲜乳，也就是说，都府县生鲜乳用于乳制品加工的比例会因此上升。显然，都府县奶农的利益会因此受到影响，他们会抵制北海道生鲜乳的跨区域销售。

更严重的问题是，跨区域销售会在北海道与都府县的奶源之间形成竞争关系，进而冲击原来的“一元收购、多元销售”购销体系。如前所述，这是限制加工企业垄断势力、通过差别定价实现品种间交叉补贴的市场基础。生鲜乳买卖双方关系的转变将削弱奶农对加工企业的议价能力，导致用于加工液态奶的生鲜乳价格下降，最终冲击整个奶业市场和价格体系。都府县奶农的收益会因此受到更大的影响，北海道跨区域销售生鲜乳所能增加的收益也会被进一步削弱。

如果在“一元收购、多元销售”购销体系下增加北海道对都府县的生鲜乳输出，或者需要议定都府县与北海道生鲜乳在液态奶加工中所占的比例，或者需要将从北海道输入的生鲜乳纳入都府县收益平均化分配机制中。对北海道奶农来说，前者是根本目标，后者将减少他们直接输出生鲜乳所能够增加的收益。对都府县奶农来说，两者都意味着收益平均化过程中加工原料乳比例的增加和生鲜乳平均价格的下降，他们必然会因利益受损而对此加以抵制。

五　总结及对中国奶业发展的启示

日本奶业价格管理体系与稳定机制整体上是产业利益与奶农利益导向的，是准行政化的制度安排，其构成总体上包括几个方面：①按用途的生鲜乳差别定价制度；②调控乳品市场短期和长期供求平衡的生产补贴制度、生产计划制度、贸易配额制度等；③保障差别定价与调控举措落实的“一元收购、多元销售”的生鲜乳购销体系和区域性收益平均化的结算机制。经过数十年的运行和完善，该体系既确保了日本奶业市场的供求平衡和价格稳定，也保障了奶农的利益。

受到资源、人口与运输成本等因素的影响，日本奶业呈现出生鲜乳生产向北海道集中、北海道以加工乳制品为主、都府县以加工液态奶为主的格局。对日本中央政府来说，维持现有格局是合意的：第一，生鲜乳长途运输意味着大量的损耗与经济社会成本，最终会导致乳制品价格上升，并转化为消费者承担的成本；第二，趋于成熟的市场管理体制保证了市场与价格的稳定；第三，差别定价提升了奶农的收益，相应地也就减少了政府对奶农补贴的投入需求。但是，在差别定价制度下，因北海道与都府县之间生鲜乳利用结构上的差异，奶农也面临着收入的不平衡。随着生鲜乳与液态奶运输成本的下降，北海道奶农希望打破现有格局，向都府县直接销售液态奶或用于液态奶加工的生鲜乳，这将使包括差别定价制度在内的市场安排面临冲击，从总体上影响奶业价格稳定机制与奶农的收益。因此，当前加工用生鲜乳生产者补贴的作用除了稳定供给外，已更多地体现为稳定当前相对分割的市场格局。要强化其作用，一方面，可以加大政府对液态奶之外其他乳制品加工用生鲜乳的补贴强度；另一方面，可以建立都府县奶农对北海道奶农的转移支付制度，定向提高对北海道奶农用于液态奶之外其他乳制品加工的生鲜乳的补贴强度。

日本奶业价格管理体系与稳定机制对中国的借鉴体现在以下几个方面：第一，确立奶农在奶业利益分配体系中的中心地位。为此，要加强奶农合作社建设，特别是区域性联合社，通过奶农的联合提高其议价能力，实现生鲜乳市场从买方垄断向卖方垄断转变，在将乳品加工企业的收益限制在竞争水平的同时最大限度地提高奶农的收益。第二，利用液态奶在空间上的自然垄断性质，确立区分用途的差别定价制度，通过交叉补贴降低乳制品价格，应对进口乳制品的竞争，以兼顾产业保护与奶农利益。第三，引入补贴制度，在稳定奶农收益的基础上，促进有利于提高生鲜乳品质和更加环境友好的养殖方式的应用。第四，由政府和奶农共同出资建立市场稳定基金，以缓解价格波动对奶农收益和生鲜乳稳定供给的影响。

参考文献

Suzuki, N. and Kaiser, H. M. , "Basic Mechanisms of Japanese Dairy Policy and Milk Market Models: A Comparison with United States Dairy Policy", *Journal of Dairy Science*, 77 (6): 1994.

刘长全、刘玉满、李静、姚梅、黄文明：《加拿大奶业供给管理体系考察及对中国的启示》,《世界农业》2012 年第 8 期。

附录三　加拿大奶业供给管理体系考察及对中国的启示

加拿大的奶业发展目标是生产足够的牛奶和奶油以满足国内奶制品消费需求和有计划的出口需求，[①] 具体目标包括控制季节与地区之间的（供求）不平衡、稳定生产者的收益以及确保稳定与有序的供给。为实现这些目标，加拿大建立了相对封闭的奶业供给管理体系，其基本特点是以奶农和消费者利益为核心，以国内市场为着眼点，通过配额分配与价格保护等手段实现对奶业产业链的全面管理。这个体系维持了奶及奶制品的产量、价格的稳定，保证了奶农与消费者的利益，在确保奶制品品质、维护动物福利等方面都取得了显著的成效。

一　加拿大奶业发展现状与变化趋势

奶业是加拿大重要的农业生产部门，2009 年奶业部门提供了 21.5 万个就业岗位，实现 152 亿加元增加值和 30 亿加元公共财政收入，下面对加拿大奶业的发展概况及相关变动趋势做简要介绍。

① 加拿大整个农业都以满足国内市场为主，2008 年农业与农产品加工收入的 63% 来自国内市场。

1. 奶牛存栏量、品种结构及单产水平

截至2010年，加拿大共有奶牛143.2万头，其中，泌乳牛有98.1万头，比1995年减少了29.2万头，降幅达到23%；同期，青年牛数量从52.8万头减少到45.1万头，下降了14.7%。在品种方面，加拿大奶牛主要由荷斯坦（Holstein）、爱尔夏牛（Ayrshire）、娟珊牛（Jersey）、更赛牛（Guernsey）、瑞士褐牛（Brown Swiss）、加拿大牛（Canadienne）、乳用短角牛（Shorthorn）构成。2010年，在登记的28.9万头奶牛中，荷斯坦占到94%，比2000年提高了1.3个百分点（见图1）。

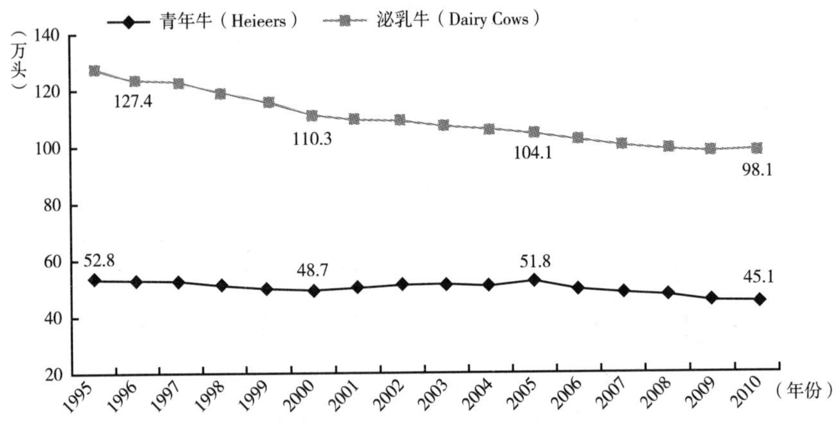

图1　1995～2010年加拿大奶牛数量变化

根据产奶记录，加拿大奶牛单产水平在稳步提高。1992～2010年，在数量上居主导地位的荷斯坦平均年产奶量从8.03吨增长到9.97吨，提高了24.2%。同期，爱尔夏牛与娟珊牛的平均产奶能力也分别从6.38吨和5.24吨增长到7.66吨和6.56吨，增幅分别为20.2%和25.1%。加拿大牛也从4.67吨提高到5.79吨，增长了24.0%，但产奶能力与前面三个主要品种相比还有一定差距（见图2）。

从乳脂与乳蛋白含量来看，最高的是娟珊牛，2010年乳脂率与乳蛋白率分别达到4.86%和3.80%，但与1992年、2000年相比都有所下降。荷斯坦与爱尔夏牛的乳脂率都有小幅提高，但乳蛋白率也都略有下降。加拿大牛产奶能力低于以上三个品种，但乳脂率与乳蛋白率高于荷斯坦、爱尔夏牛（见表1）。

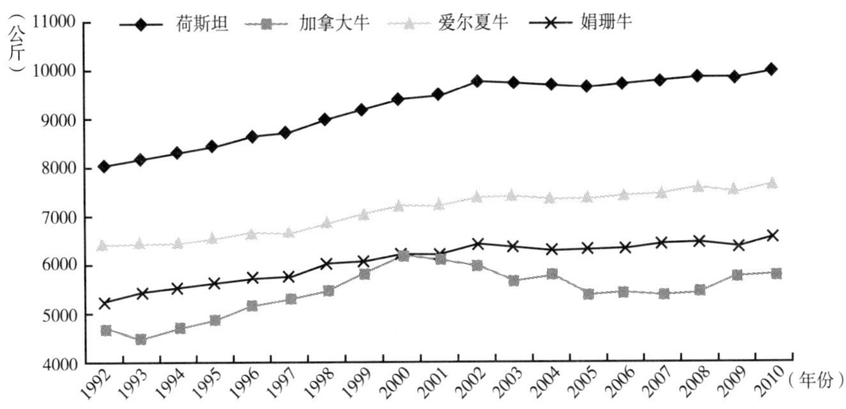

图 2　1992～2010 年加拿大奶牛分品种平均年产奶量

表 1　1992～2010 年加拿大奶牛分品种乳脂与乳蛋白含量

单位：公斤，%

项　目	荷斯坦			爱尔夏牛			娟珊牛			加拿大牛		
	1992 年	2000 年	2010 年	1992 年	2000 年	2010 年	1992 年	2000 年	2010 年	1992 年	2000 年	2010 年
产奶量	8028	9350	9970	6377	7172	7663	5244	6203	6559	4671	6186	5791
乳脂量	295	343	371	254	284	307	258	304	317	196	268	252
乳脂率	3.67	3.67	3.75	3.98	3.96	4.02	4.92	4.90	4.86	4.20	4.33	4.35
乳蛋白量	258	300	315	215	239	255	205	238	248	169	224	205
乳蛋白率	3.21	3.21	3.18	3.37	3.33	3.34	3.91	3.83	3.80	3.62	3.61	3.55

2. 牛奶总产量基本稳定，奶农数量持续减少

在奶牛数量逐步减少、奶牛平均产奶能力稳步提高以及优势品种所占比重小幅上升的共同作用下，加拿大牛奶总产量基本保持稳定。2009 年①加拿大牛奶产量为 76.7 亿升，与 1980 年相比仅增长了 5.6%。1988～1992 年出现过牛奶产量的持续下降，最低时总产量为 67.8 亿升，比 1980 年减少了 6.7%。之后四五年即快速恢复了产能，近年总产保持相对稳定的态势（见图 3）。

近 30 年，加拿大奶农的数量持续减少。2009 年加拿大有奶农 13214 户，比 1980 年减少了 42266 户，降幅达到近 76.2%。即使在 1999～2009 年

① 这里是奶业年度，即每年的 8 月 1 日至次年的 7 月 31 日。奶业年度的设定是为了确保牛奶生产周期特征与消费需求相协调。

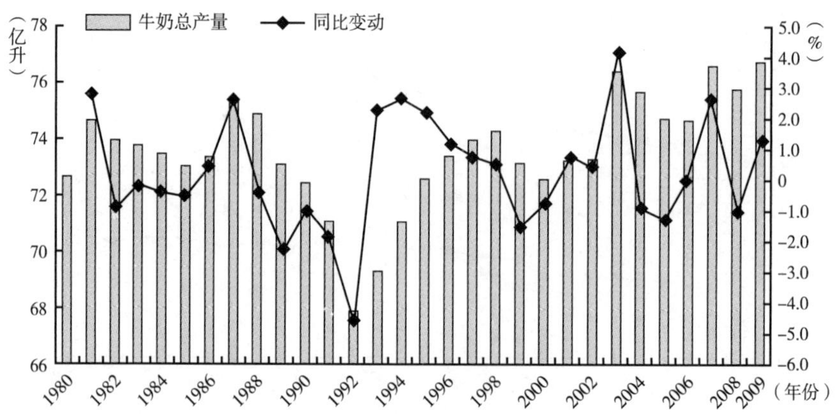

图 3　1980～2009 年加拿大牛奶总产量及同比变化情况

的 10 年中，奶农的数量也减少了 36%。在总产量基本保持稳定的情况下，奶农的平均产出规模相应地不断提高，从 1980 年的 1.31 万升每个提高到 5.81 万升，翻了两番多。从养殖规模上来看，奶农数量减少的速度快于奶牛的减少速度，平均养殖规模是在逐步上升的。1995～2010 年，奶农户均泌乳牛数量从 51.8 头提高到 75.7 头，增长了 46.1%（见图 4）。

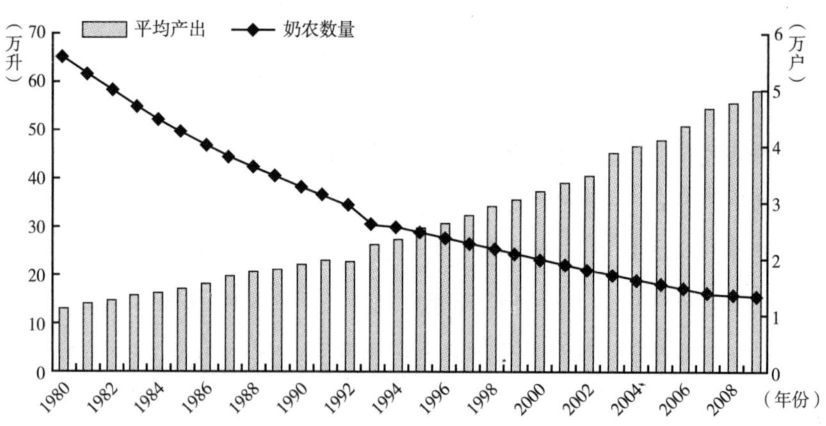

图 4　1980～2009 年奶农数量与平均产出规模变化

3. 奶及奶制品产值有所增长，占食品行业比重基本稳定

2007 年奶及奶制品产值及其占食品行业总产值的比重比 2006 年都有较大的下降。但是，2008～2010 年奶及奶制品产值稳步增长，占食品行业的

比重则基本保持稳定。2010 年奶及奶制品总产值 133.9 亿加元，比 2007 年增长了 14.8 亿加元，增幅 12.4%；同期，奶及奶制品产值占食品行业产值的比重在 14.7% ~15.0%（见图 5）。在结构方面，液态奶占奶及奶制品总产值的 39%，另外的 61% 是制成品，包括奶酪、黄油、奶粉与冰淇淋等。

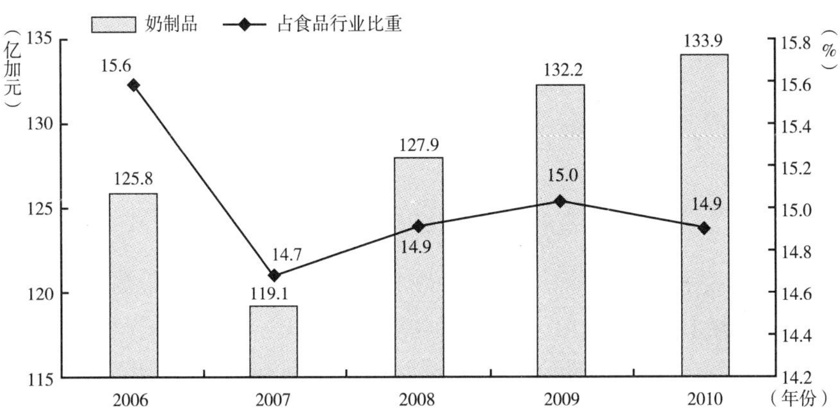

图 5　2006 ~2010 年奶及奶制品行业产值与地位

4. 奶及奶制品人均消费量缓慢变化

2010 年加拿大人均液态奶消费量为 77.98 升，奶油消费量为 8.21 升。另外，人均消费奶酪 12.66 公斤、黄油 2.64 公斤、酸奶 8.28 升、冰淇淋 5.50 升。纵向比较来看，消费结构发生了明显的变化，液态奶与黄油的人均消费量稳定下降，奶油、奶酪的消费量有所上升。1990 ~2010 年，人均液态奶消费量减少 17.49 升，下降了 18.3%。同期，人均黄油消费量下降了 19.5%，奶酪消费量增长了 19.8%，奶油消费量增长了 56.4%（见表 2）。

表 2　1990 ~2010 年加拿大奶及奶制品人均消费量

年　份	液态奶（升）	奶油（升）	奶酪（公斤）	黄油（公斤）	脱脂奶粉（公斤）	酸奶（升）	冰淇淋（升）
1990	95.47	5.25	10.57	3.28	1.51	3.21	11.98
2000	88.22	6.83	11.85	2.99	1.14	4.59	8.62
2010	77.98	8.21	12.66	2.64	2.13	8.28	5.50
1990 ~2000	-7.59	30.10	12.11	-8.84	-24.50	42.99	-28.05
2000 ~2010	-11.61	20.20	6.84	-11.71	86.84	80.39	-36.19

5. 液态奶与加工用奶构成

加拿大生鲜乳销售分为两类市场，一类是液态奶市场，生鲜乳用于生产液态奶，包括奶油与调味液态奶（Flavoured Milks）等；另一类是固态制品市场，生鲜乳用于生产黄油、奶酪、酸奶、冰淇淋与奶粉加工。2007～2008年奶业年度，液态奶市场消耗生鲜乳32.8亿升，约占奶农总产出的39%；固态奶加工消耗生鲜乳50.6亿升，占61%。

二　奶业供给管理体系的沿革、制度基础与主要机构

在加拿大，多个农产品市场在全国供给管理体系下运行。全国供给管理体系政策的基本目标是：采取相应的政策措施使国内产出与需求相吻合，确保生产者与加工者获得稳定的收益，让消费者享受到稳定合理的价格。为了实现这些基本目标，联邦政府制定了若干全国市场营销计划（National Marketing Plans），为供给管理确立了行动框架，并通过行动框架来实现市场管理目标。全国奶业市场营销计划（National Milk Marketing Plan，NMMP）是这些计划中的一个，其他的计划还涉及鸡蛋、火鸡、肉鸡种蛋等产品。下面将简要介绍奶业供给管理体系的沿革、制度基础、主要机构及其职能。

（一）制度沿革与制度基础

如上所述，奶业供给管理体系的基础是全国奶业市场营销计划，在其之前就已经有省级的市场营销委员会（Marketing Board）。20世纪五六十年代加拿大奶业长期面临一些问题，包括市场波动、供给的不确定性、生产者与加工者收益的波动大等，（奶）农民组织因缺乏应对手段，转而向省级政府寻求帮助，建立了省级的市场营销委员会。但是，区域性的市场管理未能有效发挥作用，其他地区供给过剩很容易扰乱市场管理计划，打破价格控制方面的企图。按当时的市场安排，联邦政府有权力控制跨省（邦）的产品贸易及出口，而省级政府只有权力控制省内贸易。为实现以上市场营销管理目标，就需要建立统一的市场营销计划与全国性市场营销委员会，对这两个层面的权力进行整合。

1958年加拿大建立了农业稳定委员会（The Agricultural Stabilization

Board），以进一步强化在价格支持、出口、进口限制等方面给予奶业发展的支持，但是，这并没有解决联邦与省之间权利协调问题，也不能对奶业生产实行有效控制。1963 年联邦政府发起加拿大奶业会议（Canadian Dairy Conference，CDC），并于同年成立加拿大奶业咨询委员会（the Canadian Dairy Advisory Committee），该委员会在 1965 年的最终报告中提出建立加拿大奶业委员会（Canadian Dairy Commission）。1966 年 10 月《加拿大奶业委员会条例》生效，随后加拿大奶业委员会（以下简称 CDC）成立。《加拿大奶业委员会条例》对市场管制的范围、省级市场营销委员会与国家奶业委员会等主体的性质、奶业委员会的职责、价格制定、市场共享形式等都做出了明确的界定，为协调联邦与省级之间的调控权力以形成全国性市场提供了基础，该条例的最近一次修订是在 2009 年 3 月。在该条例之下，又衍生出一些其他相关条例，包括《奶制品市场营销规定》（*Dairy Products Marketing Regulations*）、《加拿大干酪、奶酪出口规定》（*EEC Aged Cheddar Cheese Export Regulations*）等。

1971 年全国奶业市场营销计划的前身开始运行。全国奶业市场营销计划是一个联邦 - 省之间的协议，为奶业供给管理提供行动框架，包括协议各方的职能、责任以及体系运行机制等，计划的任何变更都需要协议各方的一致同意才能生效。全国奶业市场营销计划最主要的功能就是确立了计算每年加工用奶①生产量或者说市场配额分配（Market Sharing Quota）的方式。安大略、魁北克及联邦政府是 NMMP 的发起者，至 1974 年除 Newfoundland 之外的其他省都加入了这个计划，Newfoundland 之后也获得了 NMMP 的观察员身份。根据该计划建立了加拿大奶业供给管理委员会（The Canadian Milk Supply Management Committee），作为监管奶业供给管理体系运行的全国性机构。至此，加工用奶成为第一种纳入全国供给管理体系的产品。在这个全国统一的供给管理体系下，控制的是加工用奶、液态奶市场，包括产出、价格、省际流动与出口等都由省级市场营销委员会调控。② 之后形成的特级奶“池”综合协议（The Comprehensive Agreement on Special Class Poling）、全

① CDC 法案，Section 8。

② 在加入“池”协议后，则是在协议框架下，共同决定。

部奶“池”协议（The Agreement on All Milk Pooling）、西部奶“池”协议（The Western Milk Pooling Agreement）也成为NMMP的重要补充，而设立特别等级以及对特别等级牛奶方案进行监管的授权也通过对CDC法案的修订得以实现。

（二）主要机构与职能

在当前奶业供给管理体系中同时发挥了政府、非政府组织、协会等各方面的作用。加拿大议会、农业与农产品部是最高的监管与指导部门，半政府的加拿大奶业委员会是管理体系中的核心决策单位，加拿大奶业供给管理委员会是供给管理的实施机构，各省的奶业市场委员会对所属区域的奶及奶制品的生产与销售进行调节，DFC将奶农组织起来，也在奶业管理中为奶农提供服务与管理。①

1. 加拿大奶业委员会（CDC）

根据《加拿大奶业委员会条例》的规定，加拿大奶业委员会的目标是“培育有效的牛奶与奶油生产者，保证其劳动与投资获得理想的回报，为国内消费者提供连续、充足、高品质的奶制品”。加拿大奶业委员会是加拿大奶业供给管理体系的核心，是促进各方达成一致的协调者和组织者，职能涉及奶业政策制定、奶及奶制品需求与产出的评估、奶业收益分配与市场分配体系的协调等，具体包括以下一些内容②。

（1）在加拿大奶业供给管理委员会（CMSMC）中担任主席，并通过该委员会发挥职能，与全国及各省的利益相关者、政府合作，为加拿大奶业提供持续的支持。

（2）作为收益共享（Revenue Pooling）与市场分配体系的协调者与秘书处，以及与奶业收益分配协议③相关的金融活动（机制）的监管者。

（3）计算全国加工用奶的产量目标或市场配额分配，并向CMSMC提出

① 本报告着眼于乳业的前端，即奶的生产，因而以下介绍主要是与奶生产和管理直接相关的机构，而与加工相关的机构，如加拿大乳品加工协会（Dairy Processors Association of Canada）等，在此不予讨论。

② CDC法案，Section 9。

③ 通过这类协议在奶生产者之间实现收益分享、分散风险，后面专门介绍这些协议。

建议。

（4）在 WTO 承诺范围内，购买、储存、加工，以及在国内、国际市场销售奶制品；在配额范围内按关税税率进口和分配黄油。

（5）确定其收购黄油和脱脂奶粉的支持价格，该价格作为各省确定加工用奶价格的参考。

（6）对特级奶许可计划（The Special Milk Class Permit Program）进行监管，并发布许可，让加工者进入竞争性定价（Competitively-priced）的乳制品调料（Dairy Ingredients）市场，允许出口商在加拿大 WTO 承诺范围内出口奶制品。

（7）根据奶业市场营销计划（Dairy Marketing Program）确立的目标，发展和实施市场营销计划与服务，确保食品加工企业维持、提高乳制品调料在其产品中的使用情况。

CDC 的工作对加拿大联邦议会（The federal Parliament）负责，向农业与农产品部（The Minister of Agriculture and Agri-Food）报告，它的成员，包括主席（Chairman）、副主席以及执行官（Commissioner）等由联邦政府任命。但是，CDC 的经费来源除了加拿大联邦政府还有奶业生产者以及市场交易的收益。

2. 加拿大奶业供给管理委员会（CMSMC）

CMSMC 是在国家奶业市场营销计划下，由其签约各方组成的永久性组织，负责 NMMP 的政策设计及政策执行的监管，监督《特级奶分配综合协议》的执行情况，是全国奶业生产与加工部门政策形成与分析的关键组织。CDC 任 CMSMC 主席，成员还包括各省级市场营销委员会的代表、各省政府的代表。加拿大奶农协会（Dairy Farmers of Canada，DFC）、代表奶业加工者与出口商的全国奶业理事会（National Dairy Council）、消费者协会等代表也参加 CMSMC，但没有投票权。

CMSMC 每年召集五次会议，对影响奶业的来自生产、经济与市场方面的主要因素进行讨论评估，其中，包括国内奶及奶制品的消费与生产情况、CDC 库存的脱脂奶粉与黄油规模、贸易与出口的市场活动情况等。CMSMC 也负责对 CDC 的市场操作及提升行为、市场收益分配状况、省级配额分配与使用情况等进行监测与评估。每年由 CMSMC 根据 CMSMC 秘书处（成员包括来自 CDC 的经济学家、生产者委员会、DFC 与 NDC 的代表）对奶业生产与需求做出的预测，确定全国加工用奶的生产目标或市场配额分配。CMSMC 根据 NMMP 的条款确定省际的市场配额分配。每个省根据自己的政策以及收益共享协议，将其获得的配额分配给生产者。当市场上总供给超过总需求时，就通过由 CMSMC 监测的配额管理与出口活动来解决。

3. 省级市场营销委员会（Provincial Marketing Boards）与机构

省级市场营销委员会是根据各省法律建立的，其职责是调节省内乳制品的生产与贸易行为，并且是 NMMP 计划的签署方。其成员主要甚至全部来自牛奶生产者。省级市场营销委员会在联邦与省立法确立的框架下和授权范围内开展活动，内容包括：确保配额得到贯彻、在省域内实现收益共享、定价、产奶水平记录（Record-keeping）与汇报、与 CDC 及其他省开展合作。牛奶生产者不通过省级奶业市场营销委员会无法销售自己生产的牛奶。省级奶业市场营销委员会发布的命令与规定具有法律强制性。

4. 加拿大奶农协会（Dairy Farmers of Canada 或 DFC）

加拿大奶农协会是代表奶生产者利益的组织，其前身是 1934 年成立的加拿大奶农联盟（Canadian Dairy Farmers' Federation）。1942 年联盟随着加拿大奶业理事会中奶农相关部分的并入而更名为加拿大奶农协会。DFC 的使命就是确保有利于市场稳定的政策和对生产者更加公平的价格，保护和提升加拿大奶农在国内、国际市场上的利益，在供给管理体系下提供一个平台，开展建设性讨论和取得一致性意见，以确保环境有利于奶农的经济生存能力。DFC 的长远目标是“在一个动态供给管理体系下，奶业由盈利的、独立的牛奶生产者构成，为消费者生产安全、高质的乳制品”。1994 年 DFC 又与负责加拿大奶业产品基因改良的国家组织加拿大奶业局（Dairy Bureau of Canada）合并，随后 DFC 对其营销、营养与市场研究方面的活动进行了重组。

三 价格支持、配额管理与奶业“池”的运行机制

加拿大奶业整体上是一个得到高度管控的市场，保障其运行的基石有三个，一个是奶制品进出口管控，这使得加拿大奶业与国际市场是相对隔绝的。另外两个分别是价格管控与配额管控。

（一）价格支持

1. 支持价格系统

加拿大奶业价格管控的一个重点是 CDC 每年确定的收购黄油和脱脂奶粉的支持价格，该价格是 CDC 在其各种计划框架下买、卖黄油与脱脂奶粉的价格，省级奶业市场营销委员会依据这个价格决定加工者用于黄油、脱脂奶粉、奶酪、酸奶等生产的牛奶的支付价格。CDC 在确定支持价格时为了保证奶农得到较好的回报，首先需要考虑牛奶的生产成本。为此，CDC 每年会与各省一起针对奶农开展全国范围内的牛奶生产成本调查。其他需要考虑的因素还包括：各利益相关方的诉求、加工者的赢利、经济指标（如消费者价格指数），以及 CDC 自身的经验和对行业的认识。每年秋季 CDC 就奶价与产业中的其他主体磋商，包括奶农、乳品生产企业、深加工企业、餐饮企业及消费者等。基于这些信息，CDC 执行官确定支持价格，并于 12 月中旬公布，于次年 2 月 1 日起开始实施。

图 6 是 2011 年 2 月 1 日加工用奶的支持价格系统。联邦确立的对黄油和脱脂奶粉的支持价格分别为 7. 1922 加元/公斤和 6. 2721 加元/公斤。根据这个价格，按产出能力（受乳脂率与其他干物质含量的影响）折算到奶，再扣除加工企业的市场回报与运费，得到的就是 CDC 按支持价格收购黄油、脱脂奶粉时，对加工用奶的支持价格，这里是 75. 76 加元/百升。

表 3 列出了 2000 ~ 2011 年的支持价格。随着黄油与脱脂奶粉收购价格的提高，奶农的预期回报水平从 55. 13 加元/百升奶上升到 74. 64 加元/百升奶，增长了 35. 4%。各省奶业市场营销委员会计算价格的方法不尽相同，但是最终价格差距不会太大，在后面提到的区域性“池”协议中，签约省的营销委员会对此做出了承诺。

2. 奶分类与价格

支持价格并不是加工企业获得生鲜乳的实际支付价格，实际价格是根据生鲜乳的最终用途来确定的。加拿大引入了 Harmonized Milk Classification System，将加工用奶分为 5 类。[①] 其中，1 ~ 4 类限于国内市场的使用，具体构成如下。

---

① 1996 年 10 月 1 日开始引入，2005 年 7 月 1 日后分类方法又做出了调整。

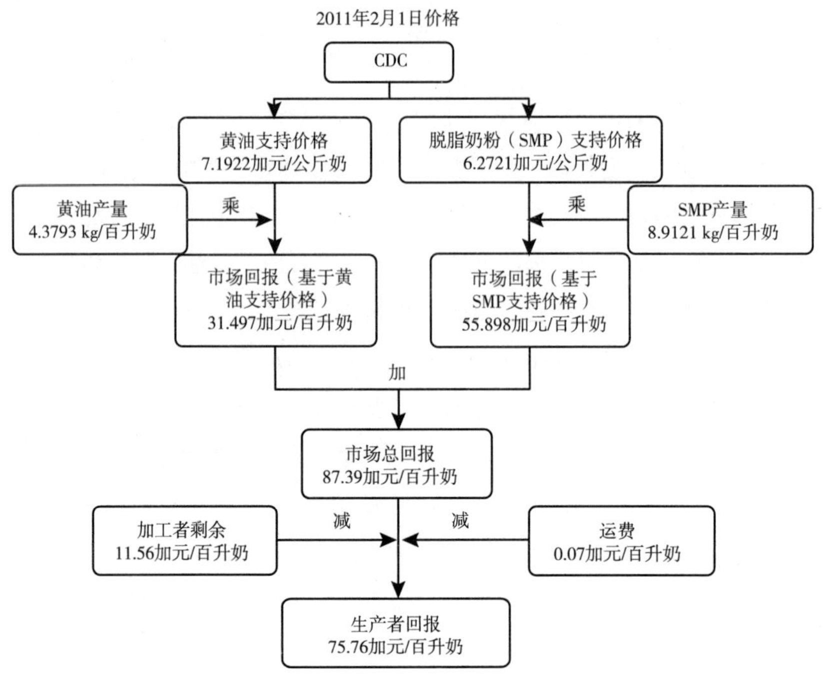

图 6　2011 年 2 月 1 日支持价格系统

注：3.6 公斤乳脂/百升（3.6 kg butterfat per hectolitre）。
资料来源：Statistics of Canadian Dairy Industry（2011），第 13 页。

表 3　2000～2011 年奶业支持价格

年　　份	2000	2006	2007	2008	2009	2010	2011
联邦支持价格（加元/公斤）							
黄油	5.5407	6.8695	6.8695	6.9316	7.0462	7.1024	7.1024
脱脂奶粉	4.6842	5.8337	5.9212	5.9835	6.1125	6.1783	6.1783
保证市场价格	64.05	82.08	82.86	83.68	85.33	86.16	86.16
加工者盈利（加元/百升）	-8.31	-11	-11	-11.1	-11.33	-11.44	-11.44
储运等扣费	-0.07	-0.07	-0.1	-0.12	-0.1	-0.08	-0.08
目标价格	56.65	71.00	71.75	72.45	73.90	74.64	74.64
直接付款	2.28	—	—	—	—	—	—
生产者预期回报（加元/百升）	55.13	70.29	71.07	71.79	73.90	74.64	74.64

（1）1 类：满足国内市场需求的液态奶与奶油，具体又分为 1（a）、1（b）、1（b）ii、1（c）、1（d）五个子类。

（2）2 类：满足国内市场需求，用于生产冰淇淋、酸奶与酸奶油（Sour Cream）的奶。

（3）3 类：满足国内市场需求，用于生产奶酪的奶，细分为 3（a）、3（b）两个子类。

（4）4 类：满足国内市场需求，用于生产黄油、浓缩奶（Condensed and Evaporated Milk）、奶粉等的奶，又细分为 4（a）~4（m）六个子类。

第 5 类包括 5（a）~5（d）四个子类别，统称为特级（Special Classes）。[①] 其中，5（a）~5（c）的覆盖范围是用于特定乳制品生产、满足国内或国际市场需求的奶，5（a）是用于进一步加工的奶酪成分，5（b）是所有其他用于进一步加工的乳制品，5（c）是用于糖果、点心生产产品。子类 5（d）是计划出口与其他 CMSMC 批准的出口，总量不能超过加拿大的承诺。其中的计划内出口，是用于生产向传统出口市场出口的乳制品的奶，如向美国、英国市场出口的配额内的奶酪、浓缩奶、全奶粉等。还有一部分是要从国内市场消化掉的过剩奶，[②] 既包括配额内生产的奶（In-quota Milk），也包括超过配额生产的奶（Over-quota Milk）。剩余的产生有以下原因：①是国内需求预测时增加的部分（称为 Sleeve），预防奶业年度内国内需求可能出现的突然变化；②在根据黄油（Butterfat）需求设定配额时脱脂产品出现的结构性剩余；[③] ③其他配额内的剩余，主要是短期性的供求不平衡带来的剩余。

要按第 5 类（特级）获得乳制品，加工者或出口商必须向 CDC 申请，由后者向相关省的市场营销委员会（局）提供许可证，在接到 CDC 的许可后，按其要求向申请者提供出口所需生鲜乳。CDC 为第 5 类奶签发两种许可证：第一种适用于 5（a）、5（b）和 5（c）三类，按年签发；第二种适用于 5（d），按交易逐笔签发。

在 5 个等级中，用量最大的是第 3 类奶，其次是第 1 类奶和第 4 类奶，第 5 类奶比重略高于第 2 类奶，但第 5 类奶中的 5（d）比重很小。2009 ~ 2010

① 定义由下文提到的《特级“池”综合协议》给出的。

② 此部分奶在 2000 年 8 月 1 日前列为单独的子类 5（e），之后并入 5（d）。

③ 因为配额以乳脂来计算，而且加拿大对乳脂需求量大于脱脂奶，所以会有一个脱脂奶部分（主要是脱脂奶粉）的剩余。

奶业年度，第3类奶产量为28.75亿升，占总产量的比重为34.5%。第1类奶24.67亿升，占29.6%。第4类奶16.26亿升，占19.5%。第5类奶7.43亿升，占8.9%，其中5（d）类奶仅0.72亿升，占0.9%。与2007～2008奶业年度比较来看，各等级所占比重是比较稳定的两年，第1类奶至第3类奶的比重都有小幅上升，第4类奶有2个百分点的下降。

表4　2007～2008奶业年度、2009～2010奶业年度各等级奶的产出与比重

单位：亿升，%

等　级	2007～2008奶业年度		2009～2010奶业年度	
	数量	比重	数量	比重
1	24.3	29.2	24.67	29.6
2	5.3	6.4	6.25	7.5
3(a)、3(b)	28.0	33.7	28.75	34.5
4(a)、4(a)1	17.1	20.5	15.31	18.4
4(b)、4(c)、4(d)、4(m)	1.1	1.3	0.95	1.1
5(a)、5(b)、5(c)	6.8	8.2	6.71	8
5(d)	0.6	0.7	0.72	0.9
全　部	83.2	100	83.36	100

注：这里的数量是按乳脂率3.6公斤/百升折算后的，不是实际产量。

在价格方面，第1类奶至第4类奶的价格由省级市场营销委员会确定，反映了目标回报水平。5（a）、5（b）两类的价格通过CMSMC确立的公式计算得到，使得这两类奶的价格与美国加工用奶的价格挂钩，CDC负责收集数据和计算。5（c）类奶的价格由CMSMC与糖果点心加工企业商谈确定。5（d）类奶的价格由CDC在CMSMC确立的标准下，与加工者、出口商逐笔商谈确定，比用于满足国内市场需求的加工用奶的价格要低很多，但对于出口部分，可以保证加工企业得到的剩余能够涵盖加工成本与投资回报。

表5列出的是2011年11月1日安大略省按等级制定的牛奶干物质价格。在乳脂方面，第1类奶的价格均为7.37加元/公斤，第2类至第4类奶还要略高，达到7.76加元/公斤，5（a）、5（b）类奶的乳脂价为4.86加元/公斤，5（c）类奶最低，为4.76加元/公斤。乳蛋白价格最高的是第3类奶，超过了13加元/公斤，第1类奶其次，在7.5加元/公斤至7.8加元/

公斤之间，5（c）类奶最低，只有2.45加元/公斤。其他干物质的价格第1类奶最高，在7.5加元/公斤以上，第2类和第4类在5加元/公斤以上，其他几类都较低。

表5　2011年11月1日安大略省按等级制定的牛奶干物质含量

等级	乳脂	蛋白质	其他干物质	蛋白质平均含量（公斤/百升）	其他干物质（公斤/百升）
1(a)	7.37	7.81	7.81	3.3807	5.8614
1(b)	7.37	7.58	7.58	2.8438	4.9404
1(b)ii	7.37	7.58	7.58	2.8438	4.9404
1(d)	7.37	7.81	7.81	3.3807	5.8614
2	7.76	5.92	5.92		
3(a)	7.76	13.80	0.87		
3(b)	7.76	13.34	0.87		
4(a)	7.76	5.36	5.36		
4(a)1	7.76	2.75	2.75		
4(b)	7.76	5.46	5.46		
4(d)	7.76	5.36	5.36		
5(a)	4.86	6.33	0.92		
5(b)	4.86	3.01	3.01		
5(c)	4.76	2.45	2.45		

（二）市场配额分配（Market Sharing Quota，MSQ）

供给管理的基本特点就是用配额在农户层面对产出进行控制。如前所述，加拿大的奶业市场总体上分为两块，一块是液态奶，另一块是加工用奶，配额管理的对象正是加工用奶。市场共享配额是加拿大全国加工用奶的生产目标。这个目标与总需求均以乳脂量计量，由CDC按月度监测，需求中包括国内消费需求与计划出口需求，产出目标根据需求变动做出调整。CMSMC按NMMP计划的协议，确定各省的MSQ，每个省按自己的政策以及“池”协议给生产者分配配额。

图7显示的是2003～2004年至2007～2008年五个年度的MSQ、产出、需求以及MSQ与需求之间的缺口情况。从中可以看出，除了2006～2007年，MSQ都高于需求规模，而且两者之间的差距与需求相比，一般都在5

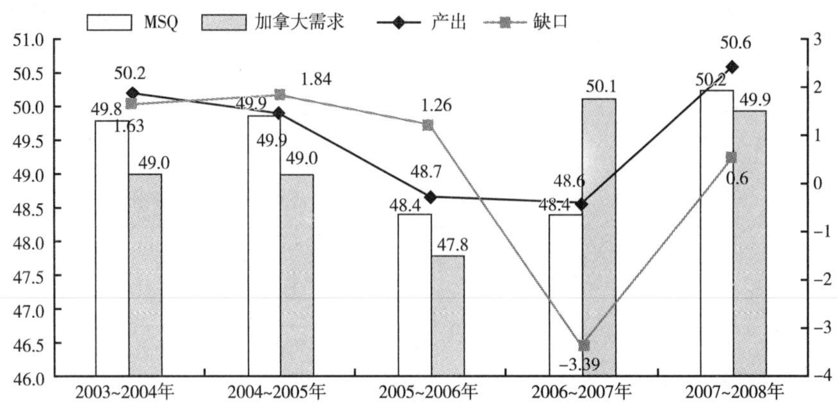

图 7　2003 ~ 2008 年 MSQ 与产出

个百分点以内。产出与 MSQ 相比，都要略高一些，表明超出配额是常年存在的，但规模也不是很大。

（三）“池”（Milk Pools）协议与收益共享

奶业供给管理体系中影响价格形成的另一项重要制度安排是市场收益共享协议（Market Sharing Arrangements），通过收益共享系统确定奶生产者（奶农）销售奶的价格，可以降低奶生产者在市场变化过程中的经济风险。同样，由加拿大奶业委员会代表整个奶业对这些“池”协议进行监管，并对相关体系不断完善。目前主要有三个重要的“池”（市场收益分享）协议：特级“池”综合协议（The Comprehensive Agreement on Special Class Pooling）、全部奶“池”协议（The Agreement on All Milk Pooling）、西部奶“池”协议（The Western Milk Pooling Agreement）。

特级“池”综合协议是签署 NMMP 的各省政府、各省生产者委员会之间的一项协议，决定就在国内、国际市场销售的特级（五级）奶的收益建立“池”，实现共享。这个关于特级奶的定价与收益共享系统于 1995 年 8 月开始实施，按照协议，加工用奶开始被分级，并按具有竞争力的价格用于乳制品及含有乳成分的产品生产，价格也会如上所述根据用途不同相应调整。这项“池”协议的签订，使得签署 NMMP 的各省的收益得以汇集和共享，向加工者出售特级用途生鲜乳的市场收益也因而可以在全部奶农之间共享。随着该协议引入的还有《特级“池”谅解备忘录（Memorandum of Understanding on Special Class Pooling）》及这个谅解备忘录的一个附录。2001 年 8 月 1 日，随着 Newfoundland-Labrador 加入 NMMP 以及全国奶业体系的协议最终达成，加拿大的所有省份都成为特级“池”综合协议的成员，该协议因而简称“P10”。

1996 年 8 月，明尼托巴、安大略、魁北克、新布朗什维克、诺瓦什克蒂亚与爱德华王子岛六个省在《特级“池”综合协议》的基础上又做了进一步发展，签署了《全部奶“池”协议》，对全部奶（包括液态奶与加工用奶）的销售收入、运输成本等进行汇集与共享。该协议也增加了一些协调因素，包括复合价格（Multiple Prices）、日基配额系统（Daily Quota System）、配额交易、最终用途定价（End-use Pricing）等。1997 年，包括明尼托巴、萨斯卡趣温、阿尔伯塔与英属哥伦比亚在内的西部四省也建立全部奶“池”系统。明尼托巴同时参加了《全部奶“池”协议》与《西部奶“池”协议》，它首先根据后一个协议汇集收益，然后在前一个协议内汇集收益。2003 年 2 月 1 日因不能承担同时参加两个协议的成本而从前者——《全部奶“池”协议》中退出，两个协议继而分别简称“P5”与“WMP”。

（四）省产出与奶农出售价格

液态奶需求是在“池”协议区域范围内根据上年度消费规模来测算，并在协议省份之间分配，因此“池”协议也会影响各省产出。在市场配额分配与“池”协议确立的框架下，每个省全部配额内的产出规模是其获得的 MSQ 与在区域“池”协议中分配的液态奶市场份额的总和。液态奶需求在整个奶业供给管理体系中是最优先考虑的，加工用奶在液态奶供求波动过程中发挥缓冲作用。如果液态奶出现供给不足，计划用于加工的奶将投入液态奶的生产以弥补缺口。

各省超出配额的产出为配额外产出。在“池”协议中，配额之内与之外的销售收益遵循不同的收益共享机制。配额内的销售收益在区域范围内共享，不管奶是用于满足国内需求还是用于出口。配外销售的奶在全国范围内对收益进行非常有限的共享。一个省级市场营销委员会最终获得的全部收入包括：全部第 1 类奶至第 4 类奶的区域（“池”协议区域）平均回报、配额内第5类奶的全国平均回报、配额外奶的全球市场平均收益。

得益于“池”协议，奶农在出售生鲜奶的时候并不用区分奶的用途和等级，更不用按等级区分价格，而是有一个统一的价格。这个价格也是按奶中的干物质含量来计算，即乳脂、乳蛋白及其他干物质等的单位重量价格（见表6）。

表6 2011年1~9月安大略省奶农的销售价格

单位：加元/公斤

月份	配额内			配额外		
	乳脂	乳蛋白	其他干物质	乳脂	乳蛋白	其他干物质
9月	10.22	8.41	1.73	0.00	0.00	0.00
8月	10.14	8.79	1.75	0.00	0.00	0.00
7月	10.22	8.59	1.70	0.00	0.00	0.00
6月	10.09	8.26	1.67	0.00	0.00	0.00
5月	10.17	8.72	1.74	0.00	0.00	0.00
4月	10.31	8.80	1.77	0.00	0.00	0.00
3月	10.19	8.61	1.76	0.00	0.00	0.00
2月	10.14	8.30	1.72	0.00	0.00	0.00
1月	10.20	8.46	1.75	0.00	0.00	0.00

资料来源：Dairy Farmers of Ontario。

四 总结、不足与启示

加拿大奶业供给管理是一个多层次的体系，包括：①以加工用奶为对象，以MSQ分配为手段，以总量控制为目标的统一的全国市场；②以全部奶（液态奶和加工用奶）为对象，以配额和收益共享为手段的一体化的区域性市场；③以全部奶为对象，以一般性配额为手段的省级奶业市场。这个奶业管理体系在稳定供给与价格、保证奶农与消费者利益等方面基本上实现了预期目标。但是，在保护奶农利益的同时，加拿大奶业供给管理体系也限制了市场竞争，直接导致其奶业竞争力不高。为此，加拿大不得不控制奶与奶制品进口以缓解来自国际市场的冲击，在WTO的框架下，这又不可避免地引起贸易纠纷。更有竞争力的奶业对消费者肯定是有利的，因而奶业供给管理的设计目标虽然是保护奶农与消费者的利益，最终保护的却只是奶农的利益。实际上，加拿大发展奶业有着良好的资源禀赋，有条件进一步增强竞争力和提高规模，成为国际市场上有竞争力的供给者，而不仅仅停留在满足国内需求的水平上。但是，因为配额的限制，加拿大奶农与奶制品加工企业的扩张空间也受到限制，产业内积累的资本只能流向国内的其他领域或其他国家，制约了加拿大奶业的进一步发展。

在以保护奶农利益为落脚点的情况下，加拿大奶业以实现国内市场供求的自我平衡作为基本目标，建立的这个奶业供给管理体系相对封闭，甚至存在一定程度的市场分割。中国在当前的农业战略格局下，奶业不可能实现自我平衡，进口依赖度很高，也没有明显的市场分割，因为缺乏组织性，奶农在利益分配的格局中未能居于主导地位。发展条件与目标上的差异，使得加拿大奶业供给管理体系在整体上对中国奶业市场的适用性值得商榷，但其中一些具体的政策设计也不乏借鉴意义，包括：以定期的成本收益调查为基础确定支持价格，为奶农提供了基本的保护；以液态奶为基础，以加工用奶为缓冲，以奶粉的收储和出口为调节手段，实现奶供求的动态平衡，缓解了市场的波动；在管理体系中充分发挥奶农协会等非政府组织在生产、分配、定价、质量管理、技术支持等方面的作用，实现行政管理与行业自律相互协调、补充，提高了市场管理体系的效率。

参考文献

[1] Andrew P. Barkley, "The Determinants of the Migration of Labor out of Agriculture in the United States, 1940 - 1985", *American Journal of Agricultural Economics*, 1990, 72 (3).

[2] Becker, C. S., *The Economic Approach to Human Behavior*, The University of Chicago Press, 1978.

[3] Befu, H., "Village Autonomy and Articulation with the State: The Case of Tokugawa Japan", *The Journal of Asian Studies*, 1965, 25 (1).

[4] Blancard, S., J. P. Boussemart, W. Briec, and K. Kerstens, "Short-and Long-Run Credit Constraints in French Agriculture: A Directional Distance Function Framework Using Expenditure-Constrained Profit Functions", *American Journal of Agricultural Economics*, 2006, 88.

[5] Cai, Y., "Collective Ownership or Cadres' Ownership? The Non-Agricultural Use of Farmland in China", *The China Quarterly*, 2003, No. 175.

[6] Davis, C. L., "Political Regimes and the Socioeconomic Resource Model of Political Mobilization: Some Venezuelan and Mexican Data", *Journal of Politics*, 1983, No. 45.

[7] Dennis. L. Chinn, "Rural Poverty and the Structure of Farm Household

Income in Developing Countries: Evidence from Taiwan in China", *Economic Development and Cultural Change*, 1979, 27 (2).

[8] Dwayne Benjamin, "Household Composition, Labor Markets, and Labor Demand: Testing for Separation in Agricultural Household Models", *Econometrica*, 1992, 60 (2).

[9] Farc, R., S. Grosskopf, and H. Lee, "A Nonparametric Approach to Expenditure-Constrained Profit Maximization", *American Journal of Agricultural Economics*, 1980, 72.

[10] Goldstein, Kenneth M. and Ridout, Travis N., "The Politics of Participation: Mobilization and Turnout over Time", *Political Behavior*, 2002, 24 (1).

[11] Harris, John R. & Todaro, Michael P., "Migration, Unemployment and Development: A Two-Sector Analysis", *American Economic Review*, 1970, 60 (1).

[12] Holt, S. J., "Labor Market Policies and Institutions in an Industrializing Agriculture", *American Journal of Agricultural Economics*, 1982, 64 (5), Proceedings Issue.

[13] Hsiao, K., *Compromise in Imperial China*, University of Washington Press, 1979.

[14] Justin Yifu Lin, "Endowments, Technology, and Factor Markets: A Natural Experiment of Induced Institutional Innovation from China's Rural Reform", *American Journal of Agricultural Economics*, 1995, 77 (2).

[15] Lee, H., and R. G. Chambers, "Expenditure Constraints and Profit Maximization in US Agriculture", *American Journal of Agricultural Economics*, 1986, 68.

[16] Leighley, J. E., "Attitudes, Opportunities and Incentives: A Field Essay on Political Participation", *Political Research Quarterly*, 1995, 48 (1).

[17] Lien, P., "Ethnicity and Political Participation: A Comparison between Asian and Mexican Americans", *Political Behavior*, 1994, 16 (2).

[18] Low A. R. C., "The Effect of Off-farm Employment on Farm Incomes

and Production: Taiwan Contrasted with Southern Africa", *Economic Development and Cultural Change*, 1981, 29 (4).

[19] Northam, Ray M., *Urban Geography*, New York: John Wiley, 1975.

[20] Olsen, M. E., "Social Participation and Voting Turnout: A Multivariate Analysis", *American Sociological Review*, 1972, 37 (3).

[21] Perloff, Jeffrey M., "The Impact of Wage Differentials on Choosing to Work in Agriculture", *American Journal of Agricultural Economics*, 1991, 73 (3).

[22] Puga, D., "The Rise and Fall of Regional Inequalities", *European Economic Review*, 1999, 43 (2).

[23] Raul V. Fabella, "Separability and Risk in the Static Household Production Model", *Southern Economic Journal*, 55 (4).

[24] Robert D. Emerson, "Migratory Labor and Agriculture", *American Journal of Agricultural Economics*, 1989, 71 (3).

[25] Rosenston, S. J., and Hansen, J. M., *Mobilization, Participation, and Democracy in America*, New York: Macmillan, 1993.

[26] Singh, I., L. Squires, and J. Strauss, eds., *Agricultural Household Models: Extensions, Applications, and Policy*, Baltimore: The Johns Hopkins University Press, 1986.

[27] Verba, S., Nie, N. H. and Kim, J., *Participation and Political Equality*, Cambridge University Press, 1978.

[28] Whiteley, P. F., "Rational Choice and Political Participation—Eavluating the Debate", *Political Research Quarterly*, 1995, 48 (1).

[29] Zhao, Yaohui, "Labor Migration and Earnings Differences: the Case of Rural China", *Economic Development and Cultural Change*, 1999.

[30] 阿马蒂亚·森:《以自由看发展》,中国人民大学出版社,2002。

[31] 陈锡文:2010 年中国经济论坛大会发言。

[32] 陈锡文:《新形势下农村基本经营制度和农村土地管理制度》,《金融危机下的中国农村发展》,中国农业出版社,2009。

[33] 陈甬军、景普秋、陈爱民:《中国城镇化道路新论》,商务印书馆,

2009。
[34] 陈宗胜、陈胜:《中国农业市场化进程测度》,《河北学刊》1999 年第 2 期。
[35] 程国强:《WTO 农业规则与中国农业发展》,中国经济出版社,2000。
[36] 党国英:《村民自治是民主政治的起点吗?》,《战略与管理》1999 年第 1 期。
[37] 郭锦墉、尹琴、廖小官:《农产品营销中影响农户合作伙伴选择的因素分析——基于江西省农户的实证》,《农业经济问题》2007 年第 1 期。
[38] 韩俊:《推进农民工市民化,提高城镇化水平》,2010 年中国经济论坛。
[39] 黄宇峰:《我国农村劳动力转移带来的消极影响分析》,《改革与战略》2009 年第 4 期。
[40] 黄宗智:《中国的新时代小农场及其纵向一体化——龙头企业还是合作组织?》,国学网,2009 年 11 月 12 日。
[41] 刘江:《21 世纪初中国农业发展战略》,中国农业出版社,2000。
[42] 马克思:《资本论》第 3 卷,中共中央马恩列斯著作编译局译,人民出版社,1975。
[43] 马晓河、崔红志:《我国农村事业单位改革方向及政策选择》,《改革》2006 年第 8 期。
[44] 曼昆:《经济学原理:微观经济学分册》(第 5 版),北京大学出版社,2009。
[45] 齐文娥、唐雯珊:《农户农产品销售渠道的选择与评价——以广东省荔枝种植者为例》,《中国农村观察》2009 年第 6 期。
[46] 钱忠好:《农村土地承包经营权产权残缺与市场流转困境:理论与政策分析》,《管理世界》2002 年第 6 期。
[47] 屈小博、霍学喜:《交易成本对农户农产品销售行为的影响——基于陕西省 6 个县 27 个村果农调查数据的分析》,《中国农村经济》2007 年第 8 期。
[48] 世界银行:《2004 年世界发展报告——让服务惠及穷人》,中国财政

经济出版社，2004。

[49] 世界银行：《中国：深化事业单位改革，改善公共服务提供》，《经济研究》2005年第8期。

[50] 魏后凯、刘楷主编《镇域科学发展之路——对河北迁安及野鸡坨镇的调查》，中国社会科学出版社，2010。

[51] 温家宝：《不失时机推进农村综合改革 为社会主义新农村建设提供体制保障》，《求是》2006年第18期。

[52] 温铁军：《怎样的全球化》，《读书》2001年第8期。

[53] 乌云花、黄季焜、Scott Rozelle：《水果销售渠道主要影响因素的实证研究》，《系统工程理论与实践》2009年第4期。

[54] 徐勇：《最早的村委会诞生追记》，《炎黄春秋》2000年第9期。

[55] 姚洋：《村庄民主与全球化》，《读书》2002年第4期。

[56] 张晓山：《城乡统筹发展：利益格局的调整》，2010年中国经济论坛。

[57] 张晓山：《深化改革 促进城乡统筹发展》，《三农中国》季刊，2010。

[58] 张晓山：《深化改革 促进城乡统筹发展》，《中国经济前景分析——2010年春季报告》，社会科学文献出版社，2010。

[59] 中共中央政策研究室农村组、中国农村杂志社编《江总书记视察农村》，中国农业出版社，1998。

[60] 周其仁：《还权赋能——成都土地制度改革的启示》，《经济观察报》2009年6月29日。

[61] 周曙东、戴迎春：《供应链框架下生猪养殖户垂直协作形式选择分析》，《中国农村经济》2005年第6期。

[62] 周一星：《城市地理学》，商务印书馆，2003。

[63] 祝宏辉、王秀清：《新疆番茄产业中农户参与订单农业的影响因素分析》，《中国农村经济》2007年第7期。

图书在版编目(CIP)数据

构建新型城乡关系：新农村建设政策体系研究/张晓山等著.
—北京：社会科学文献出版社，2014.4
ISBN 978-7-5097-5746-8

Ⅰ.①构… Ⅱ.①张… Ⅲ.①农业政策-政策体系-研究-中国 Ⅳ.①F320

中国版本图书馆 CIP 数据核字（2014）第 039921 号

构建新型城乡关系
——新农村建设政策体系研究

著　　者／张晓山 等

出 版 人／谢寿光
出 版 者／社会科学文献出版社
地　　址／北京市西城区北三环中路甲 29 号院 3 号楼华龙大厦
邮政编码／100029

责任部门／皮书出版分社（010）59367127
电子信箱／pishubu@ssap.cn
项目统筹／任文武
经　　销／社会科学文献出版社市场营销中心（010）59367081　59367089
读者服务／读者服务中心（010）59367028
责任编辑／任文武　张丽丽　王　颉
责任校对／张　曲
责任印制／岳　阳

印　　装／三河市尚艺印装有限公司
开　　本／787mm×1092mm　1/16
印　　张／23.25
版　　次／2014 年 4 月第 1 版
字　　数／378 千字
印　　次／2014 年 4 月第 1 次印刷
书　　号／ISBN 978-7-5097-5746-8
定　　价／65.00 元